教育部人文社会科学重点研究基地山东师范大学
齐鲁文化研究院重点项目

儒家思想与古代社会
研｜究｜书｜系

吕文明　主编

西周巫文化
演化形态研究

蔡先金　著

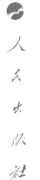
人民出版社

责任编辑:宫　共

封面设计:胡欣欣

图书在版编目(CIP)数据

西周巫文化演化形态研究/蔡先金 著. —北京:人民出版社,2024.6
ISBN 978-7-01-026521-6

Ⅰ. ①西…　Ⅱ. ①蔡…　Ⅲ. ①巫术-文化研究-中国-西周时代
　Ⅳ. ①B992.5

中国国家版本馆 CIP 数据核字(2024)第 082726 号

西周巫文化演化形态研究

XIZHOU WUWENHUA YANHUA XINGTAI YANJIU

蔡先金　著

人民出版社 出版发行

(100706　北京市东城区隆福寺街 99 号)

北京中科印刷有限公司印刷　新华书店经销

2024 年 6 月第 1 版　2024 年 6 月北京第 1 次印刷
开本:710 毫米×1000 毫米 1/16　印张:24.75　字数:390 千字

ISBN 978-7-01-026521-6　定价:76.00 元

邮购地址 100706　北京市东城区隆福寺街 99 号
人民东方图书销售中心　电话 (010)65250042　65289539

总　序

　　儒家思想是中国传统文化中最重要的组成部分，对中华文明的发展产生了深远影响。儒家思想记载了中华民族自古以来在建设家园的奋斗中开展的精神活动、进行的理性思考、创造的文化成果，反映了中华民族共同的精神追求，是中华民族生生不息、发展壮大的丰厚滋养。在两千多年的发展演变过程中，儒家思想逐渐成为中国古代社会的核心价值观念，对中国古代社会的政治、经济、文化、教育等都产生了深远影响。

　　儒家思想的产生有着深厚的历史文化根源。西周礼乐文化是儒家思想产生的重要文化背景，它为孔子和早期儒家提供了重要的世界观、政治观和伦理观基础。同时，西周礼乐文化也并非无根之木、无源之水，它是三代文化发展演进的重要产物。中国上古时期的文化主要是巫觋文化，后来逐步发展为祭祀文化，并在殷商时期达到高峰，祭祀文化在西周有了明显的理性化趋势，陈来先生认为："周公的思想极大影响了周人的天命信仰，使中国文化由自然宗教发展为具有伦理宗教水平的文化形态，价值理性在文化中开始确立根基。"礼也由此产生，并最终发展为理性化的规范体系。西周文化推崇德性，讲求孝悌人伦，有明显的人文导向，这种人文性最终成为儒家思想形成的直接来源。

　　孔子继承了周公开创的礼乐文化，并对礼乐文化的内在精神实质进行高度概括，提出了"仁"的思想。孔子一方面竭力守护作为文明精粹的礼乐文化，另一方面又通过把"仁"所代表的道德意识引入外在约束的礼制之中，重建了政治和伦理秩序的基础，即"归礼于仁"。除了思想上的重大突破，孔子还突破了当时"学在官府"的局限性，开办私学，收徒讲学，《史记·孔子世家》载:"孔子以诗书礼乐教,弟子盖三千焉,身通六艺者七十有二人。"孔子死后,弟子们散居各地,传播儒家思想,思想上的分化也逐渐产生,不过其中最具影响力的当属孟子、荀子二人,他们"咸遵夫子之业而润色之,以学显于当世"。孟子发展了孔子重仁的一面,把人性作为仁政的基础,认为发挥人性之善即可行仁政。荀子则发展了孔子重礼的一面,强调外在约束的重要,要隆礼重法,所以,其弟子韩非和李斯都成了法家的代表人物。

秦汉时期,儒家思想的发展经历了较大的起伏。"秦王扫六合,虎视何雄哉"。秦始皇统一全国后,实行"焚书坑儒"政策,凸显出政权的暴虐与文化上的专制,因此二世而亡。汉朝建立后,以秦为鉴,休养生息,无为而治,文化也逐渐复苏,以经学为代表的儒学逐渐发展起来,儒家经典《诗》《书》《礼》《易》《春秋》都形成了较为完备的诠释系统。其中,《春秋》公羊学大师董仲舒给汉武帝上《天人三策》,提出"推明孔氏,抑黜百家"的建议,得到汉武帝的肯定。武帝还设置五经博士,制定了博士弟子员与弟子员迁官制度,将经学与选官制度相联系,有效地促进了经学的官学化,深刻影响了中国古代政治。西汉末年,经学大师刘歆发现《周礼》,又推崇《春秋左氏传》,以《周礼》《左传》为本,力图弥补今文经学"抱残守缺"之不足,促成了古文经学派的形成。刘歆欲为《左传》立博士,而今文学者反对,今古文之争遂起,并持续近二百年。直到东汉末年,兼通今古文经学的郑玄出现,他"括囊大典,网罗众家,删裁繁诬,刊改漏失",以礼制为核心,实现了今古文经学的融合,经学进入"小一统"时代。

魏晋时期,儒家思想内部发生裂变,旧思想逐渐被扬弃和改造,而新思想从旧思想中生发出来,其中最突出的表现就是玄学的兴起。汤一介言:"魏晋玄学是指魏晋时期以老庄思想为骨架企图调和儒道,会通'自然'与'名教'的一种特定的哲学思潮。"当时的玄学家非常注重《老子》《庄子》和《周易》,他们以道家思想解释儒家经典,以调和儒道、会通名教与自然为学术旨趣,以抽象思辨与清新玄远的文风一洗经学烦琐细碎的诠释风格,发展出与两汉经学完全不同的理论体系。南北朝时期,儒学发展深受佛教影响,经学义疏体兴起。同时,南朝经学与北朝经学各有特色,北朝以郑学为主，南朝更多地受到玄学影响。隋唐是继汉代之后中国经学发展的又一个重要时期，在经籍校勘、训诂、释义等方面都有较大成绩。唐太宗时期，孔颖达等人奉诏编成《五经正义》，儒家经典的诠释实现了统一。

宋朝偃武修文，儒家思想得到充分发展。当时出现了不少思想流派，如周敦颐的"濂学"、程颢程颐的"洛学"、王安石的"新学"、张载的"关学"、苏轼的"蜀学"、司马光的"涑水之学"、邵雍的"数学"等，其中，"二程"的学问传承有序，影响逐步扩大。后来宋室南渡，偏安一隅，"二程"的弟子、再传弟子继续在南方传播"洛学"，直到朱熹出现。朱熹不仅吸收"二程"的思想，还广泛接受周敦颐、张载、邵雍等人的思想，建立起一个庞大的理学体系。他把《论语》《孟子》《大学》《中庸》合编在一起，称为"四书"，并加以注释，写成《四书章句集注》一书，使得"四书"成为宋以后高于五经的经典体系。与朱熹同时的陆九渊在思想上与朱熹并不同调，陆九渊更加注重"发明本心"，他认为具有永恒性和普遍性的"心"才是儒家道德原则确立的根源，所以他的学问被称为"心学"。从南宋末到明朝前中期，朱熹的理学思想一直处于主流地位，科举考试也以朱子一派的经典思想诠释为准。

明朝中期，王阳明的出现打破了朱子理学的一统局面。王阳明是明代"心学"的代表人物，他不满于朱熹的格物穷理说，而提出"心外无理"，认为事物之"理"的根源并不在心外。他提倡"致良知""知行合一"，认为既要扩充自己的良知，又要把良知付诸行动，加强为善去恶的道德实践。明代后期，王阳明的思想如狂风骤雨般在全社会蔓延开来，产生重大影响，社会风气和审美风尚为之一变。王门后学遍布全国，黄宗羲就曾以地域为标准，将王门后学分为浙中、江右、南中、楚中、北方、闽越、泰州七派，他们均从不同方面传承和发展了阳明思想。同时，受阳明学高扬个人思想主体性的影响，士人中也出现了"荡轶礼法，蔑视伦常"的现象，因此对于阳明学的检讨和反思也随之而来，这在一定程度上促成了清代理学的复兴与考据学的兴起。

清代是传统思想文化的总结时期，也是新思想的开创时期。清代的学术思想主要分为三个阶段，早期是实学思潮与理学复兴，中期是乾嘉考据学兴盛，晚期是今文经学异军突起。清代早期，王夫之、顾炎武、黄宗羲、颜元、唐甄等人都主张经世致用，对明朝的弊政与思想多有反思，他们都重视经史之学，希望从经学、史学之中找到救亡之道。清代中期，文字狱盛行，知识分子纷纷转向故纸堆中，考据学兴盛起来，诸如音韵、训诂、校勘、辑佚等学问得到很大发展。清代晚期，社会危机加重，如何以儒学回应西学挑战、以儒学回答救国兴国的时代问题，成为近现代儒学理论的核心，从龚自珍、魏源，到廖平、康有为，再到梁漱溟、熊十力"现代新儒家"的出现，近现代儒学进入一个思想大变革的时代。

儒家思想历经两千多年发展，对中国古代社会发展产生了深远影响，成为中华文明的重要标识。自汉代以来，儒家思想长期居于统治思想的地位，深刻影响着中国古代政治、经济、文化等社会生活的方方面面。儒家思想对于中国典制的影响尤其巨大，著名历史学家陈寅恪曾说："儒者在古代本为典章学术所寄托之专家。李斯受荀卿之学，佐成秦治。秦之法制实儒家一派学说之所附系。《中庸》之'车同轨，书同文，行同伦'，（即太史公所谓：'至始皇乃能并冠带之伦'之伦）为儒家理想之制度，而于秦始皇之身而得以实现之也。汉承秦业，其官制法律亦袭用前朝。遗传至晋以后，法律与礼经并称，儒家《周官》之学说悉采入法典。夫政治社会一切公私行动莫不与法典相关，而法典为儒家学说具体之实现。"依据陈氏所说，儒家之学本为典制之学，儒家思想对于中国社会的影响，其实质是对中国社会政治制度方面的影响，举凡如中央集权制、科举制、郡县制、监察制度等，无不在儒家天下为公的"大一统"思想影响下才得以形成。儒家思想对中国古代经济制度的选择和经济观念的形成也有深刻影响。孔子说："庶之，富之，教之。"又说："不患寡而患不均。"孔子在经济观念上主张鼓励人口增长，发展经济，提升人民生活水平，同时又提出要注意经济发展的均衡性。儒家不主张毫无节制的自由经济，而提倡由政府依据实际情况进行经济调控，以使社会不至于有大富大贫之分，此正如董仲舒所谓"圣者使富者足以示贵而不至于骄，贫者足以养生而不至于忧，以此为度而调均之"的经济观念。儒家思想也注重人的情感涵养与人格养成，因此特别重视家庭。"身体发肤，受之父母"，这种观念使得中国人始终把家庭和谐视为幸福生活的基础，这也保证了中华民族的生生不息、代有传人。儒家思想也影响了中国文艺审美风尚的形成，中国古代的文章、诗词、艺术等无不透露着儒家的思想旨趣。曹丕说："盖文章，经国之大业，不朽之盛事。"刘勰说："论文必征于圣，窥圣必宗于经。"他们都认为文学的作用并不仅仅是抒写个人情感，而应该是致力于以文章表达家国理想，阐述至道鸿教。

习近平总书记指出："从历史的角度看，包括儒家思想在内的中国传统思想文化中的优秀成分，对中华文明形成并延续发展几千年而从未中断，对形成和维护中国团结统一的政治局面，对形成和巩固中国多民族和合一体的大家庭，对形成和丰富中华民族精神，对激励中华儿女维护民族独立、反抗外来侵略，对推动中国社会发展进步、促进中国社会利益和社会关系平衡，都发挥了十分重要的作用。"[1] 习近平总书记对以儒学为代表的中华优秀传统文化的深入思考和阐释，清楚地表明，在实现中华民族伟大复兴中国梦的关键时期，儒家思想具有重要的推动作用。儒家思想是中华民族的精神根脉，对中华民族精神的形成和塑造起着至关重要的作用。中国人脚踏实地、实事求是，中国人注重经世致用、知行合一、躬行实践，中国人推崇仁者爱人、以德立人，中国人主张以诚待人、讲信修睦，中国人讲求俭约自守、力戒奢华，这些精神品格都深深融入中国人的血液中，成为中国人立身做事的根本准则。

山东师范大学齐鲁文化研究院作为山东省属高校唯一的教育部人文社会科学重点研究基地，立足山东，面向全国，担负着传承弘扬齐鲁文化和儒家思想的重任。齐鲁文化研究院自成立以来，一直将儒家思想作为重要研究方向，先后推出《孟子文献集成》《三礼学通史》"山东文化世家研究书系"等一系列重要学术成果，主办"文明互鉴视域下的儒家思想与齐鲁文化"学术会议、"三礼学与中国传统文化高端论坛"等重要国际国内会议，在学术界产生广泛影响。为进一步深入阐发儒家思想的丰富内涵及其时代价值，弘扬中华优秀传统文化，推动儒家思想在新时代的创造性转化创新性发展，我

---

[1]　习近平：《在纪念孔子诞辰 2565 周年国际学术研讨会暨国际儒学联合会第五届会员大会开幕会上的讲话》，《人民日报》2014 年 9 月 25 日。

们决定编纂"儒家思想与古代社会"研究书系。本书系视野开阔,内容广博,既有前儒家思想史研究,同时涵盖了儒家不同发展阶段的思想面貌,全景展现儒家思想的深刻内涵及其对中国古代社会发展产生的深刻影响,具有非常重要的学术价值。

"周虽旧邦,其命维新。"在全面建设社会主义现代化国家新征程中,以儒学为代表的中华优秀传统文化正迎来传承发展的新纪元,中华文明正焕发出勃勃生机。作为新时代的文化研究者,我们应该充分挖掘中华优秀传统文化的精神内涵和时代价值,推出一批具有重大显示度和学术影响力的标志性代表性成果,为实现中华民族伟大复兴的中国梦贡献精神力量!

吕文明

2023 年 10 月 18 日

目　　录

总　序 ·· 1

代　序：重新发现东方 ··· 1

　　一、周初打开了一个崭新的"时代之门" ······························ 2

　　二、西周"启蒙轴心性"导致"轴心期突破"的实现 ··············· 3

　　三、重新发现古典文化 ·· 5

绪　论 ·· 1

　　一、史前巫术向夏商时期巫教演变 ······································ 3

　　二、西周巫教研究之现状、任务及方法 ······························ 50

第一章　周初巫教维新 ·· 62

　　一、周"尚文"及周初巫教变革形势 ···································· 64

　　二、周公摄政时期的巫教维新运动 ······································ 78

　　三、商周部族之间的信仰差异与兼容 ·································· 94

　　四、周初巫教维新透露出人道曙光 ···································· 109

第二章　周官巫职设置 ·· 120

　　一、西周官制中的巫职系统 ··· 121

　　二、西周若干巫职职位考察 ··· 128

　　三、西周巫官世袭制 ·· 190

第三章　周礼之巫术遗制⋯⋯⋯⋯⋯⋯⋯⋯⋯⋯⋯⋯　194
　　一、礼的巫术源流⋯⋯⋯⋯⋯⋯⋯⋯⋯⋯⋯⋯⋯　195
　　二、周礼中的巫术蜕变⋯⋯⋯⋯⋯⋯⋯⋯⋯⋯⋯　204
　　三、结　语⋯⋯⋯⋯⋯⋯⋯⋯⋯⋯⋯⋯⋯⋯⋯⋯　251

第四章　西周社会风俗中的巫术⋯⋯⋯⋯⋯⋯⋯⋯⋯　254
　　一、宅居巫术习俗⋯⋯⋯⋯⋯⋯⋯⋯⋯⋯⋯⋯⋯　255
　　二、丧葬中的巫术习俗⋯⋯⋯⋯⋯⋯⋯⋯⋯⋯⋯　265
　　三、占卜习俗⋯⋯⋯⋯⋯⋯⋯⋯⋯⋯⋯⋯⋯⋯⋯　271
　　四、传说中的巫术神话因素⋯⋯⋯⋯⋯⋯⋯⋯⋯　280

第五章　西周巫术禁忌⋯⋯⋯⋯⋯⋯⋯⋯⋯⋯⋯⋯⋯　287
　　一、西周语言禁忌⋯⋯⋯⋯⋯⋯⋯⋯⋯⋯⋯⋯⋯　288
　　二、历忌与择日⋯⋯⋯⋯⋯⋯⋯⋯⋯⋯⋯⋯⋯⋯　306
　　三、禁忌与生态伦理⋯⋯⋯⋯⋯⋯⋯⋯⋯⋯⋯⋯　310

第六章　西周巫教演化特质及其影响⋯⋯⋯⋯⋯⋯⋯　314
　　一、西周巫教演化阶段⋯⋯⋯⋯⋯⋯⋯⋯⋯⋯⋯　315
　　二、西周巫教演化内在机理⋯⋯⋯⋯⋯⋯⋯⋯⋯　322
　　三、西周巫教演化之影响⋯⋯⋯⋯⋯⋯⋯⋯⋯⋯　335

参考文献⋯⋯⋯⋯⋯⋯⋯⋯⋯⋯⋯⋯⋯⋯⋯⋯⋯⋯⋯　363

后　记⋯⋯⋯⋯⋯⋯⋯⋯⋯⋯⋯⋯⋯⋯⋯⋯⋯⋯⋯⋯　374

代序：重新发现东方

东方有故事，不要不相信。中国有历史，不要不服气。在域内，这种历史和文化养育了一代又一代华夏子孙，涵养中华文明从不中断地绵延五千年，令这个世界上其他古老文明无可比拟；在域外，中国历史和文化不知迷倒多少外方人，常被艳称神秘的东方文化，甚至出现过风靡西方的"中国热"。法国启蒙思想家伏尔泰（Voltaire，1964—1778）饱含热情地高度赞赏中国文化，并借此来宣传其改造法国社会的启蒙思想。当代美国汉学家史景迁（Jonathan D.Spence，1936—2021）说："一个国家之所以伟大，条件之一就是既能吸引别人的注意力，又能够持续保有这种吸引力。当西方刚刚接触中国时，中国就明显表现出这种能力。"[1]美国人类社会与文明思想家贾雷德·戴蒙德（Jared Diamond，1937— ）经过研究后认为，中华深厚历史与文化可以助力邻邦文明进步。[2]美国外交家亨利·基辛格（Henry Kissinger，1923— ）深有体会地说："中国的历史悠久而宏大，使中国领导人能凭借这样的积淀，让谈判对手悠然产生一种谦恭之心。"[3]倾慕华夏历史文化者，"虽不能至，然心向往之"。20世纪末叶，现代诺贝尔奖获得者在巴黎国际会议上呼吁为了人类生存下去就必须到中国汲取古老的智慧；进入了21世纪之后，"重新发现东方"的呼吁又在学界引发共鸣；东方的故事和中华历史蕴含的智慧与能量，可以无偿地馈赠于当今世界，不需要按照

---

① ［美］史景迁：《大汗之国：西方眼中的中国》，阮淑梅译，广西师范大学出版社2013年版，第7页。

② Jared Diamond，Guns Germs & Steel，Vintage，2017，pp.509-560.

③ ［美］亨利·基辛格：《论中国》，胡利平等译，中信出版社2015年版，第240页。

贸易的市场交易规则，因为它本来就属于这个世界的，而且它奉行的就是天下主义，坚称"天无私覆，地无私载，日月无私照，奉斯三者以劳天下"（《礼记·孔子闲居》）。现在选择西周这段历史时期，仅仅从西周巫教维新及其演化形态作为切入点，开始一段领略鲜花与荆棘双重刺激的厚重文化之旅。

一、周初打开了一个崭新的"时代之门"

上古三代，是华夏民族进入文明的早期阶段，走过了由起始到形塑的历程，所以也可以说是中华文明的奠基时期。而西周时期在中华文明早期形塑过程中起到了关键性的作用，周人在周初为华夏文明发展打开了又一个崭新的"时代之门"，通过此门文明透露出了理性的曙光，从此迎来了第一次重要的"文明转折"。"时代之门"一般不是轻而易举就能打开的，除了从原始社会进入文明社会确实是打开了"时代之门"外，世界历史上打开"时代之门"的次数屈指可数，欧洲文艺复兴时代、大航海时代、欧洲工业革命时代、信息化时代可能都曾打开过一次"时代之门"，给人类的文明带来了一次重要转折，开启了文明发展的新路径，功在当代，利在千秋！在史学界，"时代之门"应该成为研究对象，对于这些时代之门开启的背景、动因、动力、过程等当时的恢弘气势与宏大场景仍旧需要作深入探讨与系统把握，寻找其背后的发生规律，以启迪人类当下的现实生存与未来的发展愿景。我们当下进入了一个新时代并创造了人类文明新形态，不就是在开启又一个崭新的"时代之门"吗？

周人源起于周原，崛起于西部，东进问鼎。蕞尔小邦，终克大邑商。一路下来，周人并不像历史上有些改朝换代的势力那样仅仅凭借简单残忍的蛮力，重要的是积蓄其所谓德行的力量去征服被征服者，这就表现出周族超乎寻常的异禀。周人代商之后，也不是完全依靠武功去稳定天下，而是重在施以文治去取得信服的人心，确保"子子孙孙永保用"的长治久安，结果换来了八百年的周人江山，并为秦汉以降的华夏子孙提供了文明发展的源头活水。是故，王国维感叹"中国政治与文化变革，莫剧于殷周之际"①。周人创立了一套崭新的政治制度体系，如立子立嫡之制、宗法丧服之制、封建子弟之制、君天下臣诸侯之制、庙数之制、同姓不婚之制，"皆周之所以纲纪天下，其旨则在纳上下于道德，而合天子、诸侯、卿、大夫、士、庶民以成一道德之团体"②。这些制度产生了广泛而深远的影响，如同姓不婚之制不但产生了联姻政治而且有利于华夏民族的交融。这里尤其要提出的是，周人在周初发起了巫教维新，并建设了一整套的以"制礼作乐"为核心的文化体系，规范着社会治理体系的运行，描绘出不一样的一般日常生活世界，这些"皆足以转一时之风气，而示来者之轨则"。③西周时期，是华夏民族的理性之光从东方地平线泛出光芒的时期，是曙光，是黎明，是华夏民族的内向超越精神爆发的时期，是力量，是伟大。西周创造的精神和文化就是一粒种子，种植在华夏大地上生根、开花、结果。

二、西周"启蒙轴心性"导致"轴心期突破"的实现

西周是中华文明发展过程中的一个关键的转折节点，按此转折的方向发展下去，至春秋战国时期就产生了所谓"轴心期突破"，至此中华文明的第一阶段形塑可以说宣告完成，这就是中华文明史上涌现出的第一个高峰期。

我们都熟知德国历史学家卡尔·亚斯贝尔斯（Karl Theodor Jaspers，1883—1969）的所谓世界轴心期理论，而且常常借用这个理论用于我们的史学研究，但是雅斯贝尔斯只是发现了这个"轴心期"现象却并没有揭示其产生的内在机理。中国春秋战国时期的"轴心期突破"，也不是凭空产生的，向壁虚造，而是历史积累的结果。这就要解释中国"轴心期突破"是如何实现的？是什么导致了最终的"突破"？实现这种"突破"到底是从何时就开

① 王国维：《殷周制度论》，周锡山编校《王国维文集》第4册，中国社会科学出版社2008年版，第124页。

② 王国维：《殷周制度论》，周锡山编校《王国维文集》第4册，第125页。

③ 陈寅恪：《王静安先生遗书序》，《金明馆丛稿二编》，生活·读书·新知三联书店2001年版，第247页。

始发端了？从发端开始积蓄能量到"突破"是一个什么样演化过程？这里是否存在一个历史的内在逻辑问题？这些都是摆在我们面前的问题，需要予以解答。回答这些问题，只能从历史的深处去寻找答案；既然是哲学的突破，那么我们最好从精神领域去发现结果。

精神文化是人类想象力的结果，一旦缺乏了想象力，人类也就不再会创造历史了。然而，人的想象力是无穷的，以至于达到人自己受惊的地步。华夏这块土地上，人的起初的想象力就是通天，而且要现实地享受这种通天的感觉和伟力。基于这一想象力和意图，于是乎就产生了所谓"通天"的东方式的巫术。当夏朝进入文明社会之后，巫术体系就摇身一变成为与国家政权合一的巫教，这种"巫政合一"的国家治理模式发展到商代的结果就是巫风炽烈，于是乎巫教发展达到了历史上的巅峰。周人克商后，为了实现对于新政权"天下无异议"，专靠武备是不足以达到此目的的，文治当然就提到了治国理政的议事日程。周公旦率先发起巫教维新，即以制礼作乐面目出现，行巫教改革之实。巫教是当时的主流意识形态，垄断着这个族群的精神世界，控制着文明的发展方向。这次巫教维新是全面的、系统的、灵活的，一方面表现在战略层面的，如将周人的至上神"天"和商人至上神"帝"起初表面上平等看待，渐渐"天"取得优势地位，最终通过"天命靡常""皇天无亲，惟德是辅"消解至上神信仰；以"天视自我民视，天听自我民听""天矜于民，民之所欲，天必从之"抬升民之地位，初显"民本主义"之端倪。王国维说："古之圣人，亦岂无一姓福祚之念存于其心，然深知夫一姓之福祚与万姓之福祚是一非二，又知一姓万姓之福祚与其道德是一非二，故其所以'祈天永命'者，乃在'德'与'民'二字。"①另一方面表现在战术层面，周公构建了一整套的"礼乐"制度系统，控制和影响着整个社会的运行与发展。这表现出以周公旦为代表的周人无比巨大的战略勇气和魄力，既有惊人的理论创新又有崭新的社会实践，可谓是打破鸿蒙之举。周初这一次巫教维新可谓是一场初次思想解放启蒙运动，而且这次启蒙运动具有"启蒙轴心性"特征，就像欧洲于 17 世纪至 18 世纪的启蒙运动具有"启

---

① 王国维：《殷周制度论》，周锡山编校《王国维文集》第 4 册，第 135 页。

蒙现代性"一样。欧洲的"启蒙现代性"指向启蒙运动中具有"现代性"的因素，而周初的"启蒙轴心性"同样蕴含"轴心性"的因素。"现代性"带来的是现代化进程，追求的目标是现代化的实现；而"轴心性"同样带来轴心化的历程，演化的自然结果就是轴心期的哲学突破。这个轴心化历程虽然是漫长的，但最终还是在周代结束前实现了这一伟大进程。巫教维新之后，巫教形态不断处于演化或轴心化过程中，无论是镶嵌于官僚机构并受到政权控制的巫教组织，还是巫教活跃于民间社会的民风民俗，最终结果走向以"道"和"德"为标榜的自然人文主义和倡导"民为邦本"的民本主义，礼乐制度则走向"礼崩乐坏"境地。西周的启蒙初步表现出对于人的肯定，将人从神灵的控制下初步得到局部解放，表现在至上神的退位与民本主义和人文主义的抬头，这种人文思想和民本思想的萌芽是难能可贵的。西方到 14 世纪至 16 世纪的文艺复兴时期才出现对人的肯定，相比周代晚了两千余年。秦汉以降，沿此周代以来的千年文明大河洪流，汹涌澎湃，奔腾向前。现站在 21 世纪的前半叶，回望那波澜壮阔的西周时期文明大潮，真的可以令世人感慨不已，叹为观止！

西周真的是打开了一个崭新的"时代之门"，开启了一次重大的"时代转折"，其实是一次意义重大的中华"文明转折"。所以，我们梳理与发现西周巫教维新及其巫教演化形态的发展历程显得多么重要，也在提醒我们应该重视对于这一历史阶段以及民族精神发展进程投入更多的研究力量。如果按照英国历史学家柯林伍德（R.G.Collingwood，1889—1943）所说一切历史都是思想史的话，那么我们就更有必要对于这一课题进行深入探讨，重回西周的辉煌与伟大的时代。

三、重新发现古典文化

中华文明从古代到近代可以分成不同阶段，夏商周三代时期可以称为古典期，尤其周代体国经野之后，发展出了文明的基本范式和不同学派理论，秦汉以降接续延流，后来成为其他东亚国家和地区古典遗产的构成要素。古典期文化从起源到形成历经两千余年，奠定了中华文明的文化基础，开启了后两千余年的新古典或后古典文化。古典文化是不竭的宝藏，可以为我们现在很多问题提供答案。比如，华人为何是华人？这最好是从中华文化的角度去寻找答案，而不应该体现在国籍或人种上。从时间上来说，中华古老文明为何能够延续而不中断？这当然是来自深远的中华文化力起到基础性作用，所以没有中华文化也就不会有今天大中华。中国的延续依靠的就是文化，这是世界上其他国族无与伦比的，这份文化自信是渊源有自的。从空间上来说，大中华发展壮大为何不依靠扩张和殖民？这是德性哲学和天下思想与大同理想所决定的，结果肯定是柔远能迩，近者悦，远者来；德不孤，必有邻。我们血脉中流淌的就是这种文化，遗传的就是这种文化基因。这种文化遗传密码就决定了一个族群潜在的思维方式和行为方式，而不是他者。倘若外人不懂或不理解中华文化精髓甚至产生误解，那么我们最好沟通的方式就是对话。我们应该珍惜对话，在对话中向世界馈赠我们的文化，因为对话是彼此交往和达成相互理解的一种重要途径和方式。

如果按照美国区域研究学家本尼迪克特·安德森（Benedict Anderson，1936—   ）的说法，民族是"想象的共同体"，那也是一个文化共同体。中华民族却是一个文明共同体，一个命运共同体。民族这个概念是五百年前在中欧从部族建立起来的，逐渐成为整个欧洲要脱离罗马基督教会的管束而成立的国家。中国原来是一个王朝体制，既不是帝国也不是现代意义上的国家，王朝的文化秩序就是政治秩序，没有什么国家主权的想法。近现代以来，中国方才按照西方的办法构建起一个民族国家形态，以求立足于一个标榜民族主义的世界。其实族群与族群之不同，主要体现在文化方面，而不是人种方面。华夏族是由文化认定构建起来的，可以从其古典文化中找到其构建的素材，而不仅仅是依靠血统。中华文化注重的是天下一家亲，不具有排他性。血统优越论往往是排他的，容易导致种族主义。美国政治学家塞缪尔·亨廷顿（Samuel P.Huntington，1927—2008）不了解中华文化，而视所有文化系统都是一元的、排他的（monosomic），这是一种偏差，由此导致所谓文明冲突论。倘若要破解文明冲突论的不合理性，其实只要认真了解中国古典文化的特性就可以了。

历史是人类自己创造的，人类又生活于历史为前提的当下，因为现实都是历史的产物或者说是历史的延续，所以恩格斯曾经指出"历史就是我们的一切"。我们应该树立大历史观，具有大的历史视野，上下千万年，纵横千万里，透过表面的历史现象，把握历史的本质与规律，审视当下，面向未来，"我们应该深刻认识和理解大历史观的意义，以宏阔的历史视野，审视人类文明的历史进程，在历史自觉的基础上始终保持历史清醒，站在历史正确的方向上，以历史主动精神推进中华民族伟大复兴的历史进程迈向新的境界，为人类文明作出新的更大贡献"①。中华民族的复兴最终还是文化的复兴，中国的文明崛起在实践上是创造一种人类文明新形态。与其说是文明的复兴，不如说是一种新文明理念的生动实践和人类文明新形态的生成，扎根中华文明，汲取西方文明，立足文明互鉴，始终向着人类文明跃升的方向，引导民族合乎逻辑地由坚定文化自信迈向文明自信。我们是有故事的民族，是有历史的民族，我们应该亲近我们的历史，亲近我们的古典文化。历史越古老，就犹如陈年老酒，香味越发浓郁；故事离得愈远，就犹如陌上花开，感觉更加动人。走在人世间大道上，寻找祖先的足迹，嗅出当时人的味道，那就叫气味相投；发起一场与当事人的对话，那就真的叫称心如意。不忘来时路，不忘历史的经验，回望遥远的过去，聆听历史的回音，汲取先辈的智慧，可能我们就会走的愈远，灯塔在前方，我们已经看到了彼岸，既有曙光又有辉煌！

　　要想懂得现在，我们就得了解过去。要想知道我们现在所处的位置，我们就得借助历史的坐标。要想准确地预测未来，我们就得利用历史这面镜子，因为看到过去多远，就能看到未来多远。"未来是由历史条件预先注定的"②，倘若按照孔子的话说，那就是"告诸往而知来者也"（《论语·学而》）。我们要实现民族伟大复兴，就要复兴我们的古典文化；要重新发现东方，就要从重新发现古典文化开始；从中洞察中国独特的文化传统和独特的历史命运，彰显有价值意味的中国特色，为重塑世界新秩序和构建人类命运共同体贡献中华文化的力量。我们完全相信中华文明及其古典文化具有永不休止的创新与创造的活力，助力并适应民族和世界未来美好愿景。

① 韩震：《关于大历史观的哲学思考》，《新华文摘》2022 年第 19 期。
② ［美］埃德蒙·菲尔普斯：《大繁荣》，余江译，中信出版社 2013 年版，扉页。

绪　论

> 人类最初是从幻想通天开启伟大想象力的，这是这个星球上的一个伟大的奇迹。
>
> ——题记

古巫术乃人类最早之文化模式，几与人类原始思维同步，源自邃古之初；古巫术亦为人类文明之起源，甚或言，现今人类文化的一些范型可能早已萌动于古巫术。初民社会的巫术与阶级社会的宗教毕竟各有其不同特点，但不可否认宗教与巫术的历史关联性；巫术与科学当然不是一回事，但是巫术也与科学之起源与发展相关联，现代科学如果不数典忘祖的话即该回首关注巫术。英国社会人类学功能派开山者之一马林诺夫斯基（B.Malinowski，1884—1942）认为："无论怎样原始的民族，都有宗教与巫术、科学态度与科学。……一方面，传统行为与遵守是被土人看得神圣不可侵犯；既有寅畏的情绪，又有禁令与特律底约束。这些行为与遵守都是与超自然力的信仰（特别是巫术信仰）弄在一起，那便是与生灵、精灵、鬼灵、祖先、神祇等观念弄在一起。另一方面，稍加思考，我们便可了然：倘于自然现象没有仔细观察，倘于自然规律没有坚固信仰，倘若没有推理能力与对于这种能力的自信，无论怎样原始的艺术与行业，便都不会发明出来，不会维持下去；且在渔猎、耕种、求食各方面，也都难有组织进行。"① 当然，巫术与文明、科学之关系

----

① ［英］马林诺夫斯基：《巫术科学宗教与神话》，李安宅译，上海社会科学院出版社 2017 年版，第 1—2 页。

既有消极一面，亦存积极一面，乃需历史地、唯物地、辩证地看待此问题。李安宅曾说过："我们不要以为现在留下来的巫术是迷信，轻视它的历史价值。迷信固是迷信，但它有过它的光荣历史。"[①] 我们研究中国古代史，尤其是中国古代文化史，就不能忽视巫术在中国古代文明演进过程中的地位与作用，否则，我们就将失去打开中国古代文明史的一把钥匙。[②] 张光直先生把世界各古老文明区分为两大系统，一个系统是以中国和玛雅为代表的具有世界普遍性的"萨满式文明"；一个系统是以两河流域文明为源头的西方式文明；前者是"连续性文明"，后者是"突破性文明"；并通过研究中国古代巫术形态后断言："中国的形态很可能是全世界向文明转进的主要形态，而西方的形态实在是个例外，因此社会科学里面，自西方经验而来的一般法则不能有普遍的应用性。"[③] 中国文明时代与野蛮时代有很大连续性，而西方文明却具有借技术和贸易发展起来的破裂性；当然作为原生文明形态，我们更需要研究中国向文明转进的过程及其规律，然后奉献于世界。在西方汉学研究领域，"巫"之研究同样倍受关注，"原因是它同中国宗教／科学的背景有关，这样的背景对理解中国文化在世界历史上的地位太重要。"[④] 然而，我们在研究中国古代史时，却普遍把巫术与巫教之分量看轻了，此乃有悖于史实。[⑤] 事实上，中国古代巫术或巫教之研究，不仅是历史学家之事，同样亦为关心人类早期文明发展的人类学家、民俗学家以及终极关怀的哲学家、宗教学家所应关注之领域。

---

① 引自童恩正《中国古代的巫》，《中国社会科学》1995 年第 5 期。

② 李学勤先生认为："礼是传统文化的核心，如果忽略了其中的宗教崇拜及有关的思想观念，于传统文化便不能全面的理解。""研究中国传统宗教及其思想，有可能揭示出一些独特的观念和原则，从而使人们对人类早期文化的发展有更多的认识。"同时，他又十分遗憾的是继 20 世纪 30 年代陈梦家先生曾有《商代的神话与巫术》撰文之外，有关研究实在少得可怜。(参见李学勤《失落的文明》，上海文艺出版社 1997 年版，第 146、148 页)

③ [美] 张光直：《连续与破裂：一个文明起源新说的草稿》，《中国青铜时代》，生活·读书·新知三联书店 1999 年版，第 487 页。

④ 李零：《中国方术续考》，东方出版社 2000 年版，第 76 页。

⑤ 张光直说："许多人在研究中国古代宗教时，把巫教的分量看轻了，这是因为它的力量在后来较衰微了。用后世衰微的情况推证上古的宗教情况，就容易犯上述的错误。"([美] 张光直：《青铜挥麈》，上海文艺出版社 2000 年版，第 367 页)

一、史前巫术向夏商时期巫教演变

巫术之出现乃是世界性历史现象，正若人类需要经过一个石器时代一样，不可逾越。原始人的世界是一个巫术的世界。马林诺夫斯基说："我们站得高高在上，站在文明进步的'象牙之塔'，一无忧百无虑的，自然容易看着巫术是多么粗浅而无关紧要阿！然而倘无巫术，原始人便不会胜过实际困难像他已经作得那样，而且人类也不会进步到高级的文化。因此，原始社会乃有普遍的巫术，普遍的巫术权威。"①当原始社会进入文明的门槛，国家权力机构就要同原始巫术结合起来，用于治国理政，巫术于是乎就升格为巫教，全然具有了现代对于宗教定义的一些构成要素，也摇身转变为国家与社会的主流意识形态。中国与西方原始都是巫文化统治……华夏文化亦有自己的巫文化传统。②所以，中国上古社会也经历了一个由原始社会的巫术时期，到文明初期的巫教时期，然后渐渐过渡到人文时期。西周恰是神灵巫教向世俗人文过渡的关键时期，经过春秋战国的"轴心期"或者说"百家争鸣"，中国社会完成了"内向超越"或者说"哲学突破"，并进入世俗人文时期。现在简单梳理一下从史前巫术到夏商巫教的衍变过程及其理路。

（一）史前时代之巫术

1. 巫术起源

研究任何事物及其现象最好从其起源开始，如此才会全面地审视与把握该事物及其现象的来龙去脉，揭示出该事物及其现象的本质与规律。巫术是人类特有的精神文化现象，也是人类进化到一定阶段之产物。据最新的考古学成果显示，人类社会的历史至少可上溯到近 400 万年以前。现已发现的最早的人类即早期猿人的化石，主要有非洲坦桑尼亚和埃塞俄比亚的人类化石。1974 年至 1975 年在坦桑尼亚北部伽鲁西河流域的拉托利地层发现 13

---

① ［英］马林诺夫斯基：《巫术科学宗教与神话》，第 113 页。
② 金春峰：《"巫史传统"与中国哲学之我见》，《中国文化》2022 年第 2 期。

个成年早期人类的化石，测定年代约为 377 万—359 万年前，这是目前所知最早的人类化石；1973 年至 1974 年在埃塞俄比亚东北部发现的哈达尔人化石，测定年代约为 350 万年前；更为奇异的是 1978 年在坦桑尼亚的拉托利发现约 370 万年前远古人留下的两行脚印的化石。人类曾有长达几百万年的时间依靠采集及狩猎为生；大约在距今 7 万年到 3 万年前，出现了新的思维和沟通方式，即产生了认知革命；大约 1 万年前人类生活方式从采集向农业转变，即产生了农业革命，是由人类脑力所推动的进步故事。① 由此看来，巫术只能伴随这种所谓"认知革命"而产生，处于"无认知"状态的人类无论如何不会产生巫术这一人类文化奇葩。

（1）何谓巫术

从历史角度说，巫与巫术是变化着的动态概念②，在不同的历史时期其

① 参见［以色列］尤瓦尔·赫拉利《人类简史》，林俊宏译，中信出版集团 2017 年版，第 20、75 页。

② 巫术，本来和其它事物名词一样就是指称一个事物而已，待到人们将此作为研究对象时，又变成一个术语名词。但无论如何，总该有一个令人清楚明晰的定义。然而，现代人使用时，总是带有很大的随意性，结果是含混不清，解释不一，造成很多麻烦，即学术界在此领域的无政府状态。当我们查阅当代流行的"巫术"定义时，就会发现其概念的内涵与外延与我国古代的巫觋的"巫术"有很大差异，既然我们研究的对象是中国古代"巫术"，那么我们就应该弄清楚这些差异，以免概念上的模糊与混淆及进入研究的误区。现在需要罗列几本比较权威的"典籍"的定义：1.《简明不列颠大百科全书》定义为："巫术（wichcraft），为了反社会的邪恶目的而以人力运用据说是超自然的力量。……在技术发达的现代文化形态中，仍有人相信巫术，在许多无文字的社会中，对它的信仰依然是具有强大潜在力的因素。……19 和 20 世纪，这种遍见于世界的现象成为广泛的人类学研究的题目。2.《辞海》解释"巫术"为："幻想依靠'超自然力'对客体加强影响或控制的活动。是原始社会的信仰和后世天文、历算、医术、宗教的起源，产生于原始社会前期，可能略迟于法术。与法术的不同之处在于巫术已具有了模糊的'超自然力'观念，并认为行巫者具备这种能力。巫术与宗教的不同之处在于巫术尚不涉及神灵观念，并且不是将客体神化，向其敬拜求告，而是影响或控制客体。各种宗教产生后，巫术仍在某些宗教中流行。"3.《苏联大百科全书》定义为："巫术是一种附有信仰的仪式，即相信人能通过超自然的途径对他人、动物、自然现象，以及想象中的鬼神产生影响。"4.《中国大百科全书》定义为："利用虚构的'超自然力量'实现某种愿望的法术。与原始宗教有联系，是原始人的观念和信仰。巫术形式多种多样，有祈求、比拟巫术，接触、驱赶巫术，诅咒、灵符巫术，占卜、禁忌巫术等。职司巫术的人称'巫'，主要职司是奉祀天帝鬼神及为人祈福禳灾，兼事占卜、星历之术。巫的权力很大，他们在巫术传承、保存

内涵与外延是不同的，在现代文化语境中巫与巫术已经声名狼藉，正如有些古代原始部族或者现代人对于"黑巫术"那样，"巫术可以说永远在伺机干坏事和伤害人……巫术是在它发生作用的那一瞬间表现出来的；当它被发现时，坏事已经干完了"①。其实这是现代人对于古代巫与巫术的理解偏差所致。巫术在现在国内外学者中普遍受到重视，学人们对它并不感到陌生，在史学、哲学、宗教、文学、艺术、文化人类学、考古学、民族学等人文科学中都有涉及巫术方面的内容，巫术似乎又成为学人与学科的奴婢，随时可见，但有时却已面目全非。我们不能够以现代巫及巫术之观念去审视中国古代巫文化，因为这种文化落差会导致研究者进入误区，我们应该真正以严肃的态度对待中国巫术文化之研究。中国传统观念中对于巫以及巫所施之巫术是高度崇奉与认可的。先秦古籍《山海经》较早地记载了我国古代大量巫与巫术"做法"，也许这部神奇的巨著可能就是当时巫人所作，如《大荒西经》记述了群巫升降于灵山："大荒之中，有山，名丰沮玉门，日月所入。有灵山，巫咸、巫即、巫盼、巫彭、巫姑、巫真、巫礼、巫抵、巫谢、巫罗十巫，以此升降，百药爰在。"汉代许慎《说文解字》云："巫，祝也。女能事无形，以舞降神者也。"在男曰觋，在女曰巫。瞿兑之《释巫》云："巫也者，处乎人神之间，而求以人之道通于神明者也。"②由此看来，降神是巫觋之职业，舞与升降只是其手段，然后"做法"达到巫术之目的。

中外学者对于巫术都给出各种不同的定义与认识。比如外国学者马林诺夫斯基说："巫术——哈，这个字眼底本身就好像充满了魔力，在背后代表着一个神妙莫测、光怪陆离的世界！"③伏尔泰说："何谓巫术？巫术就是能做出自然所做不到的秘密，就是不可能之事。在任何时代，都有人相信巫术。巫术（magic）一词来自迦勒底语'术士'（mag，magdim，

和传布本民族文化中占有十分重要的地位。……随着社会的发展进化，巫、觋的职权逐渐缩小，并演成以装神弄鬼替人祈祷为职业的巫师。在现代，巫术在一些落后的地区尚未完全消失。"略作比较，最后一个概念解释较为贴切。有人说，巫术只是人的原始愚昧，是的，没有原始愚昧也就没有巫术，但是，巫术又不完全是原始愚昧的产物。

① ［法］列维·布留尔：《原始思维》，商务印书馆1981年版，第378页。
② 瞿兑之：《释巫》，《燕京学报》1930年第7期。
③ ［英］马林诺夫斯基：《巫术科学宗教与神话·述》，第74页。

mages)。"① 中国学者李零从字源学角度梳理"巫"中外不同称谓："西语中的'巫'有许多不同说法，以英语为例，它的 wizard（男巫）/witch（女巫）是来自古英语（前者本义为'智者'，后者则多指擅长'黑巫术'的'老妖婆'），sorcerer（男巫）/soceress（女巫）是来自拉丁语（本指擅长占卜的人），magician、mage（巫，不分男女）是来自波斯语（本指祆教僧侣），shaman（巫，不分男女）是来自通古斯语（本指萨满巫师）。现代汉学家比较喜欢用来自最后一词的 shamanism（萨满教）泛指世界各地的巫术，特别是东北亚和中南美的巫术，其中也包括中国的巫术，想凭这种跨文化的概念来解读中国考古／艺术材料中的视觉形象。"② 金春峰说："起源于西伯利亚，广泛传播于我国北方及欧洲以至希腊的萨满，就是一种巫师。"③ 其实中国古代的巫术是有别于 shamanism（萨满教）的。"中国古文献中的'巫'是与'祝宗卜史'类似的神媒，合称都叫'巫'，析言则女曰'巫'，男曰'觋'。"④ 高国藩说："人类为了生存，便凭借着对大自然的一些神秘与虚幻的认识，创造了各种法术，以期能够寄托和实现某些愿望，这种法术就叫巫术。"⑤ 张紫晨说："巫术，在国际上用 Magic 来表示，在中国则以'做法'或法术相称。国际上已把巫的活动、做法上升为学术术语，并赋予它以科学的概念。巫术是人类企图对环境或外界作可能的控制的一种行为，它是建立在某种信仰或信奉基础上，出于控制事物的企图而采取的行为。"⑥ 简单说来，所谓巫术是人们利用虚构的"超自然力量"来实现某种愿望的法术。在远古信仰时代，人们表现为对万物有灵的信仰和对自然、图腾、祖先的崇拜，并以频繁祭祀、降神附体、跳神驱鬼、卜问神灵等手段为人祈福免灾，皆是巫术的种种行色不同的表现形式。

神灵观念与臆想联系是巫或巫术的两大精神支柱或基本原则。无论是

① ［法］伏尔泰：《风俗论》（上册），梁守锵译，商务印书馆 1994 年版，第 148 页。

② 李零：《中国方术续考》，第 41 页。

③ 金春峰：《"巫史传统"与中国哲学之我见》，《中国文化》2022 年第 2 期。

④ 李零：《中国方术续考》，第 43 页。

⑤ 高国藩：《中国巫术史》，上海三联书店 1999 年版，第 1 页。

⑥ 张紫晨：《中国巫术》，第 37 页。

萨满法式还是祭祀仪式，也无论是顺势巫术还是接触巫术，无不是在神灵观念指使下将人与神或人与事或人与物联系起来，然后达到施巫之目的。巫师一旦缺乏神灵观念，也就失掉了"超自然力量"；而没有了"超自然力量"的信仰，那无论何种巫术都将无法施展出来。布鲁斯·林肯认为："'巫术'……不是无聊的迷信……它乃是非亚里士多德式的、共源的因果关系的一个系统，其中各项东西被认为是能够彼此起作用的。"① 这彼此作用就是神灵的作用，是"超自然力量"作用的结果。巫师主要是通过臆想联系将各种事物或事件相互关联起来，一旦失掉了臆想关联，那所谓"交感巫术"的巫术原理也将不复存在。英国民族学家弗雷泽在谈到"巫术原理"时指出："如果我们分析巫术赖以建立的思想原则，便会发现它们可归结为两个方面：第一是'同类相生'或果必同因；第二是'物体一经互相接触，在中断实体接触后还会继续远距离的互相作用'。前者可称之为'相似律'，后者可称作'接触律'或'触染律'。……基于相似律的法术叫做'顺势巫术'或'模拟巫术'。基于接触律或触染律的法术叫做'接触巫术'。"② 无论是顺势巫术还是接触巫术，都离不开臆想联系这个环节或途径。

我们现在研究中运用的"巫"或"巫术"概念是一个立足于中国的学术用语，既要与现代西方的所谓"黑巫术"划清界限，又要与由古代巫术心理衍生的现代文化现象如祈福避免混淆。中国古代正统的巫与巫术定义及巫术现象记载都具有一个典型的特征，那就是巫通过降神过程而施法，可谓神通广大，属于社会中的特殊阶层。巫术与宗教之间是有关联的，有的人甚至认为巫术就是一种宗教行为，"巫术论把巫术与宗教对立起来是难以自圆其说的。实质上，巫术本身就是一种宗教行为，有了巫术活动，就有了宗教，不能把巫术说成是宗教的前奏。"③ 巫术可以作为原始宗教看待应该是没有问

① Bruce Lincoln, Myth, Cosmos, and Society (Cambridge, MA: Harvard University Press, 1986), p.110. 转引自 [美] 金白莉·帕顿，本杰明·雷依主编《巫术的踪影：后现代时期的比较宗教研究》，田炜、宋丽莉译，中国人民大学出版社 2005 年版，第 20 页。
② [英] J.G. 弗雷泽：《金枝》，徐育新、汪培基、张泽石译，新世界出版社 2006 年版，第 12 页。
③ 吕大吉：《宗教学通论新编》，中国社会科学出版社 1998 年版，第 485 页。

题的，但是中国远古巫术进入文明门槛之后，巫术显然受到国家的重视并上升到在国家治理中的地位，我们将其称为巫教，有别于原始社会时期的巫术。也就是说，巫术是人类原始社会发展到一定阶段的产物，巫教又是原始社会进入文明社会的产物。学者认为"在人类文化发展史上，应该是先有原始巫术，后有原始宗教。原始宗教在原始巫术的基础上发展起来，也相信有神灵的存在。"① 如此我们就可以将中国早期巫术发展分为两个阶段：原始社会巫术和文明社会巫教。尽管文明社会仍旧会存在原始社会巫术的孑遗或变种，但是文明社会的"巫教"与原始社会的"巫术"确实还是有区别的，不可混同。

（2）巫术起源论

人类产生之初不可能产生任何巫术观念和神灵信仰，所以巫术是有其起源的。但是，由于人类早期原始社会不可能留下任何巫术痕迹，所有对于巫术之起源就只能通过理论进行推测。所以，西方学术界在对于巫术起源研究又陷入一种悲观主义的境地，并认为关于巫术与宗教起源研究视为一种得不出科学结论的"伪科学"，主张应该放弃这种无谓的研究。英国功能主义文化人类学家马林诺夫斯基甚至认为巫术无起源，他说："巫术永远没有'起源'，永远不是发明的、编造的。一切巫术简单地说都是'存在'，古已有之的存在，一切人生重要趣意而不为正常的理性努力所控制者，则在一切事物一切过程上，都自开天辟地以来便以巫术为主要伴随物了。"② 其实，这是一种历史虚无主义的表现，因此，我们不应该否定前人在巫术起源问题上探究的功夫与成果，同时应该坚信有关科学研究对于认识巫术起源的作用。

心理学的一种理论观点认为，巫术起源于人们对某些现象要求加以解释的理智需要。巫术行为的产生是基于人的理智，即理性主义的因果观念是巫术行为的思维根据。原始人本质上就已具有合乎理性的、因果联想能力和分辨善恶的需求，总是希望能够趋吉避凶，获得好的结果，于是他们就企图在导致善或恶的因素和条件方面施术，从而再现好事而防止恶事再次发生。

---

① 江林昌：《清华简〈祝辞〉与巫术咒语诗》，《深圳大学学报》（人文社会科学版）2014 年第 2 期。

② ［英］马林诺夫斯基：《巫术科学宗教与神话》，第 82 页。

主张者有詹·弗雷泽、K.T. 普拉斯、A. 维尔康特、E.W. 霍普金斯等。但许多人对此理论提出批评，认为其过于理智，没有论及巫术的感情部分。这就导致了另一个观点：巫术起源于人的情感，即非理性主义的情绪冲动导致了巫术行为。把巫术作为一种思维形态来研究，就必须找到导致这种思维产生的心理及精神基础。尤其巫术的普遍存在，表现出人类的共同心理素质和精神面貌。这种心理素质所具有的共同特征，就是巫术思维产生的根源，也是巫术及其文化的共同根源。

社会学理论观点认为，巫术起源于社会本身和社会的需要。巫术行为是社会意识的产物，即社会性的集体需要是导致巫术行为的基础。原始人没有个人产生的观念和情感，因而也没有个人的行为，完全是集体的、社会化的。由于社会需求的压力，整个群体的普遍意识产生了恐惧、祈望等情感和某种因果关系的幻觉或错觉，产生出了种种信仰以及与之相应的行为，也就形成了巫术。巫术是"集体表象"的结果，所以巫术特别盛行在图腾文化的社会中。其主张者有 H. 休伯特、M. 莫斯、E. 杜尔干、列维·布留尔等。

马克思真正解释宗教的本质及其起源，并可以反观巫术。马克思认为，宗教的根源不是在天上，而是在人间。"人创造了宗教，而不是宗教创造人。……但是，人不是抽象的蛰居于世界之外的存在物。人就是人的世界，就是国家，社会。这个国家、这个社会产生了宗教，一种颠倒的世界意识，因为它们就是颠倒的世界。……宗教是人的本质在幻想中的实现，因为人的本质不具有真正的现实性。……宗教里苦难既是现实的苦难的表现，又是对这种现实的苦难的抗议。"① 历史唯物主义及考古学告诉我们：巫术是社会经济生活发展到一定阶段的产物。巫术是有其客观的社会历史根源的。

从不同的视觉考察巫术起源，不同学科或学派学者们给出了不同的答案，这也不足为奇。理论应该是丰富多彩的，人类对于事物的研究也是永无止境的，但是人们还是可以给出科学的合理的论断。

（3）巫术起始于智人阶段

《楚辞·天问》云："邃古之初，谁传导之？上下未形，何由考之？"旧

---

① 《马克思恩格斯列宁斯大林论宗教和无神论》，人民出版社 1999 年版，第 207 页。

石器时代是人类历史可以考见的发展阶段，其延续时间占迄今人类历史的99%以上。古人类学认为人类进化大体经历了猿人（南猿）、直立人和智人三个阶段。① 前两个阶段相当于人类考古学上所划分的旧石器时代早期，最后一个阶段相当于旧石器时代中期和晚期。那时人们过着以采集和渔猎为生的原始生活，这也许就是女娲氏抟土造人等的神话传说时代。南猿约在200万年前学会制造工具，并已有萌芽状态的语言，吕大吉认为，根据南猿阶段的语言发展水平可以推断，灵魂和神灵之类的基本观念是不可能出现于南猿的思维之中的，并从我国人类学的考古发现证实这一结论。从云南的元谋人（约100万年前）和陕西的蓝田人（约60万年前）到北京人（约50万年前），这一阶段的原始人类是没有产生宗教观念和宗教幻想的。北京人的遗物很多，石器工具数以万计，且知道用火和保留火种，但却没有任何与宗教观念有关的痕迹，也就是说，"至今在处于旧石器时代早期原始直立人的遗址中未发现任何宗教性的遗迹"②。

大约在二三十万年前，直立人开始向智人过渡。这一时期，智人可以制造专门化的复合工具和武器，晚期已经发明了弓箭。智人阶段产生了"认知革命"，智人的智力水平已能进行抽象的思维，有稳定的想象和联想，"在他们的幻想世界里，形成某种灵魂之类宗教观念已成为可能发生的事情，事实上，这已不是单纯的推测之词，而是有考古事实可证"③。据文化人类学家研究，最初的人类是没有宗教意识的，考古发现，人类史前宗教活动多集中在旧石器时代晚期。有材料表明，从尼安德特人所谓"莫斯特文化"作为旧石器时代中期智人的典型文化，就已经有了把食物及人工制品与死者一同埋葬的习俗，这被认为同原始人的灵魂观念有关，于是，巫术的发生上推到旧石器时代中期，即大约14—10万年以前。④

① 林耀华主编：《原始社会史》，中华书局1988年版，第24—25页。
② 吕大吉：《宗教学通论新编》，第462—463页。
③ 吕大吉：《宗教学通论新编》，第463页。
④ 约翰内斯堡威德沃特斯兰特大学解剖学系主任菲利浦·V. 托拜厄斯（Philip V Tobias）根据红色赭石与真人骨骼同一处发现的材料，认为在100多万年前就可能有人把这种颜色使用的铁矿石材料用之于宗教仪式。即使这一猜测是准确的，巫术活动也仍旧远远迟于300万年前人造工具的开端，何况菲利浦的结论应当存疑。(参见邓福星《艺术前的艺术》，

旧石器时代中晚期的原始人在极低生产力水平条件下，对周围的世界处于极低的认识水准，于是乎对于自己不能认识的事物尤其是自然现象产生朴素的崇拜情结，这包括对日月星辰、风雨雷电、山川湖海、各种动植物、火与石等等崇拜，其结果就是将这些事物作为异己的力量化为神灵，反过来再控制人类自身。一旦原始人有了生与死的观念，生与死就被分别为两个世界，自然就产生了沟通两个世界的愿望，于是也就出现了相关的巫术仪式及沟通两个世界的半人半鬼神之人。这种人就是早期巫觋，承担起沟通生与死的两个世界的角色，然后扩大到与其他神灵相沟通，待到天和地的观念出现后，又增加了沟通天地的职能。考古资料证明，人们的灵魂观念是随着社会的发展而发展，与不同时代的生产力发展水平是基本相应的。丧葬便是原始巫术意识最常见的表现形式，旧石器时代中期就已开始出现埋葬死者的习俗。人类从此制造简陋工具，有了思想意识、语言及社会组织。巫术亦从此起源，故伴之以神话传说，王国维云："巫觋之兴，在少暤之前，盖此事与文化俱古矣。"①

（二）旧石器时代巫术

在中国大地上，根据现在考古发现，最早留下原始巫术宗教遗迹的是山顶洞人。山顶洞人生活在距今约 18000 年前，在人类学上属于晚期智人或新人阶段。旧石器时代晚期北京周口店山顶洞遗址是我国迄今已发现的最早墓葬，在尸骨旁边撒上赤铁矿粉末并摆放各种类型的装饰品，"装饰品中有钻孔的小砾石、钻孔的石珠、穿孔的狐或獾或鹿的犬齿、刻沟的骨管、穿孔的海蚶壳和钻孔的青鱼眼上骨等。所有的装饰品都相当精致，小砾石的装饰品是用微绿色的火成岩从两面对钻成的。选择的砾石很周正，颇像现代妇女胸前佩戴的鸡心。小石珠是用白色的小石灰岩块磨成的，中间有小孔。穿孔

山东文艺出版社 1986 年版，第 27—28 页）但也有学者坚持认为，考古学家发现的距今 50 万年前的欧洲的阿布维利时期的人类和亚洲爪哇特里尼尔的人类化石中，都没有发现宗教意识的遗痕。（参见林少雄《洪荒燧影——甘肃彩陶的文化意蕴》，甘肃教育出版社 1999 年版，第 77 页）

① 王国维：《宋元戏曲史》，《王国维文集》，北京燕山出版社 1997 年版，第 51 页。

的牙齿是由齿根的两侧对挖穿通齿腔而成的。所有装饰品的穿孔，几乎都是红色，好像是它们的穿戴都用赤铁矿染过。"① 原始墓葬更能表明原始人的宗教信仰，这未尝不是初始巫术。作为石器时代原始巫术信仰的遗留，现代大洋洲的土人还经常用赭石涂身，意在增强力量。人类学资料也证明，牙齿穿孔是为了避邪祛灾的巫术需要。法国社会学家列维·布留尔说："几乎在任何社会集体中，不管它是什么类型，观察者都发现了在人死的时刻和在死后或短或长的一段时期中必须遵行的风俗、禁忌、仪式。"②

　　在旧石器时代，巫术还被用作狩猎、征战的重要辅助手段。这在我国大量的史前岩画中皆有充分的表现，因为巫术常常借助于原始艺术作为达到巫术效应的必要手段，原始艺术也就成为巫术的表现形式，原始人相信，只要画出围猎的场面，画出各种动物，或画出狩猎用的弓箭等武器，就等于控制了这些狩猎对象，即原始人意欲通过被认为是实际有效的图形来"达到对他所垂涎的动物在巫术意义上的占有"③。这在欧洲也得到证明，早在德国尼安德特人（Neandertal）那里就有了巫术性的对熊的祭礼仪式；在法国，夏芳德的洞穴中发现的有线刻的两只鹿的骨块，在蒙泰邦洞窟中有泥塑的无头熊，在熊的前面有一片当年踏歌起舞举行仪式留下的足印，显然是一种巫术仪式；在瑞士德拉贡（Dragon）的莱尔洞穴（Lair），熊的头盖骨和下颚明显被搜集在一起密藏在由石头堆积起来的石柜中，洞口则被大石板加以密封，这种对熊骨的特有安置明显也是和巫术仪式有关。④ 由于原始生产力的低下，原始人在自然面前的软弱无力，以及欲制服自然力的强烈愿望，就成为原始人产生巫术之动因。我国人类学资料更有所证明，独龙族的男子在进行集体狩猎前，举行一种射击预演，在剥下树皮的树干上用木炭画出各种野兽的形象然后向其射击，预演中射中何种野兽就会影响其实际狩猎，由于他们对

① 贾兰坡：《"北京人"的故居》，北京出版社1958年版，第41页。

② ［法］列维·布留尔：《原始思维》，商务印书馆1997年版，第293页。

③ 吉德：《永久的呈现》，转引自朱狄《艺术的起源》，中国青年出版社1999年版，第122页。

④ 参见朱伯雄主编《世界美术史·原始美术》第1卷，山东美术出版社1987年版，第17—89页；朱狄《信仰时代的文明——中西文化的趋同与差异》，中国青年出版社1999年版，第137页；朱狄《艺术的起源》，第124—125页。

所画的图画认为有某种魔力，因而需顶礼膜拜和祭祀。① 简·哈里森（Jane Harrison）在《古代艺术与宗教仪式》中说："野蛮人是行动者，他不要求神来做出他想要做的事情，他自己去做，或试图自己去做；他不祈祷，而念咒语。总之，他施行巫术，尤其是他很起劲地很频繁地忙于跳巫术舞。当一个野蛮人想要让太阳出来、起风或下雨，他不到教堂的假上帝面前趴在地下叩头；他召集他的部落，大家跳一个太阳舞、大风舞或霖雨舞。当他将要去狩猎捕熊，他不向他的上帝祈求力量，以便智胜或力取一头熊，他跳一个熊舞来排演他的狩猎。"②

旧石器时代是一个漫长的时代，这个时代的巫术在世界各地遗留下了很多的遗迹，相关资料是丰富的，内容是庞杂的，即可谓是巫术的早期阶段，也可以说是人类精神发育的前期，为人类的进步奠定了一个必要的基础。

（三）新石器时代巫术

大约距今 1.2 万年，更新世结束，全新世开始，旧石器时代向新石器时代过渡。旧石器时代，人类以采集和渔猎为生，属"攫取性经济"，新石器时代有了农业和家畜饲养业，属"生产性经济"。到了新石器时代，巫术资料更为丰富。我国新石器时代遗址至今已经发现了 7000 多处，其中经正式科学发掘的较大遗址亦数以百计，留下了宝贵的巫术资料。

1. 考古发现巫术资料

（1）巫师形象已经出现

新石器时代岩画中涌现出不少各种各样的巫师形象，如山西吉县防风崖岩画中有两个巫师形象，内蒙古白岔河双合岩画靥面的两个巫师形象。彩陶画面上亦描绘出巫觋形象，如青海大通上孙家寨出土的彩陶盆上的舞蹈人物、马厂类型陶器上的人蛙合体图案、西安半坡仰韶文化遗址出土陶盆上人面鱼纹彩。半坡的"人面鱼纹"和古代神话里的伏羲女娲像所呈现的人头蛇

---

① 刘锡诚：《中国原始艺术》，上海文艺出版社 1998 年版，第 30 页。

② 转引自 [印度] 德·恰托巴底亚耶《顺世论》，商务印书馆 1992 年版，第 115—116 页。

身形像在本质上没有什么区别，都是表现出不同于一般人的超自然力。《山海经》载巫师常"珥两青蛇"，郭璞注："以蛇贯耳。"如是，则半坡巫师是以鱼贯耳。玉雕巫师形象亦有出土，如良渚文化出土的玉琮和其他一些玉饰件表面常雕有神人兽面纹的巫师形象。① 雕塑的巫师形象更为直观，如马家窑文化马厂类型的青海乐都柳湾出土的阴阳人。② 巫师墓葬的发现更能证明巫师之存在，如河南濮阳西水坡新石器时代墓葬的主人可能就是一个大巫师。③ 如此表明巫术之发展进入一个新的阶段。叶舒宪说："史前时期，在巫以玉事神的长期礼仪实践中形成的华夏大传统，铸塑出以玉为神灵和永生的信仰和神话体系，可简称为'玉教'。"④

（2）墓葬中巫术意识表现已更为明显

旧石器时代的巫习仍旧沿袭，距今 7000 年左右的广西甑皮岩遗址洞穴中，头骨和盆骨上残存赤铁矿红色粉末；王湾一期墓葬，死者头上涂朱现象亦较为普遍。随葬品更加丰富，柳湾墓地随葬品最多一座达 91 件，仅精美的彩陶壶类就有 73 件，山东大汶口墓地已发掘的 133 座墓中随葬品在 30 件以上的就占 15%。魂灵不死观念亦有所体现，半坡类型墓葬出现一种瓮棺葬，除个别为成人二次葬外，绝大多数埋葬幼儿，其葬具一般为一个夹砂红陶瓮上扣一个泥质红陶钵或盆，但钵或盆上往往钻一个小孔，以供死者"灵魂"出入。人祭与殉葬已经出现，死的世界要和生的世界同构并同序，马家窑文化马厂类型蒋家坪遗址的一座大墓，墓主人骨架下挖一个长方形的深坑，坑内分层埋葬猪、狗 4 只，人骨 1 具，人头 1 个，据研究头骨为人祭的遗存。后岗一期文化河南省濮阳县西水坡墓葬遗址极能代表一种巫术意识，其第 45 号墓室中央男性墓主两侧用蚌壳精心摆塑 1 龙 1 虎，龙居右侧，虎居左侧，该种摆塑共三组，第二组龙、虎、鹿叠塑一体，鹿卧于虎背，第三

---

① 参见盖山林《中国岩画学》，书目文献出版社 1995 年版，第 85—165 页。
② 参见 [美] 张光直《仰韶文化的巫觋资料》，《"中研院"历史语言研究所集刊》第四本第三分，1993 年。
③ 参见《河南濮阳西水坡遗址发掘简报》，《文物》1988 年第 3 期；[美] 张光直《濮阳三跷与中国古代美术上的人兽母题》，《中国青铜时代》，第 319—325 页。
④ 叶舒宪：《从玉教神话观看儒道思想的巫术根源》，《哲学与文化》第 39 卷第 6 期。

组龙、虎、人等各呈神采，人骑于龙项。45 号墓主不仅以龙虎相伴，同时还有 3 人随葬，这说明墓主已非一般氏族成员，可能是氏族或部落的首领，同时最可能是一名大巫师，龙虎为通神助手，据考古工作者推测，其余两组摆塑可能是一种祭祀遗迹。其它还有各种葬俗，如长江下游北阴阳营文化墓葬中发现将花石子置于死者的口中，此乃周代死者唅之滥觞，墓地的墓葬具有一定方向排列等等，这些也一样反映出当时人的巫术意识，是原始人祖先崇拜和灵魂不灭观念的产物。当代民俗资料也存在对鬼魂的处理，如招魂、送魂、驱鬼等，这可以作为我们当代人理解原始人葬俗的补充。

（3）生殖巫术

生殖巫术表现为顺势巫术，通过对生殖器的崇拜达到祈求繁衍之目的。人类的历史就是一部物质生产和人类自身生产的历史，远古时代的人类种的繁衍就显得尤其重要。①《诗·大雅·绵》咏周族起源是其显证，云："绵绵瓜瓞。民之初生。"距今 25000 年左右的属于旧石器时代晚期的广西靖西县同德乡岩怀山的岩画上绘有两幅女性生殖器图，并磨刻有 18 幅女性生殖器图，表现了当时人们对女阴崇拜的观念。② 对男性生殖器官的崇拜出现较晚，属于新石器时代中、晚期的广西靖西县旧州村的独峰山岩画，有用平涂法绘制成的男根崇拜图形。仰韶文化甘肃省甘谷灰地儿、陕西省铜川市李家沟等遗址的晚期遗存、大汶口文化的山东潍坊罗家口遗址、屈家岭文化的湖北京山屈家岭遗址、龙山文化的陕西华县泉护村遗址、长安客省庄遗址、河南信阳三里店遗址以及马家窑文化和齐家文化的一些遗址皆发现对男性崇拜的陶祖，新疆木垒县四道沟新石器时代文化遗址发现了石祖，山东日照两城镇龙山文化遗址发现的玉锛上还有两种男根图案。美国心理学家鲁道夫·阿恩海姆言："同整个远古时代的原始人一样，今天的原始部落也习惯于到处运用男性生殖器作为某种象征，但是他们从来就没有把作为仪礼象征的生殖

---

① 恩格斯指出："根据唯物主义观点，历史中的决定性因素，归根结蒂是直接生活的生产和再生产，但是生产又有两种：一方面是生活资料即食物、衣服、住房以及为此所必须的工具的生产；另一方面是人类自身的生产，即种的蕃衍。"（《马克思恩格斯选集》第 4 卷，人民出版社 1972 年版，第 2 页）

② 参见晁福林《先秦民俗史》，上海人民出版社 2001 年版，第 239 页。

器与普通的阴茎混为一谈。在他们眼里，这种具有象征意义的男性生殖器代表着一种富有创造性的力量，它不仅能使人类生长繁衍，而且能够使人恢复健康。用莱曼的话说：'这是一种超自然力量'。"① 在原始人认识到男女结合为生育基础后，于是男女结合就被神圣化。原始人在岩画上画出了人与人交媾、人与动物交媾的场面，就相信人口就能繁衍与健康。这在宁夏、新疆、青海、内蒙古、广西、云南等地岩画中皆有发现。辽宁东港市后洼的红山文化遗址还出土了一件陶塑头像，是一面为男像、另一面为女像的两面塑。各地发现的妇女雕像，已表现出对女性生殖力的崇拜，红山文化出土的女性陶塑群，"陶塑残块中还有因年龄差异而发育不同的乳房、圆润的肩膀、肉感极强的修长手指"，青海乐都柳湾出土的陶壶上的裸体女性浮雕，生殖器雕塑得十分显露，是史前祝殖巫术所用的器具。② 此外，河北滦平县后台子新石器遗址下层出土文物中采集到 6 尊石雕女像，内蒙古林西县西门外兴隆洼文化遗址出土两件花岗岩女性石雕像等，妇女特征明显，鼓腹凸乳。这些显然与求子或繁殖巫术有关。原始人崇拜女性生殖力，还认为女性生殖力与庄稼丰歉之间存在着一种交感巫术的关系。法国社会学家列维·布留尔在《原始思维》中记述："在巴干达人那里，'不孕的妻子通常都被撵走，因为她妨碍自己丈夫的果园挂果……相反的，多产妇女的果园产果必定丰饶。'只是为了抵抗讨厌的互渗。在另一种场合下，又是试图引起有益的互渗。例如，在日本，'树木的嫁接应当只由年轻人来作，因为嫁接的树木特别需要生命力'。"③ 詹·弗雷泽在《金枝》一书中引用大量世界各地的材料来证明这一点，"原始人认为两性关系对于植物具有感应影响，从而有些人把性行为作为促进土地丰产的手段。"④ 这种"感应巫术"在世界民俗资料中是常见的。生殖崇拜的出现，意味着人类第一次将生殖及其生命的动物本能上升成为人

① [美] 鲁道夫·阿恩海姆：《艺术与视知觉》，滕守尧等译，中国社会科学出版社 1984 年版，第 633 页。
② 参见王杰《柳湾墓地中的三个问题》，《考古与文物》1982 年第 6 期；张广立、赵信、王仁湘《黄河中上游地区出土的史前人形彩陶与陶塑初释》，《考古与文物》1983 年第 3 期。
③ [法] 列维·布留尔：《原始思维》，第 290 页。
④ [英] 詹·弗雷泽：《金枝》，徐育新等译，中国民间文艺出版社 1987 年版，第 206—209 页。

类的思想观念，并给出了严肃的合理的象征性答案。

(4) 巫术用具已大量出土

巫师在不同的"做法"中会使用不同的巫术工具，后世的权杖显然是典型的来自于巫术工具。卜骨与龟甲是巫师重要的通神工具。后岗二期文化中发现卜骨和穿孔龟甲；齐家文化的遗址和墓葬中发现卜骨，大都是用羊的肩胛骨，也有用猪和牛的肩胛骨制作的，大部分卜骨只灼不凿，个别遗址，如皇娘娘台，曾发现卜骨上有钻的痕迹；富河文化遗址发现了卜骨，系用鹿或羊的肩胛骨制作，不加修理，只有灼的痕迹，不钻不凿；龙山文化遗址也发现卜骨。卜骨成为这时人们预知未来吉凶的普遍巫术。

玉器作为祭祀天地的礼器的出土也是这个时期的显著特点。[①] 杨伯达分析了玉从石中分离出来的缘由："玉之美学和玉之神学两个基因，促成玉石彻底分化。如果说美丑是玉石分化的最初原因，但只能将石分为美石和丑石，未必能将玉从石中彻底剥离出来，那么玉亦神物的论点，即玉神物、玉神学确是玉石彻底分化的决定性基因。因为玉为巫看中并用以事神，使玉与神发生了联系，玉成为神物，有了神秘的神圣内涵之后，玉石分化方可继续进展。我们可以认为，此时玉石分化业已完成。玉石的社会功能截然不同，便分道扬镳，玉升华为巫以事神之神物，石乃多作工具，美石可用于制作装饰品。"[②]《周礼·春官·宗伯》云："以玉作六器，以礼天地四方。"齐家文化墓葬随葬玉斧、玉铲、玉琮、石璧等精致的礼器；粤北地区的石峡文化的墓葬中普遍发现具有巫具性质的玉琮、玉璧、玉瑗等随葬品；菘泽文化有的墓葬随葬玉璜；华南地区的石峡文化第三期的二次葬大墓中随葬一定数量的玉琮、玉璧、玉瑗等礼器；良渚文化的墓葬常用玉器随葬，有的墓随葬玉璧、玉琮达几十件之多，人骨和随葬的玉器上有火烧的痕迹，说明埋葬时举行过某种用火的殓葬仪式，显然是一种巫术行为；还有东北地区红山文化的积石冢中随葬了数量众多并十分精美的各种玉器，尤其引人注目的是作为原

---

① 张光直曾谈及玉器在巫术中的作用。参见其《谈"琮"及其在中国古史上的意义》，《中国青铜时代》，第289—304页。

② 杨伯达：《"玉神物"解》，《巫玉之光——中国史前玉文化论考》，上海古籍出版社2005年版，第58页。

始信仰的玉猪龙。

在新石器时代晚期出现了玉器时代，也是石器时代向青铜时代演进的过渡阶段，这显然与人类的精神生活进入一个新的阶段相关联，也为人类进入文明社会做好前期准备。玉器时代的玉器主要用于精神生活领域，并没有多少生产劳动的使用价值，从某种角度可以说，玉器的使用是巫术发展到一定高级阶段的产物，倘若没有巫术的需求，也许就不会出现一个茂盛的玉器时代，所以，所谓玉器时代就是巫术高级时代，即将进入文明的门槛。巫术的发展对于文明的诞生是有重要的意义的，没有巫术的发展就不可能有玉器时代，没有玉器时代，青铜时代的到来可能也会遥遥无期。在玉器时代看望文明社会，就犹如"它是站在海岸遥望海中已经看得见桅杆尖头了的一只航船，它是立于高山之巅远看东方已见光芒四射喷薄欲出的一轮朝日，它是躁动于母腹中的快要成熟了的一个婴儿"①。因此，中国的玉器时代是一个特殊的时代，一个高级的巫术时代，西方比起中国来中间缺少一个玉器时代，"玉器时代在中国正好代表从石器到铜器的转变，亦即从原始社会到国家城市社会中间的转变阶段，而这种转变在中国社会史上有它自己的特征。"②

此外，青海尕马台齐家文化遗址出土巫师所用的巫术用具照妖镜；大汶口文化早期出土的三足觚形杯无实用价值，也可能是专门为巫术活动制作的"法器"。

（5）祭祀遗迹已被发现

祭祀的基础就是相信同类事物可以感应相生，原始人以许多方式表演季节循环的戏剧，以求谷物丰收、家畜兴旺，或者对崇拜的对象表示虔诚，这样就产生了祭祀，然后又产生了用来解释祭祀的教条和神话。齐家文化大何庄遗址发现4处"石圆圈"遗迹，石圆圈用天然的砾石排列而成，直径4米左右，石圆圈周围分布着许多墓葬，而且还发现卜骨和牛、羊骨架，这与巫术仪式有关，是一种祭祀遗迹；在辽西的红山文化中发现了用石块围成的圆形祭台，同属新石器时代晚期的祭祀遗迹。红山文化东山嘴发现一处大型

---

① 毛泽东：《星星之火，可以燎原》，《毛泽东著作选编》，中共中央党校出版社2002年版，第26页。

② ［美］张光直：《中国青铜时代》，第304页。

石砌祭祀遗址，又在相距 50 公里的牛河梁村发现一座所谓"女神庙"，在女神庙的圆台址附近有小型孕妇陶塑像，大型人物坐像残件，双龙首玉璜，绿松石鸮形饰件和形制特异的彩陶器，东山嘴遗址的石建筑讲究方位、对称、主次，遗址选择在梁顶，全部遗迹按中轴线分布，有成组立石和陶塑人像群等，说明与原始巫术活动有关。三里河龙山文化墓中，发现两处特殊遗迹：一处是用大小相同的河光石铺成的长方形建筑，长 0.9 米，宽 0.6 米，在其西南 1 米处有一具完整的骨架，骨架下整齐地铺着黑陶片；另一处是河卵石铺成的圆形建筑，这两处是祭祀遗迹。新石器时代的巨石建筑，如辽宁海城市析木城村附近发现的叫作"姑嫂石"的两处石棚，四川大竹县的"无际石"，亦可能是祭祀场所。① 丧葬中的祭祀，从当时墓葬中出土的祭器规格和组合来看也已初步形成，如陕西襄汾陶寺龙山文化的大、中型墓葬中，案、俎上供奉着成套的酒器和牲肉，并出现了璧、琮之类的圣物，以及鼍鼓、特磬、土鼓等为祭典中用以享先祖的重器，可见祭祀活动的盛行。

(6) 巫术神话

巫术是人类精神生产、意识形态的产物，是人类早期的一大进步表现。神话诞生的另类解释，那就是"神话是萨满巫师或是个体的灵媒在 ecstasy 中的迷幻经历，是人的意识深处的真实景象，史前的部分美术图像是对这一主观迷幻经历的客观再现"②。巫教思维成了民族精神世界的底色，神话就像是巫术思维的"下脚料"一般。③ 马克思说："在野蛮时代低级阶段，人类的较高的属性便已开始发展起来了。……宗教中的对自然力的崇拜，关于人格化的神灵和关于一个主宰神的模糊观念，原始的诗歌，共同的住宅，玉蜀黍面包，都是这个时期的东西。……对于人类的进步贡献极大的想象力这一伟大的才能，这时已经创造出神话，故事和传说等等口头文学，已经成为人类的强大的刺激力。"④ 在中国的神话序列中，继承燧人氏钻木取火之后，最著

① 参见刘锡诚《中国原始艺术》，第 197—219 页。
② 曲枫：《图像时代的精神寓言——中国新石器时代的神话、艺术与思想》，黑龙江人民出版社 2017 年版，第 144 页。
③ 参见蔡先金《述古杂俎》，上海古籍出版社 2013 年版，第 4—5 页。
④ 《马克思古代社会史笔记》，人民出版社 1996 年版，第 178—179 页。

名的就是女娲、伏羲了。"娲，古之神圣女，化万物者也。"（许慎《说文解字》）"女娲，古神女而帝者，人面蛇身，一日中七十变。"（《山海经·大荒西经》郭璞注）"往古之时，四极废，九州裂，天下兼覆，地不周载……女娲炼五色石以补苍天，断鳌足以立四极。"（《淮南子·览冥训》）"伏羲始别八卦，以变化天下，天下法则，咸伏贡献，故曰伏羲也。"（《风俗通义·三皇》）"燧人之世……生伏羲……人首蛇身。"（《帝王世纪》）女娲、伏羲这种神人形象可能就是动物图腾与巫师相糅合的产物，或者就是巫师施法中化装的形象。《山海经》中还有"人首马身""豕身人面""鸟身人面"等形象。这种人与动物之间转换的形象，古书多有记载，如《国语·晋语》云："昔者鲧违帝命，殛之于羽山，化为黄熊，以入于羽渊。"《汉书》武帝本纪元封元年颜注引《淮南子》："禹治洪水，通轘辕山，化为熊。"马林诺夫斯基说："神话不但可以附会在巫术上……宗教底信仰与能力，也是要用神话的叙述来溯到本源上去的。不过宗教的神话乃是显明的信条，是对于来生、创造以及神性的信仰，而说成故事罢了。社会的神话，特别是在原始文化的社会，则常与解说巫术力量底根源的传说泯在一起，那么，我们可以不致言过其实地说，原始社会里而最模范最发达的神话，乃是巫术神话；神话底作用，不再解说，而在证实；不在满足好奇心，而在使人相信巫术底力量；不在闲话故事，而在证明信仰底真实。"① 中国古代神话园地是丰富多彩、争奇斗艳的，"从出土文献中的上古神话传说资料来看，中国上古神话传说可能比想象的更为精彩绝伦，彰显东方民族特有气质与想象力，丝毫也不逊色于世界上其他民族"②。

（7）巫术舞蹈仪式

汉代许慎《说文解字》"巫"字下云："巫，祝也，女能事无形以舞降神者也。象人两手舞形。与工同意。"刘师培言："舞从无声，巫、无叠韵。古重声训，疑巫字从舞得形，即从舞得义，故巫字并象舞形。"③《墨子·非

---

① ［英］马林诺夫斯基：《巫术科学宗教与神话》，第104—105页。
② 蔡先金：《简帛文学研究》，学习出版社2017年版，第46页。
③ 刘师培：《舞法起于祀神考》，钱钟书主编《刘师培辛亥前文选》，生活·读书·新知三联书店1998年版，第437页。

乐》云"恒舞于宫，是为巫风"。舞是巫的重要降神路径和通神状态，所以古人非常重视舞法，因为巫超越于凡世之上且其操守具有神圣性和超验性。在原始乐舞产生的过程中，常伴随一定的巫术活动，葛天氏之乐在一定程度上就表现出先民祈愿劳作顺利、庆祝收获丰硕的仪式中有巫术参与……为了更好地生存和劳动，他们迫切想要获得交感天地、沟通神明的能力，于是"巫"便应运而生。① 乐舞之用，官书常言为了"宣导其民"，其实是以降神为主。当时巫舞如何，文献也有记载。如《吕氏春秋》言葛天氏之乐"三人操牛尾，投足而歌八阕"；《虞书》记载舜命夔典乐，要求"八音克谐，无相夺伦，神人以和"，夔言"戛击鸣球，搏拊琴瑟以咏。祖考来格，虞宾在位，群后德让。下管鼗鼓，合止柷敔，笙镛以间。鸟兽跄跄，《萧韶》九成，凤凰来仪。""於！予击石拊石，百兽率舞。"法国社会学家列维·布留尔对于原始巫术舞蹈仪式作出这样的解释："在如此众多的原始民族那里发现的、追求着同一目的的那些表演、仪式、舞蹈（戴面具和不戴面具的、化妆的、穿特殊服装的、文身的舞蹈）——北美印第安人的野牛舞、墨西哥回乔尔人的鹿舞、朱尼人和蒲埃布洛人（Pueblos）的蛇舞，等等。……仪式和舞蹈的目的，是要通过神经兴奋和动作的忘形失神（在较发达的社会中或多或少也有类似的情形）来复活并维持这样一种与实质的联系，在这种联系中汇合了实在的个体、在个体中体现出的祖先、作为该个体的图腾的植物或动物种。在我们看来，这里必定有三个单独的实在，不管它们之间的亲族关系多么亲切。但对原始意识来说，个体、祖先和图腾则合二为一，同时又不失其三重性。"②

（8）颛顼之巫术变革

一般说来，我们总是习惯于用二分法看待我们周围的世界，也把我们的生活分为实践和理论两大活动领域，实质上在这两者之下还存在着一个更低的层次，原始人既不是纯理论的，也不是纯实践的，也就是说巫术意识与巫术活动是浑融统一的。在原始社会早期，巫术之风弥漫，人人祭神祀鬼，

① 吕文明、李明阳：《由艺向德：先秦礼乐施教功能建构研究》，《山东社会科学》2022 年第11 期。

② ［法］列维·布留尔：《原始思维》，第 85—86 页。

家家巫史，正如龚自珍所言："人之初，天下通，人上通；旦上天，夕上天。天与人，旦有语，夕有语。"① 史前时代，发生了一次重要的巫术变革事件，即颛顼之巫术变革。

帝颛顼高阳者，黄帝之孙而昌意之子也。从族源关系看，颛顼与华夏、东夷关系密切，反映了涿鹿之战后，其部族集团之融合。颛顼在推进文明因素成长过程中的主要表现是进行了一场巫术改革，成为"五帝时代承上启下的重要代表人物"②。颛顼除人格外还有神格。《国语·周语下》云："星与日辰之位皆在北维，颛顼之所建也。"《大戴礼记·五帝德》言其"洪渊以有谋，疏通而知事，养材以任地，履时以象天。依鬼神以制义，治气以教民。洁诚以祭祀，乘龙而至四海"。由此说明，帝颛顼人格与神格是合一的，即颛顼既是部落首领又是巫觋领袖。《淮南子·天文训》载："昔者共工与颛顼争为帝，怒而触不周之山，天柱折，地维绝。天倾西北，故日月星辰移焉；地不满东南，故水潦尘埃归焉。"这里记述的既是一场部落之间的战争，又是一场巫术之间的较量。山为天柱，这正是巫师借助于通天地之工具，"天柱折，地维绝"，可以想见当时战争伴随巫术施法相攻之激烈。部落联盟时期的著名首领都是与巫师形象分不开的，《韩非子·十过》云："昔者黄帝会鬼神于泰山之上，驾象车而六蛟龙……蚩尤居前，风师边扫，雨师洒道。虎狼在前，鬼神在后。腾虹伏地，凤凰复上，大合鬼神，作为清角。"而且每次战争皆需用巫术，如《太平御览》卷 79 引《归藏》云："昔黄神与炎神争斗涿鹿之野，将战筮于巫咸，曰：'果哉，而有咎。'"

颛顼时代仍是一个英雄神话时代，有了崇拜就会创造英雄，有了天地神灵就会创造出神话。颛顼时代还是一个图腾时代③，这可以从少昊氏鸟图腾上得到旁证。有了图腾祖先的崇拜，就会有关于图腾祖先的神话，图腾崇

---

① （清）龚自珍：《壬癸之际胎观一》，《定庵续集》卷 2。
② 李学勤：《中国古代文明与国家形成研究》，云南人民出版社 1997 年版，第 199 页。
③ 图腾崇拜是指人们相信自己与某一图腾有亲缘关系，或相信一个群体与个人与某一个图腾有神秘关系的崇拜现象，而这种崇拜物多为动物或植物。图腾崇拜不是人类的个别现象，而是人类的普遍现象。在《山海经》里记述以兽为部落名称的很多。《史记·五帝本纪》记与炎帝战于阪泉之野的部落有熊、罴、貔、貅、貙、虎等。

拜在图腾神话的产生上起着决定性的作用。以伏羲、女娲为代表的"人面蛇身"和以少昊帝俊为代表的"人面鸟身"两个中国神话系统，是龙和凤这两种图腾信仰的产物。① 少昊，以鸟名官②，即鸟图腾的反映，这亦可从出土材料中得到佐证。③ "随着氏族社会图腾崇拜的出现同时也出现了有关的巫术神话。但还没有专门搞宗教活动的巫师。宗教活动尚与一般社会活动混在一起。一切宗教活动全部由氏族长来执行。"④ 这就是一个"夫人作享，家为巫史"的时代。⑤ 巫觋虽然没有独立出来成为特殊阶层，但并不代表没有巫术活动，氏族长同样执行着各种巫术活动。颛顼在此情况下，为了适应社会发

---

① 李泽厚说："以'龙'、'凤'为主要图腾表记的东西两大部族联盟经历了长期的残酷的战争、掠夺和屠杀，而逐渐融合统一。所谓'人面鸟身，践两赤蛇'（《山海经》中多见），所谓'包羲氏，风姓也'，可能即反映着这种斗争和融合？从各种历史文献、地下器物和后人研究成果来看，这种斗争融合大概是以西（炎黄集团）胜东（夷人集团）而告结束。也许'蛇'被添上了翅膀飞了起来，成为'龙'，'凤'则大体无所改变，就是这个缘故？"（李泽厚《美的历程》，生活·读书·新知三联书店 2009 年版，第 10 页）

② 《左传》昭公十七年："（郯子曰：）我高祖少昊挚之立也，凤鸟适至，故纪于鸟，为鸟师而鸟名，凤鸟氏，历正也；玄鸟氏，司分者也；伯赵氏，司至者也；青鸟氏，司启者也；丹鸟氏，司闭者也；祝鸠氏，司徒也；鴡鸠氏，司马也；鸤鸠氏，司空也；爽鸠氏，司寇也；鹘鸠氏，司事也。五鸠，鸠民者也。五雉为五工正。"

③ 陕西西安半坡出土陶鸟，河南庙底沟出土鸟头，陕西华县柳子镇出土的鹰隼头形残片，山东胶州三里河出土的大汶口文化鸟形陶规。辽东半岛东港市后洼遗址发现一件人鸟同体石雕像正面为缠头或斜发的人头雕刻，而背面则雕一只回头鸟形象。（许玉林等《辽宁东沟县后洼遗址发掘概要》，《文物》1989 年第 12 期）鸟纹成为陶器的文饰。鸟纹在半坡期就有发现，西安半坡就有鸟纹残片。庙底沟型的陶器上，装饰鸟纹的最多，陕西华县柳子镇泉护村、华阴西关堡、河南陕县庙底沟和山西芮城大禹渡等处出土的陶片上都有鸟纹的发现。"在原始社会时期，陶器纹饰不单是装饰艺术，而且也是氏族的共同体在物质文化上的一种表现……彩陶纹饰是一定的人们共同体的标志，它在绝大多数场合下是作为氏族图腾或其他崇拜的标志而存在的。"（石兴邦《有关马家窑文化的一些问题》，《考古》1962 年第 6 期）

④ 程世平：《文明之源——论广泛意义上的宗教》，四川人民出版社 1994 年版，第 54 页。

⑤ 汤姆森说："图腾崇拜异于成熟的宗教，在于不使用祷告，只用命令。崇拜者靠巫术的强迫力量将他的意志强加于图腾。这种集体强制的原则符合于公社至上，高于其成员个人和全体的那种社会状态。只要整个集体的联合努力完全用于维持它仅能生存的水平，个人功劳除了挣得荣誉之外不可能有经济或社会的不平等。……当首领的不再选举产生，变成世袭酋长身份。对图腾用祈祷和献牲来供奉，图腾呈现人的形象，如是变成了神。"（汤姆森《古希腊社会研究》，转引自［印度］德·恰托巴底亚耶《顺世论》，第 173 页）

展及文明进步的需要，进行了一场巫术变革，致使整个英雄时代的颛顼之宫成为"宗教圣地"①。巫术在上古当然有一个极为漫长而复杂之演变过程，但自颛顼从"家为巫史"转到"绝地天通"，就发生了一次质变性飞跃。

　　起初原始的信仰是初民共有的世界观，与神灵交往是每个人向往并皆可参与的事情。人事与神事不分，整个社会在神权上是相等的，而且是自由而无序的。但自从"绝地天通"之后，情况发生了变化，神权被巫觋阶层所垄断，自此神权开始率先在社会中产生了等级观念，出现了社会分层。《尚书·吕刑》载："皇帝哀矜庶戮之不辜，报虐以威，遏绝苗民，无世在下。乃命重、黎，绝地天通，罔有降格。"蚩尤作乱，"苗民弗用灵，制以刑"，上帝乃绝地天通，以恢复人间正常秩序。《山海经·大荒西经》记重、黎为颛顼之孙："颛顼生老童，老童生重及黎，帝令重献上天，令黎邛下地。"《国语·楚语下》观射父叙述"绝地天通"之事甚详："古者民神不杂。……于是乎有天地神民类物之官，是谓五官，各司其序，不相乱也。民是以能有忠信，神是以能有明德，民神异业，敬而不渎，故神降之嘉生，民以物享，祸灾不至，求用不匮。及少昊之衰也，九黎乱德，民神杂糅。不可方物。夫人作享，家为巫史，无所要质。民匮于祀，而不知其福。蒸享无度，民神同位。民渎其盟，无有严威。神狎民则，不蠲其为，嘉生不降，无物以享。祸灾荐臻，莫尽其气。颛顼受之，乃命南正重司天以属神，命火正黎司地以属民，使复旧常，无相侵渎，是谓绝地天通。其后，三苗复九黎之德，尧复育重黎之后，不忘旧者，使复典之。以至于夏、商，故重、黎氏世叙天地，而别其分主者也。"三文献记载虽略有出入，但可以肯定颛顼时代发生了"绝地天通"之事件。观射父所论巫术改革，过程恰为相反，这是当时形势所需并为当时社会制度服务之复古言论。按照观射父所言，原始巫术经历了三个阶段：①民神不杂、民神异业；②民神杂糅、家为巫史；③绝地天通、无相侵渎。从历史发展进程看，"民神不杂、民神异业"的第一阶段是不存在的，只是观射父为了"托古"叙述而已。起初原本是"民神杂糅"状态，颛顼之大功劳为"绝天地通"，其目的为"民神异业"，方至于"民神不

―――――――――――
① 　参见李学勤《中国古代文明与国家形成研究》，第202—203页。

杂"，划分出神属天而民属地的两个不同层次，并各置官以统治之，使各就其序。叶舒宪说："通神降神本是萨满巫觋们的社会专职。在颛顼时代的绝地天通事件之后，出现家为巫史的局面，结束了'民神不杂'的圣与俗分工状态。"① 民神交通的层级增加，巫觋的地位开始下降，世俗权力上升，人们从先前关注人与自然的关系转变为关注人与人的关系。② 巫，作为一个特有的称谓自此开始。"中国本来信鬼神的，而鬼神与人乃是隔离的，因欲人与鬼神交通，于是乎就有巫出来。"③ 巫之名称在不同民族或不同地域具有不同名称，西方学者及中国部分学者习称之为"萨满"，此乃后来语，研究中国古代之巫还是称"巫"为恰当，因为中国古代巫术文化模式是独立存在的，自成一个地域性文化圈，而不是由世界其他地方传播而来，有其自身的特殊性。④ 何谓巫？《国语·楚语下》云："民之精爽不携贰者，而又能齐肃衷正，其智能上下比义，其圣能光远宣朗，其明能光照之，其聪能听彻之，如是则明神降之，在男曰觋，在女曰巫。"⑤

---

① 叶舒宪：《从玉教神话观看儒道思想的巫术根源》，《哲学与文化》第 39 卷第 6 期。
② 吕文明、李明阳：《由艺向德：先秦礼乐施教功能建构研究》，《山东社会科学》2022 年第 11 期。
③ 鲁迅：《中国小说史略》，人民文学出版社 1973 年版，第 274 页。
④ 部分学者将中国古代巫术归于"萨满教"（shamanism），"萨满"一词最早来自俄罗斯的通古斯（Tungus）语，意指有能力进入神状态，并能与神沟通之人。"萨满"本意是指激动不安和疯狂的人，多选自身体残疾、精神错乱和大病不死许愿当萨满的人，其中犹以女性为多。在我国古代，具有通神能力的人通称为"巫"，显然与"萨满"不尽相同，看来比"萨满"要高级得多。尽管张光直验证中国的古代巫术与萨满的意识形态完全相符，我们仍认为，中国古代的巫术就是具有中国特质的巫术，不同于萨满，尽管人类社会在文明初期的信仰有许多相似性，但不能用同一概念相互套用，否则就会抹杀世界的多样性，这些不同之名称恰好可用于相互比较之中。"巫"在不同民族中有不同的名称，蒙古称之为"波古"（boge）；西伯利亚的约库特人（Yakut）称之为"奥荣纳"（oyuna）；突厥——鞑靼人（Turko-Tatar）称之为"喀木"（kam）；爱斯基摩人称之为"昂可可"（angakok）；朝鲜人称之为"木达其"（mudang）；等等。据统计，中国各民族对"巫"之各种不同称呼有一百余种。（具体参见高国藩《中国巫术史》，上海三联书店 1999 年版，第 35—46 页）但是，各有其特殊性，最高级的形态还是中国古代之"巫"，超于一般之巫，略近于四方祭司，但有所不同。
⑤ 关于"巫"古文字之讨论可参见李零《先秦两汉文字史料中的"巫"》，《中国巫术续考》，东方出版社 2000 年版，第 41—78 页。

巫术改革之前，可谓"天人合一"，"民无要质"。何谓质？《逸周书·尝麦》云："乃命少昊清司马鸟师，以正五帝之官，故名曰质。天用大成，至于今不乱。"巫术改革之后，"天人分离"，巫觋成为沟通天人关系的桥梁，《尚书·尧典》记述了各巫分司其职，"乃命羲和，钦若昊天，历象日月星辰，敬授人时"，又分命羲仲、羲叔、和叔负责各方天时。《舜典》记述了舜继尧位后，垄断神权现象，"肆类于上帝，禋于六宗，望于山川，遍于群神"。《史记·五帝本纪》记述了这项改革之结果："静渊以有谋，疏通而知事，养材以任地，载时以象天，依鬼神以制义，制气以教化，洁诚以祭祀。"从此出现了特殊阶层的专职巫师，神权受部落首领及其助手巫觋支配，整个部落联盟处于一种正常稳定之状态，正如徐旭生言"把宗教的事业变成了限于少数人的事业，这也是一种进步的现象"①。

巫术事业成为少数人的事业，这少数人通过对巫术活动的垄断，树立了自己的特权和统治权，这从龙山时代大墓中墓主对礼乐器的垄断中可见一斑。巫术权力的集中也会带来财富的集中，巫术权力的大小决定占有财富的多少。张光直说："自天地交通断绝之后，只有控制着沟通手段的人，才握有统治的知识，即权力。于是，巫便成了每个宫廷中必不可少的成员。事实上，研究古代中国的学者都认为：帝王自己就是众巫的首领。"②权力集中与财富积累经历了一个过程，《韩非子·十过》云："昔者尧有天下，饭于土簋，饮于土铏。……尧禅天下，虞舜受之。作为食器，斩山木而财之，削锯修其迹，流漆墨其上，输之于宫以为食器，诸侯以为益侈。……舜禅天下而传之于禹，禹作为祭器，墨漆其外，而朱画其内，缦帛为茵，蒋席颇缘，觞酌有采，而樽俎有饰，此弥侈矣。"这种财富集中的结果就会造就一些所谓文明成就并推进文明的进程。巫术权力的垄断也带来了社会等级分层，促进国家诞生的步伐。塞维斯认为："首领是通过宗教和超自然手段去更实际有效地'诱取赞同'。在酋长制中进行思想操纵是获取百姓顺从的主要手段。""所有早期史前政府的神权政治的发展方向都是统治阶级通过运用宗教的外表，以

---

① 徐旭生：《中国古史的传说时代》，商务印书馆 2023 年版，第 126 页。
② [美] 张光直：《美术、神话与祭祀》，郭净译，辽宁教育出版社 2002 年版，第 29 页。

维持他们获取生活资料的特权并合法地使用强制性制裁手段。"①

　　在原始巫术时代，初民们相信万物有灵，自然现象按照因果规则演进；而巫术则是根据因果规则控制自然神灵的有效方法。② 原始巫术早期活动简易，故巫职不必固定，家为巫史是可以做到的，随着巫术活动方式日趋神秘与繁杂，只有少数精通巫术的专职巫师方可承担起社会的巫术活动。"家为巫史"是和范围狭小的氏族制度相适应的。颛顼时代社会组织通过兼并与战争已出现更大范围的部落联合体，《帝王本纪》云："帝颛顼高阳氏……父昌意，虽黄帝之嫡，以德劣降居弱水为诸侯，及颛顼生十年而佐少昊，二十而登位，平九黎之乱。"如此，颛顼"佐少昊""平九黎""诛共工"，建立一番伟业。疆域的统一虽可使用武力，而消弭民族间的相互交恶之感与民族矛盾，使其能安居于一国之中，则武力便无所施其技。此时如果人人皆可传达神之旨意，必然影响联合体的统一意志、统一行动，故需"民神异业"，统一神权。专职巫觋之出现，亦是社会分工之结果，为日后脑力劳动与体力劳动的分工奠定了基础，使人们在精神世界划分出等级，巫觋可以上天通神或请神下地，成为精神世界之领袖，统治了社会的意识形态。与物质劳动和精神劳动的分离相适应，原始社会出现了最初一批的精神领袖——巫师。马克思说："古代各族是在幻想中、神话中经历了自己的史前时期。"③古代文献记载一些神话传说，其实就是巫术时代的遗影。高山成为"群巫所从上下"的"天梯"(《山海经·海外西经》)。昆仑山就是著名的神山："昆仑之丘，或上倍之，或谓凉风之山，登之而不死。或上倍之，是谓悬圃，登之乃灵，能使风雨。或上倍之，乃维上天，登之乃神，是谓太帝之居。"(《淮南子·坠形训》)肇山同样是可通天神山："有人名曰柏高，柏高上下于此，至于天。"(《山海经·海内经》)柏高可能就是原始时代的一位巫师，能够登肇山至于天。对山的崇拜主要原因是神的居所，如玉山"是西王母所居也。西王母其状如人，豹尾虎齿而善啸，蓬发戴胜"；"长留之山，其神白帝少昊

---

① 转引自徐良高《中国民族文化源新探》，社会科学文献出版社 1999 年版，第 285 页。

② 江林昌：《清华简〈祝辞〉与巫术咒语诗》，《深圳大学学报》(人文社会科学版) 2014 年第 2 期。

③ 《马克思恩格斯选集》第 1 卷，人民出版社 1972 年版，第 6 页。

居之"（《山海经·西山经》）；在"天山"上，"有神焉，其状如黄囊，赤如丹火，六足四翼，浑敦无面目，是识歌舞，实为帝江也"（《山海经·西山经》）。这里记述的能够居山通神的人物，如西王母、少昊、帝江，无不是一代大巫，因为"在大多数（如果不是全部）人种学上已知的酋长社会和等级社会，首领总是宗教系统的核心人物，掌握着某种形式的宗教的或超自然的象征物。事实上，由于这些首领说成是神的直系后裔，人们常常以为他们本身就是神的象征。"[1]

　　新石器时代，尤其晚期，巫风弥漫。后岗二期文化汤阴白营等遗址的房屋居住面下的填土中、紧贴房基的墙外、墙基下、散水下甚至柱洞下都发现了婴儿墓，有的有瓮棺，白营遗址的房基附近还发现羊坑一个，这皆为房屋建造时的巫术仪式所为。大汶口文化早期墓葬的人骨中还普遍存在对成年男女拔除侧门齿和头骨人工变形的情况，开始拔牙的年龄都在 15—20 岁。这些习俗皆为巫术意识所为，源于巫术教条，其解释权掌握在巫觋手中。在此时期，考古发现的陶器具有巫文化的表征价值，某些陶器已脱离日常用品的功能，而被赋予了巫术的某种特殊用途和特定的意义。仰韶文化的半坡遗址和姜寨遗址出土的内绘鱼纹、鸟纹、鹿纹或人面纹的彩陶器，对于这些纹饰的解释可谓纷纭，无论是图腾还是生殖崇拜的象征物，都没有超出其巫术的意味。[2]大汶口文化晚期山东莒县陵阳河遗址、诸城前寨遗址和安徽蒙城尉迟寺遗址均出土陶器刻符，至于这些符号的含义也存在歧义，或认为祈求农业丰收，或用于祭天仪式，但其原始巫术含义却是公认的，而纹饰载体的陶器则是特殊的巫术用具。还有被称为"中华史前文化的一个代表器物"的陶鬶[3]，就是东夷族以鸟图腾为原型制作的器皿，作为祭祀时使用的礼器，故有特殊意义并由此产生很大的影响力。实质上，对于这些原始的观念的产物的解释没有比巫术性理解更为确切的了，如果说这些陶器有观念性的蕴涵，那只能是巫术思维了，一切超越人类思维发展阶段的认识都将是错误的，"中国发达的青铜礼器系统及其背后的特定观念绝对不是突然出现于

---

① ［美］哈斯：《史前国家的演进》，转引自徐良高《中国民族文化源新探》，第 287 页。

② 参见何努《鸟衔鱼图案的转生巫术含意探讨》，《江汉考古》1997 年第 3 期。

③ 高广仁、邵望平：《史前陶鬶初论》，《考古学报》1981 年第 4 期。

三代时期的，在它以前，已有一个使用陶质系统及其所蕴含的特定观念的形成的过程。"① 巫在中国文明和国家起源的过程中起到了无可替代的作用，既是知识的生产者和传承者，又是重要的社会组织力量，是社会进步的重要推手。童恩正说：

> 当代文化人类学的研究已经证明，在文明和国家的起源过程中，宗教有其不可替代的关键作用。从理论上看，这种作用大致表现在两个方面，第一是宗教在实际操作方面的作用。基庭（R. Keatinge）曾经指出："宗教可视为一种启动剂或催化剂，它提供了控制群众的一种途径，从而奠定了控制重要生产资源的基石。"也就是说，在原始社会后期，在从事以宗教为目的的社会活动的过程中，氏族的上层集团得以逐渐地掌握了控制人力和资源的方法和途径，并使之制度化和经常化。第二是宗教在确定社会价值观念方面的作用，亦即确定新的制度和观念的合法性。正如吉登斯（A.Giddens）所言，对于宗教的考察实质上是关系到这样的一个问题，即"意识形态的结构是如何动员起来使统治集团的利益合法的。"宗教活动可以为氏族贵族中权力减少阻力，并使他们以后控制的权力合理化。当强大的传统势力阻碍世俗的力量去侵占氏族的公有财产时，利用超自然的力量作为借口显然要方便得多。……因此我们可以说，没有"巫"的配合，也就没有中国的文明。②

（四）夏商时期巫教衍变

随着人类的进步，氏族社会不再适应时代发展的需要，"氏族制度已经过时了。它被分工及其后果及社会之分裂为阶级所炸毁。它被国家代替了。"③ 中国古巫术发展到后期，即步入国家文明之后，就上升为国家的宗教形态，于是又可称之为巫教。在巫教时期，往往统治阶层实行的是巫政合一的政治制度与社会治理模式。

---

① 徐良高：《中国民族文化源新探》，第 54 页。
② 童恩正：《中国古代的巫》，《中国社会科学》1995 年第 5 期。
③ 恩格斯：《家庭、私有制和国家的起源》，《马克思恩格斯选集》第 4 卷，第 165 页。

　　1. 夏之巫教

　　夏朝是步入国家文明时代的起始王朝①，《史记·夏本纪》云："夏禹，名曰文命。禹之父曰鲧。"鲧系帝颛顼之后。夏朝是一个"巫政合一"的时代，"夏道遵命事鬼敬神"（《礼记·表记》），"有夏服天命"（《尚书·召诰》），从此，巫术又发生一次质的飞跃，上升为国家意识形态和治理工具。"巫术不能生硬地与宗教区别开来，好像宗教充满了巫术一样，巫术也充满了宗教。"② 自夏代以后，"在上层建筑和意识形态领域，以'礼'为旗号，以祖先祭祀为核心，具有浓厚宗教性质的巫史文化开始了。它的特征是，原始的全民性的巫术礼仪变为部分统治者所垄断的社会统治的等级法规，原始社会末期的专职巫师变为统治者阶级的宗教政治宰辅。"③ 巫术至此已经实现了三次历史性的飞跃，首先是巫术的出现，其次是独立出巫觋特殊阶层，再次是巫术上升为巫教。从政治维度看，巫教及其涉及的统治秩序和生活秩序作为国家意志的体现，开始系统化与合法化，"得到神授政治权力的统治者也往往引用一些从文化上保证世界的时间联系的精神的或者自然的力量"④。

　　为夏代开国作出重要贡献的禹就是一名典型的大巫。《论语·泰伯》云："子曰：禹，吾无闻然矣，菲饮食，而致孝乎鬼神；恶衣服，而致美乎黻冕；卑宫室，而尽力乎沟洫。禹，吾无闻然矣。"禹可以"致孝乎鬼神"。禹伐三苗，施用巫法，人神杂糅。《墨子·非攻下》载："昔者三苗大乱，天命殛之，日妖宵出，雨血三朝，龙生于庙，犬哭于市，夏冰，地坼五泉，五谷变化，民乃大振。高阳乃命玄宫，禹亲把天之瑞令，以征有苗。四电诱祇，有神人面鸟身，若瑾以侍，扼矢有苗之祥。苗师大乱，后乃遂几。禹既已克有三苗，焉磨为山川，别物上下，卿制大极，而神民不违，天下乃静，则此禹之所以征有苗也。"禹伐三苗原因之一，就是三苗没有使用巫术之"神判"，却

---

① 夏朝自公元前 2070 年始至公元前 1600 年止。据夏商周断代工程专家组《夏商周断代工程 1996—2000 年阶段成果报告》，世界图书出版公司 2000 年版。
② 杜尔克姆：《宗教生活的初级形式》，转引自陈荣富《宗教礼仪与古代艺术》，江西高校出版社 1994 年版，第 18 页。
③ 李泽厚：《美的历程》，第 34 页。
④ ［德］约恩·吕森：《历史思考的新途径》，綦甲福、来炯译，上海世纪出版集团 2005 年版，第 17 页。

使用了"五虐之刑",违反了原有的传统,说明苗蛮集团文明因素的成长已走在黄河流域之前。① 《尚书·吕刑》载:"苗民弗用灵,制以刑,唯作五虐之刑曰法。……民兴胥渐,泯泯棼棼,罔中于信,以覆诅盟。虐威庶戮,方告无辜于上。上帝监民,罔有馨香德,刑法闻惟腥。皇帝哀矜庶戮之不辜,报虐以威,遏绝苗民,无世在下。"禹维护旧有的巫术传统,并创造了一些所谓"巫法"。"禹步"为大禹创造的一种模拟舞蹈之巫术步法②,以舞降神是世界各民族巫术中之普遍现象。秦简《日书》甲种已记录一种远行除咎时所使用之"禹步":"行到邦门困,禹步三,勉壹步,呼:'皋!敢告曰:某行毋咎,先为禹除道。'即五画地,手叔其画中央土而怀之。"《日书》乙种亦有类似之法:"……投壶地,禹步三,曰:'皋!敢告□□'□符,上车毋顾。"三行禹步还要配上仪法与咒语。到西汉时,禹步成为巫医常用之步法。马王堆汉墓帛书《五十二病方》多次记载巫医施术时用"禹步",如"阴㿗"条:"令㿗者北首卧北乡庑中,禹步三,步呼曰:'吁!狐䴍!'三,若智某病狐。"马王堆帛书《养生方》亦记有三行禹步、念咒施术以治脚疾。禹步对后世影响很大,葛洪《抱朴子》云:"凡天下作百术,皆宜知禹步。"作为部落联合体首领的禹,在"巫政合一"的时代,禹显然又是一位神巫,故颇具神话色彩。直到"制礼作乐"的周人始认为禹为上古的人王。20世纪初叶,疑古派对于禹之神话的理解就出现了偏差,"考证"出禹为虫之结论,实在是忽略了那个时代的巫术氛围,误入以今论古之圈套。③

---

① 恩格斯说,氏族"是被那种在我们看来简直是一种堕落,一种离开古代氏族社会的纯朴道德高峰的堕落势力所打破的……最卑鄙的手段——偷窃、暴力、欺诈、背信——毁坏了古老的,没有阶级的氏族制度。"(《家庭、私有制和国家的起源》,《马克思恩格斯选集》第4卷,第88页)

② 《洞神八帝元变经·禹步致灵》云:"禹步者,盖是夏禹所为术,召役神灵之行步,以为万术之根源,玄机之要旨。昔大禹治水……届南海之滨,见鸟禁咒,能令大石翻动。此鸟禁时,常作是步。禹遂模写其行,令之入术。自兹以还,术无不验。因禹制作,故曰禹步。"

③ 在古史大论战伊始的1923年,顾颉刚在《与钱玄同先生论古史书》中,就对"禹"之存在提出质疑,其言:"商族认为禹为下凡的天神,周族认为禹为最古的人王,可见他们对于禹的观念,正与现在人对于盘古的观念一样。"并依据《说文》说禹"以虫而有足蹂地,大约是蜥蜴之类"。(顾颉刚《古史辨》第1册中编,海南出版社2005年初版,第77—78页)

夏后启杀益夺权，开创夏朝以后，继续奉行巫术及祖先崇拜。① 《太平御览》卷82："昔夏后启筮，乘龙以登于天，占于皋陶，皋陶曰：吉而不同，与神交通。"《山海经·大荒西经》记载有一座称为"天穆之野"的高山，"高二千仞"，相传夏后启曾经三次从这里登天以窃取天帝之乐，"西南海之外，赤水之南，流沙之西，有人珥两青蛇，乘两龙，名曰夏后开。开上三嫔于天，得《九辩》与《九歌》以下。此天穆之野，高二千仞，开焉得始歌《九招》。"刘师培云：

> 《山海经》言"大乐之野，夏后启于此舞《九代》"，"左手操翳，右手操环"。又言夏后开"三嫔于天，得《九辩》与《九歌》以下。此天穆之野"。开即夏后启。操翳操环，即系乐舞。《九辩》《九歌》，殆亦歌舞相兼之乐。盖夏崇巫风，夏启之舞，即系以舞降神之事，故有嫔于天之说。此亦舞乐降神之证也。更即夏启之事以推之，伪《书》言夏禹"舞羽格苗"，其事亦见于周秦诸子。又《韩诗外传》言"久喻教而苗服"，《墨子》言禹"亲把天之瑞令，以征有苗"，则所谓舞羽格苗者，即降神之乐舞也。盖苗俗最崇祀神，故禹托舞乐降神之说，以徼苗民。苗民信舞乐之果足降神也，遂服从于禹。启承禹迹，更用乐舞以愚民，并以推行其教。故禹、启均有神人之称，而禹之声乐，至为天下所宗。实则即古代巫官之事耳。②

张光直明确认为《九代》即巫舞，"夏后启无疑为巫，且善歌乐。"③《尚书·甘誓》载启与有扈氏作战誓师辞云："有扈氏威侮五行，怠弃三正，天用剿其命。今予惟共行天之罚。……用命赏于祖，弗用命，戮于社。"夏后

---

① 德·格鲁特在他对中国宗教的叙述中说："我们不能不把对双亲和祖先的崇拜看成是中国人的宗教和社会生活的核心的核心。""中国是标准的祖先崇拜的国家，在那里我们可以研究祖先崇拜的一切基本特征和一切特殊含义。"（[德] 恩斯特·卡西尔《人论》，甘阳译，上海译文出版社1985年版，第109页）

② 刘师培：《舞法起于祀神考》，钱钟书主编《刘师培辛亥前文选》，第437—438页。

③ 陈来：《古代宗教与伦理——儒家思想的根源》，北京大学出版社2017年版，第32页。

在重大决策时皆由本人亲自卜筮以决疑。《左传》哀公十八年引《夏书》云："官占唯能蔽志，昆命于元龟。"《礼记·表记》亦云："昔三代明王皆事天地之神明，无非卜筮之用，不敢以其私亵事上帝，是故不犯日月，不违卜筮。"美国汉学家吉德炜言："通过占卜、祈祷和牺牲来影响王的才能，祖先精神的意愿使其集中政治权利成为合法化，所有的权利皆来自神，并驱散祖先的能侵扰百姓的灾祸，通过他提供的牺牲和举行的祭祀以及进行的占卜等，王给臣民带来了丰硕的收获和尽可能的胜利。"① 从考古资料来看，宫殿建筑在二里头遗址发现两座，都建筑在夯土台基之上。"二里头遗址中部的庞大的宫殿群，显然是奴隶制社会的产物。巍峨壮观的宫殿建筑，可视为王权的一种象征。"② 一号宫殿遗址存在一个祭祀坑，"中庭"内亦发现祭祀坑，说明其性质为宗庙建筑，大殿之前是面积为 5000 平方米的广庭，"可以同时聚集万人，有可能是发布政令的场所"③；二号宫殿遗址，有人根据其北部有一座与中心殿堂同时的大墓而推测"可能属宗庙之类的建筑"④。虽然两座不可能同时为宗庙，但也从另一角度说明当时的巫与政是很难区分的。二里头文化的墓中也多见觚、爵等酒器随葬，可知当时饮酒之风盛行。酒在巫术中扮演了一个相当重要的角色，是巫觋进行巫术活动的媒介，因为酒可以帮助巫师达到通神的精神状态。在"绝天地通"之后的第一个朝代，其巫风仍会十分浓烈，但巫术管理必定已秩序化、政治化。尹达言："夏代在商代之前，会比商代文化低一些；但是，从历史的传说看来，决不会和商代差得太远，它已具有相当高的文化生活。"⑤ 童恩正说：

　　从夏代开始，当中国的文明终于出现，国家组织形成后，巫师的后继者祭司集团就构成了中国历史上第一个知识分子集团。由于他们

① 转引自［美］张光直《商代文明》，毛小雨译，北京工艺美术出版社 1999 年版，第 185 页。
② 赵芝荃：《二里头遗址与偃师商城》，《考古与文物》1989 年第 2 期。
③ 赵芝荃：《二里头遗址与偃师商城》，《考古与文物》1989 年第 2 期。
④ 杨育彬：《河南考古》，中州古籍出版社 1985 年版，第 87 页。
⑤ 田昌五、石兴邦：《中国原始文化论集——纪念尹达八十诞辰》，文物出版社 1989 年，第 67 页。

的最高领袖是世俗的国王，所以他们既是政治上的统治者，经济的指导者，又是一切精神财富的保存者。如果我们在研究这一时期的政治史和经济史时忽视了祭司集团通过宗教活动对社会产生的深远影响，那么这种研究必将是有缺陷的。①

夏后之一支有"文身"习惯，当也源自巫术。《礼记·王制》云："东方曰夷，被发文身，有不火食者矣。南方曰蛮，雕题交趾，有不火食者矣。"《疏》云："题，额也。谓以丹青雕题其额。"文身是东南部夷人的一种古老风俗，自"不火食"时就已开始。最初之文身也是巫术之需要，只有达到巫之通神目的，人们方能承受文身之痛苦。《汉书·地理志》记："（越）其君禹后，帝少康之庶子，封于会稽，文身断发，以避蛟龙之害。"② 此是夏后一支文身之证。《淮南子·原道训》亦云："九疑之南，陆事寡而水事众，于是民人被发文身，以像鳞虫。"巫术运用"同能致同"的原理和"相似定律"，通过模仿真的事物或行为过程，使用象征物，以求获得真实的结果。③ 文身以像其非类，以达到防止非类之残害，这是一种比较简单的巫术行为。古越人之所以有文身之俗，据《史记集解》引应劭曰："常在水中，故断其发。文其身，以象龙子，故不见伤害也。"文身还用以祈愿渔猎丰收，为了使文身有效，文身时要举行一定的仪式。周钟瑄等纂修《诸罗县志·番俗考》记载平埔族文身云："山高海大，番人禀生其间，无姓而有字……文其身遍刺蝌蚪字及虫鱼之状，或但于胸膛两臂，唯不饰于面。……文身皆命之，祖父刑牲，会社众饮，其子孙至醉，刺以针。醋而墨之，亦有壮而自文者。"后来文身在巫术的基础上发展成为社会的礼制之一种。《汉书·东夷列传》云："倭国男子皆黥面文身，以其左右大小，别尊卑之差。"《魏书·东夷传》亦云："（倭国）男子无大小，皆黥面文身。……今倭人好沈没扑鱼蛤，文身亦以厌大鱼水禽，后稍以为饰。诸国文身各异，或左或右，或大或小，尊悲有

---

① 童恩正：《中国古代的巫》，《中国社会科学》1995 年第 5 期。
② 司马迁《史记·越世家》亦载："越王勾践，其先禹之苗裔，而夏后少康之庶人也。封会稽，以守禹之祀，文身断发，披草莱而邑焉。"
③ 参见 [英] 弗雷泽《金枝》，大众文艺出版社 1998 年版，第 21—57 页。

差。"《通典·边防二·文身》记东夷"文身国":"人体有文如兽，其额上有三文，文大直者贵，文小曲者贱。"从文化人类学角度看，新西兰的毛利人酋长的文身图案有些极似中国三代时青铜器上的图纹，由此可推知文身图案富有神秘力量和巫术性。"文身"在我国由来已久，近代少数民族中还残存着此类"活化石"，但多演化成为人身装饰，失掉了原有的巫术意义。

夏代，巫教开始上升为国家意识形态，实行着统治国家的职能。列鼎是国家之重器，代表国家之政权。《左转·宣公三年》说夏代"铸鼎象物……用能协于上下，以承天休"，这说明青铜礼器上的纹饰的巫教意义。巫教已高于一般较低级的巫术，又低于较高级的宗教，这就是中国不同于世界上其他民族的巫术的特质。黑格尔曾说："一般说来，宗教与国家毫无二致，它们自在自为相同一。"当然这时的巫教还不完全具备现代宗教的所有要素，但其各要素的一些雏形已经以各种不同的形式存在着。张光直通过巫觋资料研究，他总结出中国古代文明的一大特征：

> 对中国古代文明的主要特征的认识可做一个扼要阐述，这就是：经过巫术进行天地人神的沟通是中国古代文明的重要特征；沟通手段的独占是中国古代阶级社会的一个主要现象；促成阶级社会中沟通手段独占的是政治因素，即人与人关系的变化；中国古代由野蛮时代进入文明时代过程中主要的变化是人与人之间关系的变化，而人与自然的关系的变化，即技术上的变化，则是次要的；从史前到文明的过渡中，中国社会的主要成分有多方面的、重要的连续性。①

2. 商之巫教

《诗》曰："古帝命武汤，征域彼四方。"商汤革夏命，践天子位，代夏以朝天下。《易·革·象》曰："汤武革命，顺乎天而应乎人。""顺乎天"应放在首位，即应从巫教角度找到口实，获得君权神授的合法性，否则，革命与新政权失掉巫觋支持，后果不堪设想。汤成为神之化身，执行着天帝

---

① ［美］张光直：《青铜挥麈》，第204页。

的旨意。古文《尚书·仲虺之诰》谴责夏云："夏王有罪，矫诬上天，以布命于下。帝用不臧，式商受命，用爽厥师。"于是乎，"天乃赐王勇智，表正万邦，缵禹旧服，兹率厥典，奉若天命。"此乃"圣人以神道设教而天下服"（《周易·观·彖辞》）。

(1) 玄鸟图腾

商之国号，来自于其鸟图腾。①"殷人尊神，率民以事神，先鬼而后礼。"（《礼记·表记》）商人的祖先史迹充满着巫化神话。商先祖契降生，即为图腾神话。《诗·商颂·玄鸟》云："天命玄鸟，降而生商。宅殷土芒芒。"《史记·殷本纪》云："殷契母曰简狄，有娀氏之女，为帝喾次妃，三人行浴，见玄鸟堕其卵，简狄取吞之，因孕生契。""玄鸟"乃为商族之图腾，在甲骨文中存有遗留，高祖王亥的"亥"字头上总冠以鸟形。《山海经·大荒东经》云："有人曰王亥，两手操鸟，方食其头。"鸟图腾的巫术意义为："在原始宗教崇拜中，鸟神的崇拜是以人所不具的超人力量而达于生命与永生之源的中介，以其以鸟的飞翔得神力，以完成人的愿望在人力本身无法达到的人所向往的境界。"②是故，《左传》昭公十七年载郯子追忆其祖以鸟命官："我高祖少昊氏挚之立业，凤鸟适至，故纪于鸟，为鸟师而鸟名。"商代先公先王以天干命名定有其蕴涵。商代先公先王从契至冥在世时为巫。甲骨卜辞中还出现有"高祖"夒、河、岳、儿、玉、矢等，除少数能和文献联系起来，如土、季等外，其它多为人鬼和自然神相混者，如夒，从甲骨文构形看，像半猴半人的化装巫师，河、岳有时像是祖先神，有时像是自然神，介于人神之间，正合巫师身份。③上甲为商代祖先中第一个以十干的第一字"甲"为名

---

① "图腾"（totem）一名，最早出现在 18 世纪末的文献中。英国商人 J. 朗格在《印第安旅行记》一书中，为了记述印第安人相信人与动物存在血缘亲属关系的信仰而首先使用了这一词。（参见（苏）Д.Е.海通《图腾崇拜》，何星亮译，广西师范大学出版社 2004 年版，第 1 页）"玄鸟、帝、商、汤四名是相通的，'商'是成汤灭夏后建国才有的国号，'商'音由'汤、唐'来，字形由'帝'玄鸟来。商族自建国后一直自称'商'。武王克商后，周人才改称商为'衣''殷'，带有轻蔑的敌意。"（参见蔡先金《说"商"》，《述古杂俎》，第 419—427 页）

② 石兴邦：《我国东方沿海和东南地区古代文化中鸟类图象与鸟祖崇拜的有关问题》，田昌五、石兴邦主编《中国原始文化论集——纪念尹达八十诞辰》，第 258 页。

③ 参见胡庆钧《早期奴隶制社会比较研究》，中国社会科学出版社 1996 年版，第 82—83 页。

的，皇甫谧云："商家生子，以日为名，盖自微始。"① 甲骨文中关于上甲的记录特别多，对其祭祀亦很隆重，而且凡合祭先公先王皆从上甲开始，可知上甲之地位。天干与地支相配，组成 60 个单位纪日，天干"天有十日"的神话与地支相配正符合"天地相通"的巫术思维。② 上甲肯定为一著名大巫，其父亥以其图腾象征之，可谓族中至高无上之大巫，此后为了表示商王自身的通天能力，故经占卜选定天干命名，祭祀日依日名而定。③ 自此，商人还可以以其君王日干名纪日，如"自示壬至后，又大雨。自大乙至后，又大雨。"(《怀特》1369)④ 由此可以推论，在先公先王干名日卜定以后，先公先王就会选定在该日陟降于天地之间，如其生前一样。依据天文分野，商主"大辰星"，《左传》昭公元年："昔高辛氏有二子：伯曰阏伯，季曰实辰，居于旷林。不相能也，日寻干戈，以相征讨。后帝不臧，迁阏伯于商，主辰。商人是因，故辰为商星。"又，《左传》襄公九年："陶唐氏之火正阏伯，居商丘，祀大火，而火纪时焉。相土因之，故商主大火。"由此可见，先商曾处于万物有灵之时代，受其影响，商王朝巫风亦很炽烈。

（2）王巫合一

张光直说："巫在商代王室中有重要地位，是商史上公认的事实……这些资料包括有关巫师巫术的文字上的纪录，和可能在巫术上使用或扮重要角色的法器的考古遗物。"⑤ 上甲传五世至示癸，示癸生子为天乙，名履，成汤为其号。⑥《史记·殷本纪》云："主（示）癸卒，子天乙立，是为成汤。"巫是沟通天人之媒介，而商王是巫之领袖。商王施行"巫政合一"，以巫事通政事，故中国巫教自诞生之日起就是和政权密不可分，合二为一；若没有

---

① 《史记·殷本纪·索引》引皇甫谧说。
② 参见蔡先金《"地支"字原义初探》，《东南文化》2002 年第 1 期。
③ 天干名为商先公先王死后作为神主祭祀的"庙号"，这个庙号有生日说、死日说，李学勤认为是死后经卜占选定的，可谓选日说，较合于实际。（参见李学勤《论殷代的亲族制度》，《文史哲》1957 年第 11 期）
④ 参见常玉芝《殷商历法研究》，吉林文史出版社 1998 年版，第 96—103 页。
⑤ [美] 张光直：《商代的巫与巫术》，《中国青铜时代》，生活·读书·新知三联书店 2003 年版，第 253 页。
⑥ 参见蔡先金《说"商"》，《述古杂俎》，第 419—427 页。

政权的参与，巫术就不会赢得宗教的性质，仍会处于低级的巫术状态；而政权若没有巫术的结合，就会失去神性。这就是中国古代社会政教合一的根据。成汤集巫政于一身，有代表性的巫术例子是"汤祷"传说。《墨子》《荀子》《尸子》《吕氏春秋》《淮南子》及《说苑》都记载了这一传说。《吕氏春秋·顺民篇》云："昔者汤克夏，而正天下。天大旱五佃不收，汤乃以身祷于桑林。曰：'余一人有罪。无及万夫，万夫有罪，在于一人。无以一人之不敏，使上帝鬼神伤民之命。'于是翦其发，磨其手，以身为牺牲。用祈福于上帝，民乃甚说。雨乃大至。则汤达乎鬼神之化。人事传也。"据裘锡圭先生研究，商代焚人为牺牲以求雨的现象在卜辞中并不少见，"在上古时代，由于宗教上或习俗上的需要，地位较高的人也可以成为牺牲品。"① 当然汤的行为是一种顺势或模拟巫术，大抵不可能真的以其身为牺牲。刘师培曾对此予以解释：

　　《吕氏春秋》言汤时天大旱，五年不收，汤乃以身祷于桑林。《庄子》言"合于桑林之舞"。司马彪作注，以桑林为汤乐名。又《淮南》言"桑林生臂手"，高注以为神名。盖桑林本古人之名，既殁之后，则祀为兴云作雨之神。故成汤祷之以祈雨，因降神必以舞，故所作之乐舞，即以桑林为名。……且桑林为祷雨之神，故《桑林》之舞，即开周代舞雩之先。②

　　《吕氏春秋·孟冬季·异用篇》和《史记·殷本纪》、帛书《周易》传文《缪和》同样记述了汤与祝合作的模拟巫术："汤出，见野张网四面，祝曰：'自天下四方皆入吾网。'汤曰：'嘻！尽之矣！'乃去其三面。祝曰：'欲左，左。欲右，右。不用命，乃入吾网。'诸侯闻之曰：'汤德至矣！及禽兽。'"（《史记·殷本纪》）此乃非象征天下"皆入吾网"，而是欲通过"网"之模拟以达到其巫术目的。汤死后还可宾于天帝，甲骨卜辞有："贞咸宾于

① 裘锡圭：《论卜辞的焚巫尪与作土龙》，转引自陈来《古代宗教与伦理——儒家思想的根源》，第39页。
② 刘师培：《舞法起于祀神考》，钱钟书主编《刘师培辛亥前文选》，第438页。

帝。"（《合集》1402 正）春秋中叶齐器《叔夷镈》铭成汤"有严在帝所"。
汤之大臣亦做巫事。《尚书·君奭》云："……成汤既受命，时则有若伊尹，
格于皇天。在太甲，时则有若保衡。在太戊，时则有若伊陟、臣扈，格于
上帝；巫咸乂王家。在祖乙，时则有若巫贤。在武丁，时则有若甘盘。"可
证商王与其左右重臣皆为巫师。《说苑·君道篇》和《史记·殷本纪》记述
了太戊行巫事："殷太戊时，有桑谷生于庭，昏而生，比旦而拱，史请卜之
汤庙。太戊从之，卜者曰：'吾闻之，祥者福之先者也。见祥而不为善，则
福不生；殃者祸之先者也，见殃而能为善，则祸不至。'于是乃早朝而宴退，
问疾吊丧，三日而桑谷亡。"《竹书纪年》载：殷"太戊十一年，命巫咸祷于
山川。"《史记·天官书》云："昔之传天数者……殷商，巫咸。"盘庚迁都的
口实同样是执行上帝、祖神的指令，《尚书·盘庚》谓盘庚迁殷，"天其用命
我于兹新邑"，"肆上帝将复我高祖之德，乱越我家"，有"民不适有居"，盘
庚乃告民曰："古我先后既劳乃祖乃父，汝共作我蓄民，汝有戕则在乃心！
我先后绥乃祖乃父，乃祖乃父乃断弃汝，不救乃死。兹予有乱政同位，具乃
贝玉。乃祖乃父丕乃告我高后曰：'作丕刑于朕孙！'迪高后丕乃崇降弗祥。"
盘庚具有巫之能力，与祖先神灵沟通，并作出重要政治主张。殷纣王濒临家
破国亡，仍言"呜呼！我生不命在天？"（《尚书·西伯戡黎》）商王与神交往
的主要法器为龟和骨。今世殷墟甲骨文之出，使人们可以目睹 3000 年前甲
骨占卜实物，直接观察商族的龟卜与骨卜之内容及卜法之奥秘。商代祝巫
之盛在甲骨文中历有记述，如"召祖乙祝，惠祖丁用，王受佑。"（《粹》1）
周原 H31.2 号甲骨记载箕子以专家的姿态到周来举行降神仪式，"唯衣鸡子
（箕子）来降，其执暨厥史在旃，尔卜曰南宫其乍?"[1] 殷代可谓巫文化的时
代，巫师在王室中扮演极重要角色。[2] 商代国王即是大巫师，充分体现巫政
合一。巫师在社会里也占有很崇高的地位，《史记·殷本纪》记载"伊陟赞
言于巫咸，巫咸治王家有成"，"帝祖乙立，殷复兴，巫贤任职"。王逸《楚
辞注》："彭、咸，殷贤大夫。"巫彭、巫咸、巫贤都是商代有名的巫师，并

---

[1]　王宇信：《西周甲骨探论》，中国社会科学出版社 1984 年版，第 231 页。
[2]　金春峰："巫史传统"与中国哲学之我见，《中国文化》2022 年第 2 期。

享有很高的职位。商代巫师可能有专业和兼业之分。张光直说：

　　既然巫师智者圣者，巫便应当是有通天地本事的统治者的通称。
巫咸、巫贤、巫彭固然是巫，殷商王室的人可能都是巫，或至少都有
巫的本事。陈梦家说，"由巫而史，而为王者的行政官吏；王者自己虽
为政治领袖，同时仍为群巫之长"。李宗侗亦云："君及官吏皆出自巫。"
商代第一个王商汤为了求雨亲自"斋戒剪发断爪，以己为牲，祷于桑
林之社"（《太平御览》卷83引《帝王世纪》）。伊尹的儿子伊陟为帝太
戊解释祥桑一暮大拱的意义，而武丁相傅说为武丁解释雊鸟飞于鼎耳，
这都是巫师一类人物的本事。可能商代专职的巫才称巫，而王室官吏
虽有巫的本事却不称巫。①

（3）巫教遗迹

　　商代考古亦发现商族巫术之事实。商代墓室平面为"亞"字形，关于
"亞"字形解说历来众说纷纭，现从巫术角度予以解释。在甲骨文与金文中，
"亞"与"巫"二字形极为相似，就语音考之，"亞"与"巫"可能是同源语
之分化。② 同时，"亞"与"巫"甲骨或金文字形中皆有"十"符，"十"在
甲骨文中又为天干"甲"，由此可知，"亞""巫""十"皆为用于通神之符号，
而"亞"形墓利于死者魂灵通四方，保持生时的通神能力。中国青铜器上也
有所谓"亞"字图形文字，似乎"殷代的亞形代表一项非常古老的信仰观
念"。③ 商代牲祭与人祭现象普遍，如安阳后岗和大司空村发现祭祀坑。河
南安阳侯家庄M1001号墓共发现无头人骨架61具，此乃无头巫术。无头巫
术不但用于丧俗，而且还用于战争，《山海经·大荒西经》云："有人无首，
操戈盾立，名曰夏耕之尸。"另还有所谓"刑天"之术，"刑天"同样是一
种无头巫术。④ 商文化手工业作坊遗址内亦发现大量的巫术遗存，如1954—

① 张光直：《商代的巫与巫术》，《中国青铜时代》，第257页。
② 参见何新《中国远古神话与历史新探》，黑龙江教育出版社1988年版，第10页。
③ [美] 张光直：《说殷代的"亞形"》，《中国青铜时代》，生活·读书·新知三联书店2003
年版，第315页。
④ 参见蔡先金《"刑天"神话的历史解读》，《东岳论丛》2008年第1期。

1959 年在郑州商城南关外铸铜作坊内发现了 2 座年代属于二里冈上层一期的"丛葬坑"C9M172、C9M167 和"殉猪坑"C5.3H307，在郑州商城紫荆山北制骨作坊遗址的二里冈下层的底层中发现有 5 具人骨架（其中 1 具无头人骨架和 5 具猪骨架掷埋在一起），在河北邢台粮库遗址发现一座临近陶窑的 1 具完整小牛骨架坑 IH74，在河南荥阳关帝庙遗址发现了商代晚期的"祭祀坑"7 座，这些说明商文化的手工作坊中巫风弥漫，甲骨文亦予以证实，如"王其铸黄吕，奠（血?），今日乙未利?"（《英藏》2567）①

(4) 巫教法器

商代巫师使用的法器及其施法仪式很多，从甲骨卜辞中能看到很多仪式的名称。甲骨卜辞同时也已经成为巫教的工具。殷墟发现的甲骨文，一般是刻在用来占卜的牛肩胛骨和龟甲上面的，这时的甲骨和文字都成为神秘的占卜载体。陈梦家说："占卜本身乃是一种巫术，藉兽胛骨与龟甲为媒介，以求获得'神明'对于人们所询问的问题的回答。这种巫术的存在，表明当时的人相信有特殊的'神明'的能力之存在，足以影响人们的生活，决定人们行止的吉凶。"②除了甲骨文以外，考古发现的殷商文字只有铸刻在青铜器上的铭文，主要用于各种祭礼等场合。由此看来，这些文字多与占卜祭祀相关，而且专为巫教统治阶级服务。所以，"中国最早的三代文字使用的场合，都是与政治或宗教（巫术）有密切关系的。在这一点上，中国古代文字与两河流域的古代文字在使用上有基本的不同。两河流域的古文字几乎全部是为经济来往记账用的。……从文字与占卜的密切结合来看，说文字是巫觋的独占知识，也有很大的可能。"③占卜是商代巫教的重要内容，甚至设有主管占卜之官。《史记·龟策列传》云："太史公云：自古圣王将建国受命，兴动事业，何尝不宝卜筮以助善! 唐虞以上，不可记已。自三代之兴，各据祯祥，涂山之兆从而夏启世，飞燕之卜顺故殷兴，百谷之筮吉故周王。王者决定诸疑，参以卜筮，断以蓍龟，不易之道也。"商代青铜礼器是重要的巫教法器，早已不是为了实用目的，"青铜彝器是巫觋沟通天地所用配备的一部分，而

① 参见谢肃《商文化手工业作坊内的祭祀（或巫术）遗存》，《江汉考古》2010 年第 1 期。
② 陈梦家：《殷墟卜辞综述》，中华书局 1988 年版，第 561 页。
③ [美] 张光直：《中国考古学论文集》，生活·读书·新知三联书店 1999 年版，第 394 页。

其上所象的动物纹样也有助于这个目的","以动物供祭也就是使用动物协助巫觋通民神、通天地、通上下的一种具体方式。商周青铜器上的动物纹样乃是助理巫觋通天地工作的各种动物在青铜彝器上的形象"。① 张光直通过对于古文字"祭"和"彝"字的象形文字解析,发现"沥血"献祭在古代法式中的重要性,"从彝字的使用,使我们看到殷代青铜和其他质料的礼器实际上便是举行巫术时所用的法器。由中国古代礼器种类之繁多和复杂,又可以想见各种祭祀仪式的繁缛。……商代青铜礼器这一大批丰富的资料,是研究商代巫术的最重要、最直接的一笔材料"。②

(5)方国巫术

商代的许多方国,如西南地区的巴蜀文化、江南地区的吴城文化、北方的夏家店下层文化等都发掘了有关巫术之内容。三星堆商代古蜀文明时代巫风弥漫,祭坑出土的大型的青铜雕像群,包括各种大小立人、跪坐人物、奉璋人物、顶尊人物、人头像、人面像、祭坛、黄金面罩、金杖,各种青铜动物、植物、怪兽群像,以及大量象牙、海贝、玉器,均与降神、通神、祈神降祸福于人间的巫术仪式和巫歌、巫舞有关。延及周代,巴蜀乃至整个西南夷地区巫风盛而不衰,以至于对于汉季道教的起源与形成具有广泛的影响,故张鲁居汉中时"以鬼道教百姓,賨人敬信巫觋,多往奉之"。

(五)巫术到巫教:由蒙昧进入文明中的作用

1.古代巫术与中国古代文明起源具有关系

随着人类社会由蒙昧步入文明,巫术亦经历了每一个阶段,由"家为巫史"的低级阶段,到颛顼改革的巫觋阶层出现,再到成为统治国家的社会意识形态。在这样一个演化的过程中,巫术互动构成了一个文明成长的过程,包括巫术与非巫术的互动,巫术内部的互动,巫术与周围环境的交流与冲突,既是一种互动,也是一种干扰与压力,作为精神层面的巫术必将对物质层面起到强大的反作用,有时甚至超出人们的想象。

---

① [美]张光直:《商周青铜器上的动物纹样》,《中国青铜时代》,生活·读书·新知三联书店2003年版,第434—435页。

② [美]张光直:《商代的巫与巫术》,《中国青铜时代》,第275页。

　　按照马克思主义的观点，文明起源的问题也就是阶级社会和国家起源的问题，"文明时代的基础是一个阶级对另一个阶级的剥削"①。由于历史条件的限制，马克思、恩格斯没有具体讲到中国文明起源问题。巫觋，可以说是较早分离出来的特殊阶层，在意识形态领域占有绝对主导地位，况且，早期巫觋与氏族首领、酋长、国王等身份是合一的，逐渐形成具有特殊权力的剥削阶级。因此巫觋与阶级、国家的产生是有关系的。巫术在国家的形成过程中亦起到了应有的作用。氏族集团的形成与加强，与图腾崇拜亦十分相关。在图腾主义盛行的时代，每一个氏族有一个共同之图腾，这样族人就会产生了归属感，每一个族人都认为自己是该图腾之子孙，从而构建了图腾与氏族集团之间的亲族关系。氏族制后期，图腾神便以拟人化的形象出现，酋长的名字代替了图腾的名字，酋长富有图腾的一些性格，然后图腾神被巫师用作人与神之间交往的工具，一旦取消了该族图腾那就意味着该族之分裂或灭亡。②摩尔根言："随着人类的进步，从低级到中间，尤其是从中间到高级的野蛮状态阶段，氏族更加变成宗教势力的中心和宗教发展的根源。"③总之，越接近部落分化的阶段，宗教信仰的标志越清楚。实质上，中华民族构建了一个共有的始祖黄帝的神话，亦为图腾思维之余续，其作用和意义并没有超出图腾形象之范畴，只是文明人的神话而已。如果按照塞维斯（Elman R.Service）构想的从聚落到国家的演进程序：游团（bands，地域性的狩猎采集集团）、部落（tribes，一般与农业经济相结合）、酋邦（chiefdoms，具有初步不平等的分层社会）、国家（states，阶级社会），巫术存在于每个阶段

---

① 《马克思恩格斯选集》第 4 卷，第 173 页。

② 石兴邦说："在氏族制发达的时代，（母系氏族社会时期），图腾对象是形象逼真的，并与氏族人是直接交通的。氏族制后期，由母系向父系氏族过渡，图腾神便以拟人的形象出现。这时便出现了半人半兽、半禽半人的形象，并能作用于人类社会。这就是由图腾中的人向神的转变，父系氏族衰落到阶级出现前夕，便以酋长个人的名字，代替了动物名字。这是图腾制度发展的一条规律。我国历史上图腾制度发展也是如此。"（《我国东方沿海和东南地区古代文化中鸟类图象与鸟族崇拜的有关问题》，田昌五、石兴邦主编《中国原始文化论集》，文物出版社 1989 年版，第 261 页）

③ ［美］路易斯·亨利·摩尔根：《古代社会》（上），杨东莼译，商务印书馆 1977 年版，第 79 页。

并曾起到过推动作用。从考古发掘资料来看，每一个聚落的形成都与原始巫术意识有关，因为每一个聚落都有一个用于巫术原始宗教的场所，并以此为中心围居着人群，否则，该聚落就会缺少了一个中心，在没有法律、政权的情况下，缺少这个中心在原始时代是难以想象的。① 我们看待历史不应该脱离具体的历史阶段。我们是历史唯物论者，我们认为从氏族社会发展到国家是一个漫长的过程，在这一过程中，生产资料与生活资料的物质生产起到了决定性的作用，但是，我们也不能忽视那个时代的人们以各种巫术的方式去促进这些资料的生产，甚至把文明进步的功劳归功于他们自己创造出来的一切神灵与巫术了。我们如果不这样理解上古史，必将与历史实际产生较大的偏差。李学勤先生在《失落的文明》一书中，已把"礼制"，即独立的礼仪性建筑，如神庙、祭坛等祭祀活动场所，与金属、文字、城市、阶级与人牲人殉并列，看作是中国古代文明起源的标志。② 而红山文化的"女神庙"、

---

① 半坡类型的姜寨遗址的整个聚落包括五个较大的建筑群和三片公共墓群。整个聚落的中央是一个四周高中心低的中心广场，五大群房屋呈圆圈形围绕在广场的周围，每群房屋的门都开向中心广场，即北部房屋的门朝南开，东部房屋的门朝西开，西部房屋的门朝东开，南部房屋的门朝北开。由此看出中心广场具有神圣的凝聚力，以一种无行的力量统治着整个聚落。这广场可能就是聚落人群举行巫术仪式的场所。现代人类学资料可以证明这一点，世界上被公认为文化最低的塔斯玛尼亚人，他们没有草房子，不知陶器为何物，甚至连他们所使用的石器也不比 300 年前的内安得塔尔人高明，就是这个于 1877 年已经灭绝的民族，也常常举行狂欢会和部落舞会；在新中国成立前，像苦聪人这样还保存着母权残余的民族，在他们猎到大兽马鹿时，全家族公社的成员都围着猎物唱歌跳舞，充斥着一种巫术氛围。（参见刘锡诚《中国原始艺术》，上海文艺出版社 1998 年版，第 16 页）如今黑非洲有些族群还常在这种中心广场举行宗教仪式，如跳有利于庄稼生长的集体舞蹈。佤族的"大房子"（即鬼神的房屋），作为氏族宗教首脑的窝朗或芒那棵绕住在里面。房屋的四壁以牛血、石炭或木炭染料绘制着人形、牛头、麂子等原始图画，据说是一种供木神木依吉的牺牲，在屋脊下有一用树干刻成的裸体男子像，在"鬼门"上也刻有裸体男像。中心聚落的形成典型时期是公元前 3500—前 3000 年间的仰韶文化后期、红山文化后期、大汶口文化后期、屈家岭文化前期、松泽文化和良渚文化早期，其显著标志就是出现含有主从关系、围绕着大庙或宗庙大室建筑的中心，如两河流域开始出现神庙，中美洲出现祭祀中心，国外学者称为神庙聚落期。（参见李学勤《中国文明的起源与早期国家形成途径的思考》，《中国古代文明与国家形成研究》，云南人民出版社 1997 年版）也许没有巫术原始宗教意识的作用，聚落就难以如此形成并进一步演进。

② 参见李学勤《失落的文明》，第 78—92 页。

良渚文化的"祭坛",以社为中心的城市及明堂建筑,人牲人殉等等现象,无不与中国古代的巫术文化有关,或者可以说它们都是巫术文化的物质表现形式。从这一角度说,巫术文化应该是中国文明起源的"孵化器"。

所以,中国古代巫术文化的发展对中国历史产生了极为深远的影响。中国古代的巫术文化是一笔重要的文化"遗产",巫术文化形态所产生这样或那样的后果,影响着中华民族的文化心理,成为中国传统文化中深层次的积淀。李泽厚认为:"中国文明有两大征候特别重要,一是以血缘宗法家族为纽带的氏族体制(Tribe System),一是理性化了的巫史传统(Shamanism Rationalized),两者紧密相连,结成一体,并长久以各种形态延续至今。"①从这个角度说,对早期巫术的研究应是理解许多历史现象的一个认识基础。中国古代巫术研究在世界历史文明的总进程中也有一定的地位,因为不同的文化源头,就会有不同的文化模式;不同的文化模式,就会导致世界史上几个早期文明圈的形成。中国的文化模式,同两河流域及地中海地区的文化模式是有区别的,雅斯贝尔斯所言的"轴心期突破"的基础和背景也是不一样的,不理解这些,就不能真正充分理解"突破"的含义。②我们研究古代巫术,将有助于揭示中国古代文明产生与发展的特殊性,比较世界其它文明古国与中国古代文明演进形态的重要差异,这种比较的意义要超出比较的自身,因为中国是人类早期历史文明进程中十分突出的一例,而历史学本来就是对各民族或地区历史的个性特征有特殊关注的学科。

2. 巫教统治阶级意识形态的确立

巫术到巫教的转变,其实也是国家诞生的必要条件,同时也是由原始

---

① 李泽厚:《历史本体论·己卯五说》,生活·读书·新知三联书店 2008 年版,第 157 页。

② Karl Jaspers, The Origin and Goal of History, Yale University Press, 1953, Chapter 1. "轴心突破"的观念是 1949 年雅斯贝尔斯在《历史的起源与目标》中首先提出的,1953 年有英译本问世,1975 年美国《代达罗斯》(*Daedalus*)学报春季号有专号讨论这个问题,题为"Wisdom, Revelation, and Doubt: Perspectives on the First Milllennium B.C.",英语世界由此对"轴心突破"的观念发生较大的兴趣。"突破"这一观念首先由韦伯(Max Beber, 1864—1920)提出来,雅斯贝尔斯在此基础上提得更尖锐、更集中。余英时在《轴心突破和礼乐传统》一文中认为,闻一多在《文学的历史动向》中也论述了"精神突破"这一现象,而且比雅氏的《历史的起源与目标》要早 6 年。

社会进入文明社会必须跨过的门槛。从巫术到巫教转变的研究，也是解开文明起源秘密的一把钥匙。

巫术可以说是原始宗教，也只能说是准宗教状态，仍旧缺乏宗教的一些要素。我国古代典籍中无"宗教"一词。这个外来词有两个来源，一是来源于印度佛教；一是来自于西文"religion"。[①] 无论巫术还是宗教，今天能够作为学术术语使用都是源于西方。原始社会时期，巫术的教化作用并没有发挥出来，对于神灵的信仰还不是那么稳定，因为原始社会缺乏重要的国家组织架构和统治能力，只有国家出现之后，社会统治组织状况才发生质的变化，纵使颛顼时期产生了巫术变革，那也只是处于酋邦或部落联盟时期。

国家不可能没有主流意识形态。刚进入文明门槛的国家要建立主流意识形态，从巫术转变为国家意识形态是最为自然之事，也是最为可行的，如果另起炉灶再建构一个意识形态那也是不可能的，既不符合人类文化的自身发展规律，也不应该过高估计当时人们构建意识形态的能力。国家的出现是人类发展推进的结果，文化的进步和演变也不是一朝一夕的事情，巫术上升为巫教，承担起治理国家的主流意识形态的作用，那也是顺理成章的事情。从国家角度来说，一般的原始巫术怎么能够作为文明国家统治的工具呢？应该将巫术与统治阶级意志统一起来，行使教化功能，巫术方可适应文明国家

---

① 佛教以佛陀所说为教，以佛弟子所说为宗，宗为教的分派，合称宗教，意指佛教的教理。我们现在所说的"宗教"一词，来源于西文"religion"，意义远比佛教所谓的宗教意义更广泛，而是泛指对神道的信仰。（参见吕大吉《宗教学通论新编》，第53页）在英语中宗教"religion"脱胎于罗马时期拉丁词"religio"，原意是人们面对不可知的可怕力量所感到的敬畏。受古希腊思想的影响，西塞罗软化了这一用法，指向一种情感，一种人的生命的品质，将"religious"区别于"superstitious"（迷信的，有迷信观念的）。早期教父用"religio"指向教会组织结构与人和神之间的关系；在宗教改革时期的思想家将此词指向个人内在的与超验的东西；到17世纪，该词成为一种观念和信仰的体系，部分原因是它受到了启蒙运动将宗教理解为类似于信仰的科学体系的影响。德国哲学家黑格尔认为"religio"是"一个概念，一个在动态的表达中揭示自身的自在的、超验的观念"。由此看来，从词源角度可以考察出"religion"的含义指向一种个人的虔敬、一种信仰的价值体系、一种普遍意义上的总结，即"普遍宗教"（religion in general）。（[美] 金白莉·帕顿、本杰明·雷依《巫术的踪影：后现代时期的比较宗教研究》，戴远方等译，中国人民大学出版社2005年版，第196—197页）

的需要，所以这时的巫术就自然衍化为巫教。

从原始社会进入文明社会，社会组织和秩序又达到了一个新的层次。所有的国家和社会秩序都是由人们想象出来的，以色列学者尤瓦尔·赫拉利在《人类简史》中说："不管是古代美索不达米亚的城市，还是秦朝的帝国，都只是'由想象所建构的秩序'。支持它们的社会规范既不是人类自然的天性本能，也不是人际的交流关系，而是他们都相信着共同的虚构的神话故事。""不管是基督教、民主还是资本主义，都只是由想象所建构出来的秩序。"① 然后，这些想象建构的秩序又深深地与真实的世界结合，存在于人与人之间思想的连接，并塑造了个人的欲望。这样在巫术基础上的巫教就承担起了构建想象的秩序的使命，而且这种想象的秩序又容易被社会相信和接受，因为整个社会具有神灵的信仰，神灵教导的都是千真万确的。国家如果没有这种想象构建的秩序，那才是不可想象的。再者，文明社会中每个人的生存的理由或者生存的意义，也同样是依靠这些想象建构的故事所赋予的，如果这个世界没有了故事，这个世界就会陷入沉寂，人们再也没有生存的意义了，"正如尼采所言，只要有活下去的理由，几乎什么都能够忍受。生活有意义，就算在困境中也能甘之如饴；生活无意义，就算在顺境中也度日如年。"② 人类是活在故事中的，方才寻找到价值与意义。巫师是最早建构人类故事之人，也是最早为人类生存赋予意义的群体。从这个角度来说，巫师首先解决了人类没有故事的问题，是功莫大焉的。巫教为文明社会初期提供的想象构建的秩序，同样是不可或缺的。

由原始巫术转变为国家巫教，是文明发展的结果，劣等的巫术形式自然而然地就会遭到抛弃，不适应国家需要的原始巫术形式也会遭到淘汰。从巫术转化为巫教，绝不是换个术语或没有什么意义，而是一次人类社会的重大转变或者说是一次社会组织行为的重大跃升，会为后世带来深远的影响。我们的夏商国家经历了一个巫教与政权合一的阶段，不能说我们夏商时期没有宗教，其实那时是有巫教的存在。研究中国文明史或研究中国早期国家的

① ［以色列］尤瓦尔·赫拉利：《人类简史》，第 101、108 页。
② ［以色列］尤瓦尔·赫拉利：《人类简史》，第 367 页。

学者，不应该忽视巫术向巫教转变中的作用。

3.巫教与政权组织合一

历史上的杰出氏族首领以及后来有成就的君王，在传说中介乎神、人之间，即半神半人状态，这并不完全是传说的缘故，实质上，这些首领与君王在那个时代就扮演着这么个角色，说是神话其实又不是神话，历史就是这样，既是一个传说的时代，又是一个真实的阶段。《国语·鲁语上》记载："昔烈山氏之有天下也，其子曰柱，能殖百谷百蔬；夏之兴也，周弃继之，故祀以为稷。共工氏之伯九有也，其子曰后土，能平九土，故祀以为社。黄帝能成命百物，以明民共财，颛顼能修之。帝喾能序三辰以固民，尧能单均刑法以仪民，舜勤民事而野死，鲧鄣洪水而殛死，禹能以德修鲧之功，契为司徒而民辑，冥勤其官而水死，汤以宽治民而除其邪，稷勤百谷而山死，文王以文昭，武王去民之秽。故有虞氏禘黄帝而祖颛顼，郊尧而宗舜；夏后氏禘黄帝而祖颛顼，郊鲧而宗禹……"另外，还有女娲与精卫的传说，可以想象人的甚或是巫的力量的强大，"往古之时，四极废，九州裂，天下兼覆，地不周载；火爁焱而不灭，水浩漾而不息，猛兽食颛民，鸷鸟攫老弱。于是女娲炼五色石以补苍天，断鳌足以立四极，杀黑龙以济冀州，积芦灰以止淫水。苍天补，四极正，淫水涸，冀州平，狡虫死。"（《淮南子·览冥训》）"炎帝之少女，名曰女娃。女娃游于东海，溺而不返，故为精卫。常衔西山之木石，以堙于东海。"（《山海经·北山经》）因此，我们在解读神话传说过程中，应该从巫术历史的角度作为新的切入点，来更深入地研究与建构我们的古代史，而不能一味地简单断定其为神话传说而予以否定。民族学资料可佐证，鄂温克族传说其祖先既是首领又是杰出的萨满，并对萨满加以神化。吉尔吉斯的氏族酋长称作"甘"，即男巫。早期蒙古人的酋长即是巫师，蒙古国王称为"汗"即源于将男巫称作"甘"（kam）。许多阿尔泰语系的民族中，任何一个氏族中的酋长，既是管理长，又是巫觋。[1]事实上，商代的巫术往往操纵在国王手里，甲骨卜辞中"王贞""王卜""王占"之辞屡见不鲜，这是国王参与巫术的记录，而且占卜的决定权操纵在国王手中。

---

[1]　周秦文化研究编委会编：《周秦文化研究》，陕西人民出版社1998年版，第367页。

　　华夏文明中的一个重要观念，即把世界分为截然的两个层次，如天与地、人与神、生者与死者，在此得到全然体现。天人间的沟通形成了神通、倚通、鬼通三种方式，神通是透过精神锻炼，而达到通悉宇宙创化之境；倚通则须借助与某种灵物之辅助，如龟甲、牛骨等；鬼通则是由他灵附体，才能通天人，而通的层次以神通最高，鬼通最低。① 巫教发展到商代，已经达到其巅峰时代，中国古代巫教的一切主要内容与形式都已经形成，也已成为一个比较成熟的巫教，而大教主就是国王，其教义虽然不成文，但已存在于各种巫术规则之中，而其组织体系就是国家的权力机构及各宗法系统。天地之间沟通的特定人物巫觋与统治者占有了与上天和祖先交通的特权，形成了古代文明中特有的"巫政合一"局面。巫教发展至此巅峰期，必将面临一个重要的历史转折期。周代统治者将完成这一历史性的转折任务，引导历史由巫教统治的时代转入礼制为主的时代，然后渐渐臻于人文时代。巫教面临着一次较大的改革冲击，巫教解体与礼制重建、神化与人化同时存在，并行不悖，这就是西周巫教改革的成功之处，也为巫教在"大传统"中找到了一个恰好的归宿。西周的"巫"不再是人类学上所说的巫师，不再是上古未绝地天通前的巫觋，而已成为国家官僚系统中的一部分，其职能是巫政的混合，但更倾向于政，人文色彩也更为浓厚。有的学者认为"巫"已经祭祀化了，这只说明了此时"巫"的一个方面特性，应该说"中国古巫是次生形态的，而人类学家在澳大利亚等地所见的是原生形态的"，但原生态的巫术在民间和小传统中仍然存活，也就是说，"传统的巫已被排除于政治——宗教的结构之外，尽管巫在王朝和不同地域的诸侯国中担当的角色和职能有所差别，但总体上看，巫术活动已不断从上层文化退缩到下层和民间，尽管在上层文化中也常常能看到其遗存"②。

　　从石器时代到夏商国家，巫术发展轨迹总的处于一种上升趋势，和文明发展的轨迹基本上保持同一行进态势，从无到有，从弱势到强势，从社会底层到国家意识形态，推动与伴随着文明的进步。但当历史条件发生改变之

① 蒋义斌：《中国宗教与史的起源》，《佛教的思想与文化——印顺导师八秩晋六寿庆论文集》，法光出版社 1991 年版，第 5 页。

② 陈来：《古代宗教与伦理——儒家思想的根源》，第 65—66 页。

后，巫术就将渐渐消退于历史背景之后，从"大传统"进入"小传统"①，从初期国家意识形态让位于更高级的社会意识形态，从推动历史及文明进步的"正面角色"质变为阻滞历史进程的"反面角色"，此乃历史使然，时代使然，文明发展使然。然而，没有前期的巫术文化也就不会有后期的巫教文化，以及后来的礼制文化及礼乐文明，这都是一脉相承的历史逻辑。

二、西周巫教研究之现状、任务及方法

我们已经简要回顾了西周以前的巫术与巫教形态，而且也从不同角度说明了选择这一课题研究之原因，并且回答这一课题研究所具有的丰富价值与意义，现在需要陈述一下关于课题研究的技术层面问题。我们研究中国古代巫术问题，首先要以历史唯物主义为指导。② 早在1890年，恩格斯就指出："我们的历史观首先是进行研究工作的指南，并不是按照黑格尔学派的方式构造体系的诀窍。必须重新研究全部历史，必须详细研究各种社会形态存在的条件，然后设法从这些条件中找出相应的政治、司法、美学、哲学、宗教等等的观点。"③

---

① 芝加哥大学人类学家雷德斐尔德（Robert Redfield）1956年出版了《乡民社会与文化》一书，提出了"大传统"与"小传统"的概念，用以说明在比较复杂的文明中存在两个不同层次的文化传统。"大传统"是指都市文明，居于主导地位，小传统是指地方性的乡土文化，居于从属地位。

② 西方认为，马克思主义学派在人类学上属于进化论学派，该学派的一些领袖人物，如摩尔根、泰勒、弗雷泽等对巫术多有涉足，但我们认为，马克思主义学派就是马克思主义学派，是独立的，而非依附的。在巫术问题上，马克思经典作家虽然只是偶尔有所涉及，但马克思主义的理论和方法确是指导我们研究巫术文化的指南，如此才不会陷入唯心主义的泥淖。

③ 《马克思恩格斯全集》第4卷，人民出版社1970年版，第692页。当解释历史唯物主义概念时，马克思和恩格斯说："它不像唯心主义的历史观在每个时期寻找一个范畴，但始终站在历史的真实立场上；它不根据观念解释实践，但根据物质实践解释观念的形成；因此它得出结论，意识的一切形式和产品不能由智力批判，由分解成为自我意识，或转变成为幽灵、鬼魂、幻影等等来解决，要解决他们只能通过实际推翻产生这种唯心主义谎言的实际社会关系；历史的，也是宗教的，哲学的，以及其它理论形式的推动力量不是批判，而是革命。"（《德意志意识形态》，第27页）

（一）西周巫教形态研究的成果与问题

世界上对于巫术作为一种文化现象进行观察与研究应该说最早源于西方学术界，尽管中国古史中记录了大量的巫术现象，但并没有引起当时人们对其进行系统探讨并形成巫术理论。在西方，巫术属于文化人类学的范畴，对此西方人已经有许多严肃的研究，可谓洋洋大观。从英国人类学派创始人爱德华·泰勒《原始文化》开始，经詹姆斯·乔治·弗雷泽《金枝》，以至英国人类学功能学派的开山大师马林诺夫斯基《巫术、科学、宗教与神话》等，一批学者把巫术作为世界性的文化现象加以考察，并展开了广泛的研究，从而为巫术研究奠定了理论基础。① 中国古代的巫教文化丰厚，历代史学家更应对巫觋文化有所关注，因为它已融入大、小传统之中，成为文化传承中的重要因子。中国在汗牛充栋的历史著作中记述了大量的巫术现象，

---

① 　泰勒（Tylor, Edward Burnett，1832—1917）曾去北美和中美洲进行人类学和原始宗教的考察探究，因研究原始人灵魂观念的起源，率先提出"万物有灵"的理论而成为西方宗教学开创阶段的重要人物。作为宗教进化论的主要代表，他坚持人类宗教是由万物有灵观念经鬼魂、精灵和神灵观念而进化发展到一神教崇拜。泰勒的原始宗教理论偏重于心理分析和推测，缺少社会考察、调研的实证，因此其宗教进化观仅被看作宗教起源心理说的一种假设。弗雷泽（Frazer, J.G, 1854—1941）受泰勒影响，在整个一生中都以泰勒的比较研究法为手段从事研究。其巫术研究的代表之作就是《金枝》，内容涉及世界各民族的原始信仰的丰富资料，包括灵魂观念、自然崇拜、神的死而复生，尤其是巫术、禁忌等等，进行了系统的梳理，从而抽绎出一套严整的体系来。弗雷泽提出关于人类思想方式的一般发展过程的公式：巫术—宗教—科学，并认为宗教起源于巫术，但他又在巫术与宗教之间，从本质上划了一道鸿沟，然而在现实当中这种本质上的鸿沟是不存在的。马林诺夫斯基（1884—1945）原籍波兰，师从著名心理学家、人类学家冯特，著有《西太平洋阿尔戈尧人》《野蛮社会的犯罪和习俗》《野蛮社会的性交与抑制》《巫术、科学、宗教与神话》《原始心理与神话》等，并有由其学生整理出版的综合性著作《文化的科学理论及其它论著》《文化变迁的动力》。马氏屏弃了摩尔根、泰勒直至弗雷泽的进化派及博厄斯的历史派、德奥的圈层派、英国的传播派，建立了功能派。马氏研究的方法主要有两种：实地调查法和资料整理法，但都是以动态的观点去看待文化事实。马氏在巫术研究中，运用功能分析方法动态地研究分析巫术现象，同时还采用比较分析方法，找出巫术与相关因素的异同，同时认为巫术无起源，并且巫术与宗教全然相异，但他在分析过程中存在一些自相矛盾的问题。在西方，无论是哲学家、社会学家、心理学家，还是历史学家、人类学家、宗教学家，甚至艺术理论家，都十分关注巫术这一人类文化现象，著作可谓浩如烟海，如德国分析心理学家弗洛伊德著有《图腾与禁忌》、法国社会学家 E. 杜尔干著有《宗教生活的初级形式》。

这成为我们进行巫术研究的重要原始资料。但是，当我们检讨西周巫教形态的现代研究状况时，却发现研究成果比较零散与匮乏，虽然也有一些优秀作品，但从整体上看尚不够深入、系统。

20 世纪初中国学者开始有意关注与研究巫术与巫教这一特殊现象，是伴随着考古学发现的新资料及西方学术思潮的传入而展开的。1907 年刘师培在《国粹学报》发表《舞法起于祀神考》，考证巫、舞与祀神之间的关系；①1930 年瞿兑之在《燕京学报》上发表了《释巫》；②1932 年董作宾《甲骨文断代研究例》，对甲骨文这一巫术遗产进行整理与研究，认为贞人即是史官；③20 世纪 30 年代还有李镜池在《岭南学报》2 卷 4 期上发表的《古代物占》，探讨了物占的原起、类别及在易卦爻辞中的物占；许地山《道教史》中亦涉及巫术研究；④ 陈梦家在《燕京学报》上发表《商代的神话与巫术》，专门研究商代巫术；⑤ 另外林惠祥出版了《文化人类学》，从人类学角度考察巫术现象；⑥ 等等。这一时期应是现代学者对巫术研究的发轫时期，往往只是研究者个人在广泛研究领域中偶有涉及，或者只是把它当作研究领域中的一小部分补充而已。

20 世纪 70—80 年代一些学者别开蹊径，把巫术研究真正纳入了自己的研究视野，成为主要研究课题，开辟了巫术研究的新时代。如陈炳良《古代中国的诸子与萨满》，解释古代诸子与巫术之间的关系，研究颇具深度。⑦ 张光直从人类学角度关注中国古代巫术研究，并试图通过巫术阐释一些考古发现，他 80 年代在哈佛整理而成《美术、神话与祭祀》(*Art, Myth, and*

---

① 原载《国粹学报》第 29 期，1907 年 5 月 31 日出版，收入《刘申叔先生遗书》之《左庵外集》集 13。

② 瞿兑之：《释巫》，《燕京学报》1930 年第 7 期。

③ 此文作于 1932 年，1933 年 1 月刊载于《中央研究院历史语言研究所集刊外编》(第 1 种)《庆祝蔡元培先生六十五岁论文集》(上册)。

④ 许地山：《道教史》，上海古籍出版社 1999 年版。

⑤ 陈梦家：《商代的神话与巫术》，《燕京学报》1936 年第 20 期。

⑥ 商务印书馆初版于 1934 年，是当时大学文化人类学的教本。

⑦ Chan Ping-Leung, Ch'u Tz'u and Shanmanism in Ancient China, ph.Q.thesis, Ohio S.a.e University，1972.

Ritual：*The Path to Political Authority in Ancient China*）一书①，及所发表的论文，如《商代的巫与巫术》（1987），《仰韶文化的巫觋资料》（1994）等等，都在学术领域产生重要影响，运用巫术理论解释考古的现象已构成张光直先生重要的研究方式与手段。20 世纪 80 年代末至 90 年代，大陆学者陆续出版了一批研究巫术的专著，如宋兆麟的《巫与巫术》（1989）、梁伯韬的《中国古代巫术——宗教的起源与发展》（1989）、张紫晨的《中国巫术》（1990），李安宅的《巫术的分析》（1990），詹鄞鑫的《神灵与祭祀——中国传统宗教综论》（1992），高国藩的《中国巫术史》（1999）。② 刚进入本世纪初，巫术研究几乎已成为学术界的一个聚焦领域。但是李学勤先生认为该领域的研究人员还是显得太少了，他在说明巫教在理解古代文献中作用后接着说：

　　把目光从文献移到考古和古文字学方面来，也不难看到研究古代宗教的必要。考古发掘的很多古代文化遗存，皆和当时的宗教观念有直接或间接的关系。宗庙、名堂之类建筑和发掘中最常遇到的墓葬等现象，离开宗教的观念很难理解。古文字材料，如商代及西周的甲骨文，极为学术界所重视，考释研究的论作数以千计，然而不少人忘记了甲骨本是占卜的遗留，而占卜作为一种数术，更是同那时的信仰分不开的。金文也是一样，具有铭文的青铜器大多是用于祭祀的礼器，随后又依照葬俗殉于墓内，亦为宗教信仰的反映。不妨说，卜辞金文总是蕴涵着礼制和信仰观念，有待大家去剖析。可惜国内学者，除少数几位外，从这样的角度去考察探究的，实在是太少了。③

　　20 世纪在哲学史、思想史、宗教史、艺术史及其它文化史著述中也有许多巫术研究的内容，如侯外庐《中国古代思想学说史》（1942）、任继愈主

---

① 首版于 1983 年由美国哈佛大学出版社出版，两年后，台北的弘文馆出版社翻印出版，1988 年辽宁教育出版社中译本面世，1994 年日本东京的东方书店出版了伊藤清司、森雅子和市 懒智纪的日译本，书名改为《古代中国社会——美术、神话、祭祀》。

② 出版社分别是：四川人民出版社、中山大学出版社、上海三联书店、四川人民出版社、江苏古籍出版社、上海三联书店。

③ 李学勤：《失落的文明》，第 147 页。

编《中国哲学史（先秦卷）》（1983）、朱狄《原始文化研究》（1988）、何星亮《中国图腾文化》（1992）、史仲文主编《中国全史·宗教史》（1994）、刘锡诚《中国原始艺术》（1998）、牟钟鉴、张践的《中国宗教史》（2000）。①在易学研究领域，易学者结合巫术文化进行易学研究，也取得了丰硕的成果，如易学研究大师金景芳的系列研究成果，高亨的《周易古经今注》、李镜池的《周易探源》、朱伯昆的《周易知识通览》、王振复的《巫术——〈周易〉的文化智慧》，也往往在易研究中伴随着巫术研究。

　　在民俗学领域，近年来民俗调查及研究成果层出不穷，其中不乏与巫术有关的内容及现象，如贵州民间文化研究丛书中的《舞蹈与族群》、西南研究书系中的《西南民族社会形态与经济文化类型》、云南宗教文化研究丛书中《祭舞神乐》和《宗教与民俗》等等，在先秦民俗研究方面，如晁福林的《先秦民俗史》（2001），都有针对先秦民族信仰、原始宗教及巫术文化习俗的研究。值得一提的是，《中国各民族原始宗教资料集成》是国家第七个五年计划（跨"八五"）期间哲学社会科学重点科研项目，对各民族的巫术文化资料都进行了详细的调查、遴选、分类与编纂，该《集成》是迄今为止最为全面、权威、系统、翔实的民族宗教总集。②

　　中国学者在巫术研究领域取得了一些可喜的成果，充分意识到巫术研究在历史学、人类学中的地位，在对人文学科各个领域的巫术资料做较为系统的整理工作的同时，还注重引进与介绍了国外文化人类学的巫术研究理论与方法，并尝试着运用这些理论与方法，以便取得一些突破性的成果，如运用巫术观念解释一些考古发现，运用巫术理论解释传统文化的历史进程。但是，存在问题也不少，主要表现有：巫术研究相对于中国丰富的巫术文化现

---

① 出版社分别是：文风书店、人民出版社、巴蜀书社、中国社会科学出版社、人民出版社、三联书店、上海文艺出版社、社会科学文献出版社。

② 各书出版社分别是：贵州人民出版社、云南教育出版社、云南人民出版社、上海人民出版社、中国社会科学出版社。吕大吉在《集成·总序》中说："考古发现的宗教遗物本身并不能直接陈述原始人宗教崇拜的故事，我们只能根据与之处于同一文化时代的现代原始民族的宗教信仰情况，通过类比推理对之作出诠释。……不少民族至今尚处于原始社会阶段，民族学的资料可以为我们的研究提供直接根据和参照系统。"这就说出了《集成》在巫术研究中的地位与作用。（吕大吉、何耀华《中国各民族原始宗教资料集成——土家族卷、瑶族卷、壮族卷、黎族卷》，中国社会科学出版社 1998 年版，第 6 页）

象来说，还有待于进一步深入，大量的巫术研究还混杂于五花八门的领域之中，成果零星而不系统，缺乏自己的相对独立性；有的未能突显巫术在古代文明中的作用，有的未能将巫术研究放回文明单元中或一定历史背景下去研究，往往得出一些错误的结论。在研究方法上，也显得比较简单，或者套用国外巫术研究的概念、命题与理论模式，显得生硬；或者论题涉及的面还比较狭小，在理论模式的建构上远不如国外学者活跃，甚至可以说没有建立起自己的理论模式与方法。在巫术研究中，还往往停留在罗列一些巫术现象阶段，而忽视巫术演变的内在规律与发展脉络，更谈不上结构研究与向纵深挖掘；更有甚者，则运用散文手法作浪漫调侃。综上可见，关于西周巫教衍化形态的研究还显得苍白与贫乏，研究空白点可谓比比皆是。

　　国外还有一批汉学家致力于汉学研究，他们用另一只眼睛看中国的历史与文化，有时也显得别有洞天。这批汉学家当中，也不乏对中国古代巫术的关注者。20 世纪 70 年代，文明起源问题成为学术界研究热点，其中涌现出不少对于中国宗教问题的讨论。如美国艾兰（Sarah Allan，1945—　）主编了《中国传奇、传说与宗教》论文集（旧金山，1979 年），并出版了《龟之谜》（*The Shape of the Turtle*：*Myth*，*Art*，*and Cosmos in Early China*）、《早期中国历史思想与文化》，探讨先秦宗教与思想的各个方面；英国李约瑟的《中国古代科学技术史》对巫术与科学的关系进行了专门论述；德国缪勒的《周汉时期社的研究》（慕尼黑，1978 年），研究了宗教与传说中有关社祭的种种资料；意大利的安东尼奥·阿马萨里的《中国古代文明——从商朝甲骨刻辞看中国上古史》运用东西方宗教思想比较研究法，力图揭示中国古代人们的思维结构；日本的伊藤道治的《卜辞所见的祖灵观念》《殷代的祖先祭祀和贞人集团——殷王朝的社会结构之一》对殷代的宗教与社会之间的联系进行了探讨；日本藤野岩友《巫系文学论》（东京大学书房，1951），加藤常贤《巫祝考》（《东京支那学报》1（1955））；韩国的文镛盛的《中国古代社会的巫觋》（1999）对中国古代巫觋集团进行梳理分析。① 国外汉学家巫术研

---

① 美国文化人类学家 C. 恩伯和 M. 恩伯在《文化的变异》中说："由于我们有理由相信存在史前宗教，而且以后的各个历史时期都有宗教普遍存在的证据，因此为什么人们对宗教这个主题曾多番进行探索、研究和理论探讨，就不难理解了。"（[美] C. 恩伯、M. 恩伯：《文化的变异》，杜彬彬译，辽宁人民出版社 1988 年版，第 468—469 页）

究取得的一些可喜成果，可以作为我们研究的参考。这从不同国家的文化背景与思维方式的多视角中为我们提供认识中国古代巫术的另一种方式、方法。国外学者对中国古代巫术的研究也存在着一些明显的短处，如外国学者的研究成果往往使人有种隔靴搔痒之感觉，有时如同雾里看花，有时又把西方的思维方式生硬地套到中国材料上，显得不着边际，抓不住本质。再加上国外学派林立，观点各异，自然就会带来一些理论上矛盾与混乱，所以是真理与虚妄、谬误参杂，良莠难分。

（二）课题研究的主要任务与目标

从以上的分析可知，周代正处于中国文明的巫教人文化的转折时期。关于周代巫教研究的课题可以说比比皆是，如巫教理性化、人文化过程如何？考古中古代巫教现象如何解释？巫教手段与仪式如何？中国巫教历史发展进程如何？巫教在历史中尤其思想史中的地位如何？巫教在社会意识形态中的作用如何？巫教与礼制政治的关系如何？中国巫教转折期的演化如何？古代巫教文化在中国人的观念与生活中的位置及其对中国文化的影响如何？中国古代的巫及其活动表现怎样？巫教对中国宗教的形成及民俗的发展有何特殊意义？如何根据中国的实际建立巫教研究的理论模式与范型？在这些课题中，笔者选择"西周巫文化演化形态研究"作为研究课题，其研究任务是很繁重的。它存在着下列难点：一是，我们缺乏一套研究中国古代巫术的理论模式，又不能生搬硬套国外巫术理论，所以需要在马克思主义理论指导下，自己创立一个研究框架，从而探求中国古代巫教文化的特殊性；二是，将周代巫教的现象从繁茂芜杂的历史资料中整理出来，为巫教文化衍生与发展构建一条主轴线，确立其在古代文明发展中相对独立的地位，以免其为其它文化所遮蔽；三是，运用自己构建的中国巫教研究的理论模式，解释考古中的巫教现象，解释文献中的神话思维，解释古文字中所蕴含的巫术文化信息；四是，寻绎出先秦巫教在中国古代文明发展进程中的作用，揭示巫教的逐渐理性化过程，理解巫教的转化与轴心时代到来的历史逻辑关系，揭示大传统与小传统中的巫术文化因子，为正确认识传统文化提供一条新的思路；五是，通过周代巫教衍化形态研究，从一个新的视角或侧面透视中国传统文化的性格，说明中国特有的传统文化的形成不但是物质文明的产物，也是精神文明的产物，正确认识在中国传统文化的血液中曾经流淌过的巫教文化。这一文化传统并不是一尊不动的雕像，而是离开它的源头愈远，就愈富有活力，汹涌澎湃。显然，这一研究课题具有独特的吸引力，但也十分艰苦。

历史的研究有两个目的：一是为现代人还原历史原貌，了解自己的过去，这很重要，因为人类总需要历史地生活。二是在已有历史资料的基础上，用现代的概念解释历史，服务于人们的现实生活，不然史实就有可能是一堆灰土或者不会说话的物质材料，而萦绕其上的精神就无法被人们所感知。① 这似与传统史学中的"六经注我"口号相通。无论是"我注六经"还是"六经注我"，我们的研究只能围绕这两个目的，为此书稿确定主要有三个目标：一是客观地再现周代巫教由鼎盛到转化与衰落的真实情况，还中国古代巫教发展的本来面目；二是分析周代巫教在中国传统文化中的地位与作用，尤其要揭示巫教理性化过程，从而正确解释轴心期的人文时代到来的历史逻辑，对理解和认识传统文化提供一条新的思路，从一个视角或侧面透视中国传统文化的性格，以免无视古代巫教之存在及其在中华文明形成中起到的积极推进作用，弥补现存古代思想史研究在"知识体系"上的不足，因为巫教在古代当时社会所处的地位与所起的作用非现代人所能想象；三是揭示周代巫教结构及其特色，以防进入巫教认识的误区，纠正因此造成的一些误解，因为人们常常运用西方的巫术概念及研究强行比拟，或者以对现代巫蛊的看法去认识中国古代巫教，造成历史认识上的不公。

（三）研究的路径与方法

杨朱有言："太古之事灭矣，孰志之哉。"（《列子卷七·杨朱》）研究古史需要讲究个方式方法，否则无法登堂入室。我们研究古史主要通过六条门径：历史文献、考古、青铜器、古文字、文化人类学资料、理论。具体而言，我们应注重以下几个方面：

---

① 这不乏"六经注我"的嫌疑，也就像克罗齐所认为的，对一切过去历史的研究，都是我们当前精神的活动，所以"一切真正的历史都是现在的历史"。（参见刘家和《"编年史"在中西史学传统中含义的异同》，《新华文摘》2022 年第 12 期）

首先，我们要以马克思主义史学理论为指导。坚持历史唯物主义和辩证唯物主义，一切从史实出发，实事求是，理论联系史实，才不会失去研究的方向，也可防止误入唯心主义史学的泥淖。当代史学家朱维铮说：

> 如果我们不把观念更迭，看成仅仅是观念变化的历史，看成似乎是同构成这些观念的基础的事实相脱离的历史，那末便可发现它的实际过程是别一种模样。正如马克思和恩格斯在他们共同研究历史唯物主义原理的初期便指出的：只要按照事物的本来面目及其产生根源来理解事物，任何深奥的哲学问题都会被简单地归结为某种经验的事实。他们批评布鲁诺·鲍威尔那样的历史编纂家，指出这些学者只是为了使某个非历史任务及其幻想流芳百世而编写过去的历史，因而根本不提真正的历史事件，甚至不提政治对历史进程的真正的干预。看来，这是历史唯心主义的通病。①

当然也要适当借鉴当今适用的西方有关理论，防止抱残守缺，而面对西方理论时也要防止因噎废食。德国哲学家威廉·洪堡说：“必须同时倡导两种接近历史真理的途径：确切地、公正无私地、批判地探究已发生过的事情并把研究过的东西连接起来；揣测出通过前者无法达到的东西。”② 在古史研究过程中，片面追求这两种途径中任何一种，都必然会造成历史的失真或者偏离历史研究初心或旨趣。我们应充分地理解和把握这两种途径，缺一不可。

其次，尊重史实、史料、证据。在此方面我们应该有老老实实的态度，孔子《论语·八佾》云：“夏礼吾能言之，杞不足征也；殷礼吾能言之，宋不足征也；文献不足故也。足，则吾能征之矣。”英国历史学家爱德华·霍列特·卡尔（Edward Hallett Car，1892—1982）认为，历史研究的过程就是“历史学家与他的事实之间不断互动过程”，“没有事实的历史学家将失去立

---

① 朱维铮：《中国经学史十讲》，复旦大学出版社 2005 年版，第 84—85 页。
② 李秋零：《德国哲人视野中的历史》，中国人民大学出版社 1994 年版，第 238 页。

足点，无用武之地"。① 史料是人类在活动中有意或无意地以各种方式遗留下来的有关它们的行动和思想的痕迹②，在援用古代文献时应该进行必要的甄选，尤其注意出土文献的释读与运用。在引用文化人类学包括民俗学资料时要做到去粗存精，去伪存真。英国史学家杰弗里·巴勒克拉夫（Geoffrey Barraclough，1908—1984）说："历史学首先应当面向人类学和社会学去寻找新方向是毫不足怪的。在所有的社会科学中，社会学和人类学在观点上与历史学最为接近。"③

　　再次，借鉴结构主义的研究方法。④ 借鉴但不是照搬照抄，在研究过程中，强调整体对于部分来说具有逻辑上的优先重要性，即不能只见树木不见森林，因为任何一种因素或部分都不可能孤立地理解，而只能放在整体的关系中方可理解。我们还要强调"历时性"与"共时性"的结合，在研究结构上，将研究分为两条线：一条线是研究西周巫教的衍变过程；一条线是研究巫教自身结构；可以说一是动态的、历时的；一是静态的、共时的；动静结合，相互补充，呈现其当时的历史状态。因此，我们在研究古史的过程中强

---

① ［英］卡尔：《历史是什么?》，转引自杨豫、胡成《历史学的思想和方法》，南京大学出版社 1999 年版，第 221 页。
② 史料并不等于历史史实，也不等于历史。历史学家只有运用正确的方法向史料提出问题，史料才能告诉它们历史的进程、性质、规律。史料分为实物史料和口碑史料。实物史料又可分为文字史料和文物史料，文物史料包括文物和遗址。我们要充分使用文字史料，尤其是古文字史料，也不放过现已发现的文物史料。口碑史料是指历史事件和历史经历的亲身参与者的叙述，或一代又一代人用口头方式流传下来的对英雄人物和习俗的陈述。我们使用的主要是由人类学家和民俗学家采集到的口碑史料。
③ ［英］巴勒克拉夫：《当代史学主要趋势》，杨豫译，上海译文出版社 1987 年版，第 76 页。
④ 结构主义（Structuralism）是 20 世纪影响重大的人文变革思潮之一。结构主义不是一种单纯的传统意义上的哲学学说，而是一种思想方式或学术研究方法。奥地利哲学家路德维希·维特根斯坦在《逻辑哲学论》中指出，世界是由许多"状态"构成的总体，每一个"状态"是一条众多事物组成的锁链，它们处于确定的关系之中，这种关系就是这个"状态"的结构。瑞士的费迪南·德·索绪尔是将结构主义思想运用到语言学研究的第一人，被人们敬称为"结构主义之父"。1945 年法国人类学家克劳德·列维·斯特劳斯将结构主义方法运用到人类学上。到 20 世纪 60 年代，出现了一个如火如荼的结构主义时代。（参见赵一凡《结构主义》，赵一凡、张中载、李承恩主编《西方文论关键词》，外语教学与研究出版社 2006 年版，第 248—257 页）

调系统性、整体性、结构性、逻辑性。

第四，运用多重证据法。在古史研究的过程中，证据越充足，结论才能越可靠；材料越丰富，成果才能越多彩。倘若执着于某一方面的材料，可能就会抱残守缺、以偏概全。王国维在古史研究中将地上传世文献与地下出土资料相结合，充分运用这种所谓"二重证据法"，受到后来者的推崇；饶宗颐又将出土资料分为有文字资料与无文字材料两种，进而提出"三重证据法"，甚或是注重文献、考古、甲骨卜辞、青铜铭文、简牍帛书的所谓"五重证据法"。20世纪30年代，很多学者又结合文化人类学资料进行研究古史，如李宗侗（玄伯），这样"不但是'二重证据法'，就是所谓'三重证据法'、'四重证据法'，就对上世纪三四十年代的学者，以至50年代初念大学的人来说，就已经是不言而喻的东西了"[1]。所以，我们现在研究古史就要注重最新出现的资料，以便做到无证不史，走出人为设置的"疑古"与"信古"构成的怪圈[2]，科学对待历史，做好"释古"与

---

[1] 裘锡圭、曹峰：《"古史辨"派、"二重证据法"及其相关问题》，《文史哲》编辑部《"疑古"与"走出疑古"》，商务印书馆2010年版，第343页。

[2] 我们走出人为设置的"疑古"与"信古"的派别圈子，实质上，这并不是两难选择，在这两种派别之外仍会有第三条道路可走，那就是既不是"疑古"论者，也不是"信古"论者，因为"疑古"论者怀疑过度，难免会误入历史虚无主义的圈套，从而出现悲观情绪，"信古"论者又会滑进历史复古主义的泥淖，从而出现泥古情结。王国维在《古史新证》中提出以地上、地下材料彼此印证的"二重证据法"。香港饶宗颐继之又提出"三重证据法"，就是将地下材料分为古文字资料与一般考古资料。20世纪30年代，冯友兰提出过"信古、疑古、释古"三个阶段，这一见解收入《古史辩》第6册。美国汉学家夏含夷认为，"文献"与"考古"都一样可信，也一样不可信，问题在于你用什么方法"读"它，他说在"疑古派"和"信古派"之外，还有一个"研古派"，或称为"殷古派"，即把古代看作丰富多彩的学派。（参见刘东主编《中国学术》（第2辑），商务印书馆2000年版，第212、290页）李学勤倡言"走出疑古时代"，但他并没有提倡"回到信古时代"，而是说："我们要讲理论，也要讲方法。我们把文献研究和考古研究结合起来，这是'疑古'时代所不能做到的。充分运用这样的方法，将能开拓出古代历史、文化研究的新局面，对整个中国古代文明作出重新估价。"（李学勤《走出疑古时代》，辽宁大学出版社1997年版，第19页）在20世纪中国史学发展过程中，虽然思潮、学派很多，如以梁启超为代表的"新史学"思潮、以王国维为代表的新历史考证学思潮和以李大钊与郭沫若为代表的马克思主义史学思潮，每一次史学思潮都伴随新的史学方法的革命。1923年，梁启超写出了《中国历史研究法》，并言"以此方法以创造一新史"；（《中国历史研

"正古"。①

第五，采用跨学科研究理论与方法。征引和博取考古学、人类学、社会学、宗教学、民俗学等多学科领域的材料和可以适应的理论与方法，研究中国古代巫术与巫教问题。比如人类学或民俗学材料作为"活化石"，甚或可以作为旁证。孔子曰："先进于礼乐，野人也；后进于礼乐，君子也。如用之，则吾从先进。"（《论语·先进》）"礼失求诸野。"（《汉书·艺文志》）方今去古久远，无所更索，当然可以借用人类学的资料与方法。这就需要进一步扩大学术视野，广泛涉猎史学相关学科的最新研究成果，为我所用。

研究西周巫教的演变形态，这可能属于精神现象学范畴，所以应该避免滑入现象主义的泥淖②，更需要透过现象看本质；可能属于宗教文化学领域，那也应该避免陷入宗教主义的陷阱，而应该以科学的方式与方法批判地对待历史上的宗教问题。总之，在尽力揭示历史真相与阐释历史现象的同时，重要的是要发现西周巫教衍变的基本规律，揭示西周文化发展的基本脉络，彰显中华民族的通变精神③，以祈奉献于学林。

―――――――――

究法·自序》）1925 年，王国维在《古史新证》讲义的总论中对"二重证据法"作了说明；1924 年，李大钊在出版《史学要论》中第一次运用马克思主义科学方法，1924 年写成、1930 年郭沫若在出版的《中国古代社会研究》中，运用马克思主义唯物史观的理论与方法，开辟了中国史研究的科学道路。20 世纪初，K.G. 兰普雷希特发表《文化史的方法论》，建立独树一帜的"新文化史学派"，力主对历史事实不仅要说明"是什么"，而且要回答"为什么"。

① 参见郭沂《从"疑古"走向"正古"——试论中国古史学的发展方向》，《新华文摘》2002 年第 10 期。

② 贺麟指出："现象主义是一种主观唯心主义，它把本质与现象割裂开，它只研究现象，不研究现象所表现的本质，或者根本否认本质、物自体、实体的存在，或者只承认现象可知，不承认本质可知。休谟、康德、马赫主义者都是现象主义的代表，也是不可知论的代表。"（贺麟、王玖兴《译者导言：关于黑格尔的〈精神现象学〉》，见黑格尔《精神现象学》（上卷），商务印书馆 1979 年版，第 11 页）

③ 刘家和说："中国人讲的是'通古今之变'，历史是变化的，是经过不断的否定之否定这样发展起来的，即所谓'穷则变，变则通，通则久'。所以中华民族历史久远，历经变化，自我革新，再不断往前继续发展。这就是我们中华民族的历史能有五千年文明的原因，这在全世界是非常罕见的，这说明我们这种史学精神在实际上有着积极的作用和表现。"（刘家和《"编年史"在中西史学传统中含义的异同》，《新华文摘》2022 年第 12 期）

第一章　周初巫教维新

　　人类其实是文化的产物，人类在创造文化的同时就是在创造人类
自身。

——题记

　　《诗·大雅·文王》云："周虽旧邦，其命维新"。周人不断地创造自
己，重塑社会，将生存推进到一个新的难以逾越的层次。周以蕞尔小邦而克
大邑商，牧野之战，问鼎中原，实政治之大举。相对于商朝晚期的腐朽与
没落之风，周人是一个富有勃勃生机的族群，新生政权也同样表现出不同
于过往之处，表现出不负其天下、不负其子民的恢弘气势与伟力。王国维
言："中国政治与文化之变革，莫剧于殷周之际。"[①] 周人一面整齐师旅，一
面文化收揽，此所谓"善政不如善教之得民"也。[②] 那文化变革之特征何在
呢？傅斯年断言："虽然，周之兴也，亦有其特征焉。惟此特征决不在物质
文明，亦未必在宗法制度耳。""殷周之际大变化，未必在宗法制度也。既
不在物质文明，又不在宗法制度，其转变之特征究何在？曰：在人道主义
之黎明。"[③] 其实，商周之际激烈的巫教变革是其文化变革的重要特征，巫教
之变革乃居于文化激烈变革之核心，因为巫教在当时的意识形态领域占绝

[①]　王国维：《观堂集林》，中华书局 1959 年版，第 451 页。

[②]　李学勤等认为，殷周之变，既不能用经济力强弱又不能用军事力优劣来作解释，周之战
　　略运用是其关键。参见李学勤主编《中国古代文明与国家形成研究》，第 525 页。

[③]　傅斯年：《性命古训辨证》，刘梦溪主编《中国现代学术经典·傅斯年卷》，河北教育出版
　　社 1996 年版，第 89、90 页。

对支配地位，而"人道主义之黎明"只是这场文化变革显露出的光芒而已。王国维曾对于这场周初变革进行深入的剖析与极高的评价："殷周间之大变革，自其表言之，不过一姓一家之兴亡与都邑之移转；自其里言之，则旧制度废而新制度兴，旧文化废而新文化兴；又自其表言之，则古圣人之所以取天下及所以守之者，若无以异于后世之帝王；而自其里言之，则其制度文物与其立制之本意，乃出于万世治安之大计，其心术与规摹，迥非后世帝王所能梦见也。"① 商周之际的巫教维新，既是国家政权交替过程中的一场意识形态领域变革，也是中国古代史中一次具有划时代意义的文化革命，由此奠定了中国文化的宏大走向，并遗留下了古老民族的原初精神积淀，成为融入民族血脉中的强大基因。② 故研究这一时期巫教变革，可以点破西周巫教衍化形态研究中一些难解的关隘，大抵可以达到三个目的：一是寻找西周巫教变革之原因、动力及理路，回答西周时期为什么发生如此重大之变革，变革的动力又来自于何处，并概括描绘出变革的不平坦的动态历程，是量变与质变、延续与革新的辩证结合；二是揭示西周巫教变革之内容与方式，这种变革既是一种对于旧内容的改造又是一种新内容的建设，该兼容的兼容，该延续的延续，该弘扬的弘扬，做到去伪存真，去粗取精，古为今用；三是分析西周巫教变革在历史中的地位、作用、特质以及对后世产生的巨大影响，重新审视的不仅注重文化自身，还要关注变革的过程与结果。研究这一时期的巫教变革有可能揭示出一些独特的观念和原则，如果忽视这点，对传统文化就可能存在不能有全面理解的危险。③ 西周初期文化变革处于最为剧烈之阶段，可谓华夏文化妊娠期，即经过了近万年的巫术孕育，方"肇华夏意识端倪，创华夏文化本体，成华夏社会基石，是中国古代史上一个重要的历史阶段。"④ 只有充分研究西周之初巫教变革，才能理解西周的巫教演化形态，于是乎更好地认识中国传统文化之来源及其精神

---

① 王国维：《商周制度论》，《观堂集林》（第 2 册），中华书局 1959 年版，第 453、451 页。
② 现在有人说，中国本来就是一个文明体，西方人注重民族国家认同，中国人注重文化认同。这从夏商周的文化发展及文明衍化方面也可以提供佐证。
③ 参见李学勤《失落的文明》，第 146—148 页。
④ 许倬云：《西周史》，生活·读书·新知三联书店 1994 年版，序。

特质。①

一、周"尚文"及周初巫教变革形势

　　传统儒学在民族文化中的地位与作用可谓举足轻重，而儒学奠基人孔子却言"郁郁乎文哉，吾从周"，那西周之"文"到底何在？常常得到简单的回答：礼乐文明。那"礼乐文明"又是如何形成的呢？往往又得到简单的回答：周公制礼作乐。但周公"制礼作乐"并非是面壁虚造，孕育与产生"礼乐文明"的源头之一就是早已有之的巫教。事实上，周朝伊始武王即行有立国礼典（早于周公"制礼作乐"）。②"礼乐"的价值取向、观念体系、文化传统心理皆与巫教及其维新的成果有关。巫教信仰及其产生的价值体系、文化传统具有持久的魅力，决定一个民族之所以成为自己的重要因素。在西周巫教是精神文化范畴中的重要内容。若考察西周的巫教状况，我们应该首先了解西周必要的文化背景，以便对其巫教维新予以更为准确的解读。

（一）周族具有"尚文"变革之传统

　　周人是一个既善武功更善文治的族群，周族是一个以"筮"为代表的巫教文化与以"德"为代表的人文文化并举的族群，"疆以周索"是它的传统，这于中国文化史乃至世界文化史皆为罕见。周人之发迹，从某种角度说，得益于"尚文"甚于"尚武"，而其"尚文"主要得益于对巫教的变革与建设，军事力仅毕于一役，文化力则深入久远，能够起到军事力量不能起到的作用，这已为历史经验所证明。《孟子·滕文公》引《尚书》赞周文韬

---

① 在历史学领域，史学家越来越意识到研究文化变革之重要性；在历史学著作中，文化史的研究亦越来越占有足够的地位。德国著名的历史学家施本格勒（Oswald Spengler，1880—1936）甚至提出：历史就是文化史。（参见韩震《西方历史哲学导论》，山东人民出版社1992年版，第261页）20世纪兴起称作"哥白尼式的革命"的新史学，提出要把人类整个文化作为历史研究的对象。中国文化史的研究也不能不追溯到商周之际的巫教变革。

② 李方元、申娟：《从〈逸周书·世俘〉篇看周初最早的"礼乐"活动——兼及与周公"制礼作乐"的关系》，《中国音乐》2022年第6期。

武略："丕显哉，文王谟！丕承哉，武王烈！佑启我后人，咸以正罔缺。"

　　周人族源悠远，始祖可追溯至传说中的后稷。后稷之生，传说得于脚印之灵巫教，《史记·周本纪》云："周后稷，名弃。其母有邰氏女，曰姜原。……姜原出野，见巨人迹，心欣然说，欲践之，践之而身动如孕者。居期而生子……初欲弃之，因名曰弃。"又《诗经·大雅·生民》云"履帝武敏歆"，帝为始祖，武乃足迹。帝原为商族图腾"玄鸟"的影子，周人借指本族的最高祖，"大人迹"就是姬姓部族的图腾——熊的脚印，故黄帝为"有熊氏"，"姬"字初文为""，正是熊的脚印的形象。所谓"巨人"或"大人"只是对"熊"的讳称而已。① 后稷也以善播百谷，被后人奉为稷神。《生民》又谓后稷："艺之荏菽，荏菽旆旆，禾役穟穟，麻麦幪幪，瓜瓞唪唪。诞后稷之穑，有相之道，茀厥丰草，种之黄茂，实方实苞，实种实褎，实发实秀，实坚实好，实颖实栗，即有邰家室。"许倬云所谓的"精耕农业"文化大抵渊源于此②，而西文"文化"一词词源恰为"农耕"。若此推论，后稷当为中国农耕文化之鼻祖。"后稷之兴，在陶唐、虞、夏之际，皆有令德。"（《史记·周本纪》）至夏末时，周人的先公不窋居"戎狄之间"，其孙公刘徙居于京，建立豳国，"周道之兴自此始"。《国语·周语上》云："我先王不窋用失其官，而自窜于戎狄之间，不敢怠业，时序其德，纂修其绪，修其训典，朝夕恪勤，守以敦笃，奉以忠信。奕世载德，不忝前人。"这"序其德""修其绪"就是对其已有的文化模式不断地变革，继承传统并发展传统成为周人文化的主题，故周文化能够如大江大河，从涓涓细流而达到波澜壮阔。自公刘经九世，至古公亶父，率族人"度漆、沮、逾梁山"，筑邑于岐，是周早期国家成熟的里程碑。③《诗·大雅·绵》记古公迁岐云："古公亶父，来朝走马，率西水浒，至于岐下。爰及姜女，聿来胥宇。……乃慰乃止，乃左乃右，乃疆乃理，乃宣乃亩。自西徂东，周爰执事。"许多小国闻古公仁，亦多归之。此时周族社会主导精神形态则在于其巫教信仰，并初步

---

① 参见詹鄞鑫《心灵的误区——巫教与中国巫教文化》，上海教育出版社 2001 年版，第 250 页。

② 许倬云：《中国文化与世界文化》，贵州人民出版社 1991 年版，第 126 页。

③ 许倬云：《中国文化与世界文化》，第 58 页。

形成巫教祭祀体系,《国语·鲁语下》云:"夫祀,国之大节也,而节,政之所成也,故慎制祀以为国典。"其孙文王又迁都丰,武王时改都镐,卒以克商。

商王朝时期,周的国力虽不足以与大邑商分庭抗礼,但依靠其较先进的文化,周人不断扩充实力,季历曾"伐西落鬼戎,浮二十翟王"①,文王曾伐密。周原甲骨还记载周人伐龙方、氐羌,伐蜀等。在商王朝时期,周虽然在表面或仪式上臣属于商,但在根本利益上却是商之大敌。《逸周书·程典》云:"文王合六州之侯,奉勤于商。"《论语·泰伯》亦云:"三分天下有其二,以服事殷。周之德,其可谓至德也足已矣。"这说明周统治者在政治和外交上处理与商的关系是十分谨慎的。季历行德施仁,西伯积善累德,这种良好之文化,诸侯当然皆响应之。《诗·大雅·皇矣》称季历"因心则友,则友其兄,则笃其庆","其德克明,克明克类,克长克君"。开明的政治使周人的势力迅速壮大。周还善于吸收先进的中原文化营养,加强与商文化的交流,开放的文化系统方具有生命的活力,从今本《竹书纪年》所记高圉以降,世代受商册封可知周商交流之一斑。《逸周书·商誓》一再声称:"肆商先哲王,用显我西土。"殷墟甲骨刻辞还记载商周通婚关系,曰"贞,帚周。"(《乙》八八九四)周原甲骨甚至记载周人祭祀商先王。邹衡认为,先周文化是由多种文化因素相互融合的产物,主要成分有来自殷墟为代表的商文化,有来自山西境内光社文化中分化出来的姬周文化,来自甘肃境内辛店、寺洼文化的姜炎文化。②

周文王时期,周推出了一套切合时势又行之有效的文化治国方略,为武王克商做好前期准备。在内政方面,"遵后稷、公刘之业,则古公、公季之法。笃仁、敬老、慈少,礼下贤者。"(《史记·周本纪》)礼法文化亦见端倪,《左传》昭公七年载:"周文王之法曰:有亡,荒阅。所以得天下。"《史记·周本纪》记载文王断虞芮之讼:"西伯阴行善,诸侯皆来决平。于是虞、芮之人有狱不能决,乃如周。入界,耕者皆让畔,民俗皆让长。虞、芮之人

---

① 《古本竹书纪年》,《后汉书·西羌传》注。
② 邹衡:《论先周文化》,《中国考古学会第一次年会论文集(1979)》,文物出版社1980年版;又《夏商周考古学论文集》,文物出版社1980年版,第352—353页。

未见西伯，皆惭，相谓曰：'吾所争，周人所耻，何往为，只取辱耳。'遂还，俱让而去。"美德总是能够从心灵上征服人，让其欣羡不已的同时深为折服，然后愿意将这种美德付诸实践。[①] 在礼贤方面，文王"日中不暇食以待士"，因为当时贤士是文化知识垄断者、生产者与传播者。当时的贤士多是具有知识的巫师阶层，因为当时主流知识主要是巫教知识，首在"亿宁百神"，《国语·晋语四》谓文王"用四方之贤良，及其即位也，询于八虞，而谘于二虢，度于闳夭，而谋于南宫，诹于蔡、原，而访于辛、尹，重之于周、邵、毕、荣，亿宁百神，而柔和万民。"故《诗·大雅·文王》云："济济多士，文王以宁。"亿宁百神、柔和万民，都说明巫文化之秩序与昌盛。文王即使囚羑里，仍演《易》，传说重《易》之八卦为六十四卦，可推知《周易》卦爻辞记录了许多商周之际史事的原由。[②] 文王筑灵台，以作通天，因为通天者王；以乐人民，因为得民者得天下。《诗·大雅·灵台》云："经始灵台，经之营之。庶民攻之，不日成之。经始勿亟，庶民子来。王在灵囿，麀鹿攸伏。麀鹿濯濯，白鸟翯翯。王在灵沼，于牣鱼跃。虡业维枞，贲鼓维镛。于论鼓钟，于乐辟雍。于论鼓钟，于乐辟雍。鼍鼓逢逢，蒙瞍奏公。"《毛诗序》云："《灵台》，民始附也。文王受命，而民乐其有灵感以及鸟兽昆虫焉。"《孟子·梁惠王》曰："文王以民力为台为沼，而民欢乐之，谓其台曰灵台，谓其沼曰灵沼，乐其有麋鹿鱼鳖。古之人与民偕乐，故能乐也。"在考古方面，在周原早周宫室建筑基址出土早到文王时的卜甲17000余片，有的记有卜辞，这也是一个不小的巫教文化生产系统。1976年，在陕西岐山凤雏村发现了周代宗庙遗址，有中央陈列神主的太庙（堂），有众

---

① 德国哲人康德说得好："如果在一个出身卑微的普通市民身上感知到使我自觉不如的正直品格，那么不论我愿意与否，也不论我如何高昂自己的头颅以使他不会忘却我的优越的地位，我的心灵都会向这个人鞠躬。这是为什么呢？他的榜样在我的面前树立了一条法则，当我用它与我自身的行为相比较时，我的自负就被摧毁了；而他的行为则向我当面证明：这一法则是可以被遵守的，并且因而是一条确实可以付诸实践的法则。即便我在自己身上也意识到同等程度的正直品格这种敬重也仍会被保持。"（[德] 伊曼努尔·康德《实践理性批判》，张永奇译，九州出版社2007年版，第132—133页）

② 现在大都公认，《周易》经文的形成很可能在周初，不会晚于西周中叶。（参见李学勤《周易溯源》，巴蜀书社2006年版，第1—18页）

臣朝拜祭献牺牲的朝廷（庭），有存放祖先衣冠的"寝"，有配享神灵所在的"庑"，宗庙由外而内有三重门即皋门、应门、寝门，而皋门两侧还有供休息的"塾"。周人如此重视人文教化，如此建设巫教文化，其建国之道，构成了中国早期古代国家发展中有别于夏、商的另一种文化模式。但是相对于商人十分炽盛的巫风而言，周人人文色彩却相对比较浓厚。李零从古文字资料侧面予以佐证：

> 西周时期的"巫"，古文献和古文字材料的记载都比较少。《尚书·周书》没有"巫"字。《逸周书·和寤解》讲武王图商，师至鲜原，召召公奭、毕公高。勉励"尹士八士"，提到"加用祷巫，神人允顺"。《六韬》也讲文、武图商，其《文韬·上贤》"七害"，第七条叫"伪方异伎，巫蛊左道，不祥之言，幻惑良民，王者必止之"，其中也提到"巫"。还有《国语·周语上》说"厉王虐，国人谤王，邵公告曰：'民不堪命矣！'王怒，得卫巫，使监谤者，以告，则杀之，国人莫敢言，道路以目"，韦昭注："卫巫，卫国之巫也。监，察也。巫人有神灵，有谤必知之。"但这些可能都是西周以后的传说。西周时期的古文字，"巫"字比较少见。陕西岐山凤雏村出土的甲骨卜辞，上面没有"巫"字。①

由此看来，假设厉王监谤故事是西周以后的传说，那么"巫"在通过周初巫教变革后越来越转变为负面角色了，这肯定是西周以后的事情了。

周人既有善于建设文化之传统，又有维新之自我推动力。周人自创受命于天的社会意识形态，伪古文《尚书·武成》云："我文考文王，克成厥勋，诞膺天命，以抚方夏，大邦畏其力，小邦怀其德。""德"与"力"互助，文与武兼施，故终燮伐大商，"牧野洋洋，檀车煌煌，驷骐彭彭，维师尚父，时维鹰扬，凉彼武王，肆伐大商，会朝清明。"（《诗·大雅·大明》）一个新的周王朝开始出现在中国历史舞台上。回顾周文化，可谓"苟日新，

---

① 李零：《中国方术续考》，第55—56页。

日日新，又日新。"许倬云认为，周以蕞尔小国克大邑商，既不能以经济力强弱做理由，又不能以军事力的优劣来分高低，周之胜利只能由文化力的运用以寻求解释。① 其说确不可易移。

武王克商后，除继续用军事手段扩大战果外，另一个主要任务就是稳定并建立起王权统治的地位。《尚书·武成》记武王："厥四月，既旁生霸，粤之日庚戌，武王燎于周祖。翌日辛亥，祀于王位。粤王日乙卯，乃以庶国祀馘于周庙。"② 胜商之后祭祀祖先神是其以巫教巩固统治地位的一种形式。武王注重借鉴中原政治文化，《逸周书·大聚》云："维武王胜殷，抚国绥民，乃观于殷政。"并曾向其子请教"彝伦攸叙"，《尚书·洪范》载："惟十有三祀，王访于箕子。王乃言曰：'呜呼！箕子，惟天阴骘下民，相协厥居，我不知其彝伦攸叙。'"箕子献"洪范九畴"。成王幼时，周公摄政，既要开疆拓土，又要安抚下民，武力一到，文治必紧随，故制礼作乐，以维持长治久安。恭王时《史墙盘》记曰："曰古文王，初戾和于政，上帝降懿德，大屏，敷有上下，合受万邦。络圉武王，遹征四方，达殷畯民。"

周人精于农业，时为先进，良好的经济基础之上承载的是耕作文化；韬光养晦，以文取胜，以德服人，做到文治武备，克商而安商，建周而稳周；不是抱残守缺，而是与时俱进，以不断进取之精神号令天下，不仅仅是打江山，关键是坐江山，形成治国理政的模式，为千秋万世建制度，树楷模，正如《周礼·叙官》云："惟王建国，辨方正位，体国经野，设官分职，以为民极。"

（二）周建国之初的文化境遇

夏商周之间的文化关系，即夏商周三代文化异同的问题，在中国古史学界有不同的观点。张光直认为主要集中在两个方面：一是从纵向说，三代之间的变化除了朝代的兴替外有无重大制度文化上的变革；二是从横向看，三代之间是否来源于不同的文化或民族。③ 从文化史角度，三代文化关系可

① 许倬云：《西周史》，生活·读书·新知三联书店1994年版，第86、109页。
② 《汉书·律历志》引《武成》。
③ ［美］张光直：《中国青铜时代》，第61页。

分为两种意见：一是三代文化发展看作一条线，其间的异同只是一种内在的变革，可称为"内在变革论"，持此论者为传统儒家，如孔子、孟子以及王国维等，其结论是"综观三代文化，固有异同之处，未逾损益相因；寻其本则一脉相承，未尝有变焉"①。二是把三代文化看作是非线性的发展，其间的异同主要是外来文化对原有文化的冲击，可称为"外在变革论"，持此论者为现代史学家，如丁山、邹衡等，其结论是三代"属于不同的文化体系"。②我们认为，在三代文化变革研究中，既要强调三代之间直线的继承关系，也要关注三代之间平行发展的文化关系，同时还不能忽视三代与其它文明之间的交往与流通，因为三代并不是在一个文明孤岛上孤立发展，而是与其周围的民族文明相接触的。

周后稷部族与中原夏王朝的政治关系，《国语·周语上》云："昔我先王世后稷，以服事虞夏"；《诗·周颂·思文》亦云："思文后稷，克配彼天，立我蒸民，莫匪尔极，贻我来牟，帝命率育，无此疆尔界，陈常于时夏。"这是在表明周对夏行君臣之道。商在汤未伐桀之前，亦有先公先王时代，"汤始居亳，从先王居，作《帝诰》"。（《史记·殷本纪》）《诗·商颂·长发》云："濬哲为商，长发其祥。洪水芒芒，禹敷下土方；外大国是疆，幅员既长。有娀方将，帝立子生商。"汤既胜夏，始"践天子位，代夏以朝天下。"（《史记·夏本纪》）可见商亦曾服事夏。因此商周曾同是夏的藩国。反过来说，继承夏祀的杞是商周两代的列国之一，继承商祀的宋是周代列国之一。按《史记》记载，夏商周的祖先禹、契和后稷又都在帝尧、帝舜的部落联合体里服务，所以，夏商周都是自黄帝以来一直平行存在的三个集团了。也就是说，夏商周在势力强弱的浮沉方面表现为前仆后继的朝代继承关系，这只是朝代更替而已，而三者的文明进展方式却是"平行并进式"的，周的社会发展，早先基本走的是土著化发展之道。张光直认为夏、商、周是"平行并进式的"，并具有一个基本的共同点，即城邑式的宗教统治机构，"他们之间平行而不是一脉相承的关系才是了解三代关系与三代发展的关键，同时

---

① 严一萍：《夏商周文化异同考》，《大陆杂志特刊》1952 年第 1 期。
② 邹衡：《夏商周文化考古论文集》，文物出版社 1982 年版，第 141、331 页。

亦是了解中国古代国家形成程序的关键。"① 伊藤道治亦认为，殷"与被征服
民的关系很松弛……与其说是统治者与被统治者的关系，不如说多少承认
殷占优越地位的联合体，这是实际情况。"② 这与王国维所持的"商为诸侯之
长"说十分接近。商、周宗教上的差异亦是各自文化相对独立的重要表现，
如《论语·八佾》所言的三代社树："夏后氏以松，殷人以柏，周人以栗。"
《礼记·檀弓上》所做的比较云："夏后氏尚黑，大事敛用昏，戎事乘骊，牲
用玄。殷人尚白，大事敛用日中，戎事乘翰，牲用白。周人尚赤，大事敛用
日出，戎事乘骝，牲用骍。"《礼记·明堂位》亦云："有虞氏祭首，夏后氏
祭心，殷祭肝，周祭肺。夏后氏尚水，殷尚醴，周尚酒。"这些比较都是强
调在共同基础上的不同，而这种不同都是在三代各自没有掌握国家政权之前
的先公先王时代就已形成的。

　　确定对夏商周三代文化关系的认识，实质上就确定了一种解释三代关
系的理论模式，即"主体与多元"，因为对三代关系不同的观点就会产生不
同的理论解释模式。③ "主体与多元"这种模式笼罩着整个先秦时代，是华
夏文化形成过程中的主体模式，在相当广大的范围内，在具有许多共同因素
的文化"场"内，这种模式起着重要的作用。"主体与多元"主要包含两个
内容：一是夏商周总的主体文化是一致的，都是中国古代文化，其人文始祖
都可追溯至炎黄二帝，但夏商周在主体文化之下又呈现多元的景象，这种文
化的特点表现为夏、商、周的民族性、地方性与时代性的差异；二是上古三
代的每一个朝代在主体文化之下都存在地方文化的多元性，如杞代表夏遗文
化圈，宋代表商遗文化圈，但又都统一于周主体文化；三是普遍存在的主体
文化与地方文化的共通与共融性。执政的王朝文化是主体，而各地区、民族

① ［美］张光直：《商代文明》，第325、329页。
② ［日］伊藤道治：《殷代史的研究》，蔡风书译，通口隆康主编《日本考古学研究者——中
　　国考古学研究论文集》，日本东方书店1990年版，第231页。
③ 杜朴认为在历史学与考古学界现在存在三种理论解释模式：一是三代模式（the Three
　　Dynasties Model）；二是20世纪80年代新模式（New Methodologies of the 1980s）；三是各
　　政体相互作用模式（the Peer Polity Interaction Model）。Robert L.Trorp：Models for Proto—
　　Historic Chinese Archaeology：The Northwest Macroregion in the Second Millennium BCE. （参
　　见周秦文化研究编委会编《周秦文化研究》，第950页）

的文化多样性，则是多元，但彼此之间并不是互相排斥而是互相交流、吸收、融合。有了多元，中国历史文化才如此丰富多彩；有了主体，才会有今天的华夏文明。所以，李学勤说："古代文化的统一性和地域性，是文化史研究的一项重要课题。"① 文化多元中的每一个单元就形成了区域文化，在此一文化区域内每个群体都互相承认，并形成一套具有同一性价值观念的文化模式。至 20 世纪 80 年代有人提出中国文化八大块学说，即中原京派文化、江浙海派文化、闽粤岭南文化、江汉楚文化、四川巴蜀文化、陕甘华夏古文化、东北三省为一体的关东文化及边疆各少数民族的区域文化。这种主体文化与多元文化之间的关系有时也会产生位移现象，如西周是主体文化之下的多元化，而非多元化文化之下的统一文化；但春秋时期，主体与多元文化之间慢慢产生错位，主体文化下移，而多元文化上移；而战国时期，多元文化浮出水面，主体文化则沉入水底；至秦统一中国，大力推行文字、车轨、度量衡制度的统一，秦文化处绝对优势统治地位，从此改变三代以来"主体与多元"的文化模式，而渐渐为文化"大一统"模式所取代。

武王克商，经国建邦。《尚书大传》云："卜洛邑，营成周，改正朔，立宗庙，序祭祀，易牺牲，制礼乐，一统天下，合和四海，而致诸侯，皆莫不依绅，端冕以奉祭祀者。"周取代商，社会内部必然产生激烈振荡而出现新的社会变革，亦必然带来文化的冲突而产生新的文化模式，但这不是周文化与商文化之间的简单替代。周初文化并不是整齐而有序的，可谓处于"耗散结构"状态。其主要存在四种文化形态：一是遗留的殷商统治者的旧文化，具有一定延续的惯性；二是周人带入西周的周方国区域文化，属于跃跃欲试要上升为国家主流文化的区域文化；三是西周建设的新文化，这是根据统治需要建立的统治阶级文化；四是其它方国及地域文化，这是可以参与文化之间互动的次文化或亚文化。这四种类型文化形态彼此之间必然产生冲突与融合，在冲突与融合的过程中，实质上是西周新文化对所有旧文化的革命与改良，即存在四种变革类型，同时也是四种变革态度：一是对殷商文化的革命与兼容；二是对周方国区域文化的扬弃；三是对新文化建设的修整与完善；

① 李学勤：《失落的文明》，第 108 页。

四是对其它方国及地域文化的统治与整合。故许倬云认为："在周人的诸侯圈中，文化的二重与多重性，不但容忍原有文化的存在，而且开启了文化融合的机缘。"① 在这文化整合与变革的过程中，重要的是对巫教之态度，其主要的整合与变革对象也就是巫教，因为巫教在当时居于主导文化形态，所以它的变革必然带来一场剧烈的巫教维新运动。

（三）商周之际巫文化变革的方式

中国夏商时期流行着巫教，"古代的巫并不是专供宫廷驱使而已，巫就是宫廷，而巫所举行的仪式及所代表的宗教，就是中国古代宗教仪式的核心"②。巫文化发展到商代达到了巅峰，巫师之巫教也已达到炉火纯青。物极必反，周代巫文化变革势在必行了。张光直如此评论道："商代的巫师在中国古代可能是巫中之佼佼者。春秋战国文献中有关巫的材料很多，可见咒人也用巫师；《周礼·春官·大宗伯·小宗伯》所记王廷官吏中属于巫师一类人物都有系统化的记载，可以为证。但巫的本事和巫在社会上的地位，在商代似乎远较周代为高。《礼记·表记》说：'夏道尊命、事鬼敬神而远之。……殷人尊神、率民以事神、先鬼而后礼。……周人尊礼尚施、事鬼敬神而远之。'在夏商周三代之中，殷人似乎是与鬼神打交道打得最多的。对周人来说，殷人的巫师才是巫师中的高手。《尚书·洪范》记载周武王十三年（克殷后二年）武王访于箕子，箕子教他'彝伦攸叙'。其中便包括着'稽疑'，即卜筮之道，和'庶徵'，即解释天象征兆，便都是巫师的专长。周人何尝不是卜筮的专家，还是请教箕子，可见箕子在周武王眼中的崇高地位。……如唐兰所说，商代重视巫师，而到了周代已较不重视，在《周礼》里面司巫列为中士，属于太祝。西周铜器铭文中讲巫的很少，可是史墙盘里提到巫保，'授天子绾命'。史墙的祖先也是殷的遗民，是自微氏迁到周地的史官，这一点也是值得注意的。"③ 这说明商人与周人对于巫教之重视程度以及巫教

---

① 许倬云：《中国文化与世界文化》，第 4 页。

② ［美］张光直：《中国青铜时代》，第 476 页。

③ ［美］张光直：《商代的巫与巫教》，《中国青铜时代》，生活·读书·新知三联书店 1999 年版，第 257—259 页。

内容本身就有一些差异，这种差异也必然会带来巫教变革，何况西周作为一个新政权需要建立起一套新的制度文化体系呢。

商周之际文化的变革是建立在有继承有发展的基础之上的，而并非像外来文化入侵那样对原有文化进行毁灭性的打击，铲除原有文化，重新建立一个迥异的新文化。这种文化继承主要有四个方面：一是对炎黄主体文化的继承，尊炎黄为人文始祖，承认周为炎黄后裔；二是对殷商文化的继承，损益殷礼，延续箕子所传"洪范九畴"；三是继承先周文化传统，祭天、祭社、祭祖，发展农耕文化；四是继承传统习俗文化与观念，如服饰形制为右衽。但也有周人自己的文化特色，如《尔雅·释天》云："夏曰岁（取岁星行一次）；商曰祀（取四时一终）；周曰年（取禾一熟）；唐虞曰载（取物终更始）。"① 《论语·为政》云："殷因于夏礼，所损益可知也；周因于殷礼，所损益可知也。其或继周者，虽百世，可知也。""损益"就蕴涵着变革，孔子虽然说的是礼，但也可推广到所有的文化范畴。但不变是相对的，变是绝对的。《周易·系辞传》云"日新之谓盛德""生生之谓易""通变之谓事""一阴一阳之谓道""刚柔相推而生变化""穷则变，变则通，通则久"，都在说明周人善于识变通变。周人对文化的态度可以用"易之三义"来表述，郑云《易赞》云："易一名而含三义：易简一也，变易二也，不易三也。""不易"即为继承，"易简"与"变易"就是变革。曲阜鲁故城甲、乙组墓的考古发掘，甲组墓被认为是土著人墓，在陶器组合、品种上就不同于被认为是周人统治者的乙组墓。甲组墓随葬明器鬲、豆、圜底罐、平底罐，流行圜底和圈足器，乙组墓没有圜底罐和簋豆等圈足器，也没有盂。② 文化变革的过程就是文化更新，就是新质文化取代旧质文化的过程。新文化的产生并不等于旧文化是突然终止或全部消失，在一定时期旧文化依然存在，但经过文化冲突，旧有的文化衰亡了，新的文化就出现了。从周公制礼作乐来说，"'礼仪'和'方术'脱胎于'巫教'，但反过来又凌驾于'巫教'之上，限制压迫'巫教'，这是'巫教'的最后结局。"③

---

① 周祖谟：《尔雅校笺》，云南人民出版社2004年版，第78页。

② 《曲阜鲁国故城》第三章，转引自徐良高《中国民族文化源新探》，第53页。

③ 李零：《中国方术续考》，第75页。

　　许倬云在检讨德国哲学家雅斯贝尔斯（Karl Jaspers，1883—1969）的著名"轴心期"理论之后，认为先秦有两次文化"突破"，最早的一次是在商周之际，他说："在商时，上帝是商人的部落神及宗主神；但周人的上帝是普世的上帝，也是道德的维护者及裁判者。天命靡常，唯德是亲，上帝是公正的。这一突破的重要性，实在孔子学说之上。天命的观念，第一次给予人生活在世上的意义，也使人的生活有了一定的道德标准。"① 第二次突破发生在春秋战国时期，也就是雅斯贝尔斯所说的轴心期突破。中华文明是由"多元"因素融合而成的，在若干地区生长与存在着"多元"文化因素是很有必要的，但文明在什么时间、什么地方、什么样的群体进行整合和突破，意义就更为重大了。西周正是处于两次突破之间，既是前一次突破的结果，又是后一次突破的准备，但是两次突破的内容与方式不同，第一次突破主要是由于政权的交替变更带来的，是政治革命带来的文化的跃进，而第二次却是在西周政治、经济、文化全面变革的基础上产生的跃进，是物质文化与精神文化发展带来的，这一次的变革更为深入，主要在于形成了对人终极关怀的哲学体系。显然，在西周的文化变革中已经蕴涵了这种人文因素，儒道两家则是在这种文化积淀中孕育的。"轴心突破"也许可以较合理地理解为巫师（包含"群巫之长"的王）透过仪式垄断与天交通的终结；这层转变已蕴含于前述"天人合一"自集体主义转向个人主义的发展中；精神解放与觉醒的个人不再需要通过巫师作中介来和天交通；他们完全凭借自己的努力寻求与更高领域的"合一"。② 余英时说："以整个'轴心突破'为比较参照，我强调中国古代的'突破'有其独特的取径。儒、墨、道三家都是'突破'了三代礼乐传统而兴起的。……它们的'超越'不是与礼乐传统一刀两断，彻底决裂。中国古代'突破'所带来的'超越'与希腊和以色列恰恰相反，我现在可以更明确地界说为'内向超越'（inward transcendence）。"③

　　在商周文化先进与落后方面，学术界也存在着不同的意见。费正清认为："在周代前期，商文化的许多内容几乎不间断地延续下来，这证明周族

① 许倬云：《中国文化与世界文化》，第58页。
② 余英时：《论天人之际：中国古代思想起源试探》，联经出版社2014年，第137页。
③ 余英时：《轴心突破和礼乐传统》，盛勤、唐古译，《二十一世纪》2000年第4期。

征服者的文化落后。"① 这属于周文化落后论。高明在注释"天亡簋"时用证据说:"其铭文与商代彝铭比较,完全是两种不同风格,不仅格调新颖,结构严密,而且通体韵文,远胜商代一筹。说明周人自身文化并不比商人落后。"② 这可谓周文化先进论。当代考古学的成果越来越证明,西周文化落后说是需要考量的。在商代统一文化体系下,周人文化先进程度起码是可以保持与商同步的,如果再有点自身的区域文化特色,那么就有可能略高一筹了。西周文化起码并不落后,应该是可以理解的。在西周开国之初,周人作为统治者又十分重视文化的变革与建设,也说明周人还有一些文化的底气。实际上,周人在克殷之后马上面临着对殷人实行统治的重大问题,这一统治既包括军事力,更应包括文化力。周人清醒地认识到军事力的制服是短暂的,而文化力制服才是长久的,所以"国之大事,在祀与戎"。"祀"所体现的就是文化力,而"戎"为军事力。"祀"与"戎"是古代国家统治的两轮,但每一轮都是在另一个轮子的配合下进行的。商周之际的文化变革处在一种复杂而曲折的过程,变革的方式也是多样的,既有继承的也有发展的,既有量变也有突变,既有渐进的又有跃进的,既有在军事力配合下进行的又有文化自身独立变革的,整个变革的方式充满一种艺术性,也可谓是一种"有意味的形式"。③ 商周巫教变革的力量来自于两个方面,一方面是巫教内在的推动力,董作宾发现商代祭祀仪式就有新旧两派的更迭;另一方面就是外在的推动力,即周公的"制礼作乐"。这两股力量推动了巫教的理性化及人文化的进程。商周巫教维新运动,既有前期准备,又不乏系统设计。首先,发布巫教维新"大诰",起到宣传动员作用;继而将商人的至上神"帝"与周人的至上神"天"相融合;再改革官僚组织体系,搭建起适应于巫教革新的官僚架构与官员配置;推行一套新的礼乐制度,将巫教规范性地上升到理性的制度层面;还要处理好巫教大传统与民间小传统之间的关系,以安抚民心。周人的巫教维新是稳妥的,作为一场运动又是深入人心的,作为一次新的制度建设又是成功的,作为国家治国理政的一项措施落实是很到位的,结

---

① [美] 费正清:《中国:传统与变革》,陈仲丹等译,江苏人民出版社 1996 年版,第 32 页。
② 高明:《中国古文字学通论》,北京大学出版社 1996 年版,第 373 页。
③ [英] 克莱夫·贝尔:《艺术》,中国文艺联合出版公司 1984 年版,第 4 页。

果既维持了周代长治久安，又影响华夏世代之延续与发展。

在民族与文化的问题上，德国历史学家奥斯瓦尔德·斯本格勒（Oswald Spengler，1880—1936）认为，不是民族创造文化，而是文化塑造民族。他说："'民族'是一种心灵的单位。历史上的很多伟大事业实际上不是民族所造成的；相反，那些事件本身创造了民族。"① "事实俨然，不容置疑，各大文化才是主体、是始因、是起源，各大文化是由最深沉的精神基础上崛起，而文化外壳涵盖下的民族，无论就其内在形式或整体展现而论，皆是文化的产物，而非文化的作者。"② 这种观点自然是偏颇的。我们应该这样认识：民族创造了文化，但文化作为一种物质与精神力量，又反过来塑造了民族。西周文化之所以能成为中华文化之渊源，主要在于它继续了中华民族创造的文化，又利用这种文化不断塑造自己。西周处于不断的巫教文化变革过程之中，按照《易·系辞下》说："穷则变，变则通，通则久。"当西周文化内部结构达到完美的时候，即内部结构趋于僵化之时，又出现了夷厉及春秋前期的结构调整，这种剧烈的内部结构转换，以及前期充足的文化储备，又导致了春秋后期、战国时代我国历史上的文化大突破，即进入雅斯贝尔斯所说的"轴心时代"（the Axial Age）。E. 柯尼施在其《未来研究》一书中说："人们'不能'做事，往往不是由于缺乏力量、工具或者金钱，而是由于缺乏观念。文化的观念和理论是'世界将如何运转'在我们心理的模型。人们很难认识到观念的力量，因为他们是无形的、难以估价的。但他们是极有价值的资源，从经济观点看，他们往往比原料、设备和人力更重要。"③ 周人具有强烈的文化变革意识与文化观念，是周人及其重要的价值资源，在延续夏商文化的基础上续写华夏族历史，奥斯瓦尔德·斯本格勒说得好："具有一种文化形式的民族——即历史的民族，称作一个文化民族。一个文化民族，作为一个有生命主力的和战斗的东西，具有一个不仅作为一种运动状态，而

① ［德］奥斯瓦尔德·斯本格勒：《西方的没落》，张兰平译，陕西师范大学出版社 2008 年版，第 111 页。
② ［德］奥斯瓦尔德·斯本格勒：《西方的没落》，转引自韩震《西方历史哲学导论》，山东人民出版社 1992 年版，第 261 页。
③ ［美］爱德华·柯尼施：《未来学入门》，猛广均、黄明鲁译，知识出版社 1983 年版。

且（特别的）作为一种观念的国家。"①周人既具有"尚文"传统，在重视武备的同时又不忽视文治，成为周人重文的一大特点。许倬云言：

> 研究中国古代史还可以更从文化的比较研究看出一些中国发展方式的特点。和西周历史颇为类似的例子是古代两河流域亚述帝国的兴起。周人以西方边陲的小邦联合了姜姓等友族，挑战已经是具有相当规模的商王国，组织了一个庞大的政治体，而且维持了七八百年之久。亚述也是从两河流域的西边以一个偏远边陲的小邦，取代了巴比伦，成为两河以及附近地区的大帝国，以他们自己的话来形容："四海之内，都是臣属。"可是亚述的霸权并没有维持很久，又被新的巴比伦取回了这一广大地区的领导权。亚述帝国建立是依赖它勇悍善战的军队。亚述也没有很好的管理制度，这么大的国家几乎全靠武装力量控制，其不能持久也是可以理解的事。相对而说，西周一开始就提出"天命"作为其征服天下的合法理由。"天命"是具有道德意味的普世诉求。②

二、周公摄政时期的巫教维新运动

周公旦，在武王姬发同母兄弟中排行第四，继武王后摄政。《逸周书·度邑解》云："王曰：'旦！予克致天之明命，定天宝，依天室。……'叔旦泣涕于常，悲不能对。……王曰：'旦！汝维朕达弟，予有使汝，汝播食不遑暇食，矧其有乃室。今维天使予，维二神授朕灵期。……乃今我兄弟相后，我筮、龟其何所即令，用建庶建。'叔旦恐，泣涕拱手。"③清代陈逢衡《逸周书补注》云："二神，王季、文王也；二后在天之灵，故曰神授。"

---

① ［德］奥斯瓦尔德·斯本格勒：《西方的没落》，第 245 页。

② 许倬云：《序言》，转引自李峰《西周的政体：中国早期的官僚制度和国家》，生活·读书·新知三联书店 2010 年版，第 1—2 页。

③ 刘起釪谈到《逸周书》时认为："初步可以肯定为周代《书》篇的，是关于周武王的几篇和属于周公书篇中的少数几篇，即：《克殷》《世俘》《商誓》《度邑》《作雒》《皇门》《祭公》等七篇，虽然其文字在传写中受有东周影响，但主要保存了原貌。"（《古史续辨》，中国社会科学出版社 1991 年版，第 615 页）

此注可商，因为在《度邑解》文中，谈到周先王皆曰"皇祖"，不曰"神"，故武王所谓"二神"当为"天"与"帝"，已授灵期，是武王自知其亡日已至，乃让周公继其大位，故曰"兄弟相后"。由于成王年幼，周公为了维护新周政权，敢担为新王朝稳定之大任，履行王政，救周室之危，挽狂澜于既倒，西周自武王之后进入周公摄政时期。周公摄政时期的卓绝伟业受到后世的不二称赞，故周公享后世"鲁郊"之礼，"如果没有周公的慨然任道，廓然大公，则何来周家之天下？何来后来的'成康之治'？何来周室八百年基业？……王安石有十分中肯的评说。他在《郊宗议》中指出：'郊天，祀之大者也，遍于天之群神，故以配天；明堂则弗遍也，故以配上帝而已。……此礼尚矣。孔子何以独称周公？曰：严父莫大于配天者，以德为盛，天自民视听者也。所谓得天，得民而已矣。自生民以来，能继父之志，能述父之事而得四海之欢心以事其亲者，未有盛于周公也。'"① 周公摄政期间的"制礼作乐"是重要的历史事件，为世人共知，但是此"制礼作乐"是其发动的"巫教维新"之结果，更应值得世人关注。

（一）周公：巫教维新运动总主持

除了灭商、平叛、营建成周等政治活动外，周公在巫教维新上具有重大建树，集中体现在协调与融洽了至上神"帝"与"天"之间的关系、思想理论层面提出了所谓"敬天""明德""保民""神罚"等一整套统治思想以及"制礼作乐"制度层面的创制。许多学人给予其高度评价："周公是中华民族的文化始祖。"② "可以这样说，西周前期（或成王以前）是中国文化精神气质得以型塑的重要时期，而周公在早期中国文化发展的历史上扮演了一个决定性的克里斯玛角色。……周公的思想极大影响了周人的天命信仰，是中国文化由自然宗教发展为具有伦理宗教水平的文化形态，价值理性在文化中开始确立根基。周公是一个真正的克里斯玛人物，和中国

---

① 郭伟川：《周公称王与周初礼治——〈尚书·周书〉与〈逸周书〉新探》，郭伟川编《周公摄政称王与周初史实论集》，北京图书馆出版社1998年版，第191页。

② 赵昆生：《周公关于"天"的思想》，张广志《西周史与西周文明》，上海科学技术文献出版社2007年版，第265页。

历史上第一个思想家，不仅经他之手而奠定了西周的制度，而且构造了西周的政治文化。……周代的文化和周公的思想已经型塑了中国文化的精神气质。"①

周公具有发动巫教维新之身份与资格。历史上，所谓维新运动都是从体制内部主动发起的，而且发起者深谙需要维新之处，否则可能就会陷入隔靴搔痒或不知所终之境地。周公身处巫教传统之中，深谙巫教之事。周文王演《周易》，幽赞于神明。周武王无论在指挥牧野之战还是执政期间俨然是个大巫师形象，周公旦早期也不可能跳出巫教领域，建立在当时经济基础之上的巫教这一上层建筑，不是轻而易举就可以动摇的。周公热衷于卜筮，以便频频与神灵交通。《尚书·洛诰》记载周公营筑洛邑之前，"使来告卜"。周公云："予惟乙卯，朝至于洛师。我卜河朔黎水，我乃卜涧水东、瀍水西，惟洛食；我又卜瀍水东，亦惟洛食。伻来，以图及献卜。"成王拜手稽首曰："公不敢不敬天之休，来相宅，其作周配，休！公既定宅，伻来，来，视予卜，休恒吉。我二人公贞。公其以予万亿年敬天之休。拜手稽首诲言。"此两人交谈，既可谓谈人事，又可谓谈巫事。凤雏出土西周甲骨（H11：70）有"旦其……""旦"疑为周公旦。②史书记载的有关周公旦最为著名的巫教之事为《尚书·金縢》所记载。明人王廉、张孚敬、清人袁枚等皆怀疑《金縢》的真实性，大抵是因为他们忽视了那个时代的巫教性。③周公祷告曰："惟尔元孙某，遘厉虐疾。若尔三王是有丕子之责于天，以旦代某之身。予仁若考能，多材多艺，能事鬼神。乃元孙不若旦多材多艺，不能事鬼神。乃命于帝庭，敷佑四方，用能定尔子孙于下地。四方之民罔不祗畏。呜呼！无坠天之降宝命，我先王亦永有依归。今我既命于元龟，尔之许我，我其璧与珪归俟尔命；尔不许我，我乃屏璧与珪。"弗雷泽称这种巫教为"转嫁灾祸"，周公志愿当替罪羊的角色，让威胁武王的灾祸移到他自己身上。弗雷泽记录了许多民族这种巫教行为，如："当一个僧伽罗人病情危

---

① 陈来：《古代宗教与伦理——儒家思想的根源》，第 228 页。
② 王宇信：《西周甲骨探论》，第 119 页。
③ 刘起釪在《〈金縢〉故事的真实性》中论述了《金縢》篇的真实性。（参见《古史续辨》，第 370—372 页）

急，医生束手无策时，就请一个跳鬼的人来，他向鬼献祭品，带上类似鬼的假面具跳舞，藉此把病人身上的那些病魔一个一个地招到自己身上来，这样成功地把病因取到之后，巧妙的跳鬼人就躺在尸架上装死，被人抬到村外的空地上放着。"① 而且，他经调查后认为："同样，欧洲古代和现代的民族中也流行相似的做法，把疾病、灾难和罪孽的负担从某人身上转给别人，转给动物或其它物体身上。"② "转嫁灾祸"是世界普遍之巫教方式。古籍中亦有类似记载，《左传》哀公六年："（楚昭）王有疾。庚寅，昭王攻大冥，卒于城父。……是岁也，有云如众赤鸟夹日以飞，三日。楚子使问诸周大史。周大史曰：'其当王身乎，若禜之，可移于令尹、司马。'王曰：'除腹心之疾，而置诸股肱，何益？不穀不有大过，天其夭诸？有罪受罚，又焉移之！'遂弗崇。初，昭王有疾，卜曰：'河为祟。'王弗祭。大夫请祭诸郊。王曰：'三代命祀，祭不越望。江、汉、睢、漳，楚之望也。祸福之至，不是过也。不穀虽不德，河非所获罪也。'遂弗祭。"《元秘史》卷 15 记载了一个与《金縢》相似的巫教之事，托雷自愿为元创业主窝阔台代死，巫师果真用咒术的水毒死了托雷。周公信仰巫教，并参与巫教，自作巫法，明显是半人半巫之身。由此看来，对于周初社会面来说，周公发动巫教维新是具有说服力的。

周初政治局面非常严峻，武王即位二年而崩，周公摄政遭疑，武庚叛乱，成王年幼，"有大艰于西土，西土人亦不静，越兹蠢。"（《尚书·大诰》）周公摄政是社会转变与稳定的关键时期。《尚书大传》载："周公摄政：一年救乱，二年克殷，三年践奄，四年建侯卫，五年营成周，六年制礼作乐，七年致成王。"这基本是可信的。③ 周公既要救乱、克殷、践奄、东伐淮夷，就要安定当时的政治与社会秩序，引导有周一代的政治与社会行为，首要

① ［英］弗雷泽：《金枝》，第 769 页。

② ［英］弗雷泽：《金枝》，第 770—771 页。

③ 周公制礼作乐之说见于《左传·文公十八年》《礼记·明堂位》及《尚书大传》等古籍，"依此可上验殷墟甲骨金文，下核周代文献金文，虽不能确定周公制礼作乐之说，但周代武王之后周公成王时代改革礼仪制度可以论定，依此可知文献所说的周公制礼作乐的传说也是有根据的。"（参见王晖《商周文化比较研究》，人民出版社 2000 年版，第 232 页）

选择的当是巫教变革，因为巫教既可以有效地强化国家统治，又可以着力调整社会关系。周公"卜洛邑，营成周，改正朔，立宗庙，序祭祀，易牺牲，制礼乐，一统天下，合和四海，而致诸侯，皆莫不依绅，端冕以奉祭祀者"（《尚书大传》）。这些无不关涉巫教之事。黑格尔言："国家应依赖于宗教，其原因在于：只有在宗教中，世人思想方式的可靠性及其为国家尽其职责的决心，始成为绝对的。"[①] 只有如此，才能出现《史记·周本纪》所记的安定、祥和的局面："兴正礼乐，度制于是改，而民和睦，颂声兴。"所以，周公旦的"卜洛邑""改正朔""立宗庙""序祭祀""易牺牲"等礼乐的制定，是与巫教相联系的，巫教维新对于"制礼作乐"的作用，是不可低估的。郭沫若说："周公在周初时曾经有过一段接受殷礼而加以斟酌损益的功劳，那是不可抹杀的事实。"[②]

周公不仅具有政治家的胸怀与军事家的胆略，而且还有勇于自我革新的精神，是一位革新家，他主动发起的巫教维新及其"制礼作乐"功莫大焉，利在千秋。

（二）作《诰》：巫教维新宣言书

周初八《诰》出于《尚书》，既是周室发布之政令，也可以视为周初宣教化于内外之教本，重要的是可以整体看作是巫教维新的宣言书。北宋苏轼云："自《大诰》《康诰》《酒诰》《梓材》《召诰》《洛诰》《多士》《多方》八篇，虽所诰不一，然大略以殷人不心服周而作也。予读《泰誓》《牧誓》《武成》，常怪周取殷之易；及读此八篇，又怪周安殷之难也。《多方》所诰不止殷人，乃及四方之士，是纷纷焉不心服者，非独殷人也。予乃今知汤已下七王之德深矣。方纣之虐，人如膏火中，归周如流，不暇念先王之德。及天下粗定，人自膏火中出，即念殷先七王如父母。虽武王、周公之圣，相继抚之，而莫能禁也。夫以西汉道德比之殷，犹珷玞之与美玉也，然王莽、公孙述、隗嚣之流，终不能使人忘汉，光武之成功若建瓴焉。使周无周公，则殷之复兴也

---

① [德] 黑格尔：《宗教哲学》（上卷），第 79 页。
② 郭沫若：《十批判书·孔墨的批判》，《郭沫若全集·历史篇》（2），人民出版社 1982 年版，第 96 页。

必矣。此周公之所以畏而不敢去也。"①"安殷"实质上就是巩固对殷人的统治，其表现的一个重要方面就是在心智、巫教领域对殷人的安抚。周初周公作《诰》，其主要内容之一可看作是推行其巫教维新的宣言书，告知殷人及其黎民百姓，周革殷命以及周人推行新的社会意识形态的合理性。

《大诰》充分运用巫教思维说明东征的必要性，其《序》云"武王崩，三监及淮夷叛，周公相成王，将黜殷，作《大诰》"，劝导诸邦君和各级官员要顺从天意，同心同德，共同平定叛乱。在巫教方面普遍告喻这样信息：一是三监及淮夷叛不是由于上帝降威，而是"天降威"，"天降割于我家，不少延。"用大诰的方式告诉臣僚百官要听天命，而不是帝命，这样从信仰上就顺了。当然也告诫"天降威"的原因是"知我国有疵，民不康"，既指出了国家治理之不足，重要的是体察民瘼不显著。二是用"文王遗我大宝龟"，"绍天明"，占卜平乱之事，卜得结果为吉。于是要求"多邦"："予得吉卜，予惟以尔庶邦于伐殷逋播臣。"运用传统的巫法手段，获得神授的平叛预测成功的结果。三是为周克殷找到巫教依据和合法性，"天休于宁王，兴我小邦周，宁王惟卜用，克绥受兹命。今天其相民，矧亦惟卜用。呜呼！天明畏，弼我丕丕基。"高扬信仰天命的旗帜，祈愿上天庇佑大周基业。四是表明对上帝的态度，仍旧像往常一样尊重上帝，"予惟小子，不敢替上帝命"。这样无论从殷商还是西周的信仰方面，都得到了融洽的结局，没有从信仰方面挑起事端，这是博大的胸怀也是经络时事的谋略。

《康诰》，既反映了周初的政治制度、司法制度，又亮明了其意识形态。其《序》云："成王既伐管叔、蔡叔，以殷馀民封康叔，作《康诰》《酒诰》《梓材》。"该诰阐明了尚德慎罚、敬天爱民的德政教化统治思想，这表明要用世俗的御世术代替巫教的神秘术。一是提出了"德"的概念，而且要求要"明德"为先，"德裕乃身"，"慎罚"为后。二是提出了"显民"，意识到"民"在国家统治中的地位及其重要性。三是要求殷人做"新民"，既然是"新民"，就不同于"旧民"，在思想意识方面肯定要与周保持一致，这才

①　苏轼：《东坡书传》，曾枣庄、舒大刚主编《苏东坡全集》(7)，中华书局2021年版，第3746—3747页。

能称之为"新"。四是维护周人伦理，以基本的家庭伦理为基础，也就是抓住了家庭这种最基本的单位来巩固国家统治。"元恶大憝，矧惟不孝不友。子弗祗服厥父事，大伤厥考心；于父不能字厥子，乃疾厥子；于弟弗念天显，乃弗克恭厥兄；兄亦不念鞠子哀，大不友于弟。……刑兹无赦。"五是提出"惟命不于常"，提出了周人重德的"天命"论。周人突出了民之主体地位，从神教的氛围中露出民本思想的曙光，而德是人的主体性的表现，用德去与天、帝相偕行，乃是号召人的主体性的觉醒，这是一次了不起的思想大突破，也是一次重大历史事件。从此，华夏族上升主体性的"德"，难能可贵，显然不同于其他民族的一神论控制下的危殆。

《酒诰》是一篇戒酒令。酒在巫师施术过程中起到了不可替代的作用，殷人嗜酒与殷商巫风炽盛不无关系，"酒也是一方面供祖先神祗享用，一方面也可能是供巫师饮用以帮助巫师达到通神的精神状态。……祭祀时从事祭祀的人喝酒致醉，当与巫师作法的本事有关。"① 面对殷商巫风，《酒诰》在巫风蔓延方面起到了一定抑制作用，以便控制巫教的发展方向，使巫教掌控在统治阶级手中。《酒诰》控酒措施：一是规定用酒范围，"厥诰毖庶邦庶士越少正御事朝夕曰：祀兹酒"，"小子有正有事：无彝酒"，"越庶国：饮惟祀，德将无醉"，"小子惟一妹土……厥父母庆，自洗腆，致用酒"，"庶士有正越庶伯君子……尔大克羞耇惟君，尔乃饮食醉饱"。二是总结殷人酗酒亡国的历史经验，自成汤咸至于帝乙，不"崇饮"，"罔敢湎于酒"，周克殷命，也因周人"不腆于酒"。反面经验就是殷亡，"弗惟德馨香祀，登闻于天；诞惟民怨，庶群自酒，腥闻于上。故天降丧于殷，罔爱于殷，惟逸。"三是提出"人无于水监，当于民监"思想。再次提出要重视民之用，不能视民如寇仇，而是将其作为治理成效的一面镜子。四是制定"刚制于酒"的政策，严厉执行，虽为禁酒祸，但也是垄断"通天地"的巫权需要。"厥或诰曰：'群饮。'……尽执拘以归于周，于其杀。又惟殷之迪诸臣惟工，乃湎于酒，勿庸杀之，姑惟教之。有斯明享，乃不用我教辞，惟我一人弗恤弗蠲，乃事时同于杀。"祭祀时不但可以喝酒而且应该喝酒，但祭祀时什么人可以喝酒呢？

---

① [美] 张光直：《中国青铜时代》，第 277 页。

"看来祭祀时喝酒的人是巫觋，喝酒的目的之一，很可能便是把巫觋的精神状态提高，便于沟通神界。"① 对于酒，周公的态度和做法是，赋予其"人道主义"的价值属性和礼乐文化的含义，注重在限制与释放之间、禁绝与娱乐之间、危害身体与滋润生命之间、幻化意境与现实秩序之间、清醒的理性主义与超越的浪漫主义之间寻求一种合理的张力，保持适当而有效的弹性，强调发挥人的主体性作用，利用酒而不役于酒，更不至于沉溺其中而伤身误事。②

酒的最初的主要功能就是其麻醉性，饮后可使人产生幻觉、更加感性化、进入一种混沌状态，易与鬼神沟通，如果从此角度推论，也许酒就是巫觋发明的专利，"在《酒诰》的表面文章后面，隐藏着一个关键，即酒与宗教不可分割的关系。正是这一点，触动了周初统治者的神经。"③ 据学者研究，中国谷物酿酒技术早在新石器时代（距今约 8000 年）即已出现。④《说文》释"鬯"云："以秬酿郁草，芬芳攸服，以降神也。"酒主要用于祭祀⑤，甲骨文记载祭祀用酒，自六卣至于百卣均有。人类学资料已证明酒是原始巫教活动中不可缺少的东西，世界古代各民族，无不把酒看作内含很大魔力的神奇之物。南美印第安人在宗教仪式上常使用大麻叶泡过的药汤来代替酒，以使他们进入一种神思恍惚的宗教意境。在古埃及，酒象征宇宙中创造与新生的力量，在神庙壁画上献酒祭仪是常见主题，法老由此与神明发生亲切关系。在大部分古代民族宗教活动中，酒都扮演了重要角色。⑥ 近代原始民族的萨满有时借助各种迷魂药物达到通神的精神状态。

出土随葬礼器也证明这一点，二里头文化出土的成组陶器均为酒器，一般以觚、爵、盉组合最为常见，少数组合有觚、爵、盉、斝，或随葬陶鬶，同早商文化以青铜器觚、爵、斝随葬风格相似。郭宝钧经过详细的统计

① ［美］张光直：《中国青铜时代》，第 462 页。

② 余治平：《周公〈酒诰〉："慎酒立教"与"作稽中德"——酒在上古中国如何被赋予礼法属性与德教功能》，《孔子研究》2018 年第 4 期。

③ 谢选骏：《神话与民族精神》，山东文艺出版社 1986 年版，第 360 页。

④ 李仰松：《我国谷物酿酒起源新论》，《考古》1993 年第 6 期。

⑤ （清）秦惠田：《五礼通考》卷 1、2，味经窝初刻试印本，环球图书公司。

⑥ 参见徐良高《中国民族文化源新探》，第 61 页。

和研究，把商周时代的礼乐器群分成了三种组合：一是，早商至西周早期的"重酒的组合"；二是西周中期至东周初年为"重食的组合"；三是春秋、战国时期的"钟鸣鼎食"的组合。湖北黄陂盘龙城的一座早商中型墓（李家咀M2）中，凡酒器大都置于椁内，而炊食器都在椁外，这是墓主人对酒器偏重的结果。商的随葬礼器成套的每件酒器数量是相等的，如一套是觚1、爵1、斝1，二套是觚2、爵2、斝2……而周随葬的铜礼器以鼎、簋为主，其组合为"八簋九鼎""六簋七鼎""四簋五鼎"……① 侯外庐云："这些古器的名称，就是权利义务的规定。例如尊爵二字，是酒器，因为酒器是氏族贵族所专有的神圣物，后遂发展而为尊爵的贵族地位名称。"② 由于周人禁酒，从而产生了"九鼎制"，"我们从文献、考古和商周礼制比较角度得知，九鼎制是西周初期列鼎制度的产物，而列鼎制度渊源于殷商酒器组合制度，故无论从何种角度看，九鼎都不可能产生于西周之前"③，这是巫教维新的直接结果。

《周礼·天官》记周设有酒官，如"酒正""酒人""浆人"等。"酒正"，"掌酒之赐颁，皆有法以行之。"甚至"以酒式诛赏"，可知酒之重要。"酒人"则"掌为五齐三酒，祭祀则共奉之，以役世妇"。顾炎武《日知录·酒诰》云："酒为天之降命，亦为天之降威。……兴亡之几，其原皆在于酒，则所以保天命而畏天威者，后人不可不谨也。"《酒诰》中蕴涵着诸多酒与巫教、政治相关联的文化信息，"《酒诰》对于殷人'荒湎于酒'的严厉谴责，正是对他们泛滥成灾的宗教活动和极端迷信思想的变相批判。而周人正是从这种批判出发，拨乱反正，发动了一场以疑神、敬德、保民为旗帜的宗教——政治革新。"④

《洛诰》运用营成周一事，充分表达了当时周公与成王的治国理路。一是继承文、武事业，奉行天道，和睦四民，"扬文武烈，奉答天命，和恒四方民"。二是重视"礼"与"祀"，"惇宗将礼，称秩元祀，咸秩无文"。三是

---

① 参见郭宝钧《商周铜器群综合研究》，文物出版社 1981 年版，第 204—212 页。
② 侯外庐：《中国古代社会史》，三联书店 1949 年版，第 187 页。
③ 蔡先金：《九鼎制始末略考》，蔡先金《述古杂俎》，第 185 页。
④ 冯天瑜、何晓明：《中华文化史》，上海人民出版社 1990 年版，第 327 页。

倡导"德治","德光明于上下，勤施于四方，旁作穆穆，迓衡不迷"。《洛诰》还记载周公卜宅经过，"我卜河朔黎水，我乃卜涧水东、瀍水西，惟洛食；我又卜瀍水东，亦惟洛食。"周初的巫教维新推行到各个方面，这就是潜在的主流意识形态的作用。

《多士》为征服殷商旧臣的诰令，其《序》云"成周既成，迁殷顽民，周公以王命诰，作《多士》"，这更像是一篇巫教维新宣言了。一是陈述殷商丧国、周人得天下的缘由，殷人"弗吊旻天"，天为周人的至上神，故"我有周佑命，将天明威"，最终结果是"勑殷命终于帝"，即"惟时上帝不保，降若兹大丧"。以此安抚殷人痛失天下的心理，"非我小国敢弋殷命，惟天不畀允罔固乱，弼我。我其敢求位？惟帝不畀，惟我下民秉为，惟天明畏。"这在说明殷商的至上神帝对于商之抛弃，而不是天神，终士若怨应怨其本族及其至上神帝。二是替天刑罚，"尔克敬，天惟畀衿尔；尔不克敬，尔不啻不有尔土，予亦致天之罚尔躬！"显然，这是在向殷商移民宣告上天为至上神的同时，要求他们要敬天顺天，做顺民。

《多方》是周公代替成王向各国诸侯发布诰命，核心内容是强调天命，其《序》曰"成王归自奄，在宗周，诰庶邦，作《多方》"。一是历数夏、商的兴亡是天命，天命不可违。夏只是"厥图帝之命，不克开于民之丽，乃大降罚，崇乱有夏。"从夏灭国的教训来看，夏只是一味相信上帝，忽视体察民情，导致灭亡。商汤"代夏作民主"，"慎厥丽，乃劝；厥民刑，用劝；以至于帝乙，罔不明德慎罚，亦克用劝；要囚殄戮多罪，亦克用劝；开释无辜，亦克用劝"，在此总结商人治理经验，其中之一就是"劝"，也就是说，要重视说服、训诫、教育与劝勉，这就是要懂得做思想工作，重视意识形态领域建设。从正反两个方面的经验教训，重申巫教维新的意义。二是周王朝则顺天命，所以周的统治是不可抗拒的。周人顺从民意，能用民德，"惟我周王灵承于天旅，克堪用德，惟典神天。天惟式教我用休，简畀殷命，尹而多方"。

《梓材》则强调明德保民。明德首在"用明德"，"若兹监，惟说欲至于万年，惟王子子孙孙永保民"。《召诰》反复强调了在"敬天"的同时还要"敬德"的必要性，因为"皇天无亲，唯德是辅"。《召诰》还记录了召公

"相宅""卜宅"，如后世的风水术，以及周公祭祀的活动，"越三日丁巳，用牲于郊，牛二。越翼日戊午，乃社于新邑，牛一，羊一，豕一"。周初的巫教维新是成功的，也是深入人心的，在不同场合君臣都在阐述新的天命观，强调敬德保民，从超世的神下落到世俗的民，正确处理好天与帝至上神之间关系问题，从治理思想来说是一贯的。

从以上各篇《诰》辞中可知，周初统治者在采取治理国家、巩固政权的各种措施中，广泛运用了巫教意识，并推行巫教维新，这是周人统治的一大特点。同时，周又重视人治，重视以明德之人治国，善于将巫治与人治恰当地结合起来。由此，我们可以说周公所制的诰辞既是政治诰命，也是对过去居于统治地位的巫教进行革新的宣言，如果说武王在周建国过程中武功显赫的话，那么周公在建周之初就奠定了文治的基础。

（三）巫教系统包容于行政组织

按照德国社会学家马克斯·韦伯的说法为，理性化的重要标准之一就是破除巫术的程度。而儒家的理性化可以溯源到西周文化的理性化。当然，这种理性化不仅具有对巫觋文化的排斥的一面，而且它的理性化更带有一种人文的理性化的倾向。① 这种理性化表现在组织机构方面就是巫官成为政府机构中专司巫教事务的一部分，而不像夏商那样巫政合一，这样巫官与其他行政官僚就区分开来；当然有些巫觋就开始进入民间，不像过去那样巫教事务属于官府垄断，由此形成与巫官相对的两股巫术力量，也就形成了所谓巫教的"大传统"与"小传统"；巫官在服务王室的同时也负责管理全社会的巫教事务。实质上，这个时候，巫事才真正成为社会中的一种重要职业，成为政府中的一项职能。君与巫开始分离，政与教开始分离。李峰分析道：

> 如果商代政府确实是——如吉德炜（Keightley）所认为的那样——一个初始（或宗教的）的官僚，或如张光直所认为的是一个萨满式的神权政府（theocracy），那么，我们必须认识到，西周早期政府可能代

---

① 参见陈来《古代宗教与伦理——儒家思想的根源》，第13—15页。

表了从商代政府模式中的一个重要脱离。虽然二者表现的反差可能会因研究商代政府首要资料甲骨文的局限性而有所调整，但是认为商王并不十分注重行政职官的建立与运作这一点还是正确的。实际上，这一点与商代国家"霸权性的"（hegemonic）的本质正相符合，也符合商王巡游的特点；另一方面，西周早期政府则表现出一些与商不同的重要改变。这并不是说宗教在西周政府中不重要；宗教当然发挥着重要的作用，因为周代国家是建立在天命思想基础上的。我们还可以肯定，周人在伐商之前也进行甲骨占卜，因此，我们实际上也可以推断西周政府中可能有大量卜人的存在。但是，问题是目前所知西周时期的铜器铭文和甲骨文材料并未显示出像"祝"这类的宗教职官曾经发挥着像商代卜人那样支配性的作用，从而掩盖了其他所有行政官员的作用。①

西周官僚组织更为系统，职能分工也是更为缜密，形成各负其责、各司其职的局面。商代的时候整个官僚组织就是一个巫教体系，国王就是群巫之首，行政职能完全依靠这一巫教系统去完成，官僚首先是巫，然后才能说是官，当人事与神事相冲突时，绝对以神事为主而以人事为辅，人事绝对服从神事，这是巫教系统运转的原则。西周初步改变了这一局面，斯维至、杨宽先生提出西周有两个职官系统：一为"卿事寮"，侧重于掌民事；一为"太史寮"，侧重于掌神事，形成一个以大史、大祝、大卜等职组成的巫官系统。成王封鲁伯禽时，"分之土田陪敦，祝、宗、卜、史"（《左传·定公四年》），说明巫官更为专业化，成王才分给伯禽祝宗卜史这些巫教官职人员，当然也可能通过巫教官员来达到王室与诸侯之间精神相通、意识形态统一，但也说明周初巫官职位之重要。如果按照《周官》系统，官僚组织分为天官、地官、春官、夏官、秋官、冬官六大子系统，其中只有春官更侧重于巫教之事，称之为巫的仅有司巫、男巫、女巫，其余巫职人员已更为专职化。整个巫教组织淹没在庞大的行政组织之中，虽然行政官僚可以行些巫事，但巫事显然是为行政人事服务的了，人的意识的觉醒在官僚组织系统中具有明显的

① 李峰：《西周的政体：中国早期的官僚制度和国家》，第60—61页。

表现。

周公在"迁殷顽民"后，以王命诰作《多士》，这当然是对"殷遗多士"实行政治控制，但也具有巫教控制的性质。周朝为实行统治，需要将巫教事务人员列入等级森严的行政组织中，巫教组织已融入国家行政机构之中，统一服务于朝廷。从表面上看，这种巫教体制更组织化、更制度化，其实不然，这些"巫教官员"仅是按照规定组织一些巫教活动，他们缺乏那种巫教应有的情结与内心体验，对于巫职人员而言，与其说是"政教合一"，不如说是"教"融于"政"中，但这种行政性的"巫教组织"竟然也能够延续巫教信仰之存在？历史发展的结果肯定是宗教控制力放松，人文形势发展，最终导致春秋战国时期百家争鸣，实现哲学突破，至秦汉时期，皇权一统江山，儒家独大，延续千年，成就了东方华夏民族的人文化的文化江山，而非"一神教"神灵在人间的领地。

（四）周公"制礼作乐"

凡是宗教皆具有两大基本要素，一为信仰系统，一为仪式系统，巫教同样如此。所谓"制礼作乐"就是将信仰系统上升为社会意识形态而仪式系统上升社会制度与规范的过程。周公"制礼作乐"的实质，是建立了社会严明的等级制度。各级贵族有法可依，有规可循，不留争议的余地，自然"和睦"。[①] 这一过程既规范了所有巫教的行动，令其符合国家意志和标准要求，又引导民众了解这些巫教的信仰与仪式，令巫教越加大众化。这样既消解了巫教过往的一些神秘性或诡秘性甚或暗箱操作，又提升了巫教在国家治理中的重要作用，当然相对来说，民间的巫及其巫术活动要接受官方引导，或受到抑制甚或压制，这样有利于社会的稳定，因为巫是当时民间社会中最为活跃的所谓上流人物。所以说周公的巫教维新不是其几千年后的后世异域的所谓宗教改革家能够比拟的。在这方面，我们后世无论如何评价周公的功绩都不为过。金景芳先生论到周公"制礼作乐"时言："周公制礼没有？制的是什么礼？自来有很多不同意见。我的看法，周公不但制过礼，而且这是

---

① 王子初：《巡礼周公——音乐考古与西周史》，《中国音乐学》2019 年第 3 期。

周公为了进一步巩固周朝政权而采取的又一项重要措施。……但是，如果认为周公所制的就是今天行世的《周礼》《仪礼》二书，则是不对的。"① 我们赞同金老意见，不能将鲜活的"制礼作乐"之行动等同于记载的文献。当时周公发动的"制礼作乐"是周初巫教维新的重要内容之一，礼书文献只是保存下来了部分内容，但也是十分珍贵的。李学勤说：

> 以有文献可征的周代来说，有关宗教崇拜的制度多保存于礼书。而古人所谓礼，与后世礼的观念范围有广狭之不同。《周礼》云："大宗伯之职，掌建邦之天神、人鬼、地示（祇）之礼，以佐王建保邦国。"其所司五礼之首吉礼，即指"事邦国之鬼、神、示"，包括昊天上帝、日月星辰、司中司命、风师雨师、社稷、五祀、五岳、山林川泽、四方百物的祭典，还有对先王的享祀，内涵颇为复杂。礼是传统文化的核心，如果忽略了其中的宗教崇拜及有关的思想观念，于传统文化便不能有全面的理解。②

郭沫若说："礼，大言之，便是一朝一代的典章制度；小言之，是一族一姓的良风美俗。这是从时代的积累所传递下来的人文进化的轨迹。故有所谓夏礼、殷礼、周礼。但所谓夏礼、殷礼都已文献无征。"③ 礼乐除了制度与风俗形式之外，还蕴藏着周人提倡的精神，《论语·阳货》云："礼云礼云，玉帛云乎哉！乐云乐云，钟鼓云乎哉！"孔子指出礼乐不仅仅是钟鼓玉帛的外在形式，确实重要的是萦绕于其上的精神，当然孔子按照自己理解这种精神就是仁道精神："人而不仁如礼何！人而不仁如乐何！"（《论语·八佾》）周公"制礼作乐"，重要的就是积极推进巫教向理性的礼乐制度或规范转化，令众多超世的巫教内容与形式转变为世俗的礼乐形式，即令巫教世俗化的同时令礼乐神圣化，这是周初巫教维新的核心内容。文献记载的周礼内

---

① 金景芳：《周公对巩固姬周政权所起的作用》，郭伟川编《周公摄政称王与周初史事论集》，第 69 页。
② 李学勤：《失落的文明》，第 147 页。
③ 郭沫若：《十批判书》，《郭沫若全集·历史篇》(2)，第 96 页。

容相当宽泛，既体现为政权思想与统治形式，又包含道德标准与伦理架构。
"礼，经国家，定社稷，序民人，利后嗣者也。"（《左传·隐公十一年》）"礼
乐政刑，其极一也。"（《礼记·乐记》）礼之所以如此"万能"，主要在于它
起源于巫教之缘故，而巫教是人们依靠其生存的故事，人们的一切价值判断
都会以巫教的标准为标准，而周公制礼作乐将提供给个体与社会一个新版的
生存依靠的故事。从西周的礼乐制度中可以看出，周人已充分认识到音乐的
社会功能；他们首先严格地规定了各级贵族的社会地位和相应的权益，还借
用"乐"为"礼"之表，将他们的礼仪用乐制度化，由此赋予了"乐"重大
政治意义。① 许慎《说文解字》云："礼，履也，所以事神致福也。"郭沫若
《十批判书·孔墨的批判》云："禮是后来字，在金文里面我们偶尔看见用豐
字的，从字的结构上来说，是在一个器皿里面盛两串具以奉事于神，《盘庚
篇》里面所说的'具乃贝玉'，就是这个意思。大概礼之起源于祀神，故其
字后来从示，其后扩展为对人，更其后扩展而为吉、凶、军、宾、嘉的各种
仪制。"② 礼起源于原始宗教，但不是一尊不动的雕像，在历史的洪流中会不
断地变化。历史到了周代，"周因于殷礼，所损益可知也。"（《论语·为政》）
这"损益"就是变革与运动，就是扬弃。所谓"殷礼"在"巫政合一"的商
代社会是支持国家政权的巫教的另一种表现形式。考察殷代的五祀之礼，无
一不与巫教紧密结合。伴随着商周社会转型及巫教的维新，巫教开始日益向
礼转化，而不是礼向巫教转化。原来注重鬼神境界的宗教通过礼下降为更注
重现实社会。《论语·八佾》云："周监于二代，郁郁乎文哉。""监于二代"
之内容肯定包涵有关巫觋之事，否则"郁郁乎文哉"从何而来。教条、教
制、教规、教义异化为伦理架构与政治设施及现实的各项礼制，这便成为周
公"制礼作乐"之关键所在。《史记·礼书》将礼与宗教、政治的关系描述
为："上事天，下事地，尊先祖而隆君师，是礼三本也。"在上天、下地、君
师的礼之本中，"尊先祖而隆君师"逐渐成为周礼中最重要的内容。"制礼作
乐"的过程就是为周初社会提供一个不同于原来巫教的新故事。故事统治与

---

① 王子初：《巡礼周公——音乐考古与西周史》，《中国音乐学》2019 年第 3 期。
② 郭沫若：《十批判书·孔墨的批判》，《郭沫若全集·历史篇》(2)，第 96 页。

驾驭社会与个体，什么样的故事就会塑造什么的个体与社会。所以，统治者创造故事的能力，是其首要能力。基督教经历不断的宗教改革，其原教旨故事不断地得到更新以适应社会的进步。如果某个宗教原初编制的故事历经上千年不能得到更新，那么其教徒仍旧会生活在上千年的故事中。所以，有的基督徒说，如果基督教不进行改革那就是扔在马路边的一堆垃圾。

　　祭天，当然成为国家第一大典礼。清秦惠田云："礼莫重于祭，祭莫大于天，天为百神之君，天子为百姓之主，故为天子岁一祭天。"①周人对至上神天的一些宗教仪式通过礼制固定下来。而在商的卜辞中很少见到祭帝的记载，周人并非如此，可以直接祭帝。《礼记·礼运》云："祭帝于郊，所以定天位也。"《逸周书·作洛解》云："乃设兆于南郊祀以上帝。"《礼记外传》云："王者，冬至之日，祭昊天上帝于圜丘。"《孝经》云："昔者周公郊祀后稷以配天，宗祀文王于明堂以配上帝。"配天为周族之始祖，而配帝，文王就可以了。但是祭祀中"配天"之事却是来源于殷人的"宾帝"，陈梦家认为，所谓宾帝，发展到周人为配天，"殷人'宾帝'，所以先王在帝左右，殷遗宋人《叔尸镈》曰'虩成唐有严才帝所'。周王为天之子，故为配天：《召诰》'其自时配皇天，毖祀于上下'，《大克鼎》'肆克智于皇天，敬于上下'，《思文》'克配彼天'。"②程子曰："天与帝一也，天言其体也，帝言其主也。"③在宗教信仰中，人尊天、畏天、法天为最高原则，但在现实社会中天的代表是"君天下"的天子。故尊君、畏君、法君与尊天、畏天、法天无异，由此推导出人伦第一要义便是首重忠君。由祖先崇拜又逻辑地推导出孝亲。政治关系与血缘关系在巫教世界中得到结合，忠君与孝亲乃共成一体，成为中国人伦的两大基石。由此看来，宗法与封建其实是一事之两面，与忠君、孝亲息息相关，宗法乃由下向上而宗，封建则由上向下而封，目的皆为"克明俊德，以亲九族。九族既睦，平章百姓，协和万邦"。

　　乐，作为巫教沟通人神两界的重要手段，亦成为礼的一部分。《周礼·春官·大司乐》云："乃分乐而序之，以祭，以享，以祀。乃奏黄钟，歌

①　（清）秦惠田：《五礼通考》卷1、2，味经窝初刻试印本，环球图书公司。
②　陈梦家：《殷墟卜辞综述》，第581页。
③　陈梦家：《殷墟卜辞综述》，第581页。

大吕，舞《云门》，以祀天神。乃奏大族①，歌应钟，舞《咸池》，以祭地祇。……"钱穆说："礼不兼乐，偏近于拘束，乐不兼礼，偏近于流放，二者兼融，乃可表达人心到一恰好处。"② 至此，原宗教之乐也秩序化地固定下来，成为人伦的组成因素。金景芳云："无论就形式或实质来看，古代宫室、庙堂、音乐和舞蹈，都是礼制的重要组成部分。这种程序化了的艺术，已经完全脱离人民，成为统治阶级政治活动的音响和形象外壳。"③

西周时代，在上层建筑意识形态领域，已进入浓厚巫教性质的巫史文化新阶段，原始的全民性巫教礼仪经过巫史改造、加工，已经成为社会统治的等级条规。巫教的神性秩序转化为世俗的礼制，巫教与世俗紧密结合，巫教于是宗法化、政治化、社会等级化、礼乐化，"宗教行为被缩减到一些礼仪形式上，如：祭祖、婚嫁、丧葬和日常生活中的一些时令节气。在生活中，行为举止受到礼仪规范，这是社会秩序的需要。礼仪中的宗教含义消失，尽管有由其社会意义的增强作为补偿……"④ 巫教自身也渐趋衰落之势，虽然周代仍在通过巫教治理国家，但其国家自身行政治理职能愈来愈得到强化。黑格尔在研究中国宗教时认为："天是至高无上的，而且不仅是从精神的、道德的意义上说来。……然而，世间的统摄者是帝王，而不是天；并非天赋予世人应遵守的律法、神圣的法、宗教的法、伦理的法。并非天统摄自然，帝王治理一切，只有他始与天相关联。"⑤

三、商周部族之间的信仰差异与兼容

商周文化是相对独立平行发展的，由于古代部落的封闭性导致其固有文化的相异性。在至上神的信仰方面，商周各自独立，一者为帝，一者为天；在商统治期间由于小邦周与大邑商的隶属关系，从政治角度看，帝和天

①　郭沫若：《十批判书》，《郭沫若全集·历史编》(2)，人民出版社 1982 年版，第 43 页。

②　钱穆：《论语新解》，巴蜀书社 1985 年版，第 49 页。

③　刘起釪：《古史续辨》，第 74 页。

④　[法] 汪德迈：《〈儒藏〉的世界意义》，《光明日报》2009 年 8 月 31 日。

⑤　[德] 黑格尔：《宗教哲学》上卷，第 258 页。

有一种微妙的上下等级关系；在周人夺取商人国家政权的过程中自然又产生帝与天之对抗，这种对抗主要导源于周族向商族之挑战；在周克商之后，周采用信仰怀柔政策，令帝与天相和谐，进行了一次商族与周族之间的信仰调停。

（一）至上神"帝"与"天"之差异

周人的神灵系统同商人一样比较复杂，上古时代的许多神灵在周人那里都留有影响。商、周两族群皆具有明显的巫教色彩，而巫教存在的前提条件就是人们对幻想的抽象神灵的信仰。[1] 他们既信奉日月山川等各种自然神，又崇拜各自的祖先神灵，祭祀的种类和样式亦十分繁杂，见于卜辞有 37 种，如燎、帝、方、遘等，见于西周青铜器铭文的仅祭祖就达 20 种，如衣、蒸、报等。[2] 商、周部族巫教的原始性，表现在信奉的多样性，万物皆神灵。陈梦家根据《周礼·大宗伯》所记祭祀对象分为三类：甲，神，天神，大神：昊天、上帝、日、月、星辰、司中、司命、风、雨；乙，示，地示，大示：社、稷、五祀、五岳、山、川、林、泽、四方、百物；丙，鬼：人鬼，大鬼，先王。然后又根据殷墟卜辞总结出商人祭祀信奉的对象亦可分为三类：甲，天神类：上帝、日、东母、西母、云、风、雨、雪；乙，地示类：社、四方、四土、四巫、山、川；丙，人鬼类：先王、先公、先妣、诸子、诸母、旧臣。[3] 陈氏解释云："殷人对于自然力的崇拜，对于通过巫术行为与自然发生虚幻的交通，反映了当时农业生产的重要和当时部族之间斗争的激烈。殷人的上帝的权威以及卜辞中所记录的祈告的内容，都说明了这些。""卜辞中

---

[1] 恩格斯说："一切宗教都不过是支配着人们日常生活的外部力量在人们头脑中的幻想的反映，在这反映中，人间的力量采取了超人间力量的形式。"（恩格斯《反杜林论》，《马克思恩格斯列宁斯大林论宗教和无神论》，人民出版社 1999 年版，第 210 页）

[2] 参见徐良高《中国民族文化源新探》，第 242、244 页。

[3] 日本岛邦南将陈氏所列的丙类分为三种：（1）殷室远祖的高祖神；（2）先臣神；（3）先王、先妣、父、母、兄、子等。又将甲、乙二类归并为自然神，即只有河、岳、土（社）以及上帝而已，其余诸神他认为并不存在。不过，日本岛邦南氏的见解是否正确尚存疑问。（见日本岛邦南《殷墟卜辞研究》，张秉权《殷代的祭祀与巫教》，《历史语言研究所集刊》第 49 本第 3 分）

的上帝或帝，常常发号施令，与王一样。上帝或帝不但施令于人间，并且他自有朝廷，有使、臣之类供奔走者。"① 然而，陈氏称甲类为"天神"并不确切，误将上帝划归天神之列，因为商人不信奉天神，周人却信奉天神。《周礼》记载天神却是合情合理的。商周在祭祀对象上泛而杂，皆属于泛灵论范畴，但是，在这些诸神灵之上，商、周各自又有属于自己的至上神：即商人之"帝"与周人之"天"。于是乎商、周分属不同的巫教神系，虽然存在细枝末节的聚讼，但已得到大多数学者的认可。郭沫若说："卜辞称至上神为帝，为上帝，但决不称之为天。天字本来是有的，如象大戊称为'天戊'，大邑商称为'天邑商'，都是把天当为了大字的同意语。"② 陈梦家认为："西周时代开始有了'天'的观念，代替了殷人的上帝，但上帝与帝在西周金文和《周书》《周诗》中仍然出现。""殷代的帝是上帝，和上下之'上'不同。卜辞的'天'没有作'上天'之义的。'天'的观念是周人提出来的。"③ 晁福林指出：在上古先民的思想观念中，"帝"观念占有较重要的地位。"帝"与"天"原本是合一的，直到周代才将它们完全分开。④ 许倬云亦言："'天'在商人的宗教信仰中并不等于最高神。""由自然天发展出的天神，其性质当然不能与祖宗神的帝相同。"⑤ 徐旭生认为，商人的神是族群专有的守护者，而不是对所有族群一视同仁的超氏族神。⑥ 伊藤道治说，商人的最高神为上帝，祖灵和自然现象的神都位于上帝之下。⑦ 美国汉学家顾立雅（H.G.Greel）研究认为，殷人虽有天之观念，而以天为主宰神则始于周，盖"帝"为殷之部落神，而"天"则为周之部落神。⑧ 据顾立雅统计，在 12 篇《周书》中"天"字凡 116 见，而"帝"只 25 见，《诗经》中"天"字凡 104 见，而"帝"

① 陈梦家：《殷墟卜辞综述》，第 561—562、572 页。
② 郭沫若：《青铜时代》，科学出版社 1957 年版，第 4 页。
③ 陈梦家：《殷墟卜辞综述》，第 562、581 页。
④ 晁福林：《〈山海经〉与上古时代的"帝"观念》，《中国史研究》2016 年第 2 期。
⑤ 许倬云：《西周史》，第 99、106 页。
⑥ 许倬云：《西周史》，第 100 页。
⑦ [日] 伊藤道治：《由宗教方面所见的殷代几个问题》，刘文俊主编《日本学者研究中国史论著选译》第 3 卷，中华书局 1993 年版，第 41 页。
⑧ 陈来：《古代宗教与伦理——儒家思想的根源》，第 185 页。

只 43 见，《国语·周语》独尊天而不言帝。傅斯年等人亦曾作过统计：帝及上帝见于孙海波《甲骨文编》者凡 63 处，而天字在卜辞中仅 12 见，且或为地名，或为人名，或借作大。由此可窥一斑。西周铭文亦多用"天"字，而少用"帝"字，"天"字见于郭沫若《两周金文辞大系》及吴其昌《金文疑年表》者凡 75 见，而帝与上帝仅 4 见。[①] 这也透露出一个信息，周人骨子里还是尊天胜于拜帝。马科斯·韦伯说："对于中国的天威而言，古老的社会秩序是惟一的一种（Eins und Alles）。上天是维持此一神圣的社会秩序恒常不变与不受干扰的守护者，也是只要遵循合理规范的支配即可得到的稳定所在，而不是被畏惧或被热望的、非理性的命运急转的源头。……中国人的生活的这些政治的基础，有助于鬼神信仰的成分取得优势。此一信仰附着于所有与祭祀的发展有关的巫教（magie）里。……无论是舞蹈——古老的战舞已消失了——还是性的狂迷、音乐的狂喜，或是其他的陶醉形式，都不见踪影，甚至连一点痕迹也没有遗留下来。只有在仪式行为里还带有一丝'圣礼的'性格，不过那是相当非狂迷的。……此种宗教意识的翻转，是中国特有的。"[②]

商人崇拜的最高神祇称"帝"不称"天"，而周人称"天"不称"帝"。每个部落都具有部落神，这与部族的封闭性相适应，是排他的。"帝"是商族的保护神，导源于商部落的祖先崇拜，是商人图腾"玄鸟"的影子。"天"是周族的保护神，既导源于周人对自然之崇拜，又导源于尧、舜、禹部落联合体对昊天的信仰。商、周至上神之不同，反映商以祖先崇拜为主，而周以自然崇拜为主。这也反映出中国古代巫教的一个特点：虽然其表现形式多种多样，但内容都有对至上神的宗教性信仰，而这也就是中国特有的"巫教"。

先周以至克商，周的活动范围全在晋陕甘黄土高原西半边，地势高，雨量少，平均年降雨量在五百毫米以下，"天苍苍"之感时刻笼罩在周人心里，令人产生无穷的幻觉与内心的敬畏。故西周金文中"介"（天）字取意于一个人罩在苍穹之下。"明明上天，照临下土；我征徂西，至于艽野。"

① 详见刘梦溪主编《中国现代学术经典·傅斯年卷》，第 72 页。

② [德] 韦伯：《韦伯作品集Ⅴ·中国的宗教　宗教与世界》，康乐、简慧美译，广西师范大学出版社 2004 年版，第 62—63 页。

（《诗经·小雅·小明》）"天"就具有了无所不在、高悬监临的最高神特性。相似生存环境的部族就奉天神为至上神，如古土耳其人，今生活在阿尔泰山南部和北部的鞑靼人、蒙古人、布里亚蒂（Buriati）人、维吾尔人、通古斯（Tungusi）人和尤加基里（Yukagiri）人。商人起源于辽水发源处，长期生活于燕、亳地区，后进入中原。地理学家认为，沿太行山脉分布的商遗址恰好位于黄河岸边，而大部分的冲积平原仍被淹在水中，如果不是部分被淹，也可能是沼泽地。自从黄河被写成"河"而出现在甲骨文上开始，华北地区就一定有足够的广阔容纳黄河的奔流。① 水系纵横，雾气迷蒙，虚幻纷呈，商人常在恍惚中迷信鬼灵，看见祖先的幻影，由此逻辑推出其对祖先神"帝"的崇拜。说到"帝"字，初义亦是见仁见智，主要有花蒂说、束薪说、祭器说、标识说、女性生殖器说等。主花蒂说的有郑樵、吴大澂、郭沫若、王襄，但有人指责其因为先有帝为花蕊的成见才做出如此错误的判断。② 束薪说的有严一萍、叶玉森，以为"帝"像燎祭的束薪，但也有人批评说："不仅殷人的天字未有苍天或至上神的观念，而且燎祭或禘祭的卜辞屡见，却无一是以帝为对象的，更谈不上为帝所专有了。"③ 其它诸说更难以立足。对"帝"字的初义，我们认为，"帝"字取类象形之对象是"玄鸟"，即商族的图腾"燕子"。从字形看，有鸟头"▽"，有鸟羽"∩"，有鸟的躯干与尾"木"，"帝"作为鸟形可谓丝毫不爽。④ 从字义看，陈梦家在《殷墟卜辞综述》中指出，殷商时代各国和部族自认的庇护神，大抵都是起源于图腾之祖，而殷人对祖也称帝。帝恰是商族的最高神祇，也就是商族的最高祖——图腾玄鸟。商族以"玄鸟"为图腾，这已得到研究图腾学界的公认。⑤ 商人创造的

---

① ［美］张光直：《商代文明》，第 112 页。

② 参见郑樵《六书略》、吴大澂《字说》、王襄《簠室殷契类纂》。

③ 张桂光：《殷周"帝""天"观念考察》，《华南师范大学学报》（社会科学版）1984 年第 2 期。

④ 陆思贤将小河沿文化出土陶器上的原始文字"ଥ"释为"燕子"，即玄鸟。其鸟头抽象如帝字上部简化符号。（参见陆思贤《神话考古》，文物出版社 1995 年版）

⑤ 司马迁《史记·殷本纪》说："殷契，母曰简狄，有娀氏之女，为帝喾次妃。三人行浴，见玄鸟堕其卵，简狄取吞之，因孕生契。"《楚辞·天问》："简狄在台喾何宜？玄鸟致贻女何嘉？"《吕氏春秋·音初》高诱注："天令燕降卵于有娀氏女，吞之生契。"这始祖创生神话正是图腾崇拜的表现。

"帝"时刻都有"玄鸟"始祖的影子。

"帝"字在卜辞中主要有三种用法和意义：一为名词，指上帝言，如"至甲辰帝不其令雨？"（《乙》六九五一）"上帝"二字皆为合文，如"惠五鼓，上帝若王又又"（《甲》一一六四）；二为名词，指先王言，如"贞：为王帝人（？）不若。"（《续》四·三四·七）；三为名词或动词，指一种祭祀，如"癸丑卜：帝南？癸丑卜：帝东？"（《京》四三四九），这是一种帝之假借与转化。故有人认为，"禘祭既为图腾崇拜的遗迹，其礼仪随族群不同而有差异。各代禘祭的礼节不同，而且其中可能尚有神秘的部分，以至孔子要说'禘自既灌而往者，吾不欲观之矣'。"① 傅斯年亦云："早年之图腾标识……乃是初民崇拜之对象，从此演进……一方有普照之上帝。……就中国论，古代一切称帝之神王皆是宗神（tribal gods）。"② 之前，也有人发现"帝"在商人意识中与祖先的关系，认为殷人所尊的帝的初义即为宇宙万物的始祖，是宇宙万物的生殖之神。③ 这已经向帝之本义——玄鸟图腾有所靠近，可惜仍失之交臂。日本学者岛邦男认为"帝"是对父的尊称，岛氏只是发现了这一现象，但并没有充分理解其意义。裘锡圭认为，"商人所谓上帝（卜辞多称'帝'），既是至上神，也是宗祖神……上帝的'帝'跟用来称嫡考的'帝'，显然是由一语分化的。……也可以说，这种'帝'字就是'嫡'字的前身。"④ 裘氏发现了"帝"与嫡系传承之"嫡"之间关系，但离寻帝之本义仅差一步之遥。高明先生还发现"自祖庚开始，把直系父辈先王称作帝……很明显这是在当时意识形态方面的一次较大变化。"⑤ 但高氏没有说出这一变化的理路。实质上这一变化是由帝之自然顺承而来，其变化理路为：帝（玄鸟）——帝先王（已亡）——帝王（在世），由帝与图腾玄鸟结合，到帝与祖先亡灵结合，再到帝与时王结合，从统治者角度看，由神权到族权再到王权，最终达到三位一体，帝也就成为上帝，即至上神。这就是商人为什么要举行大批量

① 许倬云：《西周史》，第99页。
② 详见刘梦溪主编《中国现代学术经典·傅斯年卷》，第72页。
③ 裘锡圭：《关于商代的宗族组织与贵族和平民两个阶级的初步研究》，《文史》第17辑。
④ 裘锡圭：《关于商代的宗族组织与贵族和平民两个阶级的初步研究》，《文史》第17辑。
⑤ 高明：《从甲骨文中所见王与帝的实质看商代社会》，《古文字研究》第16辑。

的人殉与人祭以及《礼记·表记》所言"殷人尊神，率民以事神"的谜底。

商人崇拜帝，周人崇拜天，二者不同。一个是始祖的形象与影子，一个是超人的自然形象与力量，故导致两种不同的巫教信仰方式。周人没有人殉习俗，其信仰与人事衍变理路是：天（超自然）——畏天（对天之态度为恐惧）——天子（王为天之子）——敬德保民。商人则是：帝（图腾的影子）——宾帝（对帝之态度为尊上）——帝王（王与帝非父子关系）——人殉与人祭。①

（二）商周之间的信仰冲突

在巫教信仰时代，信仰冲突与巫咒施术是部族之间冲突的重要表现形式。周在形成国家的过程中就伴有种种巫教事件。"天"向"帝"挑战，是为了争得"天"之地位，然后达到周统治天下之目的。

大邑商在统治小邦周期间，"帝"具有很大的威严与权力，"帝"可以支配一切自然神，可以"令风""令雨""令雷"，如："翌癸卯帝不令风。夕雾。"（《合集》672）"羽癸卯帝令其风——羽癸卯帝不令风。"（《乙》2453，3094）"辛亥，内贞：近一月帝令雨？"（《合集》14295）"今二月帝不令雨。"（《铁》123.1）"帝其于生一月令雷，贞帝其今十三月令雷。"（《合集》14127）卜辞中的该"令"字做"命令"解，而非"恩赐"解。②这时"帝"处于一切自然神之上。"帝"还可以"降旱"，如"帝不降大旱。"（《哲庵》177）"帝其降旱。"（《前》3.24.4）"降祸"，如"□亥卜古，卯祓，帝其不降祸，其□丰刀□。贞卯，帝弗其降祸。十月。"（《佚》36）"降食"，如"亩□称乎，帝降食受又。"（《乙》5296）"降若"，如"我其已宾□作，帝降若。"（《前》7.38.1）等等。上帝所管到的事项有年成、战争、作邑、王之行动，其命令所及的对象有天时、王、我、邑等。上帝和王一样，亦有类似朝

---

① 至此我们可以说"绝天地通"之说法来源于周人，而非商人，但并不影响我们对该说法的理解，所谓天地相通是指人与神灵之交通，所谓"绝天地通"是指巫觋阶层的分化独立出来。

② 陈梦家在早认为"令"有"赐"义，由于新材料的出现，自己作了修正，认为"令"仍作为命令之令解。（参见陈梦家《殷墟卜辞综述》，第563页）

廷的帝廷，有使、臣之类供奔走者。在帝廷或帝所，先公先王可以上宾之，或宾于上帝，或先公先王互宾，如"下乙宾于帝——咸不宾于帝。"（《乙》7197）可见，商人的上帝是掌管自然的主宰，但尚未赋以人格化的属性。随着周族国家的形成及壮大，"天"之信仰渐渐浮出水面，引起商族之警觉。当"天"与"帝"争衡的时候，不免就会发生冲突。《史记·殷本纪》就有此记载："帝武乙无道，为偶人，谓之天神。与之博，令人为行。天神不胜，乃戮辱之。为革囊，盛血，仰而射之，命曰射天。"这既不是一次偶然事件，又非武乙无道。武乙之时正是王季历大有作为之世，周的国家意识愈演愈烈。大约到武乙、文丁之后，商文化分布的西界就已退至西安以东，先周文化陡然在关中兴盛，并向东面扩张，将商文化排挤出关中，到周文王时，"文王合六州之侯，奉勤于商。"（《逸周书·程典》）"三分天下有其二，以服事殷。"（《论语·泰伯》）巫教冲突在先，政治冲突接踵，文丁继武乙之位后即杀季历。今古本《竹书纪年》皆载："武乙三十四年，周公季历来朝；王赐地三十里，玉十珏，马十匹。""文丁四年，周公季历伐余无之戎，克之。命为牧师。""文丁十一年，王杀季历。"宋为殷后，宋康王兴民四击，有志于复兴故国，再度向天行武乙咒法，《吕氏春秋·知化》云："宋王筑为薛台，鸱夷血，高悬之，射著甲胄，从下，血坠流地。左右皆贺曰：王之贤过汤武矣！汤武胜人，今王胜天……"《战国策·宋策》云："宋康王之时，有雀生鹯于城之陬。使史占之，曰：'小而生巨，必霸天下。'康王大喜。于是灭滕伐薛，取淮北之地，乃愈自信，欲霸王亟成，故射天笞地，斩社稷而焚灭之，曰：'威服天下鬼神。'"《史记·宋微子世家》与《战国策·卫策》亦有相近记载。商末武乙与宋末年宋王偃射天，正是企图用射天的模拟巫教方式来达到制服敌方主神以求胜利之目的。在古人看来，如此巫教方式可以起到巨大的神秘作用。春秋时期，楚庄王于鲁宣公三年曾向周"问鼎之大小轻重"，欲入主中原，到昭公十三年楚灵王一样发生"诟天"事件。《左传》昭公十三年："初，灵王卜曰：'余尚得天下！'不吉。投龟，诟天而呼曰：'是区区者而不畀，余必自取之。'"东方系统神话《山海经》亦反映"帝"与"天"的斗争。《海外西经》记："刑天与帝至此争神，帝断其首，葬之常羊之山，乃以乳为目，以脐为口，操干戚以舞。""天"为悲剧英雄，"帝"以胜利者自居。这显然是"帝"系崇奉者对"天"系的符咒与戏谑。但周族一直在守护着自己的至上神并没有变,凤雏H11出土的西周甲骨记载了周人祭祀其至上神,"第四十九片"(H11:96)载:"川告于天,亡咎。""告"为祭祀名。①

武王克商,整个战争过程充满巫教色彩,可谓既是武力之胜利,又是巫教精神之胜利。凤雏出土甲骨"第八片"(H:9)谓:"大出于河。"此片甲骨可能记录武王会八百诸侯,渡河,东观于盟津之事,这是一次重要占卜。②克商之前,显现巫教征兆,"八百诸侯俱至孟津,白鱼入于舟。""武王伐纣,观兵于孟津,有火流于王屋,化为赤乌三足。""周将兴之时,有大赤鸟衔谷之种而集王屋之上者。武王喜,诸大夫皆喜。周公曰:'茂哉茂哉!天下之见此以劝之也。'"③此亦可从今、古文《尚书》记载中窥见一斑。古文《泰誓上》载武王讨伐商纣的第一条罪状就是"弗敬上天":"今商王受,弗敬上天,降灾下民。……皇天震怒,命我文考,肃将天威,大勋未集。"而且认为商汤克夏亦为天命:"惟天惠民,惟辟奉天。有夏桀弗克若天,流毒下国。天乃佑命成汤,降黜夏命。"《尚书大传》记载盟津会师可佐证当时战争的巫教性:"惟丙午,王逮师。前师乃鼓拊譟,师乃慆,前歌后舞,格于上下天地。"前歌后舞之目的是为了格于上下天地,以佐王师。《诗·大雅·文王有声》亦云:"考卜维王,宅是镐京。维龟正之,武王成之。"

牧野之战,其战法带有强烈的巫教成分,每位战士装扮如虎貔熊罴,以便得到兽威,其战阵步伐整齐划一,具有"巫步"性质。此即后来周代军舞之起源。表明在当时情境下,战争中有巫师传授神意之作用。武王作为军事统帅与巫师首领,召令全军云:"今予发惟恭行天之罚。今日之事,不愆于六步、七步,乃止齐焉。夫子勖哉!不愆于四伐、五伐、六伐、七伐,乃止齐焉,勖哉夫子!尚桓桓,如虎如貔,如熊如罴,于商郊。"(《尚书·牧誓》)这是武王甲子朝至于商郊牧野,临战誓众,军队作装饰,如虎、

---

① 王宇信:《西周甲骨探论》,第102页。

② 王宇信:《西周甲骨探论》,第61—62页。

③ 伏胜:《尚书大传》,董治安主编《两汉全书》第1册,山东大学出版社1999年版,第184—185页。

貔、熊、罴，就具有巫教作用。对这段文字的理解，后世注疏家曾陷入困境，宋朱熹云："只《牧誓》中便难晓，如五步六步之类。"① 他不了解古代军阵性质，哪方队形散乱，哪方就会失败。疑古派顾颉刚从疑古立场出发认为："过去注疏家的说法都是错的，《牧誓》是周末人看了纪念武王纣的《武舞》所作的一篇文件，六步七步、四伐五伐等等都是舞蹈动作。"② 并判定该书为后世之作，犯了倒流为源的错误。出土青铜器《利簋》《墙盘》《大丰簋》等铭文已证明《牧誓》之真实性，顾说是有悖史实的。军舞是反映战争实际的，在周王伐纣之战中军队前进步伐类似舞步。故《华阳国志·巴志》云："周武王伐纣，实得巴蜀之师，著乎《尚书》。巴师勇锐，歌舞以凌，殷人前徒倒戈。故世称之曰：'武王伐纣，前歌后舞'也。"勇锐的巴师歌舞向敌，所谓"前歌"或为咒语，肯定喊声震天，至于"后舞"即为军阵前进的整齐步伐，加之以虎、貔、熊、罴为装饰，仿若天降神兵，所向无敌，致使"殷人前徒倒戈"。此巫教用于战争之一例。北齐兰陵王亦曾戴假面具作战，勇冠三军。民俗材料亦有佐证："云南景颇族世袭山官之间展开掠夺性战争'拉事'之前，选出勇敢战士为先锋，由山官授以绘有恐怖人面图形的猪皮盾牌。战事开始，任'勒卡总署'的先锋一手舞刀，一手舞盾，作冲杀之状。其动作都是狂热的舞蹈，并发出模拟老虎的吼叫声，全队即随之冲锋，以锐气压倒敌人取胜。"③ 这显然也源于交感巫教原理。恩格斯在《家庭、私有制和国家的起源》中言："要是发生战争……多半由一些优秀的战士来组织；这些战士发起一个战争舞蹈，凡参加舞蹈的人，就等于宣告加入了出征队，队伍便立刻组织起来，即时出动。"④ 美洲土著即有巫教性的战争舞。牧野之战后被编为巫舞《武》，《吕氏春秋·古乐》云："武王即位，以六师伐殷……克之于牧野，归乃荐俘于京太室，乃命周公为作《大武》。"《荀子·儒效》云："武王之诛纣也，行之日以兵忌，东面而迎太岁……合天下，立声乐，于是《武象》起而《韶护》废矣。"《乐记》郑注"武舞"疏："《武》

———————————

① （宋）黎靖德编：《朱子语类》卷78，中华书局1986年版，第1980页。

② 刘起釪：《古史续辨》，第292页。

③ 刘起釪：《古史续辨》，第300页。

④ 《马克思恩格斯选集》第4卷，第88—89页。

乐六奏，每一奏之中，舞者以戈矛四度击刺，象伐纣时也。"军舞起源于战争，因为军舞是按照巫教及一定规范编制而成，可以降神威，振军威，《牧誓》所载的内容也许就是《武象》之蓝本。在"兵政合一"的时代，战时军阵战法整齐划一，平时依之编军舞。《礼记·祭统》云："声莫重于升歌，舞莫重于《武宿夜》，此周道也。"郑玄注："《武宿夜》，武曲名也。"孔颖达疏："舞莫重于《武宿夜》者，《武宿夜》是舞曲之名。是众舞之中，无能重于《武宿夜》之舞。皇氏（侃）云：'师说《书传》云：武王伐纣，至于商郊，停止宿夜，士卒皆欢乐歌舞以待旦。因名为《武宿夜》，其乐亡也。'熊氏（安生）云：'此即《大武》之乐也。'"故有人认为："《大武》乐，周人极端重视。拿今天的眼光看，《大武》实际上是以周武王克殷为题材的一出大型歌舞剧。"[1]战争中的军阵及巫教配合，后来演变为各种阵法及礼乐中的舞蹈，其军用器乐在战争中持续使用，如"鼓"和"金"，击鼓为进，鸣金则收兵，《汉书·礼乐志》载"巴渝鼓员三十六人，应古兵法"。"如果一定要对战争的不可思议的起源作出某种牵强的解释的话，那就是这样一个事实，即古代战争，那便在貌似实际的经济需求的掩盖下，都无一例外地变成宗教行为，无非是一种更大规模的成批的仪式性的牺牲。"[2]

牧野之战后，武王则"廷告于天"，成王时期的《何尊》追记："惟武王既克大邑商，则廷告于天，曰：'余其宅兹中或（国），自之乂（治）民。'"武王亦不忘巫事，"乃命南宫伯达、史佚迁九鼎三巫。乃命闳夭封比干之墓，乃命宗祝崇宾，飨祷之于军。"（《逸周书·克殷解》）武王灭商返周后例行祭祀："武王在祀，大师负商王纣县首白旂，妻二首赤旂，乃以先馘入，燎于周庙。若翌日辛亥，祀于位，用籥于天位。越五日乙卯，武王乃以庶国馘祀于周庙：'翼予冲子！'断牛六，断羊二。庶国乃竟。告于周庙曰：'古朕闻文考修商人典，以斩纣告于天、于稷。'用小牲羊、犬、豕于百神、水、土，誓于社，曰'惟予冲子绥文考'。"（《逸周书·克殷解》）周武王胜后祭

---

① 金景芳：《周公对巩固姬周政权所起的作用》，郭伟川编《周公摄政称王与周初史事论集》，第74页。

② ［美］刘易斯·芒福德：《城市发展史——起源、演变和前景》，转引自徐良高《中国民族文化源新探》，第291页。

祀的诸神灵多多，此是万物有灵的孑遗，其心理与仪式都会带有极大的巫教性，尚不能等同于后代成熟的宗教祭祀。武王用燎祭时伐人牲之多并不在殷商之下，《逸周书·世俘解》记载武王克殷时曾经于癸丑日"荐殷俘王士百人"，回到周后又于庚戌日"伐右厥甲小子鼎大师，伐厥四十夫家君鼎师"。《尚书·多士》训示殷遗民云："王若曰：'尔殷遗多士！弗吊旻天，大降丧于殷，我有周佑命，将天明威，致王罚，敕殷命终于帝。肆尔多士！非我小国敢弋殷命。惟天不畀允罔固乱，弼我，我其敢求位？惟帝不畀，惟我下民秉为，惟天明畏。"《多士》整篇，"天"以压倒之势敬告"多士"，似有一种大复仇情结："尔克敬，天惟畀矜尔；尔不克敬，尔不啻不有尔土，予亦致天之伐于尔躬！""帝"显然已降为被征服者的位置，致使商族追溯来源亦改称"天命玄鸟，降而生商"。由此可见，商、周部族在更替的过程中有过激烈的信仰对立与斗争，武王克商后，"天"为征服者，然后取消商王之帝号，周王自称"天子"。"天子"一词，在可靠的周初文献中没有出现，武王时诗《时迈》仅云："昊天其子之"。西周初年铜器铭文只称"王"而无"天子"，至康王末年的"刑侯簋""麦方尊"二器始有"天子"之称，到昭穆时代，"天子"一词开始频繁地出现在铜器铭文中。周人为了取得统治的合法性，便阐发了天命神授思想，"由天之观念的发生，而有'天命''天子'，它们之兴起约在西周初期稍晚时。西周初期金文，多称'王'而没有'天子''天令'，'帝'还存在。西周初期稍晚，才有了'天令'即'天命'，'王'与'天子'并称。《大盂鼎》'不显文王受天有（佑）大命……故天临翼子，法保先王……畏天畏……盂用对扬王休'。此器作于'唯王廿又三祀'，约为康王廿三年。此虽仍称王，但已有了天子的观念，已有天佑之大命和畏天威的观念。……西周中期以后，金文的'扬天子休'已极普遍，代替了早期的'扬王休'。"①

（三）周族对商族之信仰兼容

周在建邦封国过程中历来注重战略的运用，克商以后还一定程度地尊

---

① 陈梦家：《殷墟卜辞综述》，第581页。

重商族的巫教信奉，"封纣子武庚禄父，以续殷祀，令修行盘庚之政。"（《史记·周本纪》）"小邦周"灭了"大邑商"，周武王凯旋，自不夜寐。何以如此？武王自言："天不享殷，乃今有成。……我未定天保，何暇寐！"（《史记·周本纪》）由于"小邦周"原为"大邑商"的臣属国，虽然周邦族有其原部落神，但在臣属期间也不得不信奉大邑商至上神，若从政治角度排列，"帝"为第一等级，"天"只有屈居其次了。武王在克商后并没有废除商神帝，而是同样予以必要之礼遇，这是周族之特质决定的，若非此那也就不是周族了。做于武王时期的《天亡簋》载："乙亥，王又大丰，王凡三方，王祀于天室，降。天亡又王，衣祀于王，丕显考文王，事喜上帝。"武王于天室一样祀上帝，表明周室对上帝之包容。尽管如此，周初宗教领域斗争仍很激烈，这是可想而知的。武庚叛乱虽为管、蔡原因，但亦不可否认商族宗教煽动与反扑的情绪与动机。《尚书·大诰》为"武王崩，三监及淮夷叛，周公相成王，将黜殷"而作，在此严峻关头，《大诰》尊奉"天"神，全篇用了 13 个"天"字，反复申明"天"之大意，如言："天休于宁王，兴我小邦周，宁王惟卜用，克绥受兹命。今天其相民，矧亦惟卜用。呜呼！天明畏，弼我丕丕基！"在战争关头，唯有如此方可号召全族努力作战，捍卫本族至上神。但又有二处使用"帝"字，完全用于对臣民之安抚，目的是得道多助，而不是失道寡助。成王向殷人表明自己"予惟小子，不敢替上帝命"，目的在于消除殷人心中信仰之恐慌。恩格斯在《布鲁诺·鲍威尔和原始基督教》中言："古代一切宗教都是自发的部落宗教和后来的民族宗教，他们从各民族的社会条件中产生，并和这些条件紧紧连在一起。宗教的这种基础一旦遭到破坏，沿袭的社会形式、传统的政治设施和民族独立一旦遭到毁灭，那么从属于此的宗教自然也就崩溃。本民族神可以容许异民族神和自己并立（这在古代是通常现象）……民族神一旦不能保卫本民族的独立和自主，就会自取灭亡。"①

　　周族尽力消解"天"与"帝"的对立，以求达到相容。"天"之地位随着周人政治地位抬高必将上升，"天"与原来享受较高地位的"帝"就存在

---

① 《马克思恩格斯列宁斯大林论宗教和无神论》，人民出版社 1999 年版，第 58 页。

一个共容的问题，解决好这一问题才能保持社会之长治久安。人类在处理宗教信仰冲突上有某种相似的聪明之举。在古埃及，蛇神为下埃及的保护神，鹰神为上埃及保护神，全埃及统一以后，赖神（太阳神）又奉为最高神。古王国崩溃以后，以底比斯为中心的统治者重新统一了埃及，于是底比斯的阿蒙神也成了太阳神，并居于赖神之上。周人接纳了"帝"神，周原为大邑商之方国，虽然"用显我西土"，"燮伐大商"，却曾"奉勤于商"，周原甲骨的发现证明周人对商的祖先也行祭祀。小邦周历来祭祀商之先祖，西周甲骨可证明此点，凤雏 H11 所出甲骨文"第一片"（H11：1）谓："癸子（巳），彝文武帝乙宗。贞：王其加祭成唐，□鼎（贞）（祝）示艮二母（女），其彝血卅三、豚三，又足。"[1] 周人祭祀商开国君主大乙成汤，祭祀文武帝乙，这由其政治地位决定的，因为人事与神事两个世界是同构的，"第七片"（H11：84）谓："贞：王其秉又（佑）大甲，周方白（伯）。□（惟）足，不（丕）于受又（有）又（佑）。"[2] 周方伯为商王所册奉，当然就要在"帝"之神笼罩之下了，"第五十四片"（H11：122）谓"上帝"。[3] "帝"是由祖先崇拜发展而来，是祖先的神灵与幻影，在祖先崇拜上商、周是一致的。《礼记·郊特牲》云："万物本乎天，人本乎祖……大报本返始也。"祖先崇拜是最普遍的宗教主题之一，"中国是标准的祖先崇拜的国家，在那里我们可以研究祖先崇拜的一切基本特征和一切特殊含义。"[4] 武王立国后，还注重原王朝的治国经验，曾向箕子请教"洪范九畴，彝伦攸叙"[5]。周人对商的文化并没有完全否定，而是有所承继。王德培说："为什么这个'天'的观念还用'帝'来表示呢？殷周之际不得不如此，周人一方面要殷遗民相信天命说以接受周的统治；另一方面又把殷人列于'天之所视'的民的范畴内，以便安抚，让殷人理解这个新'天'的观念，自然是把天说成即帝，是最容易令人懂

---

① 王宇信：《西周甲骨探论》，第 40—41 页。

② 王宇信：《西周甲骨探论》，第 56—57 页。

③ 王宇信：《西周甲骨探论》，第 103 页。

④ ［德］恩斯特·卡西尔：《人论》，第 108、109 页。

⑤ 《史记·周本纪》载："武王已克殷，后二年，问箕子殷所以亡。箕子不忍言殷恶，以存亡国宜告。武王亦丑，故问以天道。"

得的。"① 周初文献中用"天"或用"帝"是颇有一番用心的,既然周初文献已天帝并用,后世遂为互文了。《诗经·大雅·文王》云:"文王在上,于昭于天。周虽旧邦,其命维新。有周不周,帝命不时。文王陟降,在帝左右。……穆穆文王,于缉熙敬止。假哉天命,有商孙子。商之孙子,其丽不亿。上帝既命,侯于周服。"诗中描绘出天、帝、周的和睦,但亦露出天、帝不等的信息,如文王"于昭于天",可"在帝左右",而商则"上帝既命,侯于周服"。总之,"帝"与"天"可以同样使用,西周金文亦然,《宗周钟》中"皇上帝"与"皇天"并用,等等。在周人与上帝的关系上经历了一个过程:在克殷之前,是上帝选中了周人,而在克殷之后却是周人主动选择了上帝,把上帝和皇天同位供万民共同信仰。"商周之际,周人发展了天命观念,大率是由于周人以蕞尔小邦取代了大邑商,自己也觉得不可思议。这一番理性化的过程,可说是对于一个大问题的回答。"②

意大利汉学者安东尼奥·阿马萨里在解释中国古代文明时说:"上帝与天之间的关系是一种能兼容神的不同属性的人际关系……同样,在天的'沉默'与上帝的'声音'之间也没有不相容之处。"③ 但安东尼奥在解释中国古代宗教时,总是用《圣经》做些比附,未免牵强,最终走入一个误区:中国古代天和帝是同一神天帝,而不知两者原是属于两个部族独立的最高主宰,在周初的宗教变革中相容而已。上帝和皇天仅从此"二位一体",在神性上、荣光上、万能上皆同,在掌握百姓命运上是合作的,皇天上帝可以合称,即使分称亦可替代另一方。此后,中国历代王朝都承袭了这种至上神的观念,成为上下几千年一以贯之的正统宗教观念,从"王若曰"到"奉天承运,皇帝诏曰",都充斥着皇权神授思想。

---

① 王德培:《西周封建制度考实》,光明日报出版社1998年版,第158页。

② 许倬云:《中国文化与世界文化》,第108页。

③ [意] 安东尼奥·阿马萨里:《中国古代文明——从商朝甲骨刻辞看中国上古史》,社会科学文献出版社1997年版,第72页。

四、周初巫教维新透露出人道曙光

周初这场巫教维新运动带有很大的理性主义的色彩，借用德国历史学家斯宾伯格的话语来说，这场运动是在"醒觉"的状态下推行的，再借用德国社会学家韦伯的话语来说，这场运动就是一场"中国式的祛魅"，发生了从巫教神权社会向世俗社会的转型。有的学者说，周人取代殷统治后，为了说明自身地位的合理性做了两件事：一是推出神话人物后稷——夏之农官，以证明自己也是中原文化的正宗血缘后裔；另一则是提出"天命""敬德""保民""天命靡常""以德补天"的概念与命题。[①] 此说怀疑后稷为周族始祖，以为是神话人物，颇具疑古意味，但有可取之处。这亦如许倬云所云："周人受命观念，诚如傅斯年所指出，终于演变为天命靡常、惟德是依的政治思想。""这一套新哲学，安定了当时的政治秩序，引导了有周一代的政治行为，也开启了中国人道主义精神及道德主义的政治传统。"[②]

（一）天命靡常：神权意识的柔性

周人开始怀疑天的绝对权威，也为"帝"与"天"之相容留下了必要的空间。否则，皇天与上帝就难以共处了。周人怀疑天的绝对权威性经历了一个过程，是由周初统治遭遇的残酷现实所造成的。周初武王伐纣，古文《泰誓》记载"今商王受，弗敬上天，降灾下民。……皇天震怒，命我文考，肃将天威……"，"商罪贯盈，天命诛之"，"恭行天罚"。这是接近武王奉天事实的，因为天为周人的至上神，《牧誓》也有"今予发惟恭行天之罚"句，是其明证。逮至武王崩，三监及淮夷叛乱，动摇周初统治。周公此时遇到用神谕解释政权合理性的难题，因为起初克商建周说是承天之命，而今内乱又做何解释呢？何况周公确实有"摄政称王"之说，他又如何为自己的行为找到依据呢？周公只能另寻理论武器，或可谓一种借口。各篇诰辞明显表

---

① 参见徐良高《中国民族文化源新探》，第 244、246、247 页。
② 许倬云：《西周史》，第 98—99、109 页。

现出"既伐管叔、蔡叔,以殷遗民封康叔"后的意识形态领域的变化,是周公施政的重要文献。《大诰》明显表现出对天之怨,"天降割于我家,不少延。"天命难知,"矧曰其有能格知天命?"但对天亦诚惶诚恐,"予不敢闭于天降威,用宁王遗我大宝龟,绍天明。""天明畏,弼我丕丕基。""予永念曰:天惟丧殷,若啬夫,予曷敢不终朕亩?天亦惟休于前宁人,予曷其极卜?"《康诰》云:"天畏棐忱……惟命不于常。"《君奭》云:"天不可信,我道惟文王德延。"《诗·大雅·文王》云:"天命靡常。"郭沫若说:"周人根本在怀疑天,只是把天来利用着当成一种工具,但是既已经怀疑它,那么这种工具也不是绝对可靠的。在这儿周人的思想便更进一步,提出了一个'德'字来。"[1]《召诰》云:"王其德之用祈天永命"。《蔡仲之命》云:"皇天无亲,惟德是辅。"另铭文《班簋》云:"惟敬德,亡攸违。"西周的"明德""敬德""秉德""敷大德于天下"的思想发展到春秋经孔子重新阐发就成为儒家的"德教",重在强调人际关系,而非人神关系了。因此,也可以说,天与帝经过了冲突与兼容的过程,也就是对至上神的权威的一种消解,结果为"人道"的出现提供了一个难得的历史性机遇。宋代理学家朱熹亦曾为天道做过辩解,恰似周初巫教维新者之态度:

　　问:"'天道福善祸淫',此理定否?"曰:"如何不定?自是道理当如此。赏善罚恶,亦是理当如此。不如此,便是失其常理。"又问:"或有不如此者,何也?"曰:"福善祸淫,其常理也。若不如此,便是天也把捉不定了。"又曰:"天莫之为而为,它亦何尝有意?只是理自如此。且如冬寒夏热,此是常理当如此。若冬热夏寒,便是失其常理。"又问:"失其常者,皆人事有以致之耶?抑偶然耶?"曰:"也是人事有以致之,也有时偶然如此时。"[2]

　　天命不再永恒,"天命靡常",变化条件在人间。殷纣言:"我生不有命在

① 郭沫若:《先秦天道观之进展》,《郭沫若全集·历史篇》(1),人民出版社1982年版,第335页。
② (宋)黎靖德编:《朱子语类》(5),第2030页。

天乎!"这是对"天"之蔑视与嘲讽。《诗经·大雅·大明》云"天难忱斯"。又,《大雅·文王》云"天命靡常"。又,《大雅·荡》云"天生蒸民,其命匪谌"。这确是对天命之怀疑与动摇。《书·多士》载周公言于殷顽民:"自成汤至于帝乙,罔不明德恤祀。亦惟天丕建,保乂有殷。殷王亦罔敢失帝,罔不配天其泽。在今后嗣王,诞罔显于天,矧曰其有听念于先王勤家?诞淫厥泆,罔顾于天显民祗。惟时上帝不保,降若兹大丧。"古文《尚书·泰誓》云:"惟天地万物父母,惟人万物之灵","同力度德,同德度义","天视自我民视,天听自我民听"。后人以为此或为错简或为后人写入,周人在开国之先不可能如此无视天威,倘若如此,周人必将失掉本族之保护神,在当时条件下简直不可想象。但考之文献,《孟子·万章上》引有《太誓》"天视自我民视,天听自我民听",《左传》襄公三十一年、昭公元年,《国语·郑语》等引《泰誓》"民之所欲,天必从之"①,又可推知该文献之早,可以早到周公摄政时期,但不会早到武王时期。《书·康诰》云:"天畏棐忱,民情大可见。"《酒诰》云:"古人有言曰:'人无于水监,当于民监。'今殷坠厥命,我其可不大监抚于时。"《书·无逸》言周文王"怀保小民,惠鲜鳏寡。"

周公是一位政治家,而不是一位宗教主。他要构筑的主要是一个政治意识形态而不是一个宗教体系,所以对天命、天道观念中巫教的成分进行了改造。周公在《尚书·康诰》中提出"明德慎罚""克明德""显民""作新民""用康保民,宏于天,若德裕乃身,不废在王命""民情大可见",不但要敬天,还要"德裕乃身",认为天只保佑那些有德之人。在奉天的同时还要修德,而保民则成为明明德的重要表现。《酒诰》云:"兹亦为天若之德""人无于水监,当于民监。"《梓材》云:"肆王惟德用","惟曰欲至于万年,惟王子子孙孙永保民。"这些都是周公对传统巫教观的有力修正,它肯定了普天子民在统治中的地位与作用,"第一次把民众的反应作为政治运作的参考因素。在周人的天命转移论中,不止一次地注意到了民众在政治生活中的作用"②,这是思想上的一次大突破,可以说是民本思想的肇始。周已不

①　《国语·周语》《国语·郑语》《左传·襄公三十一年》引。

②　王保国:《两周民本思想研究》,学苑出版社 2004 年版,第 54 页。

再像殷王室那样一次人殉多达数百，人牲之数又远远多于人殉，安阳殷墟侯家庄王陵区祭祀场已发现牲人遗骨 3455 具。"慎罚"成为西周政治文化的重要主题，"行天之罚"以礼制形式表现出来。周公这一"人道"精神的萌动，是一次人对神膜拜的解放，是周初意识形态领域中人文精神对巫教精神的一次胜利。自周以降，"神道"逐渐成为"设教"的手段，而非神圣的主宰。周人的天命思想中充斥着"天命靡常""惟命不于常""天不可信""天难谌"的观念，某种程度上动摇了"天命注定"的神权思维，增加了人的主观能动性，"表明周人神权意识的减弱，初步认识到人在历史中可以取得某种程度的自主的地位。周人以人道反观天道，给天道赋予某种理性化的色彩，确实标志着中国人道主义的黎明期已经开始到来。这是殷周宗教观的一大转变，为后来政治、哲学思想的发展产生了深远的影响。"①

（二）惟德是依：民与神地位之升降

周代商后，汲取殷亡之教训，一面整齐师旅，一面收揽人心；一面革新神道设教，一面重视人事设置；可谓两手抓，两手都要硬。名垂青史、延续后代的"德治"与"民本"思想，正是在这样一种历史背景下被提出的。在巫教维新过程中，周人的理性精神的一个重要表现就是"民"之地位的提升，从神的统治桎梏下得到一定的精神解放。正如有些学人指出："民的地位的突出是人类自我意识的一大进步。……周人的重民思想是中国古代政治思想的一个里程碑。"②"天的神性的渐趋淡化和'人'与'民'的相对于'神'的地位的上升，是周代思想发展的方向。用宗教学的语言来说，商人的世界观是'自然宗教'的信仰，周代的天命观则已具有'伦理宗教'的品格。"③ 这是周人作为统治阶级主动作为，削弱神权，努力改变商代的旧制度，建立适应于大周的新秩序。这次巫教维新可以说在东方大地上首次出现了理性行动的光芒，并且可能还喊出了"惟天地万物父母，惟人万物之灵"（伪古文《尚书·泰誓》）的口号。

---

① 杜勇：《〈尚书〉周初八诰研究》，中国社会科学出版社 1998 年版，第 220 页。
② 赵昆生：《周公关于"天"的思想》，见张广志主编《西周史与西周文明》，第 265 页。
③ 陈来：《古代宗教与伦理——儒家思想的根源》，第 195 页。

在巫教维新过程中，"民"地位的提升是相对于过去与神灵相比的，当然还不能认为是其社会层级地位有多大的提升。但是郭沫若认为"其实这已经是一种进步，人民在达到这个历史阶段之前是连做奴隶的身份都没有的"[1]。殷人用人祭祀是为常事，在神祇面前民如同一般牺牲而已，在卜辞里面以人牺牲的纪录多得不胜枚举，"可见殷人的原始性依然相当强，对于人夫并不怎样爱惜"[2]。从考古资料来看，周人不再用人作为牺牲进行祭祀，也不再有人殉现象。民在神灵面前终于具有了存活的机会，这是多么巨大的进步啊！当地球上其他族群可能处于蒙昧与野蛮阶段的时候，东方华夏族已经透露出了这道人道的曙光。

周人重"德"是一件了不起的事情，成为周人发现理性的试金石，可以用来检验每个个体和社会的高尚的程度，西哲黑格尔说"人既然是精神，则他必须而且应该自视为配得上最高尚的东西"[3]；也成为周人弘扬理性的一面旗帜，引领华夏族在"德"的光明大道上行进；从此华夏族的精神层面建立起了"德"之大厦，气势恢宏，光耀寰宇和千古。"民"与"德"在最初造字构形上是有联系的，而且最初字的原义与巫术意识也是相关的，也可以说，民和德的觉醒也是相互关联的。"民"字金文为"𠄘"，眼睛下一个指示符。郭沫若从金文之象解释民为"横目而带刺，盖盲其一目以为奴征，故古训云'民者盲也'"[4]。此说非是。金文从目之字，往往有"视"之义，如见、监、相、省等。《尚书·太誓》云"天视自我民视"，由此可以说，民字的"目"代表"天视"，而"目"下的指示符代表"天视"下的生灵万物，故《说文》云："民，众萌也。从古文之象。"众萌乃指天地万物也。《诗·大雅·皇矣》云："皇矣上帝，临下有赫；监视四方，求民之莫。"后来发展出"显民""作新民""用康保民""民之所欲，天必从之"等思想，民字之所以为民，取意"天之所视"也。当民专指黎民百姓之时，统治者就已从民中分化出来，成为所谓人与民的两个阶层。周人讲敬天保民，于此民字可证

---

① 郭沫若：《十批判书》，《郭沫若全集》(2)，第41页。

② 郭沫若：《十批判书》，《郭沫若全集》(2)，第42页。

③ [德] 黑格尔：《哲学史讲演录》第1卷，商务印书馆1959年版，第3页。

④ 郭沫若：《十批判书》，《郭沫若全集》(2)，第41页。

不假。① 殷人"率民以事神"，民为神所俯视之生灵，在神的监视之下生存。过去甲骨文研究者认为，"民"字在周初金文中始见，甲骨文中没见，如郭沫若、陈梦家等。② 但现在我们知道甲骨文中实有"民"字，只因卜辞残缺还不甚明其义。③ 在诸片中数见"卯民"字样，同卯牛、卯羊同例，可知当时的殷"民"之地位可能很低，不值得统治者"保民"。"民"在周代的地位肯定与殷商不同。周人强调了礼治而不是巫治，从商亡的教训中感到了民的力量。民的地位在周代得到了提升，因为周人自身在殷商统治者来说就是他们的"子民"，当周人取得统治地位之后，民的身份要同周人的身份一同转变。于是，"民"就赋有新的意义，这有点像西藏农奴在解放后的新中国获得了新生一样。而周人"皇天无亲，惟德是辅"，其做法就是"事鬼敬神而远之"，其口号就是"敬德保民"。"德"，甲骨文作"𢛳"，大量出现在西周以后的金文，金文作"𢛳"。"德"之初文一样是"目"字上有一个指示符，不像"民"字是下视，而是上视，是对上天神灵的敬意，都有"视"某物意。后来增添形符，这也符合汉字造字规律，"心"符可能愈加表示对上天神灵的虔诚，故须"敬德""明德"。《说文》云："德，升也。""升"取向上视之意。桂馥《说文解字义证》亦云："古升、登、陟、得、德五字义皆同。"而升、登、陟在巫术中皆为巫师通天之术。张光直言："卜辞中有陟字，并与降字相联：'贞：降陟？十二月。'（后下十一、十四）……有时与帝同出：'兹陟帝'、'陟帝用'；陟帝意盖指上去见帝。史籍中的一位殷巫伊陟名陟，应当不是巧合。扶风庄白出土㿋钟甲组铭文有'大神其陟降'的

---

① 王德培：《西周封建制考实》，光明日报出版社1998年版，第24页。

② 郭沫若《古代研究的自我批判》云："卜辞中无民字，亦无从民之字。"（郭沫若《十批判书》，《郭沫若全集》(2)，人民出版社1982年版，第42页）陈梦家《殷墟卜辞综述》"西周文中的殷人身份"云："我们在卜辞中找不到'民'字，只有'人'和'众'，当是自由民和奴隶。"（陈梦家《殷墟卜辞综述》，第616页）

③ 刘起釪云：民"字见《甲骨文字集释》3715页所载之两片及《殷墟卜辞综类》101页所载之五片……在此诸片中数见'卯民'字样，与卯牛、卯羊同例，则此'民'可同牛羊一样的宰杀，或者真如郭氏所释之奴隶，但与《商书》诸篇中所用的民字意义迥然不同。……是否卜辞残缺文句中的民字即为殷语原义，《商书》中的民字即系受周语影响写入，在资料不充足研析不深入的情况下，还不能轻率提出这样的结论，因此在这里还只能阙疑。"（刘起釪《古史续辨》，中国社会科学出版社1991年版，第265页）

词样，这两个字在上下沟通意义之下使用可以确定。这个用法也见《诗·大雅·文王》的'文王陟降，在帝左右'。大神可以陟降，巫中之文王也可以陟降。"① 但也有解释为：从"直"，无"心"符，取直视前方行走之义，卜辞"德"即是直字初文，记录有称"德伐土方"或"德土方"，若读"德伐"为"挞伐"（直、挞古音通），意为征伐。② 且认为其原始含义是指人的具体行为，"民在路上前走"，即为卜辞之"德"字。民之地位提高，表示民之行为状态的"德"也就受到重视。这样解释也未免有些显得牵强。"德伐土方"应解释为替天行道伐土方，或承上帝的旨意伐土方，因为"德"为敬视上天之意。周代金文则大多数有"心"符，郑玄注《周礼·地官》"敏德以行本"云："德行，内外之称，在心为德，施之为行。"显然，"德"在周代增加了内心体验之内容，正符合以此改革宗教的需要，因为宗教是注重内心体验的。法国马克思主义宣传家保尔·拉法格说："人的精神常常能证明他想要证明的东西。"③ 李泽厚认为，德"是由巫的神奇魔力和循行'巫术礼仪'规范等含义，逐渐转化成君王行为、品格的含义，最终才变为个体心性道德的含义。"④《左传·襄公三十一年》载："德不失民，度不失事。民亲而事有序，其天所启也。"周初的巫教观念中融入了理性主义的色彩，傅斯年说得可能有点过激："周初之天帝观仅成一空壳……既然以为万事皆在人为而天命不可恃，其称天亦仅口头禅耳……"⑤ 这是周代巫教观念的巨大转变！《礼记·表记》总结了商、周王朝意识形态的差异："殷人尊神，率民以事神，先鬼而后礼，先罚而后赏，尊而不亲。其民之弊，荡而不静，胜而无耻。周人尊礼尚施，事鬼敬神而远之，近人而忠焉。其赏罚用爵列，亲而不尊。其民之弊，利而巧，文而不惭，贼而蔽。"商人没有形成"德"之观念，上帝的权威看作是绝对的，一切休咎祸福完全是凭上帝的意旨无条件降下

① [美]张光直：《中国青铜时代》，第265页。另见王国维《与友人论〈诗〉〈书〉中成语书》，周锡山编校《王国维集》第4册，中国社会科学出版社2008年版，第34页。
② 刘翔：《中国传统价值观诠释学》，上海三联书店1996年版，第93页。
③ [法]保尔·拉法格：《宗教和资本》，王子野译，生活·读书·新知三联书店1963年版，第35页。
④ 李泽厚：《历史本体论·己卯五说》，第173页。
⑤ 傅斯年：《性命古训辨证》，刘梦溪主编《中国现代学术经典·傅斯年卷》，第84、92页。

的，"神判"一切，而人间的是非曲直完全交给上帝神灵，"人情"不在，故
其刑罚残酷，尊严而不亲睦；周人却"事鬼敬神而远之"，人与神之间拉开
了距离，人事就进一步相对独立出来，强调的是亲睦而非尊严，"人情"大
可见，故提倡"明德慎罚"。王国维认为周人以德作为政治基础，大异于殷
商。其变革之中心在周之有德，"殷周之兴亡乃有德与无德之兴亡""欲知周
公之圣，与周之所以王，必于是乎观之矣"，其云：

> 　　欲观周之所以定天下，必自其制度始矣。周人制度之大异于商者，
> 一曰立子立嫡之制，由是而生宗法及丧服之制，并由是而有封建子弟
> 之制，君天子臣诸侯之制。二曰庙数之制。三曰同性不婚之制。此数
> 者，皆周之所以纲纪天下，其旨则在纳上下于道德，而合天子、诸侯、
> 卿、大夫、士、庶民以成一道德之团体。周公制作之本意，实在于此。
> 此非穿凿附会之言也。
> 　　是故天子诸侯卿大夫者，民之表也；制度典礼者，道德之器也。周
> 人为政之精髓，实存于此。此非无征之说也。以经证之，《礼经》言之
> 迹者，但言天下诸侯卿大夫士，而《尚书》言治之意者，则惟言庶民，
> 《康诰》以下九篇，周知经纶天下之道胥在焉。其书皆以民为言，《召
> 诰》一篇，言之尤为反复详尽。曰命，曰天，曰民，曰德，四者一以
> 贯之。其言曰："天亦哀于四方民，其眷命用懋，王其疾敬德。"又曰：
> "今天其命哲，命吉凶，命历年。知今我初服，宅新邑，肆惟王其疾敬
> 德。王其德之用，祈天永命。"又曰："欲王以小民受天永命。"且其所
> 谓德者，又非徒仁民之谓，必天子自纳于德而使民则之。故曰："其惟
> 王勿以小民淫用非彝。"又曰："其惟王位在德元，小民乃惟刑，用于天
> 下，越王显。"充此言以治天下，可云至治之极轨。自来言政治者，未
> 能有高焉者也。古之圣人，亦岂无一姓福祚之念存于其心，然深知夫
> 一姓之福祚与万姓之福祚是一非二，又知一姓万姓之福祚与其道德是
> 一非二，故其所以祈天永命者，乃在德与民二字。……文武周公所以治
> 天下之精义大法，胥在于此。故知周之制度典礼，实皆为道德而设；而

制度典礼之专及大夫士以上者，亦未始不为民而设也。①

"德"字最初无"道德"含义。其含义为人们在主观与客观两个方面的表现形态，至今人们还在区分"德行"的好与坏，此时的"德"也不是道德义。② 考之《周书》，如《无逸》："无若殷王受之迷乱酗于酒德哉。"《多方》："尔尚不忌于凶德。"《立政》："桀德惟乃弗作往任，是惟暴德罔后。"这里的"酒德""凶德""桀德""暴德"显然表现的是一种状态。然而自周代提出天监"明德"观念以后，"德"就渐渐转化成了道德之称，但这讲的并非单纯的人伦之义，还有天人关系之义。"明德"，金文屡见，多作"秉明德""恭明德"。《诗·大雅·皇矣》云："帝谓文王，予怀明德。"《左传·僖公五年》载：宫之奇说"鬼神非人实亲，惟德是依。故《周书》曰：'皇天无亲，惟德是辅。'又曰：'黍稷非馨，明德惟馨。'又曰：'民不易物，惟德系物。'如是，则非德民不和，神不享矣。神所冯依，将在德矣。若晋取虞而明德以荐馨香，神其吐乎?"《礼记·大学》云："在明明德"。孔子曰："视思明，听思聪。"（《论语·季氏》）"德"字指示为目之上视，故思明。《诗·大雅·板》云"昊天曰明，及尔出王。""德"字初文从"直"符，"直"字造文初义当是举目正视，《说文》云："直，正见也。""明德"，既要求视上天要做到明，即端正心思虔诚于上帝、先祖，又要正人伦，即按统治者的规范要求自己。《克鼎》铭文云："天子明德，显孝于神。"享孝天地祖先神灵谓之"明德"。后世行注目礼当与此相通。周人宣称"明德"是天帝考察人王，以定天命予夺的根本依据。《尚书·多方》云："天惟时求民主，乃大降显休命于成汤，刑殄有夏。……以至于帝乙罔不明德慎罚。""明德"概念经历一个从信仰到思想的历程，郭靖云说：

　　在西周时期的传世文献和金文中频繁出现"明德"概念。汉唐儒者将之解释为"至德"或"光明之德"，这种解释不能说不对，但少了

① 王国维：《殷周制度论》，周锡山编校《王国维集》第4册，第125、135页。
② 王德培：《西周封建制考实》，第149—150页。

一些很重要的意思，失去其本义的核心所在。正确的理解应该是"光明而能通达于天之德"。这里最关键的是"明"的本义：即"明"不仅指地的产物，同时强调，地的产物有升天能力。《周易·晋卦》颇清楚地阐明，人昭"明德"之概念是依傍日月自地升天之现象而形成的，《象》曰："明出地上，晋，君子以自昭明德。""明"出自地而升天，君子昭"明德"以能像日月一样通天。在地上万物当中，自然的明（日月）才能升天，换言之，自然"明"虽然由地所生，但日日升天而给天带来明亮。此一自然现象就成为"明德"概念形成的有力依据。……据铭文可知，铭文中所谓"元德"、"懿德"等，是指人们所祈祷的天上"文神人"（祖先）对子孙降神德的保佑，而所谓'明德'是指由人们所秉执的往上之敬礼。①

《周书》亦屡言"敬德"，郭沫若说："这种'敬德'的思想在周初的几篇文章中就像同一个母题的和奏曲一样，翻来覆去地重复着。"②"敬德"，不但是伦理上之道德，而且要保持对上天神灵的虔诚。自春秋以后，"德"字的伦理意义逐渐突显，始成为"道德"之称。李光地《周易折中》解释"德"为："刚柔中正不中正之谓'德'。刚柔各有善不善，时当用刚，则以刚为善也；时当用柔，则以柔为善也。唯中与正，则无有不善者。"③"民之所欲，天必从之"，饶宗颐云："民的地位可以左右天，这分明是一很重要的转变。"④到了东周，就发展出"民为神之主"的说法，《左传·桓公六年》载随季梁说："所谓道，忠于民而信于神也。上思利民，忠也；祝史正辞，信也。……夫民，神之主也。是以圣王先成民，而致力于神。故奉牲以告曰：'博硕肥腯。'谓民力之普存也。于是乎民和而神降之福，故动则有成。今民

各有心而鬼神乏主，君虽独丰，其何福之有！"在民神杂糅的时候，民神同位，家为巫史，民神异业之后，民神不杂，"命南正重司天以属神，命火正黎司地以属民"，民与地相连，受天与神的监视，天与地相对，民与神相对。在西周，民的地位相对得到提升，天的属性亦逐渐趋于人格化。

西周初期以周公为首的巫教维新，是有其政治经济基础的。从政治取向上看，周族走过了一个漫长的过程，由维护商统治到反抗商统治，再到取代商统治，然后巩固周统治，这就要求周人在精神领域起到控制作用。从社会结构看，周人面临着如何处理好商周之间的关系、巫师与巫众之间的关系、君主与分封诸侯之间的关系、天地人之间的关系等等，这也要求周人作出巫教维新的决策。从生产方式看，周初的经济基础是混合型的生产方式，但偏重于粗放型的农业生产，而商人仍保留着渔猎经济的生产方式，这两种不同的生产方式为主导的经济基础就决定了与之相适应的不同的上层建筑。因此，周初巫教维新是有其必然性的，是由历史发展的规律所决定的。周初这场以周公"制礼作乐"著称的巫教维新运动，应该受到史学界更多的重视，这不仅仅是一个新政权的新制度建立的问题，重要的是同时在中国历史上推动了一次轰轰烈烈的理性的人文苏醒，为中国的传统文化起到了奠基礼的作用。如果说中国传统文化的特质的话，那么就应该追溯到这场巫教维新运动中去寻找根脉；如果说华夏民族是有其文化塑造出来的话，那么就应该回望这场巫教维新运动产生的文化的源头。无论怎么评价这场巫教维新运动在中国历史上的地位及价值，可能也不太为过！至此，感觉还很有必要再次重复孔圣人那句名言："周监于二代，郁郁乎文哉！吾从周。"(《论语·八佾》)

第二章　周官巫职设置

　　人类自身的组织能力代表人类的发展程度，一部人类史从某个角度来说就是组织演变史。

——题记

　　人类社会从家庭到氏族，从氏族到游团，从游团到部落，从部落到酋邦，从酋邦到部落联盟，从部落联盟到国家，从国家到不同的文明社会发展阶段，无不是人类在不同发展阶段自身组织力的体现。统治阶级处于领导地位，官僚系统代表统治阶级实施领导权。阶级社会之百官源自氏族社会之公职人员，但因氏族社会巫占有重要地位，所以自有政权伊始，巫之地位就与君主及其所颁行的官制联系在一起，刘师培云："盖上古之时，君主即为教主，君权兼握神权。……及洪荒以降，易巫为酋。"[1] 章太炎亦云："生民之初，必方士为政。"[2] 台湾省学者陈盘同意李宗侗关于"君与官吏皆出自最古的巫……本来，政权皆出自最初的神权"之说。[3] 此说虽稍显偏颇，但却有合理成分。夏商"巫政合一"，"政职"往往与"巫职"密切结合，逮至武王克商，"惟王建国，辨方正位，体国经野，设官分职，以为民极。"(《周礼·叙官》)周公"制礼作乐"，变革巫政体制，西周方初步建立起富有特色的行政职官体制，"巫职"先与行政职官并驾齐

---

① 　刘师培：《古政原始论》，刘梦溪主编《中国现代学术经典·黄侃　刘师培卷》，河北教育出版社 1996 年版，第 666—667 页。

② 　章太炎：《訄书（初刻）》，《章太炎全集》（三），上海人民出版社 1984 年版，第 33 页。

③ 　陈槃：《中国古史论稿商榷别录》，《中国文哲研究集刊》第 4 期。

驱，后则渐趋从属地位，此乃历史进步之结果。当巫职纳入西周官僚系统后，巫职人员是官方任命的神职人员，代表的是为世俗权威服务的国家职能，其举行的巫教活动是按照一套固定的"礼乐"仪式，其巫教职务能力要依靠系统的学习而非神授。[①] 在整个巫职系统中，巫职人员各司其职，为了更好地执行其巫教职能，当然也要相互协作配合，集体去完成其巫教任务。

一、西周官制中的巫职系统

中国自远古社会开始，巫就发挥着社会组织职能。春秋时郯子对鲁昭公讲述少暤氏以鸟名官时云："昔者黄帝氏以云纪，故以云师而云名；炎帝氏以火纪，故为火师而火名；共工氏以水纪，故为水师而水名；大暤氏以龙纪，故为龙师而龙名。我高祖少暤挚之立也，凤鸟适至，故纪于鸟，为鸟师而鸟名。"云、火、水、龙、凤鸟等，盖皆为远古氏族图腾的传说，郯子讲论氏族社会各部落均以图腾命名公职人员，亦可以说是揭示了阶级社会有些职官本源于巫的史实。进入文明社会之后，夏商君主统祭帝、祭祖权于一身，乃当朝最大之巫，而其有名之贤臣亦为历史上之名巫。陈梦家云："由巫而史，而为王者的行政官吏；王者自己虽为政治领袖，同时仍为群巫之长。"[②]《尚书·君奭》云："公曰：'君奭！我闻在昔成汤受命，时则有若伊尹，格于皇天。在太甲，时则有若保衡。在太戊，时则有若伊陟、臣扈，格于上帝；巫咸乂王家。在祖乙，时则有若巫贤。在武丁，时则有若甘盘。率惟兹有陈，保乂有殷，故殷礼陟配天。'"《史记·殷本纪》云："帝太戊立伊陟为相。……伊陟赞言于巫咸。巫咸治王家有成……帝祖乙立，殷复兴。巫贤任职。""若"字甲骨文、金文取象于事神降诺之巫，"若"字施于众名号之前曰"若伊尹""若保衡""若伊陟、臣扈""若巫贤""若甘盘"等，不只

---

① 西周官僚系统中的巫职不能简单地等同于西方的所谓祭司，西方的祭司必须得到宗教团体的正式认可，也没有巫师的那种超自然能力，只是熟悉经典、精通仪式、伺候神灵，从而充当人神之间的媒介。

② 陈梦家：《商代的神话与巫术》，《燕京学报》1936 年第 20 期。

是表明其巫之身份，还有"事神降诺"之义。① "格""陟"，在《尚书》文献系统中表示人神之间、人天之际交通之巫术术语，即"格于皇天""格于上帝""陟配天"等。② 至于伊尹（伊挚），《墨子·尚贤中》云："伊挚……汤得之，举以为己相，与接天下之政，治天下之民。"至于保衡，《诗·商颂·长发》云："实维阿衡，实左右商王。"至于伊陟，《史记·殷本纪》云："帝太戊立，伊陟为相。"至于巫咸，其名亦见于卜辞，"甲辰卜，贞：下乙宾于（咸）；贞：大甲宾于咸；贞：咸宾于帝。"（《丙》36）王逸《离骚注》云："巫咸，古神巫也。"据此，张光直云："巫咸、巫贤、巫彭固然是巫，殷商王室的人可能都是巫，或至少都有巫的本事。"③ 甲骨卜辞称巫为史、作册、卜、宗、祝、贞、尹等，这只能说明商代巫有兼业而已，但不能否定其同样为巫之身份，陈梦家总结商代巫之职事大略有五：一为祝史；二为预卜；三为医；四为占梦；五为舞雩。④ 王出自巫，官吏出自巫，士皆出自巫，亦只有巫方可称得上为当时知识分子。⑤

　　西周中央职官制度并不是一成不变的，而是处于变化之中，由简到繁，逐步完善。在西周初期，成立了由王朝重臣组成的"卿事寮"。卿事寮的首脑是太师、太保，实行两头执政制，保留了军事民主制的残余。⑥ 在《尚书》《诗经》和《左传》文献中习见"卿士"，"卿士"在西周金文中作"卿事"，并非"卿"和"士"的组合，西周官制术语中作"卿事"或"卿事寮"，而没有"卿"。卿事寮，较早见于成王时的《令彝》："唯八月，辰在甲申。王令周公子明保，尹三事四方，受卿事寮。丁亥，命矢告于周公宫。公令出同卿事寮。唯十月月吉癸未，明公朝至于成周，出令：舍三事令及卿事寮、及诸尹、及里君、及百工、及诸侯：侯、甸、男，舍四方令。"从此铭文看，卿事寮职权为"尹三事四方"，即执掌财政、军事和建筑工程等领

① 参见王占奎《"王若曰"不当解作"王如此说"》，周秦文化研究编委会编《周秦文化研究》，第359—377页。
② 参见臧克和《尚书文字校诂》，上海教育出版社1999年版，第445页。
③ ［美］张光直：《商代的巫与巫术》，《中国青铜时代》，第257页。
④ 陈梦家：《商代的神话与巫术》，《燕京学报》1936年第20期。
⑤ 李宗侗：《中国古代社会史》，中国文化大学出版部1987年版，第119—120页。
⑥ 参见郝铁川《西周中央管制的演变》，《河南大学报》（哲社版）1985年第4期。

域。① 卿事之称谓最早见于殷墟晚期卜辞，作卿史。据王国维考证，事、吏、史本为一字，卿史就是主管记事、祭祀活动之巫职人员，同时也兼管生产，并从事战争。甲骨文和金文中卿、郷（饗）一字，饗在古文献中与享通用，本义为献祭。② 卿"本读为享祀之享，固属神事"，是祭祀神祇先祖的宗教活动，"卿事"则是古代主管献祭之事的神职人员的称谓。③ 献祭时，也举行酬宾燕饗活动，礼书记载周人有一种"乡饮酒礼"，据杨宽研究，此礼就是这么一个酒会，"卿"和"郷"原本一字，字象形两人相对坐共饗一簋。寮字金文从宫，从尞。《说文》云："尞，柴祭天也。"燔柴祭天是一种巫教仪式。宫是古代宗庙的称谓，在宗庙庭院中举行尞祭则称为"庭尞"。尞祭时与祭者可互称同僚。卿事寮大抵取自此义。

西周初期就设有卿事寮，周之卿事掌管财政、军事和建筑等，已与殷代不同，"西周政府已经发展出关于职官的某些定义（definition）以及借用韦伯式的术语来讲所谓的'标准的行政程序'（standard administrative procedure），无论它们有多么初步。只有在认识到这些职官的相容性与差别的基础上它们才能被归入一个带有能体现其功能的一般名称的'寮'"④。周之巫教是通过另一职官系统太史寮表现出来的。据铭文研究，西周中期中央官僚机构另一个官署是太史寮，直至西周晚期未变。这是对"巫政合一"官僚机制的一次重大变革，也可以说是巫术维新之必然结果。《毛公鼎》："及兹卿事寮、太史僚。"西周厉王时期之《番生簋》："王令籍司公族、卿事、大史寮……"但太史寮与太史，亦不是西周新设的官制结构，殷墟卜辞云："太史其□。"（《邺三》三九·三）"□令，其唯太史寮令。"（《前》五·三九·八）有关太史僚的职掌，杨宽认为："太史寮的官长是太史，掌管册命、制禄、图籍、记录历史、祭祀、占卜、礼制、时令、天文、历法、

---

① 杨宽：《西周史》，上海人民出版社 1999 年版，第 325 页。
② 《诗·天宝》："是用孝享。"《毛传》："享，献也。"《礼记·乐记》："大饗之礼。"《郑注》："大饗，祫祭先王。"殷墟卜辞："庚子，王郷于祖辛。"（《文》293）《穆公簋》："王夕郷礼于大室"。可与文献记载互相印证。
③ 李西兴：《卿事（士）考——兼论西周政体的演变》，《人文杂志》1987 年第 3 期。
④ 李峰：《西周的政体：中国早期的官僚制度和国家》，第 58 页。

耕作等等。太史僚可以说是周王的秘书处和文化部，太史可以说是周王的秘书长，同时又是历史学家、天文学家、宗教学家。既是文职官员的领袖，又是神职官员的领袖。其地位仅次于主管卿事寮的太师或太保。"① 西周中期职官制度的变化，具有太史寮和卿事寮互相制约、职官分工较明确等特点。从西周金文来看，西周中央政权有两大官署，即卿事寮和卿史寮。卿事寮、太史寮或许承继殷商官署衙门之称谓，但其实质内容定有相异之处，文献亦有记载。铭文与文献记载的官僚机制表面看来略有出入，这是由于从不同角度观察该机制得出的不同结果。二寮是一种决策机构，而文献所记的官制为执行机构，略似现今的议会与行政院。由此看来，铭文与文献所记的官僚体制是可以相互衔接的。《礼记·曲礼》载："天子建天官，先六大，曰：大宰、大宗、大史、大祝、大士、大卜，典司六典。"杨宽认为："这些官制，虽然处于后人记述，但是它的来源比较原始。它把'六大'称为'天官'，看作神职，是有来历的。它把大史作为六大之一，其实大史就是'六大'之长，'六大'都该属于太史寮，而太史就是太史寮的官长。"②

　　太史寮系统在周代职官体系中占有重要地位，说明周之政权系统并没有完全摆脱巫教之控制，仍有"巫权"之残留。《周礼》书作于春秋，其中虽有理想成分，但其六官之制确有反映历史实际的材料。其六官中保存有《春官·宗伯》，这也反映周代职官系统并没有放弃"巫事"这条线索。弗雷泽谈到"公众巫术"时言："即一些为了整个部落里的共同利益而施行的巫术。无论在什么地方，只要见到这类为了公共利益而举行的仪式，即可明显地看出巫师已不再是一个个体巫术的执行者，而在某种程度上成了一个公务人员。这种官吏阶层的形成在人类社会政治与宗教发展史上具有重大意义。"③ 作为"公务人员"的西周巫觋已专门化，不像商代整体官吏就是群巫，而主要以祝、宗、史、卜等分化后的巫职面目出现。金景芳先生云："殷代同鬼神经常打交道的已成为一种专门职业，这就是巫。祝宗卜史

---

① 杨宽：《先秦史十讲》，复旦大学出版社 2006 年版，第 31 页。

② 杨宽：《先秦史十讲》，第 32—33 页。

③ [英] 弗雷泽：《金枝》，第 70 页。

等一些名目，则是自巫派生的。"① 有些巫职人员甚至成为士大夫和家族的家臣，于是出现了巫觋渐渐脱离一般职官地位之趋势。但是，在政教仍未完全分离，巫觋意识作为社会意识形态重要构成部分的西周，仍存在着一个庞大的、由国家直接控制的神职系统，以服务神事之形式而服务于人事。② "在战争中，在狩猎中，差不多不论在什么场合中，只要个人或集体的活动抱有某种目标，如不得卜师、巫医、巫师的有利意见，则将一事无成。"③

西周官僚体系亦较为庞大。从考古发现的西周青铜铭文统计，述及职官者约有 900 余条，出现职官名称 213 余种，其中早期职官 50 种，中期 79 种，晚期 84 种。④ 文献记载更为可观，尤其《周礼》最为详赡。⑤ 西周官僚机构更为人事化、精致化，巫觋虽已渐渐丧失政治领袖的地位，但仍在官府占有许多重要职位，行政权力强化的结果是"巫职"相对分离出来，不再是所有官僚皆为专业或兼业之巫，职权出现了较细分化，以至于"巫职"权力集中体现在宗、祝、卜、史、巫等职位上，而其他官位的"巫术"权力成分相对弱化。实质上，这种官制系统的职权分化现象萌生于殷商后期，分娩

---

① 金景芳：《中国奴隶社会史》，上海人民出版社 1983 年版，第 98 页。

② 参见牟钟鉴、张践《中国宗教通史》（上），社会科学文献出版社 2000 年版，第 132 页。

③ 高亨：《周易古经今注》，中华书局 1984 年版，第 170 页。

④ 张亚初、刘雨：《西周金文官制研究》，中华书局 1986 年版，第 101—109 页。

⑤ 《周礼》为研究西周官制之基础文献，因为其蕴含着许多宝贵史料，是研究者无法避而不视的。（参见李学勤《简帛佚籍与学术史》，第 110 页）然而，《周礼》自西汉发现以来，就不断引起争论，尤为晚清经学今文学派及疑古思潮盛行，《周礼》真伪问题更为聚讼纷纭，为了走出疑古之阴霾，近年来有些学者运用考古学及古文字学的研究成果进行印证检验，认为"《周礼》在主要内容上，与西周铭文所反映的西周官制，颇多一致或相近的地方。正确认识和充分利用《周礼》，是西周职官问题研究中不可忽视的问题。"（参见张亚初、刘雨《西周金文官制研究·前言》，中华书局 1986 年版）李学勤言："把《周礼》作为一种重要的先秦史料来使用，应该说是不成什么问题的。当然，它不是所谓周公致太平之书。"（参见李学勤《缀古集》，上海古籍出版社 1998 年版，第 39 页）李亚农云："尽管《周礼》《礼记》等书为后人所编纂，编者却没有可能赝造如此具体而又附合于古代社会发展规律的东西，因此，我们有充分的权力来说，《周礼》《礼记》等书中的内容，除了部分的夸大，加工划一，添枝添叶而外，其中含有的精神和实质都是有来历的。"（李亚农《周族的氏族制与拓拔族的前封建制》，华东人民出版社 1954 年版，第 70 页）是故，我们的研究就是基于铭文及珍贵的文献之上。

于西周初期，成熟于西周中期，延续于春秋战国时期。商代王室是政出自巫，而西周却是巫出自政，两者显然不同。在巫之意识仍在社会意识形态中占有重要地位的西周，"巫职"与"政职"只是相对分离而已，不可能绝对分离，即使非巫职官员可能仍会兼掌巫事或有巫术行为，但已不同于商代王室之巫官。巫术维新掌旗人周公旦仍做"金縢"巫事："公乃自以为功，为三坛同墠。为坛于南方，北面，周公立焉。植璧秉珪，乃告太王、王季、文王。"（《尚书·金縢》）并作祝卜，以至于"王出郊，天乃雨，反风，禾则尽起。二公命邦人凡大木所偃，尽起而筑之。岁则大熟。"从《金縢》看，周公旦是一名巫术继承者与变革者，而非一名如商伊尹般之神巫。故王国维云："商人好鬼，故伊尹独有巫风之戒。及周公制礼，礼秩百神，而定其祀典。官有常职，礼有常数，乐有常节，古之巫风稍杀。然其余习，犹有存者：方相氏之驱疫也，大蜡之索万物也，皆是物也。"[1]

巫职人员在西周官僚系统中仍旧具有特殊的地位，"自天地交通断绝之后，只有控制着沟通手段的人，才握有统治的知识，即权力。于是，巫便成了每个宫廷中必不可少的成员。"[2] 巫职人员在殷商西周时代的社会巫教、政治生活中占有崇高的地位，从巫教角度看，他们是神人交通的媒介，是神的意志的权威布喻者和神权的掌握者；从政治角度看，他们以上天意志的代表自居，可以讽谏训谕君主。"天子听政，使公卿至于列士献诗，瞽献曲，史献书，师箴，瞍赋，矇诵，百工谏，庶人传语，近臣尽规，亲戚补察，瞽史教诲，耆艾修之，而后王斟酌焉，是以事行而不悖。"（《国语·周语上》）"王前巫而后史，卜筮瞽侑，皆在左右。王中心无为也，以守至正。"（《礼记·礼运》）巫职人员处于官制机构中的特殊位置，既是神职人员，又是政府职官。巫职人员还是文化的传播者，其时"学在官府"，实即"学在巫史"，"大学则本为宗教之府，教中之古籍，及高深之哲学在焉。"[3] 章学诚《校雠通义》云："三代盛时，无不以吏为师，周官三百六十，天人之学备

---

① 王国维：《宋元戏曲史》，《王国维文集》，第51—52页。

② ［美］张光直：《考古学专题六讲》，文物出版社1986年版，第107页。

③ 吕思勉：《先秦史》，中华书局2019年版，第468页。

矣。"① 统治集团内部的各个成员在其所担任的各种职务中，很难将世俗权力与巫权明确区分得一清二楚，因为这两者之间并没有不可逾越的界线，而是往往相互渗透，即"无论他们的国王还是他们的教士，可能在他们的心目中都没有丝毫区别，即全是一些可望不可及的人物。"② 在西周前期，整个太史寮就是一个巫职系统，虽然巫事的分量有所减少，但巫之地位并没有多少降低，西周中期以后，太史寮地位逐渐降低，但仍为王官之重要系统。倘若进一步将西周太史寮僚属根据与巫术结合状况予以分类的话，可将其分为三类：巫觋专职僚属、巫觋分化之僚属以及巫觋相关之僚属。巫觋专职僚属主要是指司巫、男巫、女巫等，而巫觋分化之僚属主要是指祝、宗、卜、史等，其余则可划归巫觋相关之僚属之列。

　　当政务益繁，礼法益多之后，巫祝职责就不能不细分。《周礼》中，《舜典》的典礼之官（即秩宗）变成了春官宗伯，春官宗伯的职责为"帅其属而掌邦礼，以佐王和邦国"，下辖不仅包括典乐的大司乐、乐师、大师、小师、瞽矇等乐职，还包括大卜、龟人、占人、筮人等卜筮之职，以及大祝、丧祝、甸祝、诅祝和司巫、男巫、女巫等巫祝之职。在春官宗伯之中，只有大司乐由中大夫二人担任，乐师、大师、大卜、大祝由下大夫所担任，其他职务都由上士、中士、下士以及地位更低微的府、史、胥、徒所担任。我们看到，细分之后的巫祝之职，地位大大降低，出现这种情况，除了跟社会分工必然发展有关外，还跟周人尊礼尚施、崇德贵民、远神近人的礼乐文化背景有关。《礼记·曲礼》中述古官制曰："天子建天官，先六大，曰大宰、大宗、大史、大祝、大士、大卜，典司六典。天子之五官，曰司徒、司马、司空、司士、司寇、典司五众。"郭沫若认为"六大中的大宗、大祝、大卜都是宗教性质的官职"。顾颉刚认为"大宗"主宗庙祭祀，"大祝"主向神祷告，"大卜"主向神询问吉凶，"大宰"掌祭祀时屠杀牲畜，"大史"为天子向天和祖写读祝文，"大士"也该是助祭的官，在《曲礼》中，"天官"与"五官"，显然有司天与治人之分，司天之天官在治人之五官之前，"大祝""大卜"皆

---

① 章学诚，王重民通解：《校雠通义通解》，上海古籍出版社 2009 年版。

② ［德］罗曼·赫尔佐克：《古代的国家——起源和统治形式》，赵蓉恒译，北京大学出版社1998 年版，第 117 页。

属天官，而在《周礼》中，"大祝"与"大卜"却不隶属于天官冢宰，而都隶属于治人事的春官宗伯，事实上《周礼》中的"天官冢宰"，也并非司天之官，而是"帅其属而掌邦治"。《礼记·曲礼》与《周礼·春官》中所记之分歧，郭沫若、顾颉刚、沈文倬等学者都认为《礼记·曲礼》所记才是对周初官制的原始记录。[①] 推迹先民，出于对自然的敬畏，祈祷祭祀，人间事务也都归仰于神明，故大祝、大卜等沟通神人的职务，都属于司天之官，而司天之官又重于司人之官，故《礼记·曲礼》中有这样的官制记载，西周的政治思想，由夏商以来的敬鬼神演变到重人事，发展了敬德保民、尊礼尚施，远神近人的礼乐文化，《周礼》所记官制正是礼乐文化高度发展的产物。

二、西周若干巫职职位考察

陈梦家在《商代的神话与巫术》中，举古代巫的职司大致有五：祝史、预卜、医、占梦、舞雩。张光直认为"古代的巫并不是专供宫廷驱使而已，巫就是宫廷，而巫所举行的仪式及所代表的宗教，就是中国古代宗教仪式的核心"[②]。宗、祝、卜、史等职在殷商时代掌握着祭祀、占卜等神事，但是西周以后，各种文献资料显示，他们的职责渐渐有了分化。"西周时代，在对天地诸神与祖宗之神的祭祀仪式中，执行着沟通神人之间事务的祝、卜、史、巫等文化人所拥有的知识系统与思想观念，尽管与殷商时代还没有本质的变化，但已经显示出了一些新的征兆。"[③] 我们在此主要考证周官系统中的"巫官"之职，属于巫觋专职僚属和巫觋分化僚属，陈梦家言："《周礼》将古之巫事分认于若干官：舞师旄人籥师籥章鞮鞻氏等为主舞之官；大卜龟人占人筮人为占卜之官；占梦为占梦之官；大祝丧祝甸祝诅祝为祝；司巫男巫

---

① 参见郭沫若《周官质疑》《金文丛考》，《郭沫若全集·考古编》第 5 卷，科学出版社 2002 年版；顾颉刚《周公制礼的传说和周官一书的出现》，《文史》第 6 辑，中华书局 1979 年版；沈文倬《略论宗周王官之学》，载《学术集林》卷 10，上海远东出版社 1997 年版。

② [美] 张光直：《中国青铜时代》，第 476 页。

③ 葛兆光：《中国思想史》第 1 卷，复旦大学出版社 1998 年版，第 111 页。

女巫为巫；大史小史为史；而方相氏为驱鬼之官；其职于古统掌于巫。"①通过周官系统中"巫职"考论，我们可以充分认识各巫官之巫事职掌，并发现各巫职官制之演化形态，正如王恒馀所云："宗、祝、巫、史所司虽大同小异，但毕竟已渐失原始的辞说本义了。但在大原则下，还是相关连的，这也让我们看到一点迹象，宗、祝、巫、史，原为同职所司，慢慢区分而渐演成为较专职的趋势，以致有'大史''大祝''宗人''巫医'之别了。"②

(一) 宗职

许地山云："宗是巫最高地位。古时巫介在人神之间，通上下之意，后来分为巫与祝，由祝进而为宗。……周时祝宗地位比巫高。……宗底领袖是大宗伯。"③宗字初义何谓？《说文》云："宗，尊祖庙也。"段注："按：当云'尊也，祖庙也。'"祖庙即供奉及保存祖先神主之地。卜辞中出现大宗、小宗、中宗、亚宗、新宗、旧宗、西宗、北宗等，如："丁亥卜在大宗，又□伐三羌十小□自上甲。乙丑卜在小宗又□岁自大乙。"(佚131)"在中宗，不□祸，八月。"(京津1170)胡厚宣认为："祭小示在小宗，祭大示在大宗。示者神主，宗即宗庙。以神主而言谓之示，以宗庙而言谓之宗。……大宗即大庙，合祭直系先祖之所也。小宗即小庙，合祭旁系先祖之所也。此即殷代之宗法，为中国传统的宗法之雏形。"④宗，到了周代，不再是宗庙之物称，却演变为巫职职官之名称。《国语·楚语下》"观射父论绝地天通"云："使姓名之后，能知四时之生、牺牲之物、玉帛之类、采服之仪、彝器之量、次主之度、屏摄之位、坛场之所、上下之神、氏族之出，而心率旧典者为之宗。"韦昭注："宗，宗伯，掌祭祀之礼。"郑玄《三礼目录》云："天子立宗伯，使掌邦礼，典礼以事神为上，亦所以使天下报本反始。"《洹子孟姜壶》铭文记有此职："齐侯命大子乘遽来叩宗伯听命于天子。"故有人认为"在巫觋的职权当中，祭祖先神的职权由宗来代替，他与商王之间可能有血缘关

---

① 陈梦家：《商代的神话与巫术》，《燕京学报》1936年第20期。

② 参见王恒馀《说祝》，《"中研院"历史语言研究所集刊》第32本，第110页。

③ 许地山：《道教史》，第132—133页。

④ 雷汉卿：《〈说文〉"示部"字与神灵祭祀考》，巴蜀书社2000年版，第20—21页。

系。到了西周宗属于正式的官员，并占有较高的地位。"① 《尚书·顾命》记康王即位大典云："太保、太史、太宗皆麻冕彤裳。"《周礼·春官》列"宗"职有：大宗伯、小宗伯、内宗、外宗、都宗人、家宗人等，各宗职各有所掌。"宗"，表面看来像西方之祭司，但仔细分析其职掌内容，方可发现更像一名巫师，因为其祭祀仪式中充满巫术因素，即中国古代祭祀只不过是由巫师所操纵的主要巫术仪式之一。祭司属于宗教类型，"意在邀崇于神灵"，而巫师属于巫术类型，除了邀崇于神灵外，还"为了控制事物的进程"。② 宗并不是服务于某一宗教组织，而是为了令神灵服务于人事，目的亦十分明显，即让神灵能受其控制，从而达到控制事物的自然进程，如郊天祀是为了祈年，高禖祭是为了求生育繁衍，雩祭是为了祈雨等。

宗伯，分大宗伯、小宗伯。学者考察西周金文官制后认为："《周礼》的'宗伯'接近于西周中晚期金文中的'太史寮'，两者下面都包括有大史、大祝、大卜三文书宗教官。"③ 说明"宗伯"类职权确实存在过。但宗伯并不能等同于太史寮，宗伯为一执行实职，而太史寮却非也。大宗伯之职，设"卿一人"，"以佐王建保邦国"掌建邦之天神、人鬼、地示之礼，天神为祀，地祇为祭，人鬼为享；掌吉、凶、宾、军、嘉五礼，礼礼有巫事；掌"九仪之命"，传天之喻，各"命"神圣，《礼记·礼运》云："夫礼，必本于大一，分而为天地，转而为阴阳，变而为四时，列而为鬼神，其降曰命，其官于天也。"

1. 宗职职掌祭祀

人类自从有了神灵观念就有了巫术行为，原始祭祀亦随之产生。马克思言"宗教本身是没有内容的，它的根源不是在天上，而是在人间"④，在低下生产力水平状况下，人之生存主要表现为饮食，故起初祭祀表现为神灵之饮食，故祭、祀、享、荐、祠等字皆与饮食有关。《礼记·礼运》云："夫礼之初，始诸饮食，其燔黍捭豚，污尊而抔饮，蒉桴而土鼓，犹若可以致其敬

---

① ［韩］文镛盛：《中国古代社会的巫觋》，华文出版社 1999 年版，第 24 页。

② ［印度］德·恰托巴底亚耶：《顺世论——古代印度唯物主义研究》，王世安译，商务印书馆 1992 年版，第 739 页。

③ 张亚初、刘雨：《西周金文官制研究》，第 140 页。

④ 《马克思恩格斯列宁斯大林论宗教和无神论》，人民出版社 1999 年版，第 215 页。

于鬼神。"在这类巫术活动中，神灵已被人格化，人之欲望对应地移植于神灵，我们称之为巫术中"欲望对应移植"原理，不难发现这种原理在中国古代巫术之中广泛适用，于是也就找到了理解古代人们向神灵献祭与献媚之钥匙。祭祀，是巫觋通神之主要手段，垄断神权主要是指垄断祭祀权，《礼记·祭统》云："礼有五经，莫重于祭。"故"国之大事，在祀与戎"。大宗伯适用祀、祭、享之方式尽为神灵之交通，交通分为三个层面：一为"天"层面：昊天上帝、日月星辰、司中、司命、风师、雨师；二为"地"层面：社稷、五祀、五岳、山林川泽、四方百物；三为"人鬼"层面：先祖、先王。《礼记·郊特牲》云："地载万物，天垂象。取财于地，取法于天，是以尊天而亲地也。"先王"魂气归于天，形魄归于地"，故需享也，以"求诸阴阳之义"。张光直云："以动物为牺牲而作祭，应当属于巫师职责范围之内，如《楚语》所说祝管'牲器时服'，宗管'牺牲之物'"①

祭祀是根据不同的神灵采取不同的方式，祀"天"层面的巫术思维是以焚烧牺牲等方式令其上扬，而祭"地"层面则以沉埋牺牲等方式令其下沉。《周礼·春官》载大宗伯"以吉礼事邦国之鬼神祇"之职云："以禋祀祀昊天上帝，以实柴祀日月星辰，以槱燎祀司中、司命、风师、雨师。以血祭祭社稷、五祀、五岳，以埋沉祭山林川泽，以疈辜祭四方百物。以肆献祼享先王，以馈食享先王，以祠春享先王，以礿夏享先王，以尝秋享先王，以烝冬享先王。"禋祀、实柴、槱燎主要以缭绕之烟、牺牲的香味与上帝、日月星辰、司中、司命、风师、雨师相沟通，"三祀皆积柴实牲体焉，或有玉帛，燔燎而升烟，所以报阳也。"② 伊藤道治云："燎本来是对自然神的祭祀，可能与希腊的全燔祭相同，将牺牲、特别是羊整只原样置于柴薪之上，点火焚烧。这时，以烟和动物的肉香招来神灵，以告慰之。"③ 血祭，孙诒让云："阴祀自血起，贵气臭也。"④ 陈梦家认为血最具巫术能力，"卜辞被禳，尚注意

---

① [美] 张光直：《商代的巫与巫术》，《中国青铜时代》，第 270 页。
② （清）孙诒让：《周礼正义》，第 1297 页。
③ [日] 伊藤道治：《由宗教方面所见的殷代几个问题》，《日本学者研究中国史论著选译》第 3 卷，第 39 页。
④ （清）孙诒让：《周礼正义》，第 1297 页。

及巫术中的巫术物，而以血（尤其犬、豕、羊家畜的血）为最具有巫术能力
的。祭祀与巫术在形式上无显著之别，但从用牲一项上可以分别之：巫术之
祭的用牲重其血，因血可以被禳一切，祭祀用牲重其肉，因为先祖可以享用
它；巫术之祭用牲重于清洁，祭祀用牲重于丰盛。"① 陈氏强调血在巫术中的
重要性是合理的，但其所言巫术与祭祀之区别，在原始资料中却看不出来。
实际上，血可以向下浸入，而社稷、五祀、五岳皆为地祇，符合原始的巫术
思维方式，否则就需沉埋。埋沉，伊藤道治云："沉是指将牺牲沉于水中以
行供，而埋则是将牺牲埋于土中以供神灵。据小屯的发掘可知，在建筑物的
基坛下面，奠基前，埋了许多牛、羊、犬等牺牲。犬主要用来防御恶灵，而
同时埋葬的牛、羊则是用来慰和土中之灵的。"② 《穆天子传》记礼河，有沉
牛马豕羊，有沉璧。疈辜，郑司农释云："披磔牲以祭，若今时磔狗祭以止
风。"③ 无论是燎还是沉埋，在仪式上都是为了上下天地交通，达到巫术之目
的。祀时各有秩序安排，《礼记·月令》："立春后丑日，祭风师于国城东北。
立夏后申日，祀雨师于国城西南。秋分日，享寿星于南郊。立冬后亥日，祀
司中、司命、司人、司禄于国城西北。"祭祀上帝、日月星辰、司中、司命、
风师、雨师，目的十分明确，主要就是祈求风调雨顺、五谷丰收，如商代的
卜辞："己巳王卜，贞，（今）岁商受（年）。王□曰：吉。东土受年，南土
受年，西土受年，北土受年。"（粹九○七）诸如此类祭典充满着巫术因素，
包含着巫术思维与仪式，目的借此以感动天地鬼神，实现人们与各种神灵相
交往相沟通的目的。印度德·恰托巴底亚耶认为，祭祀是原始巫术的自然发
展，而且巫师随着宗教的成长会演变为僧侣，于是古代巫术力量转化为阶级
统治的工具。④ 祭祀成为巫术的重要内容与形式，祭祀和祷告成为巫术的仪
式，巫术更接近于宗教。故西周之祭祀有其特点：介于巫术与宗教之间，比
巫术有所发展，高于一般意义的巫术，可以称之为超巫术，但发展水平仍旧

---

① 陈梦家：《商代的神话与巫术》，《燕京学报》1936 年第 20 期。

② [日] 伊藤道治：《由宗教方面所见的殷代几个问题》，《日本学者研究中国史论著选译》
第 3 卷，第 39 页。

③ （清）孙诒让：《周礼正义》，第 1314 页。

④ [印度] 德·恰托巴底亚耶：《顺世论——古代印度唯物主义研究》，第 725—727 页。

较低，低于一般意义的宗教，似乎又可称之为准宗教，仔细忖量，还是偏重于巫术，没有超出巫术之范围而产生质变。《礼记·表记》在比较殷周巫术观念时云："殷人尊神，率民以事神，先鬼而后礼……周人尊礼尚施，事鬼敬神而远之。"周代随着文明发展而鬼神崇拜相对有所淡化，祭祀没有逐渐衰落，反而得到强化，出现这种逆反现象之原因就是神权可以为政权服务，政权可以充分利用神权，相互之间以更高一级形式与水平交织在一起，又产生新一轮更高级形式的"巫教政权合一"之统治体制。

2. 大宗伯职掌巫之通神工具

《周礼·春官·宗伯》云："以玉作六器，以礼天地四方：以苍璧礼天，以黄琮礼地，以青圭礼东方，以赤璋礼南方，以白琥礼西方，以玄璜礼北方。皆有牲币，各放其器之色。"玉，在巫术信仰成长过程中发挥着不可替代之作用，是巫觋重要的通神法器。考古遗址发掘出大量玉器，崇玉在当时社会意识形态领域起着重要作用，这是世界上其他民族所没有的。[①] 若从发生学角度探讨玉之意义，必须从巫术观念形态入手，否则将郢书燕说，隔靴搔痒。佩玉中有一种玉饰，形似兽牙，将兽牙穿孔作佩饰的风气可以上溯至山顶洞人时代，其后屡见于山东大汶口文化诸史前遗存，民族志认为佩上此类饰品，不仅可以避邪，还可以获得野兽神力，这种观念遗传到商周文化中就变成了玉佩。玉器不是为满足人们物质生活需要而产生，而是形而上的文化产物，是巫术观念形态的产物。玉在巫师施法中具有神秘的作用。《说文》云："以玉事神为之巫。"苏秉琦说："在五千年前的红山文化、大汶口文化、良渚文化那个阶段上，玉器成了最初的王权象征物……神权由王权垄断，一

---

① 在距今 7000 年左右的新石器时代中期玉器已经出现，如内蒙古地区的兴隆洼文化、东北的新乐文化、中原黄河流域的裴李岗文化、长江下游的河姆渡文化早期遗址中均出土过玉器，主要有玦、环、璜、珠、管等小件玉器。新石器时代晚期玉器品种及数量皆有较大幅度增加，红山文化出现发达玉器，如玉璧、三联璧、玉猪龙、环、玉鸟、玉龟等，如果说其中一些为巫具，那么墓葬的主人可能就是大巫师，这种推测与其埋葬在祭坛、女神庙周围的现象是相符的；大汶口文化早期出土的作为权力与地位象征的玉钺及墓葬玉唅十分值得注意；长江中游的大溪文化、下游的马家浜文化、松泽文化出土了璜、环及心形、璧形、圆形玉含器等；中原地区的仰韶文化、西北地区的马家窑、马厂文化中玉器出土很少。龙山时代玉器出现飞跃性发展，如良渚文化、大汶口文化晚期出现大量玉器。

些玉器又成为通天的神器。"①1987年，在安徽含山陵家滩发现的玉龟中有图案的玉片，有论著分析认为，这是巫师为占卜使用的道具。②王崇烈言："《周礼》于一切郊祀均用玉祭，必古遗制有然。"③此古遗制当然只能是巫制了。《山海经》索引中"玉"一共出现了137次，可知玉作为法器在神话中的地位。我们祖先之所以选择玉器作为交通天地神祇的最主要礼器，一者基于对主导人类社会百分之九十九以上历史的石器时代对石器的根深蒂固的崇拜，而玉为"石之美者"；一者玉器社会属性的增加，与"天人合一"观念及巫术意识的关联，赋予其特殊巫术功能。《越绝书外传》记宝剑云："风胡子对曰：时各有使然，轩辕神农赫胥之时，以石为兵，断树木，为宫室，死而龙藏，夫神圣主使然。至皇帝之时，以玉为兵，以伐树木，为宫室凿地。夫玉亦神物也，又遇圣主使然，死而龙藏。"

唐《郊祀录》引《五经通义》云："礼神用玉者，犹臣子为质也。"郑玄注，礼神者必像其类。璧，《尔雅·释器》云："肉倍好，谓之璧。"大量出土于良渚文化，甚至一墓内有几十件之多，且形制较大，最大者达26.2厘米，出土玉璧的大墓周边还有祭祀遗址。"玉璧的功能约同玉琮相似，也是一种原始宗教活动的道具……被赋予一种神秘色彩，为少数人占有，而成为一种权力和地位的标志。"④璧圆像天，故苍璧类礼天。早期玉璧主要象征着巨大的天体，所以不少玉璧根本不饰任何纹样。商代出土玉璧不多，西周时期玉璧数量有所增加，在灵台白草坡、上村岭虢国墓地、长安沣西等西周墓地的墓葬中均有相当数量的出土，春秋时期，玉璧数量更多，战国至汉，可谓鼎盛时期。⑤这正好与文献相吻合，周既然用璧礼天，而商至上神为帝，非需用此俗，故周代玉璧大量增加。汉代玉璧象征意义有所变化，用来象征日月。《汉书·律历志》："日月如合璧"。比周人将玉璧比作天体要具体了。日本学者林已奈夫认为："中央穿圆孔的圆盘璧，本是日月之形象，那

---

①　苏秉琦：《华人·龙的传人·中国人》，辽宁大学出版社1994年版，第249页。

②　李学勤：《比较考古学随笔》，广西师范大学出版社1997年版，第101页。

③　李学勤：《比较考古学随笔》，第153页。

④　徐良高：《中国民族文化源新探》，第118页。

⑤　周南泉：《论中国古代的玉璧》，《故宫博物院院刊》1991年第1期。

是象征生产力——特别是稻作——根源的日之火'气'和月之水'气'的形象……然璧仍保持着不脱离日月之性格，比作日月，作为大阳、大阴之'气'者，而和日月一样加饰'气'形花纹。"① 直至清代乾隆皇帝弘历还以谷璧有"兆丰年""兆多粟""庇荫嘉谷""庇荫赞农功"甚重之。苍璧还为璇玑的前身，观天仪器，像天圜，故礼天。《舜典》云："在璇玑玉衡，以齐七政。"郑玄《注》云："浑仪，中筒为璇玑，外规为玉衡。"察看北极星在璇玑的游动位置，即可定季节。②《周髀算经》云："正北极璇玑之中，希望北极中大星。……常以夏至夜半时，北极南游所极。冬至夜半时，北游所极……冬至加酉之时，西游所极。日加卯之时，东游所极。此北极璇玑四游。"

琮，在古器物学上首次把琮这个名称和实物合对起来的，是清末的吴大澂在《古玉图考》里列举了 31 件称为"琮"的器物。《白虎通·文质篇》云："圆中牙身方外曰琮。"最初出现于良渚文化中，是良渚文化的典型玉器之一，一般均有纹饰，主要是兽面纹、人面纹及人兽组合纹等。商代殷墟妇好墓中出土琮及琮形器 14 件，其他如江西新干大洋州、山东青州苏埠屯、四川广汉三星堆祭祀坑等均有玉琮出土。西周玉琮在陕西长安丰镐遗址、宝鸡、甘肃灵台白草坡、山西洪洞永宁堡等地的西周墓中亦有出土。诸家对玉琮存有各异说③，其中我们赞同滨田耕作的说法，"琮在初始，或是一种有圆孔方柱形的实用品，以后偶然生出以内圆象天外方象地的解释，终则确定它作为地的表号，乃在外方柱上雕刻易的四象、八卦，以加深其替象的意义。"④ 内圆外方，象征天地，《大戴礼记·曾子天圆》云："天之所生上首，地之所生下首。如诚天圆而地方，则是四角之不掩也。"古人观念地包容天，

① ［日］林巳奈夫：《中国古代遗物上所表示的"气"之图象性表现》，《中国文物报》2001年 5 月 20 日《收藏鉴赏周刊》第 8 版。
② 王大有：《上古中华文明》，中国社会出版社 2000 年版，第 211 页。
③ "安克斯（Erkes）认为琮乃象征地母的女阴，并以其上驵纹近似坤卦。高本汉（Bernhard Karlgren）以为琮为宗庙里盛'且'（男性生殖器象征）的石函。吉斯拉（Giesler）以为琮为家屋里'中雷'即烟筒的象征，为家庭中祭拜的对象。林巳奈夫教授主张琮起源于手镯。"还有认为琮是"在典礼中套于圆形木柱的上端，用作神祇或祖先的象征"。（参见邓淑平《新石器时代的玉琮》，《台北故宫文物月刊》第 34 本）
④ ［美］张光直：《青铜挥塵》，第 350 页。

因为人们视觉中可见的天没地大,《周髀算经》云:"数之法出于圆方。圆出于方,方出于矩……故禹之所以治天下者,此数之所生也。""数之法"具有神秘性,由数可占,用数字逻辑推占吉凶,与天体运行、历数、四时代谢关系非常密切。① 故黄琮礼黄土,中间的穿孔表示天地之间的沟通,琮上的图象表示巫师在动物的协助下施法灵通。"《周礼》说'黄琮礼地',所以历来谈琮的人多忽略了琮兼具天地的特形。方器象地,圆器明天,琮兼圆方,正象征天地的贯串。"② 琮对巫术最有象征作用,象征着巫师的宇宙观及通天行为。瑶山祭坛三种遗迹边壁整齐,转角方正,布局规整,又建在自然山体顶部,给人一种高上加高、通向上天的感觉,这也许不是一种巧合。黄琮是璇玑玉衡一体化,中空圆管像玉衡,观天,外四方八位用以辨方正位,故是天地贯通的天文仪器。因其主要用于辨方正位,故礼地。

圭,《说文》段注:"上圆下方,法天地也。故应劭曰:'圭,自然之形、阴阳之始也。'"圭为夏代二里头遗址新出现器物。圭还用以测时,《周礼·地官·大司徒》:"以土圭之法测土深,正日景,以求地中日南则景短,多暑;日北则景长,多寒;日东则景夕,多风;日西则景朝,多阴。"日出于东方,故圭以礼东。玉圭"象征祭天司历权"③,上古圭只有通天大巫觋才可拥有。进入礼制时代,《礼记·礼器》云:"诸侯以龟为宝,以圭为瑞。"无独有偶,古代美洲奥尔梅克(Olmeca)文化(前1200—前300)遗址拉文塔(La Venta)祭祀中心地下数英尺沙中出土了6块玉圭,玉圭铭文介于大汶口文化陶文和殷墟甲骨文、金文之间,其作用显然是巫术性质的。并据学者研究,该6块玉圭源于殷商。④

璋,半圭也。《诗·大雅·棫朴》:"济济辟王,左右奉璋。"《书·顾命》:"太保受同,降,盥以异同,秉璋以酢。"璋可能最早出现于龙山时代,山东临沂大范庄遗址曾采集到一件牙璋。⑤ 商代晚期出现了盛行于西周的半圭

① 徐中舒:《数占法与〈周易〉的八卦》,《古文字研究》第10辑,第379页。

② [美]张光直:《中国青铜时代》,第295页。

③ 王大有:《上古中华文明》,第261页。

④ 参见王大有《三皇五帝时代》,中国社会出版社2000年版,第625—630页。

⑤ 王永波:《牙璋新解》,《考古与文物》1988年第1期。

形璋。如陕西扶风上康村二号墓出土 4 件牙璋。[①]西周以后的春秋、战国时期，发掘遗址千处，墓葬万座，牙璋却极少发现，作为礼玉的牙璋此时已近乎绝迹。牙璋从龙山文化起源到东周消失，大约流行了两千余年。郭宝钧有很好的诠释："若以土圭推六器，亦属同源。……若自光点下设垂线，与晷之延线，交于地平，其状为，即璋形也。璋训光明，上斜为射，皆日光之广义。礼神者必像其类，故以赤璋礼南方，光点在南也。朝时日出，晷景在西，夕时日落，晷景在东，自朝至夕，晷景移动轨迹，略为半圆形，其状颇似璜……故以玄璜礼北方，晷在北也，且光赤而晷玄也。……六器中惟琥为生象器，与前异系……则名若琥而形为半琮……"[②]牙璋是一种用于祭祀的蕴涵着某种信仰和礼俗的礼玉。四川广汉三星堆出土边璋上刻画"插璋祀山"图和双手擎璋跪祭青铜人像，再现了以牙璋为礼玉奉祀的场面。李伯谦云："牙璋既然是一种用于祭祀的礼玉，是一种神物，那么使用这种特定形制的玉器的人们自然在某些方面便应有相同或相似的信仰和礼俗。"[③]

　　琥，目前最早的琥纹玉器见于距今 5000 多年前的安徽含山县凌家滩遗址，完整的玉琥形象见于殷墟妇好墓，多为圆雕，呈立体状。西周时期除少数立体玉琥外，出现了扁平状玉琥，成为东周时期玉琥的主流。以白琥礼西方，这与"四象"中西为"白虎"有关联，可谓顺理成章。

　　璜，半璧也，在河姆渡文化时已经出现，主要盛行于长江中、下游地区诸文化中，在仰韶文化和黄河中下游龙山时代诸文化及西藏的昌都卡若，亦有少量发现，但只有良渚文化玉璜有呈半璧形的，且有阴刻、浮雕或透雕。夏后启从事巫术活动佩玉璜，《山海经·海外西经》有记载："大乐之野，夏后启于此舞九代；乘两龙，云盖三层。左手操翳，右手操环，佩玉璜。"流失于国外的一件战国玉璜上刻有两句铭文："上变下动，相合和同。"亦十分耐人寻味。[④]《左传》定公四年记载，成王分鲁公"夏后氏之璜"。

①　陕西省文物管理委员会：《陕西岐山、扶风周墓清理记》，《考古》1960 年第 8 期。

②　郭宝钧：《古玉新诠》，《"中研院"历史语言研究所集刊》第 20 册（下），中华书局 1987 年版，第 25 页。

③　李伯谦：《中国青铜文化结构体系研究》，科学出版社 1998 年版，第 254 页。

④　李学勤：《释战国玉璜箴铭》，《四海寻珍》，清华大学出版社 1998 年版，第 274—276 页。

周代用玉制度,《周礼》中除《大宗伯》有记载外,《典瑞》《玉人》等篇亦有记述。《周礼·春官》记"典瑞"之职"掌玉瑞、玉器之藏,辨其名物与其用事,设其服饰。"《考工记》记"玉人"专攻治各种玉器。《玉人》与《典瑞》在记述上保持一致,却与《大宗伯》不同。于此有不同解释,汉人旧说以为用苍璧祭天指冬至祭天于圆丘礼,用"两圭有邸"祭天指夏正月郊天之礼;用黄琮祭地指夏至祭中土昆仑之礼,用"两圭有邸"祭地指北郊祭神州大地之礼。但也有人认为《典瑞》说法系来源较古,大约是西周之制,而《大宗伯》系战国之制,并认为其用玉颜色出于五行学说附会,其形状也出于附会。①

祭礼	《大宗伯》	《玉人》	《典瑞》
天	苍璧	四圭尺有二寸(有邸)	四圭有邸
地	黄琮	两圭五寸有邸	两圭有邸
宗庙		圭尺有二寸有瓒	圭有瓒
日月星辰		圭璧五寸	圭璧
四望		两圭五寸有邸	两丰有邸
山川		璋邸射素功	璋邸射
东方	青圭		
南方	赤璋		
西方	白琥		
北方	玄璜		

汉人旧说有臆测之嫌,而其后一新说亦有不妥之处。首先应该肯定《大宗伯》《典瑞》《玉人》记载用玉皆为周代之制,因为商人无祀天之礼。"天"之观念是周人提出的,卜辞中的"天"不作"上天"解,亦不是崇拜祭祀对象,对天祭祀等均为西周以后出现。② 其次,《周礼》记载用玉制度并不彼此矛盾,作者不可能向壁而臆造。玉,在周代主要有四用:一为祭器,祭天、地、山、川等;二为礼器,礼天或作身份标志等;三为饰佩;四

---

① 参见詹鄞鑫《神灵与祭祀》,江苏古籍出版社 1992 年版,第 249—256 页。

② 参见蔡先金《说商》,《东南文化》2000 年第 9 期。

为丧玉。但各种用法皆与巫觋意识有关联，不可能超越，否则玉器不可能得到如此重用。《大宗伯》作为礼器记载，或许可以用于施法，"以玉作六器，以礼天地四方"，而《典瑞》和《玉人》作为祭器记载，"四圭有邸，以祀天、旅上帝；两圭有邸，以祀地、旅四望；裸圭有瓒，以肆先王、以裸宾客；圭璧，以祀日月星辰；璋邸射，以祀山川、以造赠宾客。"祭法主要有沉、埋、燎三种。再次，青龙、朱鸟、白虎、玄武等"四象"起源很早。① 古代有一套星空划分和命名的方式，二十八星宿分为四组，分属四方，与动物相配为四象，其对应关系为：东方苍龙——角、亢、氐、房、心、尾、箕；南方朱雀——井、鬼、柳、星、张、翼、轸；西方白虎——奎、娄、胃、昴、毕、觜、参；北方玄武——斗、牛、女、虚、危、室、壁。有学者研究"巫书"《山海经》得出结论，四象概念源于上古华夏族群的图腾崇拜，东方苍龙源于东夷族的龙崇拜，西方白虎源于西羌族的虎崇拜，南方朱雀源于少昊族和南蛮族的鸟图腾崇拜，北方玄武源于夏民族的蛇图腾崇拜。② 由此推论，东方苍龙——青圭；南方朱雀——赤璋；西方白虎——白琥；北方玄武——玄璜。《考工记·画缋》云："东方谓之青，南方谓之赤，西方谓之白，北方谓之黑，天谓之玄，地谓之黄。"四方的颜色与图腾崇拜的颜色保持一致，即使颜色亦与巫术思维相连。当然，这只是官制中的巫职内容，大宗伯一定照此执行，但也无法保证巫术中用玉一律。西周玉器，特别是早期玉器，在器类、风格上均与商末玉器相似，是商代玉器的延续，迄今已出土完整玉器 3000 余件，其它各类杂器近万件。其出土以关中周原、丰镐两地墓葬中居多，洛阳成周遗址亦不少，主要是缘于周王都城及活动地，其它玉器出土地点则集中于诸侯国都城或贵族居住地。玉瑞不同的组合形式，用于不同的礼事，这要受巫术仪式支配。春秋时期"礼崩乐坏"，虽然用玉但已无定制，文献有用玉避禳和用玉代牲的记载，《左传》昭公十七年，郑裨灶语于子产曰："若我用瓘斝玉瓒，郑必不火。"《国语·楚语下》："王孙圉与赵简子言曰：'玉足以庇荫嘉谷，使无水旱之灾，则宝之。'"《左传》僖公二十四

---

① 参见李学勤《西水坡"龙虎墓"与四象的起源》，《走出疑古时代》，第 142—148 页。

② 参见关曾建《中国古代星官命名与社会》，《自然辩证法通讯》1992 年第 6 期。

年云"投璧于河";襄公十八年云"沉玉于济";襄公三十年云"用两圭质于河";昭公二十四年云"王子朝以成周之宝珪沉于河";定公三年云"蔡侯归,及汉,执玉而沉"。

《周礼·春官》记"典瑞"之职还有"大丧,共饭玉、含玉、赠玉。凡玉器出,则共奉之。"玉可以护卫死者的灵魂,这一巫术观念由来已久,可以说开始于用玉陪葬。良渚文化寺墩墓葬 M3 用玉值得注意:"玉璧中一件碎为数块的达二十一件,而其中的十三件又有明显的经火烧过的痕迹;玉琮中分为两截或两半的仅五件,也有八件有明显的经火烧过的痕迹。……上述这些现象,说明在葬地曾举行某种殓葬的宗教仪式。"[1]《逸周书·世俘解》亦记"商王纣取天智玉琰五,环身厚以自焚,凡厥有庶吉,焚玉四千……凡武王俘商旧玉亿有百万。"西周葬玉有缀玉面幕、玉塞、玉玲、握玉等。缀玉面幕是一块按五官位置嵌有各种形状玉片,用于覆盖死者面部上的冥巾,玉片多作人目、眼、嘴等形状。山西天马——曲村晋侯西周墓地,随葬大量玉器,仅 M91 墓主就口含 60 余颗玉、石粒,面部覆盖缀玉覆面一套,头顶有玉管状束发器,头两侧有玉玦各一件,胸腹部有五璜联珠玉佩和六组柄形器,股骨间有玉琮一件和玉器二件,左股骨上并放玉人龙形饰四件,股骨内侧置箸形玉器两件,足端弧首圭两件。[2]

玉为圣物,随着社会文明之发展,还要有等级制,成为政权与巫权的象征,《周礼·春官·大宗伯》云:"以玉作六瑞,以等邦国:王执镇圭,公执桓圭,侯执信圭,伯执躬圭,子执谷璧,男执蒲璧。"《尚书·顾命》记载:"大玉、夷玉、天球、河图,在东序。"尤其儒家伦理之提倡,玉喻于德,"君子比德于玉","君无故玉不去身"。孔子有精辟论述,《礼记·聘义》载:"子贡问于孔子曰:'敢问君子贵玉而贱珉者何也? 为玉之寡而珉之多与?'孔子曰:'非为珉之多,故贱之也;玉之寡,故贵之也。夫昔者君子比德寓于玉焉:温润而泽,仁也;缜密以栗,知也;廉而不刿,义也;垂之如队,礼也;叩之,其声清越以长,其终诎然,乐也;瑕不掩瑜,瑜不掩瑕,

---

[1]　[美] 张光直:《青铜挥麈》,第 353—354 页。

[2]　黄石林、朱乃诚:《中国重要考古发现》,商务印书馆 1998 年版,第 122 页。

忠也；孚尹旁大，信也；气如白虹，天也；精神见于山川，地也；圭璋特达，德也；天子莫不贵者，道也。《诗》云：'言念君子，温其如玉。'故君子贵之也。'"在人类历史上，用玉崇玉，令玉成为一种文化，融入其精神世界和传统文化的民族，只有华夏民族，玉成为神化了的物质。

《周礼·春官·宗伯》记述大宗伯职掌主要为祀大神、祭大祇、大享鬼，并领帅执事而卜日，凡攘巫觋之事，其目的为"以礼乐合天地之化、百物之产，以事鬼神，以谐万民，以致百物"。凡与巫觋职业无异。大宗伯还有一些辅佐，小宗伯，"凡国之大礼，佐大宗伯。凡小礼，掌事，如大宗伯之仪。"如大灾，则"及执事祷祠于上下神祇"；肆师，掌立国祀之礼，以佐大宗伯；郁人，掌祼器；鬯人，掌共秬鬯而饰之；鸡人，掌共鸡牲，辨其物；司尊彝，掌六尊、六彝之位，诏其酌，辨其用与其实；司几筵，掌五几、五席之名物，辨其用与其位；天府，掌祖庙之收藏与其禁令；典瑞，掌玉器；典命，掌诸侯之五仪、诸臣之五等之命；司服，掌王之吉凶衣服，辨其名物与其用事；典祀，掌外祀之兆守，皆有域；守祧，掌守先王先公之庙祧；世妇，掌女宫之宿戒及祭祀。另有内宗、外宗、都宗人、家宗人，亦分掌各种祭祀之礼。由此可知，西周巫职分工之精之细，不仅是对巫权之分配，更重要的是对国家政权分配与占有，巫觋官吏在西周统治中的作用是可想而知，当国家的统治被认为是有赖于这些巫术仪式的履行时，巫事包括祭祀、祝祷、占卜等就成为国之大事，巫师官吏就上升到一种更有影响和声望的地位，其身份和权势也就会充分显现出来。

（二）祝职

巫的职能分化精细，渐次分为专掌典礼的祝。李峰认为："如同历史上所有其他的早期政府一样，西周政府也带有重要的宗教功能。西周政府的宗教功能集中体现在'祝'的作用上，可能也有其他的职官执行宗教功能，但从铭文上我们还不能得知。'太祝'负责国家礼仪和对周人的祖先进行的祭祀活动。"[1]《说文》："祝，祭主赞词者。"段注："此以三字会意，谓以人口

---

① 李峰：《西周的政体：中国早期的官僚制度和国家》，第 62 页。

交神也。”甲骨文作“[illegible]”，是“跪于示前祷告”“像人仰首开口呼求状”“像灌酒，下拜于神前”。① 孙海波认为：“太上之世，巫祝地位甚高，故呼祝为‘兄’以尊之。”② 故祝即是巫，行祝祷降神之事，祝吏、巫史皆是巫觋之变形。甲骨卜辞见有祝职及祝祭于祖先者，如“祝来告。”（铁256.2.1）“祝其册。”（人2263）“甲子，卜，王自大乙至且乙、兄。”（戬2.7）“口口，卜，兄于父丁。”（新241）祝职在铭文亦有见，《禽鼎》：“大祝禽鼎。”《禽簋》：“王伐盖侯，周公某禽祝，禽有角祝。”王室大祝一职就由周公长子伯禽主之。伯禽封鲁，故“周礼在鲁”。另见于长囟盉、申簋盖铭文。由此可证，周已有大祝之官，晚于史之成官。经籍《尚书》中《洛诰》：“王命作册逸祝册。”《诗·小雅·楚茨》：“祝祭于祊，祀事孔明。”“工祝致告，徂赉孝孙。”“孝孙徂位，工祝致告。”王恒馀云：“祝义崇祖，为中国重视家庭之特征，亦为念始之意。即俗语说‘不忘本’意思。……故有祝祭先人祈福除灾之举，在先民社会是自然形成的重要习俗。及至祝成官制之后，祝义已广泛而应用到多方面了。当不限于一义。”③ 铭文中发现有大祝、祝、五邑祝、九戏祝。《周礼》记祝职有大祝、小祝、丧祝、甸祝、诅祝、女祝等。五邑祝可能相当于小祝之职，说明祝有不同的等级。

诗歌既是神人之间沟通的言语方式，那么，负责沟通神人的巫祝，当是最早的达到专业程度的诗人。在祭祀典礼上，由原始巫诗原理变革而增添新内容的祭祷文辞，便是颂诗、史诗。④ 在《尚书·舜典》中，可能与诗歌的创作、整理、保存相关的官职，除了“典乐”的乐师夔，还应该有为舜典“三礼”（天事、地事、人事之礼）的秩宗伯夷。除了有专职的乐师与礼官，上古帝王也兼任巫祝，通过诗歌向神言说，如《论语·尧曰》《墨子·兼爱下》《吕氏春秋·顺民篇》以及《文心雕龙·祝盟》，都记载有殷商时期的商

① ［韩］文镛盛：《中国古代社会的巫觋》，第22页。

② 《古文声系阳部十三》，周法高主编，张日昇、徐芷仪、林洁明编纂《金文诂林》，香港中文大学出版社1975年版，第117页。

③ 参见王恒馀《说祝》，《“中研院”历史语言研究所集刊》第32本，1987年版，第110页。

④ 江林昌：《清华简〈祝辞〉与巫术咒语诗》，《深圳大学学报》（人文社会科学版）2014年第2期。

汤为了祈雨所作的"郊禋之辞"，以及伐桀所作告天之辞。郑振铎认为商汤实际上即是人类学中所称的"祭司王"，既有王的名号，同时又兼着祭司的责任①，此时，巫、祝、王尚未分工，由同一人担任。在文献记载中，我们可以看到，巫祝及乐师的地位曾经历了一个由高至低的变化。我们知道，舜的父亲瞽叟是乐师，而象与瞽叟设计杀舜之后，《史记·五帝本纪》记载："象曰：'本谋者象。'象与其父母分，于是曰：'舜妻尧二女，与琴，象取之。牛羊仓廪予父母。'"象如此看重舜之琴，可以想见彼时琴所代表的重大含义，并从侧面推想彼时乐师的地位。直到西周初年，沟通神灵的"大祝"依然由周王室的重要成员所担任，西周成王时的《禽簋》记载"王伐奄侯，周公某（谋）禽祝"，马承源认为，这是成王讨伐奄侯，周公教其子伯禽胙祝以社祭，"祝"乃伯禽之官名。② 此外，又有《大祝禽鼎》，郭沫若称"伯禽殆曾为周之大祝，其职甚尊"③。伯禽为西周周公旦之长子、鲁国第一任国君，由以上金文可知，伯禽即曾担任周王室的"大祝"之职。

《国语·楚语下》"观射父论绝地天通"云："是使制神之处位次主，而为之牲器时服，而后使先圣之后之有光烈，而能知山川之号、高祖之主、宗庙之事、昭穆之世、齐敬之勤、礼节之宜、威仪之则、容貌之崇、忠信之质、禋洁之服，而敬恭明神者，以为之祝。"此言祝之职掌与《周礼·春官·大祝》有些出入，似将小宗伯的部分职掌亦包括进来了，如小宗伯职"掌建国之神位，右社稷，左宗庙"，"掌五礼之禁令，与其用等，辨庙祧之昭穆，辨吉凶之五服、车旗之禁。掌三族之别，以辨亲疏"，"毛六牲，辨其名物"，"辨六粢之名物与其用"，"辨六彝之名物"，"辨六尊之名物"，"掌衣服车旗宫室之赏赐，掌四时祭祀之序事与其礼。"虽然观射父追叙古制，但仍以春秋时的状况比拟，忽视春秋时祝与小宗伯相近职掌的现实。《周礼·春官·宗伯》序官云："大祝，下大夫两人。"郑注谓："大祝，祝官之

① 郑振铎：《汤祷篇》，载《郑振铎古典文学论文集》（上），上海古籍出版社1984年版，第100—130页。

② 马承源：《商周青铜器铭文选·禽簋》，文物出版社1993年版，第18页。

③ 郭沫若：《两周金文辞大系·禽簋》，《郭沫若全集·考古编》第7卷，科学出版社2002年版，第12页。

长。"职文云:"大祝,掌六祝之辞,以事鬼神示,祈福祥,求永贞。"《周礼》记大祝地位太低,与铭文不合,这可能是作者比拟战国时的状况,此大祝应为《曲礼》天官六大之一,而非《周官》所云下大夫。有学者研究铭文后认为:"《礼记·曲礼》:'天子建天官,先六大,曰大宰、大宗、大史、大祝、大士、大卜'。这一段记载似乎比较接近于西周的实际情况。郭沫若先生指出:'此大祝自当为曲礼天官六大之一,而非周官所云下大夫也。'这是正确的。"①

祝职主要为祭祀时司祭者,具祝祷降神之责。《礼记·曾子问》:"祫祭于祖,则祝迎四庙之主。"郑注谓:"祝,接神者也。"《大戴礼记·诸侯迁庙》:"奉衣服者皆奉以从祝。"注:"祝,所以导神也。"《诗·小雅·楚茨》:"工祝致告,徂赉孝孙。"孔颖达疏:"'工祝致告'是致神告主人,使受嘏也。"司祭者亦有女祝,《周礼·天官·冢宰》下设女祝,"掌王后之内祭祀,凡内祷祠之事。掌以时招、梗、禬、禳之事,以除疾殃。"祝并用言语向鬼神祷告,《书·洛诰》:"王命作册,逸祝册。"孔颖达疏:"'王命作册'者,命有司作册书也。读策告神谓之祝。"在古人看来,语言具有神秘的效力与巫术的作用,正如《约翰福音书》言:"语言与上帝同在","万物都是借着语言被创造的"。在巫术中,"语言所代表的东西与所要达到的目的,根据原始信仰,都相信与语言本身是一个东西,或与语言保有交感作用。因为这样,所以一些表示欲望的词句,一经说出,便算达到目的。"②《礼记·礼运》:"祝以孝告,嘏以慈告,是为大祥。"孔疏:"言祝嘏于时以神之恩慈而告主人。"孙希旦《礼记集解》云:"祝为享神之祝辞也,嘏为尸嘏主人之辞也。祭初飨神,祝辞以主人之孝告于鬼神,至主人酳尸,而主人事尸之事毕,则祝传神意以嘏主人,言承致多福无疆于汝孝孙。而致其慈爱之意也。"据此可证祝是介于人神之间的属语。据《周礼》载,大祝主要职掌以下诸事:

一是"掌六祝之辞……一曰顺祝,二曰年祝,三曰吉祝,四曰化祝,

---

① 张亚初、刘雨:《西周金文官制研究》,第36页。
② 李安宅:《巫术与语言》,商务印书馆1936年版,第13页。

五曰瑞祝，六曰策祝。"郑司农云："顺祝，顺丰年也；年祝，求永贞也；吉祝，求福祥也；化祝，弭灾兵也；瑞祝，逆时雨宁风旱也；策祝，远罪疾也。"这是当时祝巫的六项主要职责。在史料中似乎可以见到这类"祝辞"之样式。顺祝，如《礼记·郊特牲》中记载的《伊耆氏蜡辞》祝云："土反其宅，水归其壑。昆虫毋作，草木归其泽。"《史记·滑稽列传》记道旁有穰田者，操一豚蹄，酒一盂，而祝曰："瓯窭满篝，污邪满车，五谷蕃熟，穰穰满家。"年祝，如《帝王世纪》记帝尧之世，天下太和，有老人击壤而歌曰："日出而作，日落而息。凿井而饮，耕田而食。帝力于我何有哉！"吉祝，如《列子》记载的《康衢谣》云："立我蒸民，莫非尔极。不识不知，顺帝之则。"化祝，如《吴越春秋勾践入臣外传》记载："越王勾践五年五月，与大夫种、范蠡入臣于吴。群臣皆送至浙江之上，临水祖道，军阵固陵。大夫文种前为祝，其词曰：'皇天佑助，前沉后扬。祸为德根，忧为福堂。威人者灭，服从者昌。王虽牵致，其后无殃。君臣生离，感动上皇。众夫哀悲，莫不感伤。臣请荐脯，行酒二觞。'越王仰天太息，举杯垂涕，默无所言。种复前祝，曰：'大王德寿，无疆无极。乾坤受灵，神祇辅翼。我王厚之，祉佑在侧。德销百殃，利受其福。去彼吴庭，来归越国。'"《大戴礼》记"矛铭"曰："造矛造矛，少间弗忍，终身之羞。余一人所闻，以戒后世子孙。"《困学纪闻》载太卜三兆，其颂皆千有二百，夏后铸鼎繇曰："逢逢白云，一南一北，一西一东。九鼎既成，迁于三国。"瑞祝，如《尚书大传》记载："于时俊乂百工，相和而歌卿云。帝乃倡之曰：'卿云烂兮，纠缦缦兮。日月光华，旦复旦兮。'八伯咸进，稽首曰：'明明上天，烂然星陈。日月光华，弘于一人。'帝乃载歌，旋持衡曰：'日月有常，星辰有行。四时从经，万姓允诚。于予论乐，配天之灵。迁于贤圣，莫不咸听。鼚乎鼓之，轩乎舞之。菁华已竭，褰裳去之。'于是八风循通，卿云聚聚。蟠龙贲信于其藏，蛟鱼踊跃于其渊，龟鳖咸出于其穴，迁虞而事夏也。"策祝，如《穆天子传》记载天子觞西王母于瑶池之上，西王母为天子曰："白云在天，丘陵自出。道里悠远，山川间之。将子无死，尚复能来。"祝巫通过念祝词或咒语的方式在世界上是普遍流行的，是所有巫师施行巫术时的共性。人类文化发展史上，巫术起源很早，而巫术咒语便是最早的诗歌。①

在澳大利亚中部部族里，euro 图腾的人给李子树图腾的人一个"被念过咒的"的珠灵卡，以帮助这人在狩猎中猎到这种动物。②美洲曼丹人（Mandans）对神的祷词说："我已做过了仪式，并且吃了很多苦了。我希望尔帮助我以我所不能自做的事情。"③巴比伦史诗《吉尔伽美什》云："愿你口说的话，变为你眼见的现实。"列维·布留尔运用"互渗律"来解释这一现象，认为语言也可以进行神秘的互渗，达到其祝咒的目的。"神秘力量不仅为专有名词所固有，而且也为其它一切名词所固有。""言语中有魔力的影响，因此，对待语言必须小心谨慎。"④祝巫具有使用祝词的特权，这种特权只有巫师具备，并且由国家政权机构所赋予。祝巫这种思维是原逻辑的思维，是以互渗律的形式来想象相互之间的关系，对逻辑思维所不能容忍的矛盾毫不关心。

二是"掌六祈以同鬼神示，一曰类，二曰造，三曰禬，四曰禜，五曰攻，六曰说。"《尔雅·释言》："祈，叫也。"郭璞注："祈祭者叫呼而请事。"孙诒让云："祈，叫也，谓为有灾变，号呼告神以求福。天神、人鬼、地祇不和，则六疠作见，故以祈礼同之。"⑤祝祈，并非一定书于册，亦可呼天号地，进而感动天地神灵。号呼而祭最典型者为求雨之雩祭，《尔雅·释诂三》："舞、号，雩也。"孙炎注："雩之祭，有舞有号。"《公羊传》桓公五年何休注："使童男女各八人舞而呼雩，故谓之雩。"《礼记·郊特牲》云："祭有祈焉，有报焉。"类、造、禬、禜、攻、说，皆为祭名。类祭于上帝，《诗》云："是类是禡"；造祭于祖，《司马法》云："乃造于先王"；禬、禜祭于日月星辰山川；攻说，则以辞责之。《礼记·礼运》云："修其祝嘏，以降上神与其先祖……作其祝号……是谓大祥。此礼之大成也。"这六祭祀不同

---

① 江林昌：《清华简〈祝辞〉与巫术咒语诗》，《深圳大学学报》（人文社会科学版）2014 年第 2 期。

② [法] 列维·布留尔：《原始思维》，第 91 页。

③ 林惠祥：《文化人类学》，商务印书馆 1991 年版，第 262 页。

④ [法] 列维·布留尔：《原始思维》，第 171 页。

⑤ （清）孙诒让：《周礼正义》，第 1986 页。

于其它祭祀的显著标志为有祝辞祈祷，"祈祷必特为祝辞，与常祭不同，故此官职之。"① 呼天号地，并不一定是令人听得懂的语言，只要这些祈祷或经咒能被认为是有效的，或者按照传统祭神语言口传下来就够了。这从人类学资料中可以得到证明，在澳大利亚中部各部族里，在祭神仪式的场合中，土人们通常都不知道念诵的祷词的意义，这些词是以不变的形式从阿尔捷林加时代的祖先那里传下来的。在北美，奥基伯威人的仪式的大部分用语都是一种废弃的古语，普通的印第安人不懂这种语言，但这种古语自然会使部族成员产生深刻的印象并认为它有重要意义，而巫师们也乐于拖声延气地念这些句子，不仅是为了打动听众，而且也是为了抬高自己。②

三是"作六辞以通上下亲疏远近。一曰祠，二曰命，三曰诰，四曰会，五曰祷，六曰诔。"祠，郑司农注云："祠当为辞，谓辞令也。"不确，此解释显然与后各"辞"不吻合。古时，祭祀可以单称为祭、祀、享、荐、祠，有时浑言无区别，有时析言而有别。祠，在此之义应为祭祀时用的祝辞。大祝作六辞无非令各辞带有神性，能够灵验。从这六辞的不同性质透露出一个信息，大祝所作的辞有用于政事的，如《命》《诰》；有用于巫事的，如《祠》《祷》《诔》；亦有同时用于两者的，如《会》，即会同盟誓之辞；实质上，六种辞皆含有巫的成分，是以巫辞为基调的，这就是巫政合一之遗制。此六辞在文献中有记载。"命"，《周书·顾命》记载周成王的丧礼及周康王即位的典礼，命辞十分严谨而精细。"诰"反映出政权来源于神权，即在政权之上还有一个神权，如此两权同时统治天下。《周书·召诰》云："呜呼！皇天上帝，改厥元子，兹大国殷之命。惟王受命，无疆惟休，亦无疆惟恤。呜呼！曷其奈何弗敬？""夫知保抱携持厥妇子，以哀吁天，徂厥亡，出执。呜呼！天亦哀于四方民，其眷命用懋。"《周书·大诰》整篇亦尽显巫祝之辞，"天降割于我家，不少延。""矧曰其能格知天命？""予不敢闭于天降威，用宁王遗我大宝龟，绍天明。""天命不僭，卜陈惟若兹。"而且其句式亦如卜辞，多为问句。可知时"诰"为巫祝之辞也。"会"，为会同盟誓之辞。盟誓就是对神灵作出保

---

① （清）孙诒让：《周礼正义》，第 1987 页。

② [法] 列维·布留尔：《原始思维》，第 173—174 页。

证，并作出诅咒，如果有所违背必遭神罚。《礼记·曲礼下》云："约言曰誓，
莅牲曰盟。"商周时期，诸侯与诸侯、大夫与大夫等之间协议不是靠法而是
靠盟誓取信。《左传》记载的盟誓活动比比皆是。《尚书》中记有《甘誓》《汤
誓》《牧誓》《泰誓》《费誓》《秦誓》等。盟誓最主要仪式为"杀牲歃血誓于
神也"，充满巫风。春秋盟书在山西侯马、河南温县等地已有大量出土，内容
可分为宗盟、委质、纳室、诅咒、卜筮等类。"诔"，一直延续于后世。《左传》
哀公十六年载："夏四月己丑，孔子卒，哀公诔之曰：'旻天不淑，不慭遗一老，
俾屏余一人以在位，茕茕余在疚。呜呼哀哉尼父！无自律。'"据《周礼》记
载，"诔"由祝作，而读"诔"却为史职，如《大史》条："大丧，执法以莅劝
防；遣之日，读诔。"《小史》条："卿大夫之丧，赐谥，读诔。""祷"祈之辞，
在文献中大量存在。徐中舒在考察金文祷辞模式后指出："盖古人以天与祖先，
皆具有意志，能赏罚人，言祈匄者，即制器者对于天或其祖先有所祈丐之辞，
其辞即对其子孙有所福也。"[1] 如《不其簋》："用匄多福，眉寿无疆，永屯霝
冬"；《秦公钟簋》："用祀用享，多福滂滂"；《迟父钟》："用邵乃穆不显龙光，
乃用蕲多福"；《宗妇簋》："以降大福"，不一而足。"祠"，为祭祀时的祝辞。
陈子展认为《诗》中"颂"部分乃是"史巫尸祝之词"，《诗》中产生年代最
早的这类作品与祝祷咒词之间具有一而二、二而一的交融关系。[2]《诗·颂》
为祭祀乐歌，如《丰年》："丰年多黍多，亦有高廪；万亿及秭，为酒为醴；
烝畀祖妣，以洽百礼，降福孔皆。"可知《颂》的大部分作者应该为"祝"，
祝创造了民族之文化。《诗经》中祝祷之辞亦见多，类型各异。有反复吟念式
的，如《式微》："式微，式微，胡不归？"《伯兮》："其雨！其雨！杲杲日出。"
《黄鸟》："黄鸟！黄鸟！无集于谷，无啄我粟。"有爱情咒语，如《大车》："穀
则异室，死则同穴。谓予不信，有如皦日。"有狩猎咒语，如《驺虞》："彼茁
者葭，壹发五豝。于嗟乎驺虞！彼茁者蓬，壹发五豵。于嗟乎驺虞！"有祈
求咒语，如《硕鼠》："硕鼠硕鼠，无食我黍！三岁贯汝，莫我肯顾。逝将
去汝，适彼乐土。乐土乐土，爰得我所。"巫术祝愿咒语，《螽斯》："螽斯羽，

①　徐中舒：《金文嘏词释例》，《"中研院"历史语言研究所集刊》第 6 本 1 分，1936 年版，
　　第 28 页。

②　陈子展：《诗经直解》，复旦大学出版社 1983 年版，第 1065 页。

诜诜兮。宜尔子孙，振振兮。螽斯羽，薨薨兮。宜尔子孙，绳绳兮。螽斯羽，揖揖兮。宜尔子孙，蛰蛰兮。"祝咒祈祷被巫师广泛运用，在当时社会亦很流行，这是时代的产物，巫觋意识已深入到社会每个角落。

四是"辨六号：一曰神号，二曰鬼号，三曰祇号，四曰牲号，五曰粢号，六曰币号。"号，谓尊其名，更为美称焉。祭祀时，凡祭物须采用一套专门名称来指称，无疑是相信不同名称具有不同神性。大祝主要职责为祝号祷告，在重要祭祀时要"执明水火而号祝"；在大丧之时，要"言甸人读祷"；国有大故、天灾，要"弥祀社稷，祷祠"；在大军归献于社时，要"前祝"；在建邦国时，要"先告后土"；对于邦国都鄙，要"颁祭号"。这些职责已经程序化、规范化，不可更改，即使邦国都鄙的祭号，亦要统一，不得随意为之。可知"神权""巫权"统治之坚固。

五是"辨九祭，一曰命祭，二曰衍祭，三曰炮祭，四曰周祭，五曰振祭，六曰擩祭，七曰绝祭，八曰缭祭，九曰共祭。"

六是"辨九拜，一曰稽首，二曰顿首，三曰空首，四曰振动，五曰吉拜，六曰凶拜，七曰奇拜，八曰褒拜，九曰肃拜，以享右祭祀。"这些"政权"和"神权"都是分不开的，在行使职权的同时行使了"政权"与"神权"。

以上大祝的"六祝"为祈福祥，"六祈"为除灾变，"六辞"为谐和，"六号"为尊神的称号，这些皆为正面的积极的方面，相反则为诅咒。《周礼》中设有诅祝一职以辅佐大祝。诅祝"掌盟、诅、类、造、攻、说、禬、禜之祝号。作盟诅之载辞，以叙国之信用，以质邦国之剂用。""祝、咒"本为一词。祝愿与诅咒是一件事的两面。《释名·释言语》："祝，属也，以善恶之词项属著也。"《尚书·无逸》："否则厥口诅祝"。《诗·荡》："侯作侯祝"。按照宗教人类学的观点，"祝"的应用属于"白巫术"（white magic），而咒的应用属于"黑巫术"（black magic 或 sorcery）。① 《吴越春秋》载一"弹

---

① 从巫术的社会功能之道德价值可分类为：（1）恶意巫术：又称"黑巫术"，以破坏他人、伤害他人为目的的巫术，具有攻击性，相当于破坏巫术，也称"妖术"。（2）善意巫术：又称"白巫术"，以维护自己、他人为目的的，是行善的防御性巫术，包括生产巫术和保护巫术，也称"道术"。（3）预兆巫术：道德价值介于黑、白之间，既不攻击，也不防御，非恶非善，亦恶亦善，包括占卜与堪舆术。

歌":"断竹续竹,飞土逐肉。"实为一首巫术性质的咒语。古代诅咒术企图用语言力量让鬼神降祸于仇家。《左传》隐公十一年:"郑伯使卒出豭,行出犬鸡,以诅射颖考叔者。"昭公二十一年:"民人苦病,夫妇皆诅。祝有益也,诅亦有损。虽其善祝,岂能胜亿兆人之诅?"传世之《诅楚文》据郭沫若考订为战国秦惠王诅楚怀王罪的告神文。其文首尾云:"又秦司王,敢用吉玉宣璧,使其宗祝邵,布檄告于丕显大神厥湫,以底楚王熊相之多罪。……敢数楚王熊相之倍盟犯诅,著者石章,以盟大神之威神。"清华简《祝辞》共有五则,学者认为"第三、四、五则当为连读,为射箭咒辞,分别为射箭、射禽、射革"①,即属于巫术性质的诅咒。汉代诅咒术亦很流行,汉武帝时甚至酿成"巫蛊"之祸。道教所用的符箓和咒语皆属于黑巫术之范畴。

祝职还细分有小祝,主要辅佐大祝;丧祝,专掌大丧劝防之事及丧祭祝号;甸祝,掌四时之田表貉之祝号;女祝,掌王后之内祭祀,凡内祷祠之事。春秋时期巫祝仍相通。"祝在当时亦行巫事,《左传》:'君以军行,祓社衅鼓,祝奉以从,于是乎出境。'(定公四年)祓、衅都是祭礼中的巫术成分,这表明巫祝当时确实相通。"②东周诸侯各国仍设有宗祝等职位。虢国,《左传》庄公三十二年:"秋,七月,有神降于莘……使祝应、宗区、史嚚享焉。神赐之土田。"杜注:"祝,大祝;宗,宗人;史,大史。"鲁国,《左传》定公四年:"分鲁公……分之土田陪敦,祝宗卜史,备物典策,官司彝器……"《左传》昭公十七年:"夏,六月,日有食之,祝史请所用币。……祝用币,史用辞。"杜注:"用币于社,用辞以自责。"随国,《左传》桓公六年:"楚武王侵随……王毁军而纳少师,少师归,请追楚师,随侯将许之,季梁止之曰:'臣闻小之能敌大也,小道大淫,所谓道忠于民而信于神也。上恩利民,忠也;祝史正辞,信也;今民馁,而君逞欲,祝史矫举以祭,臣不知其可也。'"《正义》云:"祝官史官,正其言辞,不欺诳鬼神,是其信也……祝史诈称功德,以祭鬼神,是不正言辞,是不信也。"宋国,《左传》襄公九

---

① 江林昌:《清华简〈祝辞〉与巫术咒语诗》,《深圳大学学报》(人文社会科学版)2014年第2期。

② 陈来:《古代宗教与伦理——儒家思想的根源》,第58页。

年："九年春，宋灾……二师令四乡正敬享，祝、宗用马于四墉，祀盘庚于
西门之外。"晋国，《左传》成公五年："梁山崩……祝币、史辞以礼焉。"杜
注："陈玉币，自责罪。"卫国，《左传》襄公十四年："及竟，公（卫献公）
使祝宗告亡，且告无罪。"《左传》定公四年："子鱼辞曰：'且夫祝，社稷之
常隶也，社稷不动，祝不出竟，官之制也。'"郑国，《左传》昭公十八年：
"火作，子产辞晋公子公孙于东门……使公孙登徙大龟，使祝史徙祏于周庙，
告于先君。"齐国，《左传》昭公二十年："齐侯疥，遂痁，期而不瘳……梁
丘据与裔款言于公曰：'吾事鬼神丰，于先君有加矣。今君疾病，为诸侯忧，
是祝史之罪也。诸侯不知其为我不敬，君盖诛于祝固，史嚚以辞宾。'"《左
传》昭公二十六年："齐有彗星，齐侯使禳之……晏子曰：'……若德阁乱，
民将流亡，祝史之为，无能补也。'"祝史职官因国君之病险而被诛，及有彗
星，亦让祝史禳之，祝史除可祭祀祖先，仍可祀天。虽因晏子劝告而作罢，
然齐对祝史之信赖可知矣。陈国，《左传》襄公二十五年："祝祓社，司徒致
民，司马致节，司空致地。"《左传》哀公十五年："若不会，祝宗将曰吴实
然，且谓鲁不共而执其贱者七人，何损焉。大宰嚭言于王曰：'无损于鲁，
而只为名，不如归之。'乃归景伯。"吴因惧祝宗之祝，遂归景伯，由此可知
祝在春秋之世的重要和影响了。

（三）史职

　　史脱胎于巫。陈梦家云："祝即是巫，故'祝史'、'巫史'皆是巫也，
而史亦巫也。"[1]《易·巽九二》云："用史巫纷若，吉，无咎。"《国语·楚语
下》云："夫人作享，家为巫史。""史"即是巫，是巫之延续。祝、卜、筮、
巫都可以附上"史"字称祝史、巫史等等。《左传·庄公廿二年》追记"周
史筮陈公子完"，此乃陈厉公请周史占筮。据古籍记载，黄帝时就设有史官，
如仓颉、沮诵、孔甲、大挠、隶首、宾成，可知巫之早也就意味着史出现不
会很晚。

　　马王堆帛书《要》云："幽赞而达乎数，明数而达乎德，又仁守者而义

① 　陈梦家：《商代的神话与巫术》，《燕京学报》1936 年第 20 期。

行之耳。赞而不达乎数，则其为之巫。数而不达于德，则其为之史。"①孔子
对于巫、史、儒的区别是从进化论的角度予以递进式解释，仅处于幽赞于
神明的层次，还没有达到"数"的高度的可谓之巫，达到了"数"的层次
而没有进入到"德"与"义"的高度的可谓之史，史为巫的高级形式，只
有达到了"德"与"义"的最高程度的方可谓之儒。故孔子在《要》篇曰：
"后世之士疑丘者，或以《易》乎？吾求其德而已，吾与史巫同途而殊归者
也。"《礼记·郊特牲》云："礼之所尊，尊其义也。失其义，陈其数，祝史
之事也。故其数可陈也，其义难知也；知其义而敬受之，天子之所以治天
下也。""史"，仅存于"数"之层面，而"不达于德""失其义"。因此，这
"史"只能是国家形态下的"巫"了，因为其本质与巫并没有什么不同。何
为史之职？龚自珍云："天地、鬼神、灾祥、卜筮、梦之备书于策者，何也？
此史之职也。"②《庄子·天下》云："古之人其备乎，配神明，醇天地，育万
物，和天下，泽及百姓，明于本数，系于末度。六通四辟，小大精粗，其运
无乎不在。其明而在数度者，旧法世传之史，尚多有之。""由巫而史"的
转变就是由"巫术的世界，变而为符号（象征）的世界、数字的世界、历
史事件的世界。"③史官在商代就已存在，殷墟卜辞中保存了许多关于史官活
动的史料。史官的活动并不仅局限于《礼记·玉藻》所云"动则左史书之，
言则右史书之"，还职掌天文、历法、祭祀之事，"是一种兼管神职与人事，
观察记载社会动态和自然现象的职官"。④劳榦云："古代祭司应当是三种人
掌管的。即是巫、祝和史，但依理是统于太史的。巫、祝两字并见于甲骨
文，巫象在神幄中奉玉之形，祝象在祭桌前跪拜之形，史象钻龟之形。"⑤从
《书·金縢》"史乃册祝曰"以及《书·洛诰》"王命作册逸祝册"看，史与
巫甚密切，史却较祝为高，史可以作册为祝之事，而祝却不一定作册，后来
官制虽有"大史""大祝"之称，然史主卜作册，而祝则为祷神祈福，虽又

① 邓球柏：《帛书周易校释》，湖南出版社1987年版，第481页。
② 李泽厚：《己卯五说》《历史本体论·己卯五说》，第169页。
③ 李泽厚：《己卯五说》《历史本体论·己卯五说》，第169页。
④ 张亚初、刘雨：《西周金文官制研究》，第27页。
⑤ 劳榦：《古代思想与宗教的一个方面》，《学原》第1卷第10期，1948年版。

同为祭事，而祝却近乎专职，盖由于此，以致后来史与祝演变为专门的官制，史为史，祝为祝。[①] 王国维《释史》云："然大小官名及职事之名多由史出，则史之位尊地要可知矣。"[②]《礼记·曲礼下》将太史列在"天官六大"之列，郑玄注谓"此盖殷时制也"，顾颉刚驳郑："这真是闭着眼睛之胡言。"[③] 铭文所见史官类官职名有：大史、史、内史尹、内史、作册内史、作命内史、内史友、右史、御史、中史、省史、书史、佃史及诸侯史官等。《周礼》记史官下属七个分职：长官为"太史"，下大夫二人（按，职位与铭文不合）；副职为"小史"，属职为"冯相氏""保章氏""内史""外史""御史"等。

太史职掌巫事在《周礼·春官》中有记述："正岁年以序事，颁之于官府及都鄙，颁告朔于邦国。闰月，诏王居门终月。大祭祀，与执事卜日。……祭之日，执书以位常，辨事者考焉，不信者诛之。……大师，抱天时，与大师同车。大迁国，报法以前。大丧，执法以莅劝防，遣之日，读诔。凡丧事考焉。"大史掌管西周王室的文书起草、策命诸侯卿大夫、记载国家之大事、编著史册，另管理天文、历法、祭祀之事，是一种兼管神职与人事、观察记载社会动态和自然现象的职官。

大史掌管天文历法之职责。天文历法本出于巫。这也是自然中事，通"天"本是巫觋之事，其他人无此特权。司马迁《史记·历书》云："盖黄帝考定星历，建立五行，其消息，正闰徐，于是有天地神祇物类之官，是为五官。各司其序，不相乱也。民是以能有信，神是以能有明德。民神异业，敬而不渎，故神降之嘉生，民以物享，灾祸不生，所求不匮。"羲和之官，出自巫史。文献大量记载"巫""史"与"识天象""知天道"有关，"昔之传天数者，高辛之前重黎……殷商巫咸，周室史佚苌弘"。（司马迁《史记·天官书》）洪迈曰："周之史官、日官，同一职耳，故司马谈为汉太史令，而子长以为'文史、星历，近乎卜祝之间。'今太史局，正星历卜祝辈所聚，其长曰太史局令而隶秘书省，有太史案主之，盖其源流有自来矣。"[④] 洪迈说甚

---

① 参见王恒馀《说祝》，《"中研院"历史语言研究所集刊》第 32 本，1987 年版，第 110 页。

② 王国维：《观堂集林》第 1 册，中华书局 1959 年版，第 269 页。

③ 顾颉刚：《"周公制礼"的传说和〈周官〉一书的出现》，《文史》第 6 辑。

④ （宋）洪迈：《容斋续笔》13 "太史日官"条。

切合。班固《汉书·律历志》谓日官底日之礼是"言告朔也",故日官分化于史官,因为"大史正岁年以序事,颁告朔于诸侯"。王室统治的重要标志之一就是颁正朔,"王者易姓受命,必慎始初,改正朔,易服色,推本天元,顺承厥意。"(司马迁《史记·历书》)正朔是符合天理的天数,与天同者方可大治,否则易大乱。"天人一也⋯⋯与天同者大治,与天异者大乱。故为人主之道,莫明于在身之与天同者而用之,使喜怒必当义乃出,如寒暑之必当其时乃发也。"(《春秋繁露·阴阳义》)《史记·天官书》将记时的责任推于史官,"周室衰微,史不记时,君不告朔"。《左传》记哀公十二年冬天,有螽,孔子直说那是"司历之过"。历法的主要用途并不只是在于"为农业服务",而是在于星占,推算、预报交食及行星运动。历法还是预知"凶厄之患,吉隆之喜"的"圣人知命之术",以至于能上格天心,邀神降福,"该浃生灵,堪舆天地"。太史"大迁国,抱法以前。"法,司空营国之法也。抱之以前,当先王至,按法以定宫庙之位处也。按照分野之说,地域与天文是相连属的。大史执行刑罚苛严,凡"不信者","刑之"或"诛之"。史官还常与军事有直接关系,在战争中要用式盘数术以助军事。"大师,抱天时",郑司农云:"大出师,则大史主抱式,以知天时,处吉凶。史官主知天道,故《国语》曰'吾非瞽史,焉知天道'。《春秋传》曰'楚有云如众赤鸟,夹日以飞,楚子使问诸周大史'。大史主天道。"天时,即式,为一种模仿宇宙结构用于占验时日的工具,现知的有所谓六壬式、太乙式、遁甲式、雷公式等,而式占是以选择时日为主的一种占卜,包含对历日的各种神秘推算。刘勰《文心雕龙·书记篇》云:"星式有占式。式者则也。阴阳盈虚,五行消息,变虽不常,而稽之有则也。"李学勤指出:"这种军事数术,《汉书·艺文志》称之为兵阴阳,所谓'阴阳者,顺时而发,推刑德,随斗击,因五胜,假鬼神而为助也。'《汉志》兵阴阳家著录有《苌弘》十五篇,苌弘本为周史,《史记·天官书》说:'昔之传天数者,周室史佚、苌弘',史佚也是周初的史官。"[1]西周铭文《史密簋》记述了史密参与战争史实:"惟十又一月,王令师俗、史密曰:'东征。'合南夷卢、虎会杞夷、舟夷,讙,不折,

① 李学勤:《走出疑古时代》,第 171—172 页。

广伐东国，齐师、族徒、遂人乃执鄙宽恶。师俗率齐师、遂人左（周）伐长
必；史密右率族人、莱伯、㽙、夷周伐长必，获百人，对扬天子休，用作朕
文考乙伯尊簋，子子孙孙其永宝用。"

　　史官为当时国家以藉鼎、龟甲、蓍草占卜或卜筮为手段，掌握国家命
运的贞人集团组成成员，其权利与意志来自于皇天上帝。商周有一个贞人集
团，掌握着国家命运的最高统治权力，贞卜范围之大、内容之广，包含整个
王朝诸事，以贞卜为手段职掌与研究着天文、历法、气象、军队、征伐、戍
边、刑法、农业生产与技术、生产方式、田猎、畜牧等等。[1] 董作宾研究甲
骨卜辞得出结论：贞人即是史官。贞人不同于卜人，卜与贞本是两件事。"早
期是太卜司卜，太史司贞，有时王来亲贞，晚期有时王要自卜自贞，所以也
称'王卜贞'。贞人并不是名词，意思只是'问卜的人'。问卜的人任何人
都可以充任，或是王自己去任。至于卜人应该是只限于太卜，才有灼龟见
兆、断定吉凶的专长。"[2] 贞人集团在西周时是秉承天意以作统治的最高统治
集团，因为君王自身也要参与贞卜，周的遗址和窖穴中已陆续发现了甲骨卜
辞[3]，但西周贞人贞问的不仅是卜，大多是筮，不同于商代以卜为主。武王
胜殷，向其子询问治国方略，史官记录而成《洪范》，论及卜筮稽疑。

　　史官辅佐王沟通天人，掌礼乐助王之教化，成为中国古文明最重要的
职官。蒋义斌依据金文及文献，认为史官至周时成为最重要的官职，其职掌
可分为：1. 掌天文、历算：如《国语·周语下》："（单襄公）对曰：吾非瞽
史，焉知天道。" 2. 卜筮灾祥的解释：如《国语》内史过论神。3. 参与祭祠：
如《左传》闵公二年礼孔："我大史也，实掌其祭。" 4. 巡省：周王命史官到
地方省视。5. 册命：齐思和《周代赐命礼考》考证赐命礼须由史官执册命
之。6. 盟誓：《左传》昭公元年："公孙黑强与于盟，使大史书其名。" 7. 约

---

① 贞人集团到了春秋战国之际，已步入由盛转衰的阶段，出现了专一贞卜的劳作之人，较
　为卑下、寒酸的知识分子，然后贞卜术流散于民间，直接影响到先秦后的国民意识。
② 董作宾：《甲骨文断代研究例》《甲骨学六十年》，刘梦溪主编《中国现代学术经典·董作
　宾卷》，河北教育出版社1996年版，第33、209页。
③ 发现甲骨地点有：山西洪洞坊堆村、陕西长安沣西、北京昌平白浮、山西岐山凤雏村、陕
　西扶风齐家村，凤雏村M11窖穴发现卜骨、卜甲17000余片，有字卜骨近200片。

剂。8. 出征。① 在早期官僚组织系统初创时期，职能划分具有相对性的情况下，史官人员能力超强，上通天文，下知地理，中问人事，用后来的话说，具掌天地人三才之道，"自有记载以来，今人所及知之古史官们，多数是博学多通，而又生存于'泛灵说'盛行的社会，故其实得于自然界的知识往往混杂有巫术的传说"②。史职，由巫职分化出来；则史学孕育于巫术，且在巫术"档案"中可以找到其组成的全部要素。历史的要素——时、地、事，在甲骨文中全已包含。甲骨卜辞书写体例由四部分组成，一是叙辞，记占卜的时间、地点、占卜者；二是命辞，命龟之辞，陈述要贞问的事；三为占辞，因兆而定吉凶；四是验辞，记录应验的事实。贞卜过的甲骨要有意予以保存，故"存档"观念已有。甲骨及"文"皆为人与神灵沟通的中介，神秘而神圣，故需妥善保存，而不能随意处置以免遭到亵渎。因此，我们的史学源于巫术，发轫于久远，当今史学界如果不数典忘祖，就应该对古代巫术回首关照。杨向奎梳理了后来的"史"的来历，可作参考：

> 巫以后是史，所以太史公自叙上及重黎，而孟子说"诗亡然后春秋作"也正好说明了这种演变。如果我们比较一下神、巫、史的历史内容，我们会发现其中颇有不同，约略是：
>
> (1)"神"述历史，天人不分；
>
> (2)"巫"述历史，天人渐分；
>
> (3)"史"述历史，天人已分。
>
> 以后稷的历史为例，《天问》说"稷维元子，帝何竺之"。以后稷为上帝的元子，所以得到鸟兽的保护，这还是天人未分的历史。而在《周颂》与《大雅》中只是说姜原履帝武而生后稷，虽被抛弃，足因各方面的维护而得救，后来后稷也只能"配天"而不是"天"，这减少了人中神的成分，是"巫"传历史，但因为没法解释那"戴天头"式的

---

① 蒋义斌：《中国宗教与史的起源》，《佛教的思想与文化——印顺导师八秩晋六寿庆论文集》，第 13 页。

② 王梦鸥：《阴阳五行家与星历及占筮》，《"中研院"历史语言研究所集刊》第 43 本第 3 分，第 492 页。

婚姻生子，于是"履帝武"的说法产生。无论神、巫都不是职业史家，只是以"史"作为舞曲，通过舞容对于祖德的形容，通过诗史对于祖德的歌颂。神、巫事业衰落后，职业的史家代兴，于是史诗亡而史书出，是谓"诗亡然后春秋作"。①

杨向奎分出了史从巫中分出之后又别于巫的不同之处，也是在说明史从巫中分出的过程。

　　冯相氏、保章氏与大史相统属，各隶属于大史主管天文。《史记·太史公自序》云："文史星历近乎卜祝之间。"《大戴礼·月令》云："乃命太史守典奉法，司天日月星辰之行。"《周礼·春官》记载冯相氏职掌："掌十有二岁，十有二月，十有二辰，十日、二十有八星之位，辨其叙事，以会天位。冬夏至日，春秋致月，以辨四时之叙。"冯，凭也；相，观察天象也。冯相氏，就是按照日月星辰的变化规律行人间之事。二十八宿②，即指天空中作为日、月和五星运行坐标的二十八星宿。约西周末期形成了二十八宿的概念体系，在这个体系中，按照东南西北的四个方向，把七宿联系起来想象成四种动物形象：苍龙、玄武、白虎、朱雀，也许为四种主要部落图腾，它们为神物可以通天地神灵，巫觋可以通过它们达到巫术目的。巫史都涉及许多天象历法方面的知识。传说黄帝命史官大挠作甲子以记时日，而史官羲和则是从黄帝至夏代家族相传的执掌天文历法的官职。自从农业生产与天气物候联系起来后，观象授时，制定历法便成为农业生产中的大事。《夏小政》相传是夏代历法，夏以"建寅"为岁首正月，商代以"建丑"为岁首正月，周朝又改以"建子"为岁首正月，制定这些"建寅""建丑""建子"历法的皆为巫史所职。保章氏掌天星，以志星辰日月之变动，以观天下之迁；负责星占，观天象以察地理，作星占以辨其吉凶。传天数者为史官，《史记·天

① 杨向奎：《宗周社会与礼乐文明》，人民出版社1997年版，第363页。
② 28宿系统形成有一个相当长的历史发展过程。《尚书·尧典》提到了房、虚、昴、星4个星宿名称；《大戴礼记·夏小正》提到了角、亢、心尾等20个星宿名称；《礼记·月令》提到了25个星宿名称，表明了这个系统在周代趋于完备。文献中关于28宿名称全面记载，首见于《吕氏春秋》，湖北随州曾侯乙墓中彩绘有28宿漆箱。

官书》历数先秦时期著名天文学家皆为巫史："昔之传天数者，高辛之前，重、黎，于唐虞，羲、和；有夏，昆吾；殷商，巫咸；周室，史佚、苌弘；于宋，子韦；郑则裨灶；在齐，甘公；楚，唐昧；赵，尹皋；魏，石申。"《淮南子·氾论训》云："昔苌弘，周室之执术数者也。天地之气，日月之行，风雨之变，律历之数，无所不通。"《左传·昭公十年》记载裨灶根据"有星出于婺女"的天象断言晋平公的死期。占星家关注的天象主要有两类，一类属于奇异天象，另一类则是五星运动。《汉书·艺文志》云："历谱者，序四时之位，正分至之节，会日月五星之辰，以考寒暑杀生之实。故圣王必正历数，以定三统服色之制，又以探知五星日月之会。凶阨之患，吉隆之喜，其术皆出焉。此圣人知命之术也，非天下之至材，其孰与焉！"

从甲骨文、金文中的大量史料看，"史"与"巫""祝"职司相类，皆掌天象、卜吉凶、定人事，故"巫史不分"在古代是一个通则。西周之时在铭文中只见有王室之大史，而东周时期诸侯皆设有大史，于此亦可见诸侯僭越、王室兴衰之一般。楚国有最著名的左史倚相，《国语·楚语下》王孙圉使晋，盛赞倚相："能道训典，以叙百物，以朝夕献善败于寡君，使寡君无忘先王之业；又能上下说于鬼神，顺道其欲恶，使神无有怨痛于楚国。"列国只有大史而无内史，孔颖达《春秋左氏传序·正义》："《周礼》内史职曰，凡命诸侯及孤卿大夫则策命之，僖二十八年《传》，说襄王使内史叔兴父策命晋侯为侯伯，是天子命臣，内史掌之。襄三十年《传》，称郑使大史命伯石为卿，是诸侯命臣，大史掌之，当天子内史之职，以诸侯兼官无内史故也。"春秋时期，"民，神之主也。"（《左传·僖公十九年》）"国将兴，听于民；将亡，听于神。"（《左传·庄公三十二年》）宗教巫职官位下降，曾在西周作为最高官署之一的太史僚已销声匿迹，宗、祝、巫、卜、筮、占梦、天象等，皆史官掌之。盖"史"其总称，而所掌者则有宗、祝、巫、卜等分职也。唯其总之以"史"，故有"筮史"，《左传》僖公二十八年记"曹伯之竖侯獳、货筮史"，《史记·赵世家》记"王令筮史敢占之"；有"祝史"，《左传》襄公二十七年记"其祝史陈信于鬼神，无愧辞"；有"史巫"，《说苑·辨物》记"哀公射而中稷，其口疾不食肉，祠稷而善，卜之巫官"，"巫官"即"史巫"；有"祭史"，《左传》昭公十七年记"使祭史先用牲于洛"；有"史墨""史龟",《左传》哀公九年记"晋赵鞅卜救郑,遇水适火,占诸史赵、史墨、史龟"。此时的史官,已不是昔日之史官,除了职掌文化宗教之责外,不再掌握军、政、司法、外事等大权,一般不再参与军政大事的决策,其他祝、卜之类的宗教事务官仅在国家各种典礼中充任司仪媒介,只能哀叹"周礼尽在鲁矣",但已只能比较而言。西周时期神权居于支配一切的地位的现象虽不复存在,但限于以木石工具为标志的生产力水平,巫事神权仍在社会生活中占有重要地位,"国之大事,在祀与戎",祀仍为先。史与礼还是有所区别的,《礼记·郊特牲》云:"礼之所尊,尊其义也。失其义,陈其数,祝史之事也。故其数可陈也,其义难知也;知其义而敬守之,天子之所以治天下也。"

商周时期的史官主责并不是作历史记载,而是主要在履行巫事,有人说,"不论从商周文献的类型、他们表现的时间观念,或从'史'字的用意与'史'官的作用来看,都可以发现西周末年之前并未发展出'历史记载'。当时先民在做各式记载时,并未怀抱着传诸百代的冀望,也没想过要让后代子孙了解前代事迹的线索。……青铜器铭文用于祭祀等礼仪,从其内容发展来看,铭文内容一直要在西周晚期,才具备了'历史观念'。"[①] 其实从客观来说,这种巫事记载已经是完成了"历史记载"的任务,况且铭文上还记载天象及历时,如"九月既死霸丁丑""四月既生霸庚午",并不能否定史官具有了"时间意识",既然具有了"时间意识"也就意味着具有了所谓"历史意识",否则就不需要记载这些时间了,而且青铜铭文的记载也具备了"时间,人物,事件,史官想法"等因素,如周初《利簋》就记载了武王在甲子朝克商事件。所以,中国古代重视历史的意识来源于其悠久的巫教传统,所有的占卜都要如实记录下来,保存起来,并且还要将验辞记录在案,这才有安阳甲骨卜辞的大量发现;中国古代秉笔直书的史官精神同样应该是渊源于早期的巫教信仰,面对神灵就应该据实书写,才会出现"在齐太史简,在晋董狐笔"的"古之良史,书法不隐"之事,这应该是信仰的力量。春秋已降,史之职能渐渐人事化,春秋时晋、楚两国设置左史和右史,《礼记·玉

---

① 郭静云:《夏商周:从神话到史实》,上海古籍出版社2013年版,第461页。

藻》谓"动则左史书之，言则右史书之"；后来《汉书·艺文志》又谓"左史记言，右史记事"。史到此时与巫有很大区别了：

> 在史的身上，我们可以更多地发现人文理性精神。就《左传》所见，如庄公三十二年内史过之语："国之将兴，明神降之，监其德也；将亡，神又降之，观其恶也。"虽然表面上还保留了神的地位，但是更强调的却是德的因素。僖公十六年内史叔兴见鹢退飞过宋都，认为只是阴阳之事，和吉凶无关，与时人的看法有重要区别。这之中包含着发展出自然天道观念的萌芽，为哲学的出现奠定了基础。史和巫的这种不同，在马王堆帛书《要》中被概括为"赞而不达于数，则其为之巫；数而不达于德，则其为之史"。巫仅仅知道求助于鬼神，史已经开始留意于天道，而达到德的就已经是所谓的"儒"了。①

至汉代，这种史官早已废，故《汉书·艺文志》感叹云："术数者，皆明堂羲和史卜之职也。史官之废久矣，其书既不能具，虽有其书而无其人。《易》曰：'苟非其人，道不虚行。'"史巫之官虽已废，但是历史意识却越来越浓厚，历史纪录也越来越丰富，也就是说巫事与人事分离，巫事在某种程度上让位于人事。许倬云对于史官的演变也有一个梳理，值得参考：

> 史字原义，一般都以为持筹算，是以为职司纪录的专门官员。王国维以为，《说文解字》，事，职也，从史；吏，治人者也，也从史。殷人卜辞以史为事，是殷时还没有"事"字，金文中卿事的事仍是史的繁文，与史本字略有差别，然而仍是一字。殷周间官名，卿事、卿士、卿史，均由史字衍演。天子诸侯的执政在《尚书》中通称御事，如"大诰"、"酒诰"、"梓材"、"召诰"、"洛诰"诸篇中所见。而殷墟卜辞则称御史，更可证御事乃由史来。《尚书》"酒诰"："有正有事"，又"兹乃允惟王正事之臣"；"立政"："立政立事"。"正"与"事"往往相对，

---

① 严文明：《中华文明史》第 1 卷，北京大学出版社 2006 年版，第 355 页。

是长官谓正，庶官为事。庶官称事，即是称史。后世分化，于是持书的是史，治人的是吏，职事是为事，其实都由"史"字变化。[1]

由此可见，史从巫中而来，自身带有强大的魔力和影响力，在巫教系统中是活跃分子，掌管着祭祀权的配置与使用权；在官僚机构中具有重要的地位和价值，对于官府的组织系统构建具有重要作用；在后来的历史学的建立方面当然功不可灭，彪炳千古；"史官的工作，不论其宗教的功能（如祝宗卜史）或纪录的功能（如掌书的职务），都代表传统的知识与掌握知识的能力"。[2]

（四）巫职

巫觋范围及职权的变化经历了一个分化与整合、膨胀与萎缩的过程。巫觋自身分化出多种名目的职官，从一个角度看，是巫觋自身的萎缩，从另一个角度看，又是巫觋本身的膨胀，而分化之后带来的是各个分职的整合。分化以后的巫觋，主要担任与神直接交通的活动，但其身份不如宗祝等高，而早先的大部分巫觋皆已取得其他身份，不再继续使用巫觋名称。变革的时代和巫觋职权的分化现象导致了巫觋职权的限制和身份的降落。《礼记·礼运》云："祖庙，所以本仁也；山川，所以傧鬼神也；五祀，所以本事也。故宗祝在庙，三公在朝，三老在学。王前巫而后史，卜巫瞽侑，皆在左右。"王的随从人当中，巫在王前，只担任事先为王驱除邪鬼的职任。

《周礼》记巫职有"司巫""男巫""女巫"等职。司巫职掌为："掌群巫之政令。若国大旱，则帅巫而舞雩。国有大灾，则帅巫而造巫恒。祭祀，则共匰主及道布及蒩馆。凡祭事，守瘗。凡丧事，掌巫降之礼。"从"司巫"的职掌看，巫概念的内涵越来越专，而其外延却越来越小，原先由巫职掌的事情已转由他职负责。此时的"司巫"主要职能仅限于四个方面：一为"大旱"时舞雩；二为"大灾"时"造巫恒"；三为祭祀时主要"守瘗"；四为"丧事"掌"巫降之礼"。从"掌群巫之政令"条款看，司巫通过政令领导群

---

[1]　许倬云：《西周史》，第218页。

[2]　许倬云：《西周史》，第227页。

巫，巫之管理仍以政权的形式存在着，巫觋仍是社会中的重要群体组织，而且已经分化出"官巫"与"民巫（俗巫）"两个阶层，其中一部分在官府服务，而一部分就活动于民间。这标志着巫术已经进入民间"小传统"，而且势力不弱。既然专设有"司巫"之职，也表明统治者对巫觋之专门控制，让其更好地为官僚统治阶级服务，这样就存在着一个"悖论"：统治阶层要以"人事"服务于"神事"，同时又要利用"神事"服务于"人事"，事实就是如此，说到底还是"人事"的觉醒。

巫，分男巫与女巫，官府人数不限，为"无数"，即视情况而定。《周礼》记"男巫"职掌为："掌望祀、望衍授号，旁招以茅。冬堂赠，无方无算。春招弭，以除疾病。王吊，则与祝前。""女巫"职掌为："掌岁时祓除、衅浴，旱暵则舞雩。若王后吊，则与祝前。凡邦之大灾，歌哭而请。"其主要职责为招神、逐疫、禳灾、除不祥。舞雩为降神之舞，如同商汤《桑林》之祷雨舞，刘师培言："《论语》：'冠者五六人，童子六七人，浴乎沂，风乎舞雩。'《论衡》以此为舞雩之祭，舞者七十二人。此雩祭重舞之证。《月令》言大雩祭'用盛乐'，则雩祭所用之舞，即系乐舞。《说文》雩字下，云'夏祭乐于赤帝以祈甘雨也'。乐于赤帝者，即用乐舞以降赤帝之神也。"①

"茅"为重要巫术道具，《左传》僖公四年记载管仲寻找齐伐楚的借口就是"尔贡包茅不入，王祭不共，无以缩酒，寡人是征"，"茅"既然能够足以作为发动一场战争的借口，可知当时人们对其重视程度。《晏子春秋·内篇杂上》云："齐景公为路寝之台，而鸮鸣其上，公恶之。台成而不踊。柏常骞，其之巫也，请禳而去之。且曰'筑新室，置白茅'。公如其说，筑室置茅焉。"《公羊传》宣十二年："楚伐郑，郑伯肉袒，左执茅旌。"何注："用茅者，取其心理顺一，自本而畅乎末，所以通精诚，副至意。"在西周，巫的职事除了上述所言之外，巫还行使另外一些职事。《国语》云："厉王虐，国人谤王。邵公告曰，民不堪命矣。王怒，得卫巫，使监谤者。"此时的巫成为国王的工具，站到民的对立面，以察民间隐情。《庄子·应帝王》云："郑有神巫曰季咸，知人之生死、存亡、祸福、寿夭，期以岁月旬日若神。"

---

① 刘师培：《舞法起于祀神考》，钱钟书主编《刘师培辛亥前文选》，第 439 页。

巫又兼有断吉凶为务。《左传》所记春秋时巫之所事，多言吉凶休咎之事。《左传·襄公十八年》载："中行献子将伐齐，梦与厉公讼，弗胜，公以戈击之，首堕于前，跪而载之，奉之以走，见梗阳之巫皋。他日见诸道，与之言，同。巫曰，今兹主必死。若有事于东方，可以成。"《左传·成公十年》载："晋侯梦大厉被发及地，搏膺而踊曰，杀余孙，不义，余得请于帝矣。坏大门及寝门而入，公惧，入于室，又坏户。公觉，召桑田，言如梦。公说：'何如？'曰：'不食新矣。'"

由此看来，巫的职掌经历了一个过程，西周之前，神事统管，并以神事御人事，进入西周，其职权得到分解，按规定负责部分神事，服务于人事，后来，职务混杂，神事与人事混杂，凡有神事，巫又变得几乎无所不能，但总的来说，巫的政治地位一直处于一种下降的趋势，而其社会地位在西周整个时代不会有多大的改变，巫虽分为祝、宗等职，地位有所下降，而民间对于巫的信仰仍不少减，因为当时的生产力水平已经决定了那个时代人们的信仰意识。"商周时期，'巫'对占卜之事可能仍有参与，但所谓'贞人'是'卜'不是'巫'。'巫'的职能主要是望祀、乞雨、宁风这类事，他们的地位应在'祝宗卜史'之下，'祝宗卜史'的地位应在'王'之下，这是商代以来就已确定的格局。"① 巫自周代以后的地位变得越来越低，乃至走到被加以限制或限定之地步。

（五）卜职

国之大事必问卜，卜职人员就是以占卜为工具传达神谕的中介，然后以定人事。"王者决定诸疑，参以卜筮，断以蓍龟，不易之道也。"（司马迁《史记·龟策列传》）"汝则有大疑，谋及卜筮。"（《尚书·洪范》）"定天下之吉凶，成天下之亹亹者，莫善于蓍龟。"（《周易·系辞上》）古代占卜样式纷繁，但可以分门别类归纳为三大系统，一个系统为与天文历算有关的星占、式占等术，一个系统为与"动物有灵"或"植物有灵"崇拜有关的龟卜、筮占，一个系统为与人体生理、心理、疾病、鬼怪有关的占梦、厌劾、祠禳等

---

① 李零：《中国方术续考》，第 78 页。

术。《汉志·数术略》列星占、式占为上，龟卜、筮占次之，占梦、厌劾等术又次之。从考古发现看，它们各有来源，为递相沉浮的并行系统。[1] 无论何种卜筮，也不论其卜筮仪式做得如何复杂，其巫术基本原理为：或然性决定论。巫师认为这个世界上的事物之间是普遍联系的，无论过去、现在和未来，而且未来的事物状况如何总是蕴藏或表现于现在的某种现象之中，于是就寻找到各种能对应显现这一"表现"的工具，这一工具要满足"表现"就需要具有极大或然性的条件，因为这种或然性的"表现"反过来又对应或决定事物发展的"必然性"，没有或然性就无法去对应丰富多彩的世界。于是，占卜就这样产生了。周人占卜如何，虽然文献有所记载，如"古公卜居岐""文王卜出猎""武王卜伐纣""共伯和卜旱""幽王渎龟"等，但在没有发现卜占遗物之前，人们只是处于一种推测阶段，典型之文当为何天行于 1940 年发表的《陕西曾发见甲骨之推测》。[2] 自 20 世纪 50 年代陆续出土西周甲骨起，人们的推测才变为现实。《周礼》记"太卜"掌管各类占卜活动，下辖 7 职："卜师""龟人""菙氏""占人"负责龟卜活动；"筮人"负责易占；"占梦"专为王公贵族详梦；"视祲"负责各类气象占。显然周代的占卜活动进行了明确分工。《吕鼎》铭文："王若曰：'吕，命汝处乃祖考司卜事。'"据考证，吕鼎当为西周恭王时期，此卜自当为王朝之大卜。《周官》以大卜属诸宗伯，又以为下大夫，这与铭文不合。大卜，至春秋《左传》称卜正。从各种卜职职掌范围可以考证出占卜活动的内在理路，反过来又可从这理路中窥见各卜职的分工状况。

1. 卜之流程

龟卜属于骨卜，在巫术的意识中，骨是精灵的居处，以动物骨的色彩与裂纹占卜在世界上分布很广、流传久远的人类习俗。这类占卜可分为冷卜（apyro—scapulimancy）和热卜（pyro—scapulimancy）两类。一般说来，东半球西部，地中海沿岸的西亚、北非和欧洲，用来占卜的骨多不经灼烧（但匈牙利和苏格兰也发现过热卜的例子）；而东半球东部的中亚和北亚，还有

---

[1] 参见李零《中国方术考》，东方出版社 2000 年版，第 88 页。

[2] 何天行：《陕西曾发见甲骨之推测》，《学术》1940 年第 1 期。

西半球的北美，则流行用灼烧的方法来占卜。① 龟卜是一种特殊的骨卜，人们对龟的崇拜主要是因为"灵龟者，玄文五色，神灵之精也。上隆法天，下平法地，能见存亡，明于吉凶"②。"上隆法天，下平法地"，天地交通融于龟一体，正切吻巫术思维。《书·大诰》云"宁王遗我大宝龟"，《易·损》云"十朋之龟"，皆此谓也。

"三王不同龟，四夷各异卜"（《史记·龟策列传》）。李学勤研究认为，西周的卜法并不是由殷墟甲骨所代表的商代卜法直接发展而来的。③《史记·龟策列传》所云龟卜之法虽较详赡，但已是汉代之制，亦有别于商周。董作宾所列的商代龟占流程是：一曰取用，二曰辨相，三曰衅衁，四曰攻治，五曰类例，六曰钻凿，七曰燋灼，八曰兆璺，九曰书契，十曰庋藏。④ 陈梦家根据《周礼》列出的占卜流程为：（1）龟人：取龟，攻龟（即杀龟，锯、削、刮、磨当亦属之）；（2）菙氏：掌共燋契（即准备所以灼的燃料）；（3）卜师：作龟（即扬火以灼龟，钻、凿之事当亦属之）；（4）大卜：作龟，命龟（即告龟以所卜之事）；（5）占人：占龟（即视兆坼以定吉凶），系币（即书其命龟之事及兆于策而系之于龟）。又根据出土实物列出的流程为：（1）入龟；（2）整治；（3）钻凿；（4）命龟；（5）灼龟；（6）占龟；（7）刻辞；（8）入档。⑤ 陈氏列的流程中"大卜""命龟"位置不当，因为"钻凿"的样式可能是根据不同"命龟"而定，不可能将所有的龟甲"钻凿"成同一个模式，等待各种"命辞"占卜，实际上，考古出土龟甲已证明并非如此。一

---

① 参见李零《中国方术考》，第 58 页。

② 《太平御览》卷 931 引《雒书》，《艺文类聚》卷 99 引《孙氏瑞图》，《初学记》卷 30 引《礼统》有类似说法。

③ 李学勤：《序〈西周甲骨探论〉》，王宇信《西周甲骨探论》，第 4 页。

④ 董作宾云："今欲于商代龟卜之法作系统之研究，则须先决以次各问题：贞卜之龟，何从得之？是为'取用'。种类、大小，何由别之？是为'辨相'。生龟不能用，必祭而杀之，是为'衅衁燎'。杀之后，剔取其腹下甲而'攻治'之；此筹备卜事于始也。筹备既竣，乃可从事于贞卜。而所卜事何？又须前定，是为'类例'。于是'钻凿'焉，'燋灼'焉，见'兆璺'、定吉凶焉，而后'书契'文辞于兆侧以识其事；此卜事之全也。贞卜既已，'庋藏'龟册，而卜事终矣。"（董作宾《商代龟卜之推测》，刘梦溪主编《中国现代学术经典·董作宾卷》，第 440 页）

⑤ 陈梦家：《殷墟卜辞综述》，第 17 页。

旦像陈氏这样排列程序，就大大降低了"钻凿"在占卜中的作用。占卜是十分重视"钻凿"的形状与排列的。合理的占卜流程为：第一步骤，龟人负责秋时取龟、春时攻龟、"入于龟室"即保藏龟，需用时取出；第二步骤，大卜命龟；第三步骤，卜师掌开龟之四兆；第四步骤，菙氏燋契，然后授卜师；第五步骤，卜师扬火以作龟，致其墨，辨龟之上下、左右、阴阳，以受命龟者而诏相之；第六步骤，占人负责占龟，以视吉凶。岁终，则记其占之中否，以作总结。由此可知，占卜各职地位及在占卜流程分工中的作用：龟人主要作用就是取龟与攻龟，菙氏主要是准备灼契燃料，卜师主要负责钻凿与灼龟，大卜虽居要职但在占卜过程中并不起多少作用，只是命龟而已，占人是关键职位，决疑，视吉凶，最终皆由其完成，即通神灵、判人事。

2. 卜师"四兆"

《周礼·春官·宗伯》载"卜师"职掌"开龟之四兆，一曰方兆，二曰功兆，三曰义兆，四曰弓兆。凡卜事，视高。扬火以作龟，致其墨。凡卜，辨龟之上下、左右、阴阳，以授命龟者而诏相之。"卜师职位居于重要位置，故"卜师"仅排在"大卜"之后。兆，为龟卜之关键，龟卜的每个兆象由四部分组成，"占人"中有言："凡卜筮，君占体，大夫占色，史占墨，卜人占坼。"体、色、墨、坼，为龟卜的依据。而何谓"开龟之四兆"呢？《周礼》郑《注》云："开，开出其占书也。""其云方功义弓之名，未闻。"按郑氏所言，"四兆"为书名，非也。"大卜"职述中所言"三兆之法"的《玉兆》《瓦兆》《原兆》方为书名，而郑氏却认定为"兆法"，实为颠倒。孙诒让《周礼正义》予以校正。开，黄以周云："开龟，即《诗·绵》之'契龟'，毛传曰：'契，开也。'四兆谓龟兆。"黄说近是。《左传》昭公十三年："楚观从曰：'臣之先佐开卜。'乃使为卜尹。"杜注："佐卜人开龟兆。"开龟兆，盖谓开发其兆，包括钻凿热灼诸事。《荀子·王制》云"钻龟陈卦"，《韩非子·饰邪》云"凿龟数册"，《史记·龟策列传》云"必钻龟于庙堂之上"，因此，"四兆"是按照"开龟兆"的四种方式命名的。从现出土卜龟的"开龟兆"方式看，所有"开龟兆"种类主要由钻与凿形式两种形态构成，其基本图形为圆与方，现可以进行组合归纳，然后与"开龟兆"名称对号入座。

第一为"方兆"，方形凿呈现之兆。"方兆"恰是周人的"开龟兆"样式。西周甲骨的整治和钻凿形态基本是一致的。在钻凿形态方面，西周卜甲一般都是方凿，方凿排列整齐而密集。凿孔之间，横距小，纵距大。排列以横组者为多，以纵组者少，在凿的靠外部有一道较深的竖槽。1996 年北京房山琉璃河所出卜甲，也是"皆施方凿，凿坑排列整齐、密集。每坑由一个正方形和一个长方形凿所组成，后者破前者一边。正方形者坑壁较直，坑较浅，长方形者断面呈'V'字形，几乎凿透。长方形者长度长于正方形，宽度却窄于正方形。相对于中线，正方形凿在内，长方形凿在外，左右甲对称。"① 西周卜甲作方凿当是一种西周"开龟兆"之法，"有文字的卜甲，如凤雏、齐家、北京昌平白浮等地是如此，无文字的西周卜甲，如洛阳泰山庙、洛阳铸铜遗址出土的卜甲以及凤雏、齐家、白浮等地与有文字卜甲同出的大量无字卜甲也是如此。"② 谈到周文王时期卜甲，李学勤发现"卜甲反面的钻凿形态，皆作方凿，与殷墟甲骨截然不同。这种方凿，当即《周礼·卜师》所云'方兆'，是周人卜法的特色。"③ 这方道破天机，何谓"方兆"不再是谜，并为揭开其它三兆之谜打开了通道。"方兆"为西周之兆法，主要为凿而非钻，放于"四兆"之首位也就不足为奇了。"方兆"由于卜甲整治凿之形态等方面的一致，其灼烧后的兆纹亦显示出共同的作风。"卜甲方凿，而且靠外部竖槽槽底较深，在烧灼时，由于龟甲的竖槽及方凿向内部分较薄，由于热力分布的不均，因而裂纹必然呈卜字形，兆枝向内。"④ 在骨正面左右两边所呈现的兆枝都指向中线即中间的"千里路"。

第二为"弓兆"，弓形钻凿形态呈现之兆。既然表示"钻凿"的样式，可以推知"开龟"似弓形。商代出土卜甲的凿形许多为"椭圆形"或"菱形"或"半圆形"，这种形状很像"弓形"，由此推测，这种钻凿方式的卜为"弓兆"。其形成方式为一半为钻的圆形，一半为凿的方形，两种形状结合而成弓形，出土图版可参见陈梦家《殷墟卜辞综述》所选载的济南大辛庄出土

① 雷兴山等：《北京琉璃河遗址新出卜骨浅识》，《中国文物报》1997 年 3 月 30 日。
② 王宇信：《西周甲骨探论》，第 161 页。
③ 李学勤：《缀古集》，上海古籍出版社 1998 年版，第 83 页。
④ 王宇信、杨升南：《甲骨学一百年》，社会科学文献出版社 1999 年版，第 291 页。

的龟腹甲、背甲，以及安阳卜骨钻凿而未灼之例。① 钻、凿并用，这是时代发展的产物。从考古发掘发现可知，最初的卜骨是无钻无凿，后来发展到有钻无凿，再发展到钻凿并用，直到周代爽直单用凿态。"弓兆"出现属于第三阶段的样式，即钻凿并用时期。早于商代动物肩胛骨占卜考古案例列表如下：②

文化类型	年代	种类	钻凿	文字
富河文化和马家窑文化石岭下类型	约5300—5200年前	骨卜	无	无
淅川下王岗仰韶三期遗址	约5000—4500年前	骨卜	无	无
龙山文化和齐家文化	约4300—3900年前	骨卜	有钻无凿	无
二里头文化	约3800—3500年前	骨卜	有钻无凿	无

除了"方兆"与"弓兆"外，"钻凿"形态目前可见还存有两种形式：一为圆形中有方形，即首先用钻钻出一个浅的圆形坑，然后再用凿在浅的圆形坑的一条直径长方形坑，遂将圆形坑一分两半，形成两个半弦组成的图形，即"圆钻里边包含长凿"的形式。严一萍《甲骨学》曾举出殷墟甲骨中的若干例。③西周胛骨一般是在修整好的背面施圆钻，然后在窝底靠外部刻一竖槽，"是所谓猫眼状"。④牛胛骨灼后竖槽部分裂为纵向兆干，靠内部较薄部分裂为向的兆枝，因而兆干在外，兆枝内向。另一为只有钻的形式，即圆的图形坑，有时甚至在较大较浅的圆形坑中再钻出小的圆形坑，总之，使用的工具尽为钻而非凿。如果将前一种形式呈现之兆称之为"功兆"，这种方式最为费力，可与"功"之名称意义相符合，《说文》云："功，以劳定国也。从力，从工。"那后一种形式呈现之兆可能就是"义兆"了。"义(義)"，甲骨文有此字。《庄子·马蹄篇》云"虽有义台路寝"，郭象注："义台，灵台。"也许该"义兆"取"灵兆"之义。"功兆"最费工夫，"义兆"相对就容易一些了。西周主要运用方兆、弓兆，而商主要运用义兆、功兆。

---

① 陈梦家：《殷墟卜辞综述》，图版柒、拾。
② 资料来源于李零：《中国方术考》，第233页。
③ 王宇信：《甲骨学通论》，中国社会科学出版社1993年版，第395页。
④ 李学勤：《西周甲骨的几点认识》，转引自王宇信《甲骨学通论》，第392页。

这种钻凿基本组成图形形态元素只存在两种：一为圆形，一为方形，这里就存在着古人心目中的一个"圆"与"方"的概念。周人为何不用"圆"而只用"方"呢？商人为何就可以"方"与"圆"并用呢？这大抵与商人和周人的"天地"观念有关，倘若古人已有"天圆地方"之观念，那么，周人如此信奉"天"，周人就肯定也应该避讳用"圆"，这是自然的了。商人却没有这种顾忌，而且商人最希望的就是达到天地相通，占卜灵验，故商人可以使用"天圆地方"之形，而且就钻凿并用。实质上，周人仅用凿而不用钻，是十分费力的，钻这种工具比凿相对要先进了许多，即使比商人费力，也是不可能像商人那样钻凿并用的，这是自身信仰之需要，在先进的工具文明与信仰发生冲突时，大多宁愿舍弃先进的工具文明，这是历史经验已经证明了的。

3. 大卜"三兆三易三梦"

"大卜"职掌"三兆之法，一曰《玉兆》，二曰《瓦兆》，三曰《原兆》。其经兆之体，皆百有二十，其颂皆千有二百。掌三易之法，一曰《连山》，二曰《归藏》，三曰《周易》。其经卦皆八，其别皆六十有四。掌三梦之法：一曰《致梦》，二曰《觭梦》，三曰《咸陟》。其经运十，其别九十。""三兆"历来有不同训解，或谓玉、瓦、原三种不同破裂之兆，或谓玉、瓦、原三种不同颜色，实为三种卜法之书名。这三种书记录"经兆之体，皆百有二十，其颂皆千有二百"。从训诂角度而言，"三兆"与"三易""三梦"相对应，皆应为书名。占卜需要相传的知识，可惜此三占卜文献失传。骨卜为中原文明区流行的一种巫术样式，彝、羌、纳西等少数民族，亦使用羊骨进行骨卜，其过程与商人之骨卜，大致相同。瑶族中的山子瑶使用鸡骨卜，但不普遍，因为该卜要以书为据，而这些书一般都不乱传于世。① 因为密藏，故皆易失传。历史上，确实存在过玉卜，也许存在过瓦卜与原卜，但并不影响《玉兆》《瓦兆》《原兆》为占卜所用的书名。

《周礼》中云"筮人"职掌为："掌三易以辨九筮之名，一曰《连山》，二曰《归藏》，三曰《周易》。九筮之名，一曰巫更，二曰巫咸，三曰巫式，四曰巫目，五曰巫易，六曰巫比，七曰巫祠，八曰巫参，九曰巫环。以辨吉

---

① 吕大吉、何耀华：《中国各民族原始宗教资料集成·瑶族卷》，第367页。

凶。"《山海经》以《连山》为夏《易》,《归藏》为商《易》。① 皇甫谧《帝王世纪》云:"庖牺氏作八卦,神农重之为六十四卦,黄帝、尧、舜引而申之,分为二易,至夏人因炎帝曰《连山》,殷人因黄帝曰《归藏》,文王广六十四卦,著九六之爻,谓之《周易》。"而《连山》《归藏》曾经存在过也是可能的。金景芳先生认为,"《归藏》虽已亡,但《礼记·礼运》记孔丘说:'……我欲观殷道,是故之宋,而不足征也,吾得《坤乾》焉。《坤乾》之义,《夏时》之等,吾以是观之。'有人说《归藏》易其卦以纯坤为首。《归藏》《坤乾》其名虽异,实为一书。其说可从。"② 张政烺也考证了《连山》与《归藏》的存在。③ 李学勤、李家浩、连劭名等认为公元前 3 世纪中叶的王家台秦简"易占"为《归藏》。④ 于豪亮、饶宗颐、邢文等研究了帛书《周易》与《归藏》之间的关系,认为"帛书《周易》是目前所知的《周易》传本中唯一明确可见《归藏》卦名的《周易》传本。"⑤ 古代卜祝巫史常互相通称。宋代刘敞、陈祥道、薛季宣和清代庄存与等学者皆认为巫更等为古精筮者 9 人,巫咸为《世本》作筮的巫咸,巫易为《楚辞·招魂》的巫阳,是筮人可称巫。⑥ 历史上,曾经存在过各种不同的筮法,至今可以确定的只有保存在《周易》中的一种,金景芳先生认为:"今保存在《易传》中的筮法,不知属于哪一种。很可能从一开始,它就同《周易》有着相互依存的关系。"⑦ 但也可以推测,三易代表三种不同的经文,而九筮为九种主要的筮法。筮法如此之成熟,可知中国古代人们对"数"的运作与认识已经达到了很高的程度,《史懋壶》记周王命史懋计算:"王在芳京湿宫,亲命史懋路筮,咸。王呼伊白赐懋贝。"⑧ 究竟史懋在计算什么呢? 在京宫可能是计算蓍草以及蓍占的运

① 《玉海》卷35,江苏古籍出版社1987年版,第17页。
② 金景芳:《中国奴隶社会史》,第100页。
③ 参见张政烺《试释周初青铜器铭文中的易卦》,彭卫等主编《中国古代史卷》(上),兰州大学出版社2000年版,第188—190页。
④ 参见邢文《帛书周易研究》,人民出版社1997年版,第289页。
⑤ 邢文:《帛书周易研究》,第9页。
⑥ 参见李学勤《简帛佚籍与学术史》,江西教育出版社2001年版,第264页。
⑦ 金景芳:《中国奴隶社会史》,第88页。
⑧ 许倬云:《西周史》,第219页。

筹。史嚚在当时就是一位重要的巫史人员兼算家。其实古之巫术并不全伪，往往也有一些经验性的知识包含在内，同时由于巫术的需要也反过来进一步推进了人们知识与文化的进步。

4. 蓍龟辨异

"人将卜筮，告令蓍龟，则神以耳闻口言，若己思念，神明从胸腹之闻知其旨。故钻龟揲蓍，兆见数著。"[1] "龟蓍"是指龟卜与筮占，属于古代的占卜体系，而且分属于动、植物有灵崇拜系统。[2]

(1) 蓍龟占卜起源

① 蓍龟占卜起始时间

筮占起源，文献记载互异，主要存说有：一是包牺氏始作八卦，如皇甫谧《帝王世纪》云："庖牺氏作八卦，神农重之为六十四卦，黄帝、尧、舜引而申之。"二是巫咸作筮，《世本·作篇》云："巫咸作筮。"《说文》云："古者巫咸初作巫。"三是文王作《周易》，《易·系辞下》云："易之兴也，其于中古乎？作易者其有忧患乎？""易之兴也，其当殷之末世，周之盛德邪？当文王与纣之事邪？"实质上，在《周易》之前还有一个"前《周易》"时期，《周易》之外还有《连山》和《归藏》。[3] 筮占起源在文献方面的纷纭聚讼，常常难以了断。目前考古发现的有关筮占的材料，最早的是殷周时的筮数，即记录下来的占筮时所得的数字，学者们并对商周早期甲骨、青铜器、陶器、石器等出土物的数字卦进行了成功的破译，证明至少在商代，筮法已经存在，但这些筮法未必与《周易》筮法一致。[4]

龟卜属于骨卜之门纲，骨卜起源甚早，尚可追溯至新石器时代。卜骨出土遗址地理范围很广，西有马家窑、齐家文化，中有仰韶、龙山，东有龙山、岳石文化，北有富河文化，而 1962 年内蒙古巴林左旗富河沟门出土的

---

[1]　王充：《论衡·卜筮篇》，上海人民出版社 1974 年版，第 369 页。

[2]　李零认为，古代占卜有三大系统，一个系统是与天文历算有关的星占、式占等术，一个系统是与"动物之灵"或"植物之灵"崇拜有关的龟卜、筮占，一个系统是与人体生理、心理、疾病、鬼怪有关的占梦、厌劾、祠禳等术。(参见李零《中国方术考》，第 88 页)

[3]　参见李零《中国方术续考》，第 306 页。

[4]　参见张政烺《试释周初青铜器铭文中的易卦》，彭卫等编《中国古代史卷》(上)。

卜骨，年代约在 5300 年前，为至今发现的最早的卜骨。① 龟卜比骨卜要晚，目前可见最早施灼的龟甲标本是商代二里岗时期。但古人对"龟灵崇拜"的葬俗出现很早，即以龟壳作为随葬品。1984—1987 年河南舞阳贾湖遗址二期墓葬出土三件腹甲和一件背甲，龟甲经修治与钻孔，且有刻画符号，年代约在 7700 年前。② 但我们不能够确定这类随葬龟壳当时就是用于占卜。从我国目前考古发掘看，最早的施灼的龟卜比最早的骨卜要晚近 2000 年，而最早的骨卜要比最早的葬龟晚 3000 多年，这其间的时间跨度太大，也可以说，考古中出现"缺环"。③

从时间上看，骨卜起源可能早于筮占，但龟卜起始时期又可能与筮占约略同时。

② 蓍龟文化背景

蓍龟显然源于不同的文化背景。骨卜与筮占属于两种不同的神灵崇拜系统，却有人认为易卦源于龟卜④，这与事实不相符合，仅为一种臆测而已。龟卜是龟卜，筮占是筮占，各自有其渊源。卜筮属于两个巫术系统，其占卜的使用工具上凝结着不同的巫术情结。在上古万物有灵的时代，动、植物可成为人们崇拜的对象，甚至成为一个部族的图腾，顶礼膜拜，"玄鸟"就是商族的图腾，"天命玄鸟，降而生商"；弗雷泽还将对植物之神的崇拜称为"植物神祇"。⑤ 龟卜与"动物崇拜"有关，可谓"动物之灵"崇拜的产物，"神龟之灵，知人死，知人生。"（《史记·龟策列传》）在古代人们的心目中，动物骨头从来就是动物神灵的居所，并对未来事物或事件具有神秘的前兆性显现，也许这是古人在无数次的狩猎与烧烤动物的过程中积累的经验或受到某种启示的结果，由此推论，骨卜当为狩猎部族发明，建立在狩猎或渔猎经济基础之上。而筮占当与"植物崇拜"有关，可谓"植物之灵"崇拜的产

---

① 骨卜习俗在世界上分布很广，延长很久，可分为热卜（pyroscapulimancy）与冷卜（apyro-scapulimancy）两类，中国的骨卜主要属于热卜类型。(参见李零《中国方术考》，第58页)
② 《河南舞阳贾湖新石器时代遗址第二至六次发掘简报》，《文物》1989 年第 1 期。
③ 参见李零《中国方术续考》，第 303 页。
④ 屈万里：《易卦源于龟卜考》，《"中研院"历史语言研究所集刊》第 27 本。
⑤ [英] 弗雷泽：《金枝》，第 667 页。

物，蓍草的茎干为植物精灵的居所，从而成为一种神秘的神签。亦可推论，筮占为建立在农业经济基础之上的农业部族的发明。维柯在《新科学》中解释占卜用的棍棒和神签说："因此他们除天神之外不服从任何人。所以那一束法棒就是一束神签（litur）或占卜用的棍棒。我们发现这些棍棒就是世界上最初的君主节杖（scepter）。"[1] 在上古时期，"巫君合一"，巫术用的"神签"与君主用的"节杖"合一，那也就是自然之事了。"而欧洲古代占卜所用的棍棒和中国古代占卜所用的蓍草其功能完全相同。据李约瑟的考察，殷周时代通行的神签实为西伯利亚蓍草或欧蓍草的干茎。"[2]

从发生学角度看，龟卜源于"动物有灵"崇拜，筮占源于"植物有灵"崇拜，分属两种崇拜系统，实质上，不存在谁源于谁的问题。从占卜的使用工具上看，蓍龟分别凝聚着"植物崇拜"与"动物崇拜"两种不同的心理情结。

③ 蓍龟主要适用地域与族群

《史记·龟策列传》云："自三代之兴，各据祯祥。涂山之兆从而夏启世，飞燕之卜顺故殷兴，百谷之筮吉故周王。王者决定诸疑，参以卜筮，断以蓍龟，不易之道也。"司马迁认为，"三代之兴，各据祯祥"，夏用兆，商用龟卜，周用筮占。这恰好与商周部族的性格相符合。

商族主要是"食肉"经济，其文化中充满着"血腥"味道，这从商人祭祀中可见一斑。郭沫若根据甲骨文中大量用牲祭祀现象断言"商代是畜牧最蕃盛的时代"[3]。《管子·轻重戊》云："殷人之王，立皂牢，服牛马，以为民利而天下化之。"商人生活"在水一方"，古地理学家认为，沿太行山脉的商遗址恰好位于黄河岸边，而大部分的冲积平原仍被淹在水中，如果不是部分被淹，也可能是沼泽地。这也正是渔猎经济的物质基础。所以，商人对动物有一种情结，故大多选定龟卜作为决疑的最佳方式。而周族主要是"食谷"经济，其文化中充满着淡淡的"谷青"味道。周人先祖后稷为百谷之

---

[1]　转引自朱狄《信仰时代的文明》，第 145 页。

[2]　朱狄：《信仰时代的文明》，第 145 页。

[3]　郭沫若：《中国古代社会研究》，《郭沫若全集·历史篇》第 1 卷，人民出版社 1982 年版，第 207 页。

神，"其游戏，好种树麻、菽、麻、菽美。及为成人，遂好耕农，相地之宜，宜谷者稼穑焉，民皆法则之。"（《史记·周本纪》）周人的活动范围全在晋陕甘黄土高原西半边，地势高，雨量少，是适应种植的地方。因此，周族对植物有一种情结，故选定筮占作为其主要稽疑方式。在这两种占卜方法中，商族重龟卜，周人重筮占，但并不能断言筮占是周人继承商人的传统[1]，只能说商人兼用筮占，而周人兼用龟卜，况且"西周卜法并不是由殷墟甲骨所代表的商代的卜法直接发展来的"[2]。龟筮受到两个不同族群的不同重视，这与两个不同族群的巫术信仰有关，商族属于"动物崇拜"，而周人却为"植物崇拜"。商族为以渔猎为主的民族，而周族为以农业为主的民族，两者肯定倾向于不同的巫术占卜方式。

从考古发现来看，殷墟发现大量的甲骨，而周原发现甲骨量相对要少，其年代也主要属于殷末周初。殷墟出土甲骨上的筮数，可能是周人在当地使用的，和殷人不一样。在陕西等地商末周初的遗存中，筮数的例子大为增多，这只能说明周人比殷人更广泛地运用筮法，并用筮数记录下来，而且殷墟很少有殷人筮法的遗迹，也许是由于当地为王都的缘故。[3] 商人将筮数刻于龟骨与西周甲骨有时也把筮数刻记在卜兆旁边，其意义显然是不同的，商人是先龟而后筮，周人却先筮而后龟。商族也存有属于自己的《归藏》易，江陵王家台出土的秦简上的"易占"被确认为《归藏》，但与传世《周易》有异，这正如周族的卜法不同于商族一样。

从族群角度看，龟筮具有族群性，龟卜起先主要运用于以游猎经济为主的商族，而筮占主要运用于以农业经济为主的周族。这是两种不同族群文化选择的不同的巫术方式。从地域角度看，龟筮还具有地域性，龟卜起先主要运用于中原及其以东地域，而筮占则主要运用于西部地域。

（2）筮占龟卜孰轻重

文献记载对卜筮之轻重有三种不同态度。一是龟重筮轻。《尚书·洪范》记商人后裔箕子云："汝则从，龟从，筮逆，卿士逆，庶民逆，作内吉，作

---

[1] 参见许倬云《西周史》，第65页。

[2] 李学勤：《〈西周甲骨探论〉序》，王宇信《西周甲骨探论》，第4页。

[3] 李学勤：《古文献丛论》，上海远东出版社1996年版，第2—3页。

外凶。龟筮共违于人，用静吉，用作凶。"言外之意，只要龟逆，肯定为不吉。因此，这种态度龟长筮短，重视龟卜，即龟卜优先论。箕子显然是站在商族的立场上陈述这种观点的，因为他说"龟从，筮逆，卿士逆，庶民逆，作内吉，作外凶"，龟与"内"相对为吉，而筮与"外"相对为凶，即龟卜左右着商族的内事，而筮占却决定着其外事。显然，商人有排斥筮占不是本族的倾向。卜筮的顺序也一定为先卜后筮，如《左传》僖公四年："晋献公欲以骊姬为夫人，卜之不吉，筮之吉，公曰'从筮'。卜人曰'筮短龟长，不如从长'。"①《礼记·表记》郑玄《注》亦云"大事则卜，小事则筮"，皆延续箕子之说。二是筮重龟轻，可谓筮占优先论。《周礼·春官》"筮人"条载："凡国之大事，先筮而后卜。上春，相筮。凡国事，共筮。"显然这代表着周人对龟筮的态度，"凡国之大事，先筮而后卜。"郑玄《注》云："当用卜者先筮之，于筮之凶，则止，不卜。"《周易·系词》云："探赜索隐，钩深致远，以定天下之吉凶，成天下之亹亹者，莫大乎蓍龟。"言蓍龟，可知其排序也。筮先龟后，以筮为主。这与商人态度正好相反。这从《左传》中常记载占筮活动就可验证了，《左传》中关于用《周易》筮占的记载共有 12则，且所筮之事皆十分灵验。近年发现的战国时期竹简上的一些占卜记录袭用先筮后卜之习。三是龟筮无轻重之分，可谓龟筮均衡论。《礼记·曲礼》云："卜筮不相袭。龟为卜，策为筮。卜筮者，先圣王之所以使民信时日、敬鬼神、畏法令也，所以使民决嫌疑、定犹与也。故曰：疑而筮之，则弗非也。日而行事，则必践之。"这是将龟卜与筮占作相对独立看待，"卜筮不相袭"，恢复各自的独立地位。孔子在说"敬鬼神而远之"（《论语·雍也》）这句名言时，很可能心中想到的便是怎样跳出巫传统的笼罩。②

---

① 春秋时期用卜。楚军成师以出，一般是以军中副职主卜。《左传》昭公十七年："吴伐楚。阳匄为令尹，卜战，不吉。司马子鱼曰：'我得上流，何故不吉？且楚故，司马令龟，我请改卜。'"所谓"楚故，司马令龟"，表明军中司马主龟由来已久，早成定制。楚亦有专职卜官。《左传》昭公十三年载：楚平王"召官从，王曰：'馗唯尔所欲。'对曰：'臣之先，佐开卜。'乃使为卜尹。""佐开卜"杜注："佐卜人开龟兆。"《左传》记载陈大夫懿氏卜妻敬仲，其妻占之并曰："凤凰于飞，和鸣锵锵。妫妫之有后，将育于姜。五世其昌，并于正卿。八世之后，莫之于京。"

② 余英时：《论天人之际：中国古代思想起源试探》，第 151 页。

历史上为何存在着如此三种不同态度呢？这也有不同的解释。沈启万、朱耘菴《龟卜通考》云："易之数繁，其兴较晚，大抵殷以前但有卜，殷周之际易始兴，至周而始盛行。……易之数精，手续简，龟之象显，手续繁，故有筮短龟长、大事卜小事筮之说，其后卜筮并重，终则卜废而筮行矣。"①如此解释不确切，三种态度的取向不是取决于龟筮自身的早晚与繁简，而是取决于商、周文化的交替与融合。在商王朝的时候，商人在龟筮两大占卜体系中，倾向于龟卜，其态度取向必然是龟重筮轻，持龟卜优先论。此时，周为蕞尔小邦，臣服于周，筮占不会处于主流地位。自武王克商，周建立王朝，筮占显然居于主流地位，筮占优先论处于上风，结果是筮重龟轻。"周虽旧邦，其命维新"，周公改革商周文化状况，兼容已有商文化，龟卜与筮占同时并存，正如周人的"天"与商人的"帝"在信仰方面兼容一样②，渐渐龟卜与筮占处于平等地位，就必然涌现出龟筮均衡论。这是在做一种巫术文化调和，更重要的是消除两种文化之间的冲突。

（3）龟筮不同巫术思维原理

龟筮是不同源的，虽然两者同样都是用于决疑与预测的方术，但其所依据的以及产生的巫术原理是不同的。

龟卜与筮占皆为地道的"交感巫术"中的"顺势巫术"，按照"同类相生"的原则③，根据"图"或"数"予以占卜。龟卜为"图象巫术"，巫师主要依赖于龟的神灵作用，察看龟甲在灼烧之后出现裂纹的理路，即呈现出一种神秘的"图象"，这种"图象"具有与人事相通的巨大象征性，巫师通过与龟灵之间的"交感"作用，接受神灵的信息，解说各种神圣的"图象"符号。"枯龟无我，能见大知。"（《关尹子·六匕篇》）因此，巫师主要依赖于天启的作用，即思维在进入巫术状态下的先验性，经验性思维仅为次等的辅助作用。而策筮则为"数字巫术"，巫师依赖于蓍草的或然性排列，通过排列出的数，去推测神灵的意图。"每当他想到作为数的数时，他就必然把它与那些属于这个数的、而且由于同样神秘的互渗而正是属于这一个数的什么

————————————

① 转引自李零《中国方术考》，第67页。

② 参见蔡先金《试论商周之际的宗教变革》，《中国文化研究》2001年第4期。

③ ［英］詹·乔·弗雷泽：《金枝》，第21页。

神秘的性质和意义一起来想象。数及其名称同是这些互渗的媒介。因此，每个数都是属于它自己的个别面目、某种神秘的氛围、某种'力场'。""制度、信仰、宗教和巫术的仪式，一贯要求在这些划分中，在这些'分类'中以暗示的形式来拥有数。"① 这更多地需要经验性地"神判"，各种不同的卦爻辞可谓是经验的产物，即采用一种归纳法去推测未来，在偶然性中蕴涵了必然性，按照金景芳先生的说法，就是由卜而筮，由筮而数，由数而卦，由卦而辞。② 巫师在作卜筮"神判"时，其先验性与经验性、天启与人为是相统一的。

从占卜的随机性上说，龟卜的龟纹出现的样式可谓具有"无限性"，《史记·龟策列传》云："灼龟观兆，变化无穷，是以择贤而用占焉，可谓圣人之重事乎！"而策筮的数的结果相对来说具有"有限性"，即根据"大衍"之数的排列与组合，总是可穷尽的。龟卜是以纹样的"无限性"对应事物发展的"无限性"，而策筮则以策数的"有限性"来对应事物发展的"无限性"。从思维技术层面来说，卜筮思维一样简单，正如现代人在无法决疑时，投掷硬币以作"神判"，无论结果如何，全归咎于命运的决定，其实是一个道理，如此之简单。

但对卜筮的巫术思维从哲理层面做深度分析时，却又不是那么简单。我们可以将其分为"象"的系统与"数"的系统。龟卜以卜纹为基础建立起来一个丰富多彩的"象"的世界，巫师既构建了这个现实而又虚拟的"象"世界，又以这个世界为巫师寄居所，以便与神灵相沟通。巫师的思维方式多为具象思维，龟卜更多地需要感性与激情。而策筮却以"数"为基础建立起一个与神灵沟通的媒介，"数"如此之神奇，具有巫术的魅力。"数"最初不是与被计算的对象分开来的，"原逻辑思维不能清楚地把数与所数的物区别开来。……数则是被感觉到和感知到的，而不是被抽象地想象的。""数，尽管它也有名称，但仍然与主要作为计算对象的某一类东西的具体表象或多或少密切地联系着……"，"在集体表象中，数及其名称还日次紧密地与被想象

---

① ［法］列维·布留尔：《原始思维》，第 201、218 页。

② 杨庆中：《二十世纪中国易学史》，人民出版社 2000 年版，第 243 页。

的总和的神秘属性互渗着，以至与其说它们是算术的单位，还真不如说它们是神秘的实在。""在中国，包括数在内的对应和互渗的复杂程度达到无穷无尽。而这一切又是错综复杂甚至互相矛盾的，但这丝毫不扰乱中国人的逻辑判断力。"①当然，作为筮占的工具书《周易》也讲究象，但是此象非彼象，《周易》上所说的象，其实还是数的一种变相呈现而已。大体说来，象可分为卦象和爻象两种，其中卦象包括八卦之象和六十四卦之象，前者是三画卦，分别是乾、坤、震、艮、坎、离、兑、巽；后者是六画卦，是由八卦两两相重构成。爻象是指六画卦中的每一爻的位置和属性，如它是阴爻还是阳爻，或者是居于从初到上的六位中的哪一个位置。辞是指系在象后面的文字，又随象分为卦辞和爻辞。由此可知，《周易》所谓"象"只是指向数字符号，而占的龟骨上的纹象确是实实在在的图像。若从此原逻辑出发，"筮"与"数"起初应该是不可分离的，"数"与蓍草一样也是不可分离的。当"数"与蓍草分离之后，巫师的思维方式多为抽象思维，策筮更多地需要理性与冷静。因此，龟卜属于张扬性的，其文化形态是外向型的，而策筮属于内敛性的，其文化形态是内向型的，筮对中华民族的影响远比卜大，结果要求是"内圣外王"，周以前的商文化并非如此，而是相反。《说卦传》云："昔者圣人之作《易》也，幽赞于神明而生蓍，参天两地而倚数，观变于阴阳而立卦，发挥于刚柔而生爻，和顺于道德而理于义，穷理尽性以至于命。"

　　龟卜在决疑中运用的是一种简单的判断，卜辞每事一卜，吉凶分明，吉是吉，凶是凶。"是"与"否"或"吉"与"凶"，简单的二元对立，是最早形成文字的排中律，是人类思维的基本规律之一，即一个命题非真即假，非假即真，不存在中间状态，"吉"与"凶""是"与"否"是排中律的最早运用。筮占却并非如此，《周易》有吉凶连言的，如《革》："元亨，利贞，悔亡"；《巽·九五》："贞吉，悔亡，无不利"；《晋·上九》："厉，吉，无咎，贞吝"。《周易》的贞兆术语也不像卜辞那样简单的"有"与"无""是"与"否"之类，而有"无咎""利贞""元亨""悔亡"等等可供斟酌的语言，其思维方式不再是简单的排中律。

_____

① ［法］列维·布留尔：《原始思维》，第187、201—202、212页。

经过对骨卜与筮占思维方式的比较，我们发现它们属于两种不同的巫术思维状况，不能简单地一概而论，而忽视两者在普遍性中的特殊性。

（4）龟蓍发展的不同历史阶段

孔子将筮占的发展分为三个阶段①，可谓三段论。第一阶段，为"赞而不达乎数"的"巫"之阶段；第二阶段，为"数而不达于德"的"史"之阶段；第三阶段，为"明数而达乎德，又仁守者而义行之耳"的"儒"之阶段。而龟卜只经过了"幽赞神明"的"巫"的第一阶段，进入了"赞而达乎图（龟图）"的"祝史"阶段，可惜没有得到更进一步的升华。

龟卜的"巫"之阶段是初级阶段，巫师完全听从神灵的旨意，并以特有的方式做到与神灵的沟通，似乎是一种神秘的"客体"在决定着龟卜的结果。当龟卜达到"祝史"阶段时，祝史在前人积累占卜经验的基础上，主观能动性得到更大程度的发挥，人的意识有所觉醒，龟卜已是神旨与人意相结合。筮易同样如此，《仪礼·少宰馈食礼》云："史兼执筮与卦，以告于主人。"郭沫若在《周易时代的社会生活》中说"《易经》是古代卜筮的底本，就跟我们现代的各种神祠佛寺的灵签符咒一样"②，当时的史官和占卜是结合在一起的。李镜池认为："我想《周易》之在春秋时代，还只是占书一种，比较著名的一种。后来因为一则它用法简便，二则颇为灵验，三则它带有哲理的辞语，所以它的价值渐渐增高。龟卜因为繁难而材料又不易得，所以龟卜就不行，而被《易》筮夺取的它的地位了。"③实质上，远非如此，《周易》流传至今的主要原因应该是《易》被孔子发展到了第三阶段，否则，易筮将会同龟卜一样不受到后世如此的重视。扬雄《法言》云："圣人占天乎？曰：占天地。曰：若此，则史也何异？曰：史以天占人，圣人以人占天。"孔子与史官之间的重要区别就是"史以天占人，圣人以人占天"。孔子自言：

---

① 帛书《要》篇载："子曰：《易》，我后其祝卜矣！我观亓德义耳也。幽赞而达乎数，明数而达乎德，又仁守者而义行之耳。赞而不达乎数，则亓为之巫。数而不达于德，则亓为之史。史巫之筮，乡之而未也，好之而非也。后世之士疑丘者，或以《易》乎？吾求亓德而已，吾与史巫同涂而殊归者也。君子德行焉求福，故祭祀而寡也；仁义焉求吉，故卜筮而希也。祝巫卜筮其后乎？"

② 郭沫若：《中国古代社会研究》，科学出版社1960年版，第31页。

③ 李镜池：《周易探源》，中华书局1978年版，第408页。

《易》，我后其祝卜矣！我观亓德义耳也。""吾求亓德而已，吾与史巫同涂而殊归者也。君子德行焉求福，故祭祀而寡也；仁义焉求吉，故卜筮而希也。"至今，我们还可以从《易传》中看到孔子对《易经》的哲理性解读。这次解读在筮占史上具有里程碑的意义，从此《周易》走下神坛，从神学（或称巫学）转入人学。

我们比较蓍龟异同之后，可以得出这样的结论："蓍龟"代表着两种不同的占卜方式，两种不同的思维方式及其两种不同的文化模式，一者为反映具象思维的"图象"巫术，一者为反映抽象思维的"数字"巫术；一者的社会经济基础为渔猎，一者的社会经济基础为农业；一者为偏于激情的感性群体，一者为偏于思考的理性群体；一者代表张扬的外向型文化，一者代表内敛的内向型文化。这两种不同的巫术思维方式及其相对应的文化模式曾经在我们这块古老的大地上存在过，并以后者为优势影响了中华民族几千年，绵绵不绝。

（六）占梦与视祲

《周礼》记"占梦"职掌为："掌其岁时，观天地之会，辨阴阳之气。以日月星辰占六梦之吉凶，一曰正梦，二曰噩梦，三曰思梦，四曰寤梦，五曰喜梦，六曰惧梦。季冬聘王梦，献吉梦于王，王拜而受之。乃舍萌于四方，以赠恶梦，遂令始难驱役。"其原理是将星占与梦占相结合，以日月星辰占六梦之吉凶。梦为上古时期的人们所重视，商王武丁"夜梦得圣人，名曰说，以梦所见视群臣"（《史记·殷本纪》），是文献记载中所见关于梦的最早例子。周文王后太姒曾有灭殷之梦，"文王去商在程。正月既生魄，太姒梦见商之庭产棘，小子发取周庭之梓，树于阙间，化为松柏棫柞，寤惊以告文王。文王曰：'召发于明堂拜吉梦，受商之大命于皇天上帝。'"[①] 周武王伐纣之前，宣称"朕梦协朕卜，袭于休祥，戎商必克。"[②] 可知梦直接参与国家军政大事，对现实生活影响很大。《左传》昭公元年："当武王邑姜方震大叔，

① 《太平御览》卷五三三引《周书》。
② 《国语·周语下》引《尚书·大誓》。

梦帝谓己：'余命而子曰虞，将与之唐，属诸参，而蕃育其子孙。'及生，有文在其手曰'虞'，遂命之。及成王灭唐而封大叔焉。"《诗经》记载有占梦之事。《小雅·斯干》云："下莞上簟，乃安斯寝，乃寝乃兴，乃占我梦。吉梦维何？维熊维罴，维虺维蛇。大人占之，维熊维罴，男子之祥；维虺维蛇，女子之祥。"言熊罴虺蛇皆吉祥之梦，而生男女。《小雅·无羊》云："牧人乃梦，众维鱼矣，旐维旟矣，大人占之，众维鱼矣，实为丰年，旐维旟矣，室家溱溱。"牧人及见众鱼，则为丰年之应，旐旟则为多盛之象。《汉书·艺文志》云："终占非一，而梦为大，故周有其官。而《诗》载熊罴虺蛇众鱼旐旟之梦，著明大人之占，以考吉凶，盖参卜筮。"其原理是将星占与梦占相结合，以日月星辰占六梦之吉凶。恩格斯解释说："在远古时代，人们还完全不知道自己身体的活动，而是一种独特的、寓于这个身体之中而在人死亡时就离开身体的灵魂的活动。从这个时候起，人们不得不思考这种灵魂对外部世界的关系。"[1]

　　占梦显然是一种巫术行为，其他原始民族同样会将梦看作是一种神启，"梦永远被视为神圣的东西，梦被认为是神把自己的意志通知人们而最常用的方法……梦常常被认为是精灵的命令。……梦乃是神启的源泉……就是他们可以借助梦在任何时刻获得这种启示。"[2]原始人还有解梦或圆梦的原始办法，法国社会学家列维·布留尔在《原始思维》中有所记述：

　　　　一个战士梦见他在战斗中被俘，为了预防那噩梦向他预示的命运，他采取了下述行动：醒来后，他把自己的朋友叫到一起，央求他们帮助他消灾除难。他恳求他们作他的真正朋友，像对待敌人一样来对付他。朋友们向他猛扑过去，扒去他的衣服，把他捆绑起来，吆喝着连打带骂地拖着他游街，甚至在结束时强使他走上断头台……这个战士向他们道谢，他相信这次想象的被俘会拯救他免于真正的被俘……另一个战士梦见自己茅屋着火了，直到他真的看见它着火了，他才安下心来。

① 恩格斯：《路德维希·费尔巴哈和德国古典哲学的终结》，《马克思恩格斯选集》第4卷，第223—224页。

② [法]列维·布留尔：《原始思维》，第49页。

还有一个战士认为要预防自己梦的恶果，仅仅烧掉自己的画像是不够的，他要求把他的脚放进火里，象对俘虏进行最后刑讯时那样……以后他不得不花整整六个月的时间来治疗烧伤。……简单说来，可以引用斯宾塞和纪林的一个特别成功的公式作为结束："野蛮人在梦中那个体验的东西，对他说来，如同他在清醒时见到的东西一样式实在的。"①

"占梦"对梦的分析是有一定依据的，当谓人类释梦之始，虽然是建立在神谕或交感的巫术之上。直到 20 世纪初，弗洛伊德才出版了《梦的解析》，并在此基础上建立了一门专门的学问：精神分析学。弗洛伊德认为："梦，它不是空穴来风、不是毫无意义的、不是荒谬的，也不是一部分意识昏睡，而只有少部分乍睡少醒的产物。它完全是有意义的精神现象。"并认定"所有梦均有其意义与精神价值。"② 弗洛伊德没有对梦作出分类，"原始人甚至能区别梦的一些个别的范畴，给它们附加上各种意义。'奥基伯威人（Ojibbeways）'把梦分成几类，每一类起个专有的名字。杰出的巴拉加主教（Bishop Baraga）在他的奥基伯威人的语言词典中把印第安人对于坏梦、污秽的梦、噩梦以及好梦或者幸福的梦的名称作了分类。"③

"占梦"将梦分为六种，称为六梦，划归两大类即吉梦与恶梦。吉梦献于王而恶梦则令傩驱役。六梦分法亦见其机理，一曰正梦，无所感动，平安自梦；说明这类梦是人的一种常见生理现象，应属于吉梦。其余五类梦与人的情绪有关，二曰噩梦，当惊愕之梦；三曰思梦，即"神遇为梦，形遇为事，故昼想夜梦，神形所遇"；四曰寤梦，盖觉时有所见而道其事，神思偶涉；五曰喜梦，当喜悦而梦；六曰惧梦，当恐惧而梦。由此我们或许可以发现精神分析的萌芽。这就是巫术所具有的"合理内核"，正如黑格尔在唯心主义基础之上所建立的"辩证法"。"占梦"不但是当时的"心理学家"，而且还是当时的"天文学家"，因为他们要"以日月星辰占六梦之吉凶"，将人的生理现象与天文现象联系起来，对事物的发展进行阐释。这是中国古代特

---

① ［法］列维·布留尔：《原始思维》，第 49—50 页。
② ［奥］弗洛伊德：《梦的解析》，赖其万、符传孝译，作家出版社 1986 年版，第 37、38 页。
③ ［法］列维·布留尔：《原始思维》，第 51 页。

有的文化现象。春秋时期似已无专司占梦的官员，而以史官、卜官、筮官或其他官员兼任。《春秋》昭公三十一年："十二月辛亥朔，日有食之。是夜也，晋赵简子梦童子倮而转以歌，旦而日食，占诸史墨。对曰：'六年及此月也，吴其如郢乎，终以弗克。入郢必以庚辰，日月在辰尾。庚午之日，日始有谪。火胜金，故弗克。'"王符《潜夫论·梦列篇》云："夫占梦，必谨其变故，审其征候，内考情意，外考王相，即吉凶之符，善恶之效，庶可见也。"

古代占卜的方式是多种多样的，但在周代官方认定的法式有蓍占、龟卜、占梦（与星占相结合），还有"视祲"。《周礼》记"视祲"职掌为："掌十煇之法，以观妖祥、辨吉凶。一曰祲，二曰象，三曰镌，四曰监，五曰闇，六曰瞢，七曰弥，八曰叙，九曰隮，十曰想。掌安宅叙降。正岁则行事，岁终则弊其事。"郑司农云："煇谓日光炁也。"①"视祲"之法可能有很多种，但官方认定占验望气之法式只有 10 种，这需要具有经验的"视祲"官予以辨认。其巫术原理显然是观天文现象以决定人事，可谓比类相生，相互交感。

（七）乐职

乐是巫师通神的主要辅助手段之一，乐官直接源于巫术内部之分工，《墨子·明鬼》云："先王之书，《汤之官刑》有之曰，其恒舞于宫，是谓巫风。"因此，乐师是巫教、礼仪、思想的保有者、传承者，早在殷代就有专司乐舞演奏和乐舞教育的机构"瞽宗"，《礼记·明堂位》云："瞽宗，殷学也。"至周代礼乐制度定型后，周王室立有"大司乐"机构，专司乐事。《国语·周语下》云："吾非瞽史，焉知天道？"韦昭注："瞽，乐太师。……皆知天道者。"乐职掌管巫术宗教活动中的音乐和歌舞。《周礼》记大司乐下属分工很细，其中乐师、大胥、小胥、大师、小师等职分管在不同场合演奏的音乐、舞蹈、歌曲。瞽矇、视瞭、典同、磬师、钟师、笙师、镈师、韎师、旄师、龠章、鼓人等职，负责不同乐器的演奏。舞师、旄人、鞮鞻氏等职，掌管演奏四夷民族歌舞的部门。典庸器、司干等职，负责保管音乐、歌舞所

---

① （清）孙诒让：《周礼正义》，第 1979 页。

用的各种器材。从事乐事的人员约 1500 人，而乐器、舞器种类之盛以及乐舞之发达在当时世界史上亦为罕见。刘师培认为"三代以前之乐舞，无一不原于祭神。锺师、大司乐诸职，盖均出于古代之巫官"①。在巫的组织和引导下，原始先民在巫术活动中载歌载舞，以达到降神并求得护佑的目的。这些乐舞表演的统筹者是巫，他们也就成为原始乐舞的最早教授者，也可称得上最早的"礼乐文明传承者"。②

从巫术角度而言，乐舞具有助神灵的作用，否则乐舞不会如此发达。《诗·颂》31 篇，所载之诗，"上自郊社明堂，下至籍田祈穀，旁及岳渎星辰之祀，悉与祭礼有关"，大都衍生于娱神之乐舞。毛《诗大序》云："颂者，美盛德之形容，以其成功告于神明者也。"刘师培认为"东周以降，而巫与伶分。然《春秋》之言祭礼也，必兼及舞佾。又苌弘为周史官，精于言乐，且侈言神术，射狸首以召诸侯。是则掌乐之官，必兼治巫官之学。考古人称瞽官为神瞽，又以瞽史为知天，皆以乐官与巫官联职。苌弘所学，略与彼同。而古代舞乐降神之典，证以此义而益明。此孔子所由闻乐舞于苌弘也"。③

"龠章"职掌巫术作用十分明显："中春，昼击土鼓、吹《豳》诗，以逆暑。中秋，夜迎寒，亦如之。凡国祈年于田祖，吹《豳》雅，击土鼓，以乐田畯。国祭蜡，则吹《豳》颂，击土鼓，以息老物。"乐可以逆暑，可以迎寒，可以乐田畯，可以息老物，出神入化，尽达巫术之目的。乐舞发展到周代，乐舞专用及等级制已固定下来，即乐舞的运用已经程式化。祀天神，奏黄钟，歌大吕，舞《云门》；祭地祗，奏大蔟，歌应钟，舞《咸池》；祀四望，奏姑洗，歌南吕，舞《大韶》；祭山川，奏蕤宾，歌函钟，舞《大夏》；享先妣，奏夷则，歌小吕，舞《大濩》；享先祖，奏无射，歌夹钟，舞《大武》。"凡射，王以《驺虞》为节，诸侯以《狸首》为节，大夫以《采蘋》为节，士以《采蘩》为节。"中原乐与四夷乐共同使用，说明巫术的相通性与

---

① 刘师培：《舞法起于祀神考》，钱钟书主编《刘师培辛亥前文选》，第 441 页。
② 吕文明、李明阳：《由艺向德：先秦礼乐施教功能建构研究》，《山东社会科学》2022 年第 11 期。
③ 刘师培：《舞法起于祀神考》，钱钟书主编《刘师培辛亥前文选》，第 442 页。

相融性。"旄人"掌教舞散乐、舞夷乐。周大丧时，有随葬乐器之巫俗，此时乐器该为神灵之器。大司乐、笙师、镈师、龠师、司干等职皆言乐器"及葬，奉而藏之"。藏，谓于窆时送至圹，遂藏之椁中。① 这从考古发掘中已得到证实。实质上，这一巫俗可以追溯到石器时代，舞阳贾湖发掘的骨笛随葬品至今约 8000 年。据《简报》公布的墓葬材料以及研究得知，"墓主人为壮年男性，随葬品较为丰富，两支骨笛置于墓主人右臂旁，靠近骨笛的右上方的共存物是与巫术或原始宗教有关的成组龟甲等物。这种情况表明，墓主人当是巫师或兼任巫师的特殊人物，而两支骨笛的主要功能当是施行巫术的法器，次要功能才是乐器。"② 另外鼓、磬、铃、庸、镈、埙等乐器均有出土，且多少与巫术有关。③ 西周乐器普遍运用于各种场合，祭祀、大射、大丧、燕享、军旅等，目的都是为了沟通天地神灵，以助人事。

《易经》中含有有韵的韵文，可以成诵，这保存着古老巫师念词的原貌。巫师在占卜的时候所念的"咒语"是以押韵的形式唱出来的，这与后世巫师降神附体时的状况是一致的。据研究，"《易经》六十四卦无不征引古歌：六十四条卦辞中时而有古歌，三百八十四条爻辞绝大部分都有古歌。"④ 如《明夷》初九："明夷于飞，垂其翼；君子于行，三日不食。"《诗经》中还保存了一些巫风之乐，尤其《陈风》。《诗谱》云："《陈风》，大姬无子，好巫觋祷祈鬼神歌舞之乐。民俗化而为之。"王符《潜夫论卷三·浮侈》亦云："今多不修中馈，休其蚕织，而起学巫祝，鼓舞事神，以欺诬细民，荧惑百姓妇女。"陈后并于楚，从《楚辞》中《九歌》《招魂》等篇，便可知南方祭祀歌舞之盛。⑤ 春秋时，巫风余绪犹存。《桓子新论》记："昔楚灵王骄逸轻下，信巫祝之道，躬舞坛前。吴人来攻，其国人告急，而灵王鼓舞自若。"⑥

---

① 参见（清）孙诒让《周礼正义》，第 1899 页。

② 李纯一：《中国上古出土乐器综论》，文物出版社 1996 年版，第 361 页。

③ 参见李纯一《中国上古出土乐器综论》。

④ 黄玉顺：《易经古歌考释》，巴蜀书社 1995 年版，第 4 页。

⑤ 参见陆侃如、冯沅君《中国诗史》，百花文艺出版社 1999 年版，第 64—65 页。

⑥ 《御览》735 引。

(八) 医职

刘师培云:"盖古代巫祝卜史,皆司君主之疾。"[1] 起初巫医是合一的。《世本》云:"巫咸作筮。"王逸《楚辞注》:"巫咸,古神巫也。"《太平御览》引《世本》宋衷《注》云:"巫咸,尧臣也,以鸿术为帝尧之医。"《山海经》中巫觋与长生不老的仙丹与草药关联,开明之东有六巫"皆操不死之药以拒之"。《山海经·大荒西经》云:"有灵山,巫咸、巫即、巫盼、巫彭、巫姑、巫真、巫礼、巫抵、巫谢、巫罗十巫,从此升降,百药爰在。"《世本》云:"巫彭作医。"张澍椊在《世本》的《集补注》中云:"澍按:《海内西经》'开明东有巫彭、巫抵、巫阳、巫履、巫凡、巫相',郭《注》'皆神医也'。《说文》云:'古者,巫咸初作医。'又按:当时,俞跗察明堂,识表里阴阳之病机;雷公究息脉,详炮炙之药性;桐君定本草,采金石草木之药材;僦贷季理色脉而通神明寒衰,知牛马形气生死之诊;岐伯推太素之八十一问难;作《内经》,而藏府别,经络彰。王得《内经》之旨,巫彭则处方盅饵,并湔浣刺治也。《玉海》引作'巫咸作医',与巫咸为帝尧之医者合。"故《千金要方》《医心方》《本草纲目》等著名古代医书中记载有众多巫术药方。世界上的巫师皆有此职能,李约瑟记美国红人的药师主要法器是鼓、矛和箭,其"主要职责是以法术治病(驱邪)和占卜(仍然使用龟策)"[2]。殷墟甲骨卜辞中巫咸、巫彭的医名屡见,并涉及人体患病的各个部位,如头、耳、眼、喉、鼻、腹、牙、足、趾等。西周时巫师中出现具有专门分工医职的巫职人员。《周礼·夏官·司马》记"巫马",职掌为:"掌养疾马而乘治之,相医而药攻马疾,受财于校人。马死,则使其贾粥之,入其布于校人。""巫马"即为专门一职,可知北方大草原是中国文化的重要一环。《周礼·天官》还记载有"医师""食医""疾医""疡医""兽医"等医职。巫医的医技除了一些迷信之外,也有一些精神疗法与药物疗法合乎科学道理的,我们不能不加区别地完全否定巫医在历史上曾经起过的作用。《逸周书·王会解》云:"为

---

① 刘师培:《古学出于史官论》,彭卫等主编《中国古代史卷》(上册),兰州大学出版社2000年版,第253页。

② [英]李约瑟:《中国古代科学思想史》,陈立夫等译,江西人民出版社1999年版,第152页。

诸侯之有疾病者，阼阶之南，祝淮氏、荣氏次之皆西南；弥宗旁之，为诸侯
有疾病者之医药所居。"是天子临朝，有淮氏、荣氏之祝为诸侯治疾病，有
弥宗为有疾病的诸侯的医药处。《逸周书·大聚》云："乡立巫医，具百药，
以备疾灾，畜五味，以备百草。"

　　巫医的治疗方式主要是一方面使用巫术驱走鬼邪，一方面用原始药物
治疗。《广雅·释诂》云："灵子、医、觋，巫也。"中国远古至上古医学、
药学经验的摸索积累，皆是由巫师来进行的。巫是凡人和神灵的交通媒介，
他们诚敬聪敏可请神降神，他们念咒执仪可求福禳灾，他们还有治疗疾病的
手段和能力，是备受崇敬信赖的人。巫还有一项特殊的功能——招魂和复
生。[1]《论语》云："人而无恒，不可以作巫医。"做巫医也是有很高要求的，
"恒"就是巫师的重要人格特征，如舞需"恒舞"，即长时间专注于某件事
情。"咒术治疗另一个重要方面是动物、植物的药用效果。在这方面，任何
一个文明社会中的草药学与原始民族的草药知识相比都显得是退化的或萎缩
的。……福克思写道：'……马纳纳姆巴尔，即巫医和巫医婆，在治病行医
时经常使用各种植物，他们的植物学知识确实令人惊奇。'"[2]后世还用咒术
疗法，《医心方》卷23治难产方引《录验方》云："破大豆，以夫名字书豆
中，合吞之，即生。"又引《集验方》云："逆生横生不出、手足先见方：其
夫名书儿足下，即顺。"巫术治疗手段与方式五花八门，至今在民族学资料
中还大量遗存，如"佩物"巫术，《山海经》记载："扭阳之山，有一神兽，
名曰鹿蜀，佩之宜子孙"；"宪翼之水，多玄龟，佩之不聋"；以及基山有兽
如羊，"佩之不畏"等，后世的桃符、贝珠、神剑、八卦镜作为避邪的镇物。
过去淮北地区在生疟疾病时，还采用趁病者不注意的夜间将束住的蟾蜍作为
患者的佩带物的巫术活动，以便驱除病魔。

　　从春秋战国时起，巫医分离，专业医者出现，医者在医巫斗争中生存，
然而，"在春秋战国之后（至少在两汉时期），巫者仍是中国社会里不可或缺
的疗病者，以鬼神信仰为根基的巫术疗法也仍盛行于各个社会阶层，而中国

---

① 　刘书惠：《巫术信仰与理性精神的交融：出土简牍中的复生故事》，《文艺评论》2022年第
　　2期。
② 　叶舒宪：《诗经的文化阐释》，湖北人民出版社1994年版，第98页。

的传统'医学'也一直无法去除巫术的成分。因此，春秋战国以后的中国医学史，似乎不宜将巫觋的医疗活动和其知识传统排除在外。"① 医用巫法，至今民间还用，若幼儿夜啼，则于通衢要道旁贴一纸帖："天皇皇，地皇皇，我家有个夜啼郎。走路君子念一遍，一觉睡到大天亮。"若幼儿小病，则言灵魂受惊，然后通过一套巫法将灵魂唤回。

（九）方相氏与大傩

《周礼·夏官》载"方相氏"之职掌曰："方相氏掌蒙熊皮，黄金四目，玄衣朱裳、执戈、扬盾、帅百隶而时难，以索室驱疫。大丧，先柩；及墓，入圹，以戈击四隅，驱方良。"方相氏主要任务是驱除一切不祥之物，大傩时驱疫，大丧时驱方良。方相、方良、魍魉、罔象、罔两等所指皆相似，为鬼怪之类。② 刘师培认为方相氏"亦古代巫舞之遗风。今观中邦各直省，其僻壤遐陬，未设梨园，于祀神报赛之时，则必设台演剧，即以巫觋为优伶。此即古代方相氏所掌之事也。故知舞乐降神之典，至今犹存，而古人之乐舞，已开演剧之先。此固班班可考者也"③。

"方相氏"就是古代有人来专门装扮"方相"，其面具可以是竹制、皮制与金属制。河南浚县发掘的卫墓中发现了方相氏的铜具。④ 南阳汉画像石中有大量像人戏兽图像。图像中的熊意象为披着熊皮的方相氏，所戏兽类为以穷奇为代表的十二神兽，图像母题旨在于表现以方相氏和十二神兽为中心的傩舞。⑤ 重庆丰都槽房沟东汉墓葬出土方相俑，"梳山字形发髻，带结于额前并饰有圆形饰物。大耳、突眼、高鼻、獠牙，长舌垂于胸前。着右衽长袍，挽袖。右手持物，左手握蛇。"⑥ 明李时珍《本草纲目》卷51兽部罔两条

---

① 林富士：《中国六朝时期的巫觋与医疗》，《"中研院"历史语言研究所集刊》第70本第1分，第3页。

② 参见杨景鹔《方相氏与大傩》，《"中研院"历史语言研究所集刊》第31本，第123—125页。

③ 刘师培：《舞法起于祀神考》，钱钟书主编《刘师培辛亥前文选》，第442页。

④ 陈槃：《中国古史论稿商榷别录》（二），《中国文哲研究集刊》第4期。

⑤ 余静贵：《南阳汉画像石中的傩舞图像考》，《北京舞蹈学院学报》2022年第5期。

⑥ 《重庆丰都槽房沟发现有明确纪年的东汉墓葬》，《中国文物报》2002年7月5日。

云：“方相有四目，若两目者为魌，皆鬼物也，古人设官像之。昔费长房识李娥药丸用‘方相脑’，则其物每入辟邪方药，而法失传矣。”“方相氏”驱鬼是用凶物来辟邪怪，属于同类相克。至今人们流行戴假面具，仍是古代巫术遗俗。《令方彝》：“明公赐太师鬯、金、牛，曰：‘用祓’；赐令鬯、金、牛，曰：‘用祓’。”祓禳是需用牲的，可能还要有一些仪式，故需赏赐一些财物。

　　古代的“傩”是由方相氏主持的一种具有神秘色彩的驱鬼逐疫的仪式活动，是古人企图控制自然、征服自然的巫术。季春、仲秋、季冬都有傩。季春是有国者傩，仲秋为天子傩，季冬有司大傩，及于庶人。“时难”就是“时傩”，即《论语·乡党》所云“乡人傩”，《礼记·月令》所云“国傩”。《周礼》记“占梦”职掌为：“乃舍萌于四方，以赠恶梦，遂令始难驱役。”《礼记》云：“傩，人所以逐疫鬼神也。”即令傩驱役。“傩”是一群戴了假面具化了装的群巫，伴着简单的音乐，舞着、叫喊着来驱鬼逐疫的典礼的名称。“强调人体装饰的目的包含着巫术意义……在不同地域、不同时期、不同身体部位的不同装饰，对于某种意义有不同程度的侧重，而巫术的意义可能是最早的和比较主要的原因。”[1]《礼记·月令》孔疏云：“六月宿直柳鬼，阴气至微，阴始动，未能与阳相竟，故无疾害可傩也。”大傩其实是一种巫术行为，它是为了消除实际生活中的各种阻碍而行的一种手段，其主要凭借有三：一是动作，即舞。一是声音，包括自然界各种声音的模仿及用以申述或命令的咒语。另一是传统的加诸巫师身上的限制：消极的是不许如何做，积极的是必须如何做。[2]《吕氏春秋·古乐篇》云：“昔陶唐氏之始，阴多滞伏而湛积，水道壅塞，不行其原，民气郁阏而滞著，筋骨瑟缩不达，故作为舞以宣导之。”傩舞在商周发展成为宫廷傩礼和民间乡傩活动。傩在后世演变仪式较为丰富而复杂，《续汉书·礼仪志》、张衡《东京赋》等都有详细记载。[3]现

---

① 邓福星：《艺术前的艺术》，第58页。

② 杨景鹣：《方相氏与大傩》，《历史语言研究所集刊》第31本，第145页。

③ 《续汉书·礼仪志》：“先腊前一日大傩，谓之逐疫。其仪选中黄门子弟十岁以上，十二岁以下百二十人为侲子，皆赤帻皂制，执大鼗。方相氏黄金四目，蒙熊皮，玄衣朱裳，执戈扬盾。十二兽有衣毛角，中黄门行之，冗从仆射将之，以逐恶鬼于禁中。夜漏上水，朝臣会侍中，尚书、御史、谒者、虎贲、羽林、郎将、执事者皆赤帻，陛卫乘舆御前殿。黄门令奏曰：‘侲子备，请逐疫。’于是中黄门倡，侲子和曰：‘甲作食歹凶，胇胃食虎，雄

在人类学资料还可证明傩的存在。贵州德江方志记载："冬时傩亦间举，皆古方相逐疫遗意，迎春则扮台阁古戏文，沿街巡行以畅春气。"① 青海省黄南藏族自治州同仁县年都呼土族村，每年农历十一月二十日祭山神，村民们在拉洼（藏语法师）带领下到山神庙，接受古毛俄良（即二郎神）神意，由 8 个满身画着虎纹的半裸体青年，跳着名为"於菟"（虎）的傩舞进入村庄，然后翻墙越房，进入院中，为各家驱鬼逐疫，直到傍晚听到枪声，"老虎"方离家跑到河边的大井水窟洗去身上的虎纹，整个活动才告结束。云南省彝族举行的祭祀图腾祖先虎的虎节礼仪中，全村用占卜的方法选出一批健壮的男子扮演虎的角色，裸体绘上虎纹，跪于神座前谢恩献酒，杀牲祭神，跳虎舞，进行驱鬼逐疫的巫术活动。②

三、西周巫官世袭制

世官制是西周政权选任官吏的基本制度。《诗·大雅·文王》云："文王孙子，本枝百世，凡周之士，丕显亦世。"金文中反映世官制的材料 40 余条，保存了生动的世官记载。周原出土铜器铭文反映井氏、虢季氏、史氏、华氏、中氏等皆历世为王朝重臣，"子子孙孙永宝用"。巫觋本来是一种神圣的职权，其神圣职能一般是不得学习与滥用的，后来巫觋经过分化与发展，便面临传承和世袭的局面。巫职成为世袭之官，《礼记·王制》云："凡执技以事上者：祝、史、射、御、医、卜及百工（郑注：'言技，谓此七者凡执

伯食魅，腾简食不详，揽诸食咎，伯奇食梦，强梁祖明共食磔死寄生，委随食观，错断食巨，穷奇腾根共食蛊。凡使十二神追恶凶，赫女驱，拉女干节，解女肉，抽女肺肠，女不急去，后者为粮。'因作方相与十二兽傩，欢呼周遍，前后省三过，持炬火送疫出端门。门外雏骑传炬出宫，司马阙门。门外五营骑士传火弃雒水中。百官官府各已木面兽能为傩人师讫，设桃梗、郁垒、苇菱毕，执事陛者罢。苇戟，桃杖以赐公卿、将军、特侯。诸侯云。"张衡《东京赋》："卒岁大傩，殴除群厉。方相秉钺，巫觋操苪。侲子万童，丹首玄制。……煌火驰而星流，逐赤疫于四裔。然后凌天池，绝飞梁，捎魑魅，斮獝狂，斩蜲蛇，脑方良，囚耕父于清泠，溺女魃于神潢，残夔魖与罔像，殪野仲而歼游光。八灵为之震慑，况魃蜮与毕方。"

① 陈荣富：《宗教礼仪与古代艺术》，第 199 页。
② 刘锡诚：《中国原始艺术》，第 62—63 页。

技以事上者。'），不贰事，不移官。（郑注：'欲专其事，亦为不德。'）"朱彬《礼记训纂》云："所以'不贰事，不移官'者，欲使专事，亦为技艺贱薄，不是道德之事，故不许之。方性夫曰：'祝若《周官》大祝之类，史若《周官》大史之类。祝史皆事神之官。以其作辞以事神，故曰祝；以其执书以事神，故曰史。医则医师之类。卜则卜师之类。……不移事，欲其无异习；不移官，欲其有常守。'"这些官吏所以能允许世官，并不是因为"技艺贱薄，不是道德之事"，根本原因在于他们皆为"执技以事上者"，《周礼·宗伯》云："凡以神士者，以其艺为之，贵贱之等。"这些技艺世代家传，周王命官只是因袭此风俗而使之成为官制而已。这些人都要受专门的训练，每每是在家族中世袭的。一直到秦代，法律仍规定只有史的儿子，才能接受做史的特别教育。"巫马"后来成为中华民族中的一姓，这大抵是由于巫官世袭制的结果。1976 年 12 月陕西庄白村发现一号窖藏，出土微氏铜器 103 件，铜器铭文记载微氏一族七代为史，西周微氏家族从武王克殷后，微史烈祖归降于周，从武王时开始，经历了成、康、昭、穆、恭、懿、孝、夷、厉诸王世，即为世官、世禄。说明西周使用了从殷商归降的神职人员，为己服务。① 据《左传》载楚卜尹之职位为观氏三代所世袭。观氏，原为都氏，楚国一个曾以巫为世官的家族。都是秦楚之间的小国，一度入于秦，最后灭于楚。武王伐都，俘获了都人观丁父。观丁父的后人"佐开卜"，即做卜尹的助手。平王即位，观从有拥立之功，平王让他自选官职，他以先人"佐开卜"为由，选了卜尹之职。观从祖孙三代以观射父名声最为卓著，《国语·楚语下》载楚王孙圉出使晋国时曾将他誉为"楚宝"，盛赞曰："楚之所宝者，曰观射父"。观氏出于都俘观丁父，哀公十七年追述："观丁父，都俘也，武王以为军率，卜以克州、蓼，服随、唐，大启群蛮。"观丁父之后，观氏累世不显，平王委观从为"卜尹"。自观从后，观氏遂世司卜职，观从子乃观射父，射父之子乃观瞻。《左传》哀公十八年载："巴人伐楚，围鄾。初，右司马子国卜也，观瞻曰：'如志。'故命之。"杜注："观瞻，楚开卜尹之责。"再说，

---

① 刘士莪：《周原青铜器中所见的世官世族》，周秦文化研究编委会编《周秦文化研究》，第402—405 页。

巫权本来就是政权的组成部分，在"巫政合一"时期，巫权与政权是不可分割的统一体，当政治制度实行世袭制之后，巫职一定伴随着世袭制，即当夏启开始世袭制后，巫职官僚世袭制势必就诞生了。只是当巫权在"巫政合一"的统一体中的权重渐渐下落之后，即巫权走过其发展的巅峰之后，巫职人员才渐渐分离出来，成为相对独立的官僚群体，这时才突显其世袭制的强烈特征，实质上，巫职自国家产生那天起历来都是世袭制。

巫职世袭制说明巫职的重要性、知识性、家族性，西周统治王朝欲垄断神权，就是占有当时的意识形态领域，意识形态领域在一个国家的上层建筑中的作用与地位，至今都是不可估量的，而巫职人员控制着国家的意识形态领域，统治者阶层中，巫职仍旧处于官僚地位，这是巫教合一的余物，巫觋人员在整个社会结构中居于重要地位，成为一个官僚的职业集团。可知，其地位是不可估量的。巫职人员是当时的重要知识分子群体，具有对知识占有权，而知识是当时社会的重要财富，只有少量的人群才能有机会和资格得到这部分有限的财富，巫职人员就是这少量的人群，实质上，对知识的占有就是对统治权的部分占有，知识的专属性就是神权与政权的专属性。由于巫职的世袭制，就导致了巫职人员不向外传播巫职人员的应具有的知识与本领，只能为其家族所有，而且不可能传给家族所有成员，能得到这份继承权的家人，其地位、身份与才能一般应该高于家族中的其他成员，更增加了巫职人员具有更大的神秘性。因此，巫职官僚的世袭制应是西周官僚体制的重要特征之一。祝宗卜史等巫职人员在国家组织和文字系统的配合下，坚守着这份传统的神秘性和深奥性，由于他们是当时创造与持守精神境界的知识群体，左右着社会精神的发展方向，故在社会、历史中起到不可替代的作用。"这些精通仪式和制度的'祝'、'史'、'宗'、'巫'，在操作中就成了后来被称作巫者或术士的角色，在解释中就成了后来被称作知识人或思想家的角色，而这些被仪式和制度确认、又被人们悬置起来的观念性的内涵，就成了'普遍真理'，从这些真理的不同解释中引申出来的很多思想话题，就可能成为思想史的资源。"① 从某种角度说，如果没有这些传承有序的巫职人员，思

---

① 葛兆光：《中国思想史》第 1 卷，第 113 页。

想史就会出现断层与裂带，传统也许就会变成另一种模样。

　　春秋战国时期，巫职地位越来越低，无法与西周早期相比，这也是历史大势所趋，同时也为这段时期的"轴心期突破"腾出了必要的空间。秦汉以降，分管巫教的神职（巫职）系统机构名为"太常"或"太常寺"，或称为"奉常"，王莽时复称"秩宗"。隋唐以后仿周官六部而设礼部，属尚书省六曹之一。"礼"的范围宽泛，与巫教有关的礼乐，仍然另有太常寺、光禄寺等分管。以后各朝代职官系统沿革有变，负责宗教事务的职官机构名称不一。这些官僚系统中的巫教之职，属于所谓政府的神职人员，已经不同于后世一些民间之巫，"后世的巫术……受贬斥和压制，善的一面（白巫术）被取而代之，恶的一面（黑巫术）被渲染突出，整个形象被'恶魔化'。……当时北有胡巫，南有越巫，全国各地有各种各样的巫。……经常受到迫害，情况和欧洲中世纪的猎巫相似（但不是宗教迫害，而是政治迫害）"①，这当然又另当别论了，切不可与我们现在研究的西周巫职相混淆。

———————————

① 严文明：《中华文明史》第 1 卷，第 401 页。

第三章　周礼之巫术遗制

当下无论伪装得如何好，但都会投射下"过去"的影子。

——题记

《通典·礼一》云："伏羲以俪皮为礼，作琴瑟以为乐，可为嘉礼；神农播种，始诸饮食，致敬鬼神，褚为田祭，可为吉礼；黄帝与蚩尤战于涿鹿，可为军礼；九牧倡教，可为宾礼；《易》称古者葬于中野，可为凶礼。"① 我们全面考察周礼的嘉、吉、宾、军、凶诸礼，其皆笼罩在神秘的巫术气氛中，并可得结论为：周礼建立在巫教基础上，巫术遗制为周礼之主，而其余则为末节，"后人在概括周代宗教特点时说：'周人尊礼尚施，事鬼敬神而远之，近人而忠焉。'（《礼记·表记》）古代宗教在西周，不仅概念上增加了新的内容，在仪式上也更加程式化、规范化了，也就是古人讲的'尊礼尚施'，开始走上了礼仪化的道路"②。至于周礼理性化、人文化、伦理化的逐步强化，那是后来时代使然。《礼记·郊特牲》云："礼之所尊，尊其义也。失其义，陈其数，祝史之事也。故其数可陈也，其义难知也；知其义而敬守之，天子之所以治天下也。"说明礼原初只是"陈其数，祝史之事也"，至于"知其义而敬守之"则是后儒在着意用实用的观点去看待与改造原初巫术之礼了，说出"尔爱其羊，我爱其礼"（《论语·八佾》）之话语，亦如用《易传》之义理去看待本来属于巫筮之书《易经》，故孔子

---

① （唐）杜佑撰，颜品中等校点：《通典》，岳麓书社 1995 年版，第 579 页。
② 牟钟鉴、张践：《中国宗教通史》（上），第 134 页。

曰："夫礼，先王以承天之道，以理人之情，失之者死，得之者生，故圣人以礼示之。天下国家可得而正也。"① 于是，礼变成了礼制，具有很强的等级性和教化性，这种理性化、人文化、伦理化的周礼的"义"，也就成为后世儒家所要阐发的主题思想，童恩正说："可以看到一个貌似矛盾的现象：一方面是远古巫术的衰落；而另一方面，又是远古巫术所包括内容的发扬光大。"②

一、礼的巫术源流

凡事物皆有源有本。周礼是一种历史文化现象，其产生是有其源流的，绝不是无本之木，无源之水。中国古"礼"原初是原始巫术的化身，最初是用来祈福祛灾，后来才被用于治国。无论从内容还是从形式看，"礼"起初皆是源于各个时期的巫术文化，包括积极与消极的两种巫术。

"礼"的字源蕴涵着巫术信息。《说文》云："礼，履也，所以事神致福也。""礼"字初形为"豊"，已被学界所公认。《六书正讹》云："豊，即古礼字。礼重于祭，故加示以别之。凡澧、醴字从此。"又，《说文》云："豊，行礼之器也。从豆，象形。"略晚于许慎的郑玄则认为"禮"与"醴"字相通。③ 王国维利用甲骨文研究"禮"字，其《释礼》云："惟许君不知珏字即玨字，故但以从豆，象形解之，实则豊从玨在凵中，从豆乃会意字而非象形字也。盛玉以奉神人之器谓之'豐'若'豊'。推之而奉神人之酒醴，亦谓之醴，又推之而奉神人之事通谓之礼。其初当皆用豐若豊二字（卜辞之'醻豊'，醻字从酒，则'豊'当假为酒醴字），其分化为醴、禮二字，盖稍后矣。"④ 王氏结论为"奉神人之事通谓之礼"，后人虽有所补正，但均未超出

① （唐）杜佑撰，颜品中等校点：《通典》，第 579 页。
② 童恩正：《中国古代的巫》，《中国社会科学》1995 年第 5 期。
③ 这见于郑玄的经注中，《仪礼·士冠礼》："禮于阼。"郑玄注："今文禮作醴。"又《士昏礼》："宾如授，如初醴。"郑玄注："古文醴为禮。"后人亦做认可，清人凌廷堪《礼经释例》的《宾客之例》中云："凡宾主人行礼毕，主人待宾用醴，则谓之禮；不用醴，则谓之偯。"
④ 王国维：《观堂集林》卷 6，中华书局 1959 年版，第 191 页。

此命题。① "奉神" 皆模仿人之欲望所需，瞿兑之云："人嗜饮食，故巫以牺牲奉神；人乐男女，故巫以容色媚神；人好声色，故巫以歌舞娱神；人富言语，故巫以词令歆神。"② 巫觋奉神的方式还是取决于人的欲望，故巫术自始皆与人间社会联系起来，没有孤立的超人间的巫术存在。郭沫若从文字学的角度解释 "礼" 起源于 "祀神" 更为透彻："'礼' 是后来的字，在金文里面我们偶尔看见有用豊的，从字形结构上来说，是在一个器皿里面盛满两串玉贝以奉事于神。《盘庚》篇里说的 '具乃贝玉'，就是这个意思。大概礼起源于祀神，故其字后来从 '示'，其扩展而对人，更其后扩展而为吉、凶、军、宾、嘉的各种仪制，这都是时代进展的结果。愈望后走，礼制便愈见浩繁，这是人文进化的必然结果……"③ 侯外庐亦指出："礼在周金文中亦见，同豊，即由氏族祭祀之转为制度的秩序。"④ 卜辞所载商人以玉礼神祭祖之事亦颇多，如宾组卜辞有："甲申卜，争贞：燎于王亥，其玉？甲申卜，争贞：勿玉？"⑤《周礼·大宗伯》亦云："以玉作六器，以礼天地四方。" 用玉是代表一种礼神的巫觋行为，此乃 "礼" 字构形所取之原义也。以玉礼神起源很早，河姆渡、红山、良渚、龙山、凌家滩、齐家乃至石家河等出土大量的玉器，具有巫师法器及祭神性质，后世所谓礼器就是由巫术文化时代事神行为中所使用的自然或人为的一些器具如法器或灵物演变而来的。因此，从 "礼" 字原始构形的意蕴以及礼器的由来，可以推论 "礼" 源流于远古的巫术。

　　古礼起源甚早，这从重要祭典的献祭可窥见一斑。"良渚和龙山文化时代宗庙致祭之礼已经流行"⑥，礼器即是明证之一。杀牲荐血腥的程序是：最

---

① 裘锡圭先生曾作修正，"豊字应该分析为从壴从玨"，"本是一种鼓的名称"。（《甲骨文中的几种乐器名称》，《中华文史论丛》1980 年第 2 辑）后又有学者撰文指出，壴应是 "鼓" 初文，进而认为鼓是我国最早的礼器之一，而 "禮" 为会意字，意即古人在鼓乐声中以玉来祭享天地鬼神之状。（郑杰祥《释礼·玉》，《华夏文明》第 1 集，北京大学出版社 1987 年版）无论是象形字还是会意字，皆作巫术意义解释是不变的。

② 瞿兑之：《释巫》，《燕京学报》1930 年第 7 期。

③ 郭沫若：《十批判书·孔墨的批判》，《郭沫若全集·历史编》(2)，第 96 页。

④ 侯外庐：《中国古代社会史》，第 91—92 页。

⑤ 参见雷汉卿《〈说文〉"示部" 字与神灵祭祀考》，第 35—38 页。

⑥ 石兴邦：《从考古学文化探讨我国私有制和国家的起源问题》，《史前研究》1983 年创刊号。

先荐血腥，中间是爓祭，最后是荐熟食。据郑玄、孔颖达注疏，这反映出一个历史过程，荐血腥是象法上古，即伏羲以上时代，爓祭是象法中古，即神农时代，荐熟食是象法下古，即五帝时代。故《礼记·礼运》云："夫礼之初，始诸饮食。其燔黍捭豚，污尊而抔饮，蒉桴而土鼓，犹若可以致其敬于鬼神。"在古人看来，凡资以生活之物，皆鬼神所恩赐，而"神嗜饮食"，与生人同，故需献祭。《周礼·天官·膳夫》的郑玄《注》云："礼，饮食必祭，示有所先。"孙诒让《疏》云："凡祭，皆祭先造食者。《礼记·曲礼》云：'殽之序，徧祭之。'"《淮南子·说山训》曰："先祭而后飨，则可。先飨而后祭，则不可。物之先后，各有所宜也。"祭祀的作用与目的与巫术是保持一致的，企图通过通神而达到控制神明、为我服务的目的，结果是趋利避害、祓禳妖邪、祈求赐福。对于自然之神，《礼记·礼运》云："祭帝于郊，所以定天位也；祀社于国，所以列地利也；山川，所以傧鬼神也；五祀，所以本事也。"对于人鬼，《礼记·祭法》云："夫圣王之制祭祀也，法施于民则祀之，以死勤事则祀之，以劳定国则祀之，能御大灾则祀之，能捍大患则祀之。"目的是让那些能为人们造福的人鬼继续永保其福。民俗学材料也证明巫术目的是为人服务的。瑶人巫师（巫爸）担负祭神、度神、丧葬、问卜、出猎、还愿、治疾等职责，借助各种法器通过施演各种魔法，完成降神、送神的诸种仪式，成为族人的保护者，巫师也就成了瑶族中半人半神的特殊者，受到族人的仰慕。① 原始时代的人们处于万物有灵的"泛神论"阶段，英国人类学家马林诺夫斯基说："对于野蛮人，一切都是宗教，因为野蛮人恒常都是生活在神秘主义和仪式主义的世界里面。"② 远古的人们，在自然崇拜、图腾崇拜、鬼神崇拜中自觉与不自觉地形成了一整套的神秘主义和仪式主义的系统，这个系统就成为孕育"礼"的温床，亦可谓是"礼"的前身。也正是因为人类有了这套现代人看来十分蒙昧的精神生活系统，才使人类不断进化为高级智慧生命。《墨子·明鬼》云："昔者虞夏商周，三代之圣王，其始建国营都日，必择国之正坛，置以为宗庙，必择木之修茂者，立以

---

① 参见张紫晨《中国巫术》，上海三联书店 1990 年版，第 50—51 页。

② ［英］马林诺夫斯基：《巫术、科学、宗教与神话》，《中国哲学》第 22 辑，辽宁教育出版社 2000 年版，第 61 页。

为丛社。"这"宗庙""丛社"既为巫教之物，又是国家之象征。当国家政权
出现之后，人类就进入了一个文明的时代，但这也不是一朝一夕的事情，而
是要经过漫长的道路，巫术之礼渐渐地向巫教之礼转化，巫教之礼又慢慢地
向人文之礼转化，在礼教中透过巫神的层纱透露出人文的曙光。杨宽指出：
"'礼'的起源很早，远在原始氏族公社中，人们已习惯于把重要行动加上特
殊的礼仪。……进入阶级社会后，许多礼仪还被大家沿用着，其中部分礼仪
往往被统治阶级所利用和改变，作为巩固统治阶级内部组织和统治人民的一
种手段。我国西周以后贵族所推行的'周礼'，就是属于这样的作用。"① 礼，
在巫术、巫教的原始宗教发展过程中孕育、成长，经历了从巫术之礼、巫教
之礼向人文之礼的转化过程。

《尚书·舜典》记载，舜继尧后，"岁二月，东巡守，至于岱宗，柴。……
协时月正日……修五礼、五玉、三帛、二生、一死贽。……五月南巡守，至
于南岳，如岱礼。八月西巡守，至于南岳，如初。十有一月朔巡守，至于北
岳，如西礼。"舜为群巫之首，时在岱宗举行"柴"祭，其目的十分明显，
就是以作通天之用，发展至后来就是祀天之吉礼，至于"修五礼、五玉、三
帛、二生、一死贽"也许就是一种巫术所需。伪孔传注曰："修吉凶宾军嘉
之礼，五等诸侯执其玉。三帛，诸侯世子执纁，公之孤执玄，附庸之君执
黄。二生，卿执羔，大夫执雁。一死，士执雉。"而"三帛"，郑玄注曰：
"三帛，所以荐玉也。受瑞玉者，以帛荐之。帛必三者，高阳氏之后用赤缯，
高辛氏之后用黑缯，其余诸侯皆用白缯。"舜还任命伯夷、夔、龙典三礼，
负责礼乐之事，要求夔"八音克谐，无相夺伦，神人以和"，夔表示"击石
拊石，百兽率舞"，这种戴各种面具的化装舞会，只能是群巫魔舞了。夏礼
不可征也，有些遗留下来的殷礼仍可征引，可以坐实的殷礼众多是巫教领域
的遗制，"礼有五经，莫重于祭"。祭祀之礼自远古延至商代，名目繁多，如
甲骨卜辞："贞，御，（唯）牛三百。"（《合集》300）"贞，肇丁用百羊、百犬、
百豚，十月。"（《合集》15521）以至周代还殷周二礼并用，在成周洛邑总是
用殷祭，金文铭文有所记载，如作册𪉆卣："唯明保殷成周年……"，小臣傅

---

① 杨宽：《"冠礼"新探》，《中华文史论丛》第 1 辑，中华书局 1962 年版，第 21 页。

卣铭：“唯五月既望甲子，王……令师田父殷成周年。”① 董作宾从商代祀典及卜辞中发现商代的祭祀仪式有新旧两派的更迭，这就是发生在商代的“礼”之革新，这种革新既可以说是在国家范畴中进行的，也可以说是在巫教界发生的。有人根据大量的祭祖活动，认为“礼成型之初是祭祖的仪式”②，这话道出了部分道理，实质上还可以向上追溯。在巫政合一的时代，巫与礼是交织在一起的，社会在巫的掌控之中，君王就是群巫之首，运用到现世之中的巫觋的巫术内容与形式，从世俗社会角度看，就变成了所谓“礼”。“礼”，于是就具有了神灵与世俗的双重效力，人们习惯地将巫术中的一些内容与形式称之为“礼”，并以超自然的力量号召人们去遵守与履行。周礼因于殷礼，刘家和认为周初礼“仍寓于祭祀之中，但‘等差’、‘次序’以至制度的涵义亦见显露”③，说明周初礼还主要是以巫术的形态存在着，如《左传》文公十五年云：“礼以顺天，天之道也。”《大戴礼记·曾子天圆》亦云：神者，“品物之本，礼乐之祖。”

　　“礼”之初并无“数”与“义”之分。古礼是形式与内容紧密结合的统一体，在春秋之前，这二者几乎是不分的。④ 这说明礼的前身或另一种存在状态为“失其义，陈其数”的祝史之“礼”。这是一种什么样的“礼”呢？是一种处于巫术状态的“礼”。礼的最初表现形态仅为“幽赞神明”，然后方“陈其数”而已，至于“尊其义”是后来世俗社会附会其上的，致使礼的本真发生了扭曲与转变。这一点，孔子也是承认的，在帛书《要》中云：“幽赞而达乎数，明数而达乎德，又仁守者而义行之耳。赞而不达乎数，则其为之巫。数而不达于德，则其为之史。”⑤ 君主们既然把自己称为帝或天子，那

---

① 参见《王晖周代殷周二礼并用论》，《文史》2000 年第 2 辑。
② 刘志琴：《礼——中国文化传统模式探析》，陈其泰等编《二十世纪中国礼学研究论集》，学苑出版社 1998 年版，第 111 页。
③ 刘家和：《先秦儒家仁礼学说新探》，陈其泰等编《二十世纪中国礼学研究论集》，学苑出版社 1998 年版，第 93 页。
④ 春秋以后，人们为了探索古礼意义，才逐渐把形式与内容加以区分，这就是仪与义的分离。到了汉代，就形成了以义制仪的新礼，而到了宋代，则出现了专言义理而不重形式的倾向。（参见邹昌林《中国礼文化》，社会科学文献出版社 2000 年版，第 46—49 页）
⑤ 引自邓球柏《帛书周易校释》，第 481 页。

他们就要享受到天与帝的至高无上的礼遇，就自然会将巫教中的"礼"下放到人间，即将鬼神的与人间的两个世界进行必要的同构，仿照鬼神世界的"礼"的样式在人间建立起一个实用的"礼"的世界，两个世界的交叉与融合也是符合"巫政合一"时代的逻辑的。故《礼记·礼运》云："是故夫礼，必本于天，殽于地，列于鬼神，达于丧祭、射、御、冠、婚、朝聘。故圣人以礼示之，故天下国家可得而正也。"这与古罗马不同，罗马世俗政权与宗教是分开的，至于宗教与政权的关系，正如耶稣所说："上帝的归上帝，恺撒的归恺撒。"许倬云针对中西方宗教对世俗的影响方式得出结论为："基督教的传布是由边缘进入核心，而中国文化的传布则是由核心扩散四方。"① 或许可以这么说，中国古代巫教的传布方式是以巫教为核心向四方边缘扩散，影响着周围事物的孕育与发展。

礼的源流还存在其它一些说法，但皆显不妥。有的说，礼起源于原始社会的风俗习惯，这种说法未免太过于宽泛而笼统。② 礼与俗和法不同，三者是不同的概念。俗是约定俗成，起源于群体的日常生活样式，没有强制性的自然状态。晁福林区别礼与俗为"偏重于上层贵族的、系统化的言行规范为礼，而偏重于下层民众的、比礼更具有广泛性质的、属于约定俗成的言行规范则为俗"③。这更进一步说明礼同巫教一样是属于上层社会的，是巫教权垄断之结果。《曲礼》云："君子行礼，不求变俗。"而俗则属于下层社会的，是民众生活中养成的。随着社会的发展，礼与俗在上、下层社会中间是流动的，部分的习俗在一定情况下得到上层社会的认可，方才带有礼的性质或直接进入礼的范畴，相反，部分礼在一定条件下也可以转化为民俗。俗转化为礼，傅斯年《跋春秋公矢鱼于棠说》云："前一世之实用，习惯，每为后一世之典礼。礼惟循旧，故一切生活上所废者归焉；后王之仪仗，固古之战器也；今日之明器，亦昔日之用具也。"④ 柳诒徵又从"礼"中分辨出"俗"来，

---

① 许倬云：《中国文化与世界文化》，第59页。

② 参见刘泽华《先秦礼论初探》，陈其泰等编《二十世纪中国礼学研究论集》，学苑出版社1998年版，第73—80页。

③ 晁福林：《先秦民俗史·绪论》，上海人民出版社2001年版，第2页。

④ 转引自陈盘《古社会田狩与祭祀之关系》，《"中研院"历史语言研究所集刊》第21本第1分，第2页。

举有饮食之俗、迎送揖让授受之俗、拜跪之俗、坐立行走之俗、相间执挚之俗，并言："凡此皆当时之习惯风俗，不必即谓之礼。"① 但后来这些习惯风俗进入"礼"的范畴，于是人们无不言之为"礼"。同样，这些"礼"后来又转化为习俗。总之，礼与俗是两个系统，而不是一条道，不能说谁是谁的源头。《庄子·逍遥游》云："越人断发文身，无所用之。""断发文身"就是古越人之俗，却不属于礼的范畴。有的俗甚至与"礼"相悖，如匈奴之俗，《史记·匈奴列传》云："苟利所在，不知礼义，自君王以下，咸食畜肉，衣其皮革，被旃裘，壮者食肥美，老者食其余，贵壮健，贱老弱，父死，妻其父母，兄弟死，皆收其妻，妻之。"法，产生最晚，是国家的产物，是由一定的社会物质生活条件所决定的国家意志的体现，是由国家制定或认可的，并由国家强制力保证实施的具有普遍效力的行为规范的总和。在生产力水平低下的情况下，礼，有时可以代替法，或填补法的空白或起到法的作用，但法是不能进入礼的系列的，"礼者禁于将然之前，而法者断于已然之后"。司马谈《论六家要旨》云："法家不别亲疏，不殊贵贱，一断于法，则亲亲尊尊之恩绝矣。"所以，历代统治者均强调用制度化的伦理道德来治理国家，而把刑法视为维护统治的辅助手段，从而形成所谓"德主刑辅"的治国思想。礼与俗和法的源头是不同的，礼源于巫术神灵的虚拟世界，而俗和法却源于世俗真实世界，就是由于这种超俗与世俗、神灵与众生、天与地等才构成了我们这个丰富的世界。

有的说，礼起源于人们相互之间馈赠礼物，这种说法未免太过于庸俗化与具体化。② 持这种说法的人是混淆了"礼"的最初义与后起义。礼，周代已衍生出两种含义：一为礼制；一为礼物。礼物虽然属于礼制的范畴，却不是礼制的最初的主要含义，而是后起的含义，如《礼记·曲礼上》云："贫者不以货财为礼，老者不以筋力为礼。"我们无论如何不能认为祭祀祖先、籍田、雩等礼乐为相互往来的礼物馈赠。馈赠礼物仅是礼中微小的一部分内容，至于说"礼"中具有货物交易的商业性质，是由周公与孔子二人消

---

① 柳诒徵：《中国文化史》（上册），中国大百科全书出版社 1988 年版，第 171—173 页。

② 参见杨向奎《宗周社会与礼乐文明》，第 235—263 页。

除了"礼"的商业性，就更显得莫名其妙。① 原始社会可能存在一些物物贸易，但不能将这种贸易说成是礼的源流。著名的《曶鼎》为我们提供了奴隶交换的价格，《卫盉》和《格伯簋》为我们提供了土地交换价格，西周土地和奴隶交换的比价为：1 件玉璋＝80 朋＝10 田；4 匹良马＝30 田；5 名奴隶＝1 匹马＋1 束丝。② 这是一种典型的物物贸易，可谓从原始社会延续到西周一直未曾间断，其发展的最终结果就是现在的商业社会中进行的商品贸易以及货币贸易。如果说周礼中用礼物时考虑到物物贸易的比价，那也只能说这种"商业贸易"渗透到周礼之中，而不能由此得出一个错误的结论，即周礼由"商业贸易"发展而来。

儒家经典一般说，礼产生于"男女有别"之后，故曰"婚礼者，礼之本也"③，"礼始于谨夫妇，为宫室，辨内外"。（《礼记·内则》）这是符合历史唯物主义观点的。礼的内容与作用是处于变化之中的，至于《礼记·曲礼上》说"夫礼者，所以定亲疏、决嫌疑、别同异、明是非也"，已是后人总结的时代性话语了。至于有的人根据《礼记》总结出"礼本于人情"和"礼本于历史"两说，更显得空泛。④ 金景芳先生认为较成熟的"礼的产生当在国家产生的前夜。"⑤ 在原始社会时期，最早能够形成规范而令人们普遍接受与遵守的"礼"，只能来源于巫术神灵，因为当人们有了意识之后，随之就

---

① 杨向奎说："西周时的周公，春秋时的孔子，都是因往日的礼俗而加工。经过周公的加工，'礼仪'中减少了商业性质；经过孔子的加工，去掉了'礼仪'中的商业性质，'礼云，礼云，玉帛云乎哉！'是宣告'礼仪'不应当是'商业'。"（《礼的起源》，陈其泰等编《二十世纪中国礼学研究论集》，学苑出版社 1998 年版，第 51 页）

② 参见林甘泉《对西周土地关系的几点新认识》，《文物》1976 年第 5 期。

③ 引自《礼记·婚义》。另外《礼记·郊特牲》云："男女有别然后父子亲，父子亲然后义生，义生然后礼作。"《礼运》云："今大道既隐，天下为家，各亲其亲，各子其子，货力为己，大人世及以为礼，城郭沟池以为固，礼义以为纪，以正君臣，以笃父子，以睦兄弟，以和夫妇。"《周易·序卦》云："有天地然后有万物，有万物然后有男女，有男女然后有夫妇，有夫妇然后有父子，有父子然后有君臣，有君臣然后有上下，有上下然后礼义有所错。"

④ 参见邹昌林《中国礼文化》，第 65—78 页。

⑤ 金景芳：《谈礼》，陈其泰等编《二十世纪中国礼学研究论集》，学苑出版社 1998 年版，第 5 页。

会产生原始的巫术与神灵意识，凌驾于人们之上，除此之外，再也找不到还有什么东西能比巫术神灵更权威、更令人俯首帖耳。礼家恒言改正朔，易服色，夏正建寅，殷正建丑，周正建子；夏尚黑，殷尚白，周尚赤等，这既是官方颁布的，也是由当时的巫术信仰所决定的。如此，方能达到"非礼勿视，非礼勿听，非礼勿言，非礼勿动"的地步。(《论语·颜渊》)当这些巫术及生灵所需之"礼"的方式延及其它范围时，人们也就会仿照此种样式以人间的名义建立起各种"礼"来，如由祭祖而敬老，由敬老而序长幼尊卑的某些礼仪等，以血缘为纽带却不拘于血缘的限制。

"国之大事，在祀与戎"，祭典是居传统礼教之首位，至于冠、昏、乡、射、朝聘诸礼中皆有不可缺少的祭祀内容，祭祀神明，可以看到早期巫术礼仪发展演变的历史痕迹。礼乐源于巫术，但不是一尊不动的雕像，在历史的长河中也会转变自己的方向，即有所"损益"也。孔子曰："殷因于夏礼，所损益可知也；周因于殷礼，所损益可知也。"春秋时期的"礼崩乐坏"并不是礼乐本身的废弃，而是迎来了礼乐发展中的一个新的阶段。后世将礼乐划分为可变革与不可变革的两个部分，不变的是礼之"义"，《礼记·大传》云："立权度量，考文章，改正朔，易服色，殊徽号，异器械，别衣服，此其所得与民变革者也。其不变革者则有矣：亲亲也，尊尊也，长长也，男女有别，此其不可与民变革者也。"(《论语·为政》)人殉、人祭本是古礼的遗留，到春秋时代人们以"非礼"来谴责与制止，以至于礼乐完全为统治阶级政治服务。《左传》昭公二年记载，叔齐认为权力是礼之本，揖让之类是礼之末，并曰："是仪也，不可谓礼。礼所以守其国，行其政令，无失其民者也。"在礼的发展过程中，周公旦与孔子丘对礼的建设作出了突出贡献，周公对礼乐进行了一次重大变革，孔子对礼乐又进行了一次重要的阐释，周公成为礼乐实践的鼻祖，孔子成为礼教理论的祖师，两者结合创造了中国古代特有的礼教系统，这一礼教传统由礼制、礼仪、礼的意识形态三部分组成。在这一礼教系统中，建设者前仆后继，如董仲舒将"礼"予以神化，《春秋繁露》的基本思想是讲天人感应，君权神授，以至谶纬之风盛行，这是"礼"的"复古"，自有其源头，并非空穴来风；朱熹予以理学化，走向伦理之极致，以至于起到禁锢伦理的反面作用，这是沿着礼的伦理化又多向前迈了一步，以至于超越其限度；王阳明予以心学化，在冷冰冰的神化、理学化之后，自然要转到人的内心世界，即由客观转入主观。这座礼教大厦就是这样建立起来的，但其最初之源却扎根于远古的巫术，于是这座大厦才显得古老而苍茫、神秘而发怵、禁锢而膜拜。

《大戴礼记·礼三本》云："礼有三本：天地者，性之本也；先祖者，类之本也；君师者，治之本也。无天地焉生，无先祖焉出，无君师焉治，三者偏亡，无安之人。故礼，上事天，下事地，宗事先祖而崇君师，是礼之三本也。"说的是礼经过递进的三个层次，礼的"第一本"是最基层的基础，即礼本源于"上事天，下事地"的巫术文化；"第二本"是重要的台阶，是礼发展的第二阶段，即"宗事先祖"的次巫术文化；"第三本"是礼的最后发展阶段，也是最高台阶，即"崇君师"。我们往往近观而非远视，忽略了前两"本"，只重视了最后一"本"了。礼起源于原始先民的巫术，但礼一经脱胎于原始巫教，便走上了一条自身独有的发展道路而已。

二、周礼中的巫术蜕变

既然礼乐源于巫术，那么周礼中必然就会带有巫术的胎记。上事天，下事地，尊先祖而隆君师，是礼之三本，三本中主要是天、地、先祖等鬼神之事，而"隆君师"后来成为礼之目的。故我们须对礼乐进行必要的结构性分析，这是一个对周礼解构的过程，目的是寻找出周礼中的巫术遗传密码，更进一步加强对周礼具体的巫术认识。

（一）释"作乐"

周人礼乐并用，"礼乐相须为用，礼非乐不行，乐非礼不举。"（《通志·乐略·乐府总序》）"礼"与"乐"为何要联系在一起？周公"制礼"为何要"作乐"？如果说是为了维护国家统治及政治的需要，那"乐"为何在国家统治中有如此重要的地位？这既与礼乐的源流有关，又与当时的社会巫教背景相关联。

歌舞之兴，其始于古之巫乎？王国维云："巫之事神，必用歌舞。《说文解字》（五）：'巫，祝也。女能事无形以舞降神者也。象人两褎舞形，与工同意。'故《商书》言：'恒舞于宫，酣歌于室，实谓巫风。'《汉书·地理志》言：'陈太姬夫人尊贵，好祭祀，用史巫，故其俗巫鬼。'《陈诗》曰：'坎其击鼓，宛邱之下，无冬无夏，治其鹭羽。'又曰：'东门之枌，晚秋之栩，子仲之子，婆娑其下。'此其风也，郑氏《诗谱》亦云。是古代之巫，实以歌舞为职，以曰神人者也。"[1] 早在母系社会时代，已产生了巫术性质的乐舞。[2] 考古发现了原始舞蹈图像，如青海大通县上孙家寨出土的彩陶盆舞蹈纹、内蒙古狼山地区原始岩画、甘肃嘉峪关黑山原始岩画、广西花山崖原始壁画中的舞蹈人，皆被认为具有巫术意义。[3] 据岩画学家研究，这些岩画都是当时巫术行为的记录，意在达到其巫术的目的。从民族学的调查材料可知，我们各民族的所有巫术活动几乎都是头戴面具，手执法器，仰天接神而手舞足蹈。世界上所有原始民族都有其巫术和魔法，而所有的巫术魔法大都采用歌舞形式。摩尔根《古代社会》云："舞蹈是美洲土著的一种敬神的仪式，也是各种宗教的庆典中的一项节目，世界上任何地方的野蛮人，也没有象美洲土著这样专心致志地发展舞蹈。他们每一个部落都有十至三十套舞蹈。每一套舞蹈都有专门的名称、歌曲、乐器、步法、造型和服装。某些舞蹈是所有的部落共有的，如战争舞即是。"[4] 何况近来还有学者研究后坚持认为一些美洲土著源于我们祖先的分支，他们越过白岭海峡，定居于这块"新大陆"。普列汉诺夫曾指出："北美洲的红种人跳自己的'野牛舞'正是在好久捉不到野牛而他们有饿死的危险的时候。舞蹈一直要继续到野牛的出现，而印第

---

① 王国维：《宋元戏曲史》，《王国维文集》，第 51 页。

② 桑戴克在《世界文化史》中说："文化最下之民族，领略音乐之能力，常颇不低。'野蛮人极易为音乐感动，受刺激至最高之程度'，有时生肉体之痛苦，或至'病不能兴，累数日不能工作'。其情状竟无异于孔子闻韶而三月不知肉味。……野蛮人对于节奏，有敏锐之感觉，而其知音乐之和谐，似亦颇早，不后于制成曲调也。音乐与舞蹈相连，似且在音乐与诗歌相连之前。"（引自邹昌林《中国礼文化》，第 58 页）

③ 詹鄞鑫：《神灵与祭祀——中国传统宗教综论》，江苏古籍出版社 1992 年版，第 272 页。

④ ［美］路易斯·亨利·摩尔根：《古代社会》（上册），杨东莼、马雍、马巨译，商务印书馆 1977 年版，第 113 页。

安人认为野牛的出现是和舞蹈有因果联系的。"① 还有一种所谓"节日巫术"。恩格斯《家庭、私有制和国家的起源》云:"各部落各有其正规的节日和一定的崇拜形式,即舞蹈和竞技;舞蹈尤其是一切宗教祭典的主要组成部分;每一部落各自庆祝自己的节日。"② 原始舞蹈除了再现狩猎、动物习性、战争过程、爱情生活以外,往往是原始先民的原始巫术仪式的组成部分。歌曲也是各种巫术仪式上需要的神秘力量的组成部分,法国社会学家列维·布留尔记述,对于原始民族来说,"他们有许多歌曲用于各种场合中演唱:用于战争、捕鲸、捕鱼、婚礼、节日,等等。大多数歌曲的语言在许多方面都是与一般会话语言极不相同的,这使我想到,他们或者是有特殊诗的语言,或者是从邻近部族那里借用来这些歌曲。……没有舞蹈都有它特殊的步法,每个步法都有它的意义;每种舞蹈也有它特殊的歌曲,而且这歌曲常常如此复杂,意义如此神秘,以至十个跳舞和唱歌的年轻人中间没有一个人懂得他们所唱的歌曲的意义。"③ 在这一过程中,掌握并负责教授乐舞的就是最谙熟此道的"巫",而这种原始乐舞的教育活动也就成为最古老的艺教活动。在原始部落中,只有那些具有非凡智慧和高超技能的人才有资格成为"巫";他们能歌善舞,拥有出众的才华和服众力,时常在部族中承担实施巫术的重任,刘师培所言"掌乐之官,即降神之官"④,便揭示了这种巫、乐兼摄的现象。⑤

《世本·作篇》云:"巫咸作铜鼓。"鼓为我国最早的乐器之一,为巫师所作。《吕氏春秋·古乐篇》云:"昔葛天氏之乐,三人操牛尾,投足以歌八阙:一曰载民,二曰玄鸟,三曰遂草木,四曰奋五谷,五曰敬天常,六曰建帝功,七曰依帝德,八曰总禽兽之极。"这种带有巫术内容的舞蹈,在现代仍未绝迹。云南西盟《大马散窝朗柳盖大房子》调查记录中记述了盖大房子全过程的祭奠活动,300多人围绕着"尼呵到各"(意即跳舞的房子)狂欢

---

① 转引自朱狄《艺术的起源》,第128页。

② 《马克思恩格斯选集》第4卷,人民出版社1972年版,第88页。

③ [法] 列维·布留尔:《原始思维》,第173—174页。

④ 刘师培:《舞法起于祀神考》,钱钟书主编《刘师培辛亥前文选》,生活·读书·新知三联书店1998年版,第437页。

⑤ 吕文明、李明阳:《由艺向德:先秦礼乐施教功能建构研究》,《山东社会科学》2022年第11期。

跳舞，通宵达旦，连续四天，舞蹈是整个祭奠活动的组成部分。①"巫"字构形取意为舞，"巫""舞"古音相同。乐舞是巫师必备之素质。中国上古出土古乐器大多与大巫师的墓葬有关，而且乐器出土比较丰富，即使在同一大墓中亦会出土成套的乐器，考古工作者常将这些墓主称为"执掌祭祀和军事大权的部落显贵"，而古乐器为"权威象征的庄严礼器"等，如1980年山西襄汾陶寺龙山文化遗址早期甲种大墓出土的特磬及鼍鼓。② 这在世界其它地方是少见的，因为礼乐文化是我们古代的一种文化生存状态。礼与乐"是原始巫祭活动中同时进行的两个侧面：歌舞娱神和供物奉神。前者即所谓'钟鸣'，后者即所谓'鼎食'；前者是乐，后者就是礼。"③ 礼与乐是"自为"地而不是"他为"地统一在巫教活动中。王逸《楚辞章句·九歌序》云："昔楚国南郢之邑，沅湘之间，其俗信鬼而好祠。其祠，必作歌乐鼓舞以乐诸神。"《史记·封禅书》云："民间祠尚有鼓舞乐"，"古者祠天地皆有乐，而神祇可得而礼。"郑玄《诗谱》云："古代之巫，实以歌舞为职。"乐舞具有巫术的原始宗教功能，歌、舞、乐三者为统一体，适用于降神、祭祀及巫仪，从巫术的形式角度看，乐舞在于烘托巫术的气氛，从巫术的内容看，乐舞可以协助巫师达到巫术之目的，从巫师角度看，乐舞可以促使其处于一种超常的精神状态。张光直指出："鬼神的降临与巫和王的升天须以何种方式完成，尚不十分清楚，但音乐和舞蹈显然是这种仪式的一个组成部分。"④ 英国李约瑟亦云："Shaman 的仪式中最重要的是舞蹈。"⑤

在原始人看来，歌、乐和舞不是一种艺术，而是一种神秘力量，目的是"八音克谐，无相夺伦，神人以和"。(《尚书·尧典》)乐能使"神人以和"，当以巫术中歌舞娱神有关。"后世的歌、舞、剧、画、神话、咒语……在远古是完全糅合在这个未分化的巫术礼仪活动的混沌统一体之中的，如火

---

① 《云南佤族社会经济调查材料——佤族调查材料之七》，刘锡诚《中国原始艺术》，第31页。
② 参见李纯一《中国上古出土乐器综论》，第31—34页。
③ 杨华：《先秦礼乐文化》，第11页。
④ [美] 张光直：《美术、神话与祭祀》，第37页。
⑤ [英] 李约瑟：《中国古代思想史》，第152页。

如荼，如醉如狂，虔诚而野蛮，热烈而谨严。"① 人通过歌舞可以获得神赐，使自己和神联系起来，达到娱神、媚神、礼神、通神、控制神灵，以便降福祛灾的目的。乐舞在巫术中的重要作用之一就是引神下界。李学勤说："音乐在当时绝不是单纯的娱乐，而有着重要得多的意义。有些论著，把古乐描写成只有贵族的淫侈享乐，这恐怕是把古乐看的太狭窄了。古人以礼、乐并称，有着深远的根源。在远古的时代，宗教性、政治性的礼仪总是与音乐舞蹈同时兴起，相互联系。所谓'国之大事。在祀与戎'，有祭祀也就必然有乐舞。……事实上，商代甲骨卜辞有许多有关乐舞的记述。占卜祭祀，不仅卜问所用祭品种类多寡，也常卜问乐舞的设置。"② 在巫教时代，巫师在乐舞中进入一种巫术所需的状态，超出人们理性所能想象的范围，然后方令神灵附体或神明下界。这从古文字中可以找到巫师乐舞的影子。"若"，在商代卜辞中习见，西周金文中亦见，古文献《尚书》中多见，卜辞字形为"𦥑"。白川静、张光直等认为，"若"为巫者事神之象。"若字不如说是象一个人跪或站在地上两手上摇，头戴饰物亦剧烈摇荡，是举行仪式状，换言之，若亦是一种巫师所作之祭，金文古典籍中的'王若曰'这个成语也还可能与此有关。"③ "王若曰"说明"王"与"巫"身份合一，王巫在乐舞通神时发布神的谕旨。④ 朱载堉《律吕精义·舞学十议》云："乐舞之妙，在于进退屈伸，离合变态，若非变态，则舞不神，不神而欲感动鬼神，难矣。"

《史记·封禅书》云："《周官》曰：冬日至，祀天于南郊，迎长日之至。夏日至，祭地祗。皆用乐舞，而神乃可得而礼也。"乐舞作为艺术与巫术无疑是有极密切的关系。从心理学角度看，两者具有共同的心理活动过程，如想象、情感等，在进行过程中，又有共同的手段，如模仿、概括等，在特定的历史阶段，某些巫术和某些艺术是浑然一体的，我们可以把艺术看作是巫术的载体和外衣，负载并装饰了巫术，使巫术实现其目的，同时，巫术又作

① 李泽厚：《美的历程》，安徽文艺出版社 1994 年版，第 17 页。

② 李学勤：《缀古集》，第 40 页。

③ [美] 张光直：《中国青铜时代》，第 262 页。

④ 参见王占奎《"王若曰"不当解作"王如此说"》，周秦文化研究编委会编《周秦文化研究》，第 359—376 页。

为艺术的寄主和内涵，有力地刺激并促进了乐舞艺术的发展。① 在谈到音律时汤姆森说："所有野蛮人的普通语言是有节奏的，有韵律的，古怪的，达到那样的程度，我只好把它与诗联系起来。如果他们的普通语言即是诗意的，他们的诗篇即是巫术。他们所唯一懂得的诗篇即是歌曲，而他们的歌唱差不多永远伴随着某些身体动作，意图影响客观世界的某些改变——将幻觉强加于现实。"② 古代最有名的巫舞，是夏启舞九代。《海外西经》云："大乐之野，夏后启于此舞九代；乘两龙，云盖三层，左手操翳，右手操环，佩玉璜。"《大荒西经》云："夏后开上三嫔于天，得九辩与九歌以下。"注引《竹书》："夏后开舞九招也。"陈梦家说："九代、九辩、九招，皆乐舞也。""舞之必须操翳者，原是因为鸟图腾族企图依靠图腾鸟而请雨。……鸟羽纷飞又可以和雨丝四降发生类似联想而发生以羽致雨的模拟巫术。《释名》就说：'雨，羽也。如鸟羽动则散也。'……可见启舞《九代》操翳（'操环'实亦持某种法具），且有'云盖三层'模拟乌云蔽天，确实为了祈雨。"③

自商周以降，原始巫教的乐舞并没有减杀，反而在另一个程度上愈益强化，只是稍嫌理性化而已。《墨子·非乐》云："先王之书，汤之官刑有之，曰：其恒舞于宫，是谓巫风。"《吕氏春秋·仲夏纪古乐》云："汤乃命伊尹作为大护，歌晨露，修九招、六列，以见其舞。"于省吾云："古者歌舞恒以九为节，巫祝以歌舞为其重要技能，所以降神致福也。"④ 当巫教的一些内容与形式演化为"礼"的同时，巫教必备的"乐"理所当然地成为与"礼"相伴的成分，不可剥离了，于是，"乐"成为"礼"的最重要组成部分，乐与礼在国家与社会中就同时居于重要位置。国家设有乐舞演奏与乐舞教育的机构，要颁布国乐国舞，对于接受教育者，不但接受礼教还要接受乐教，《周礼·春官·大司乐》云："掌成均之法，以治建国之学政，而合国之子弟焉。……以乐德教国子：中、和、祗、庸、孝、友；以乐语教国子：兴、道、讽、诵、言、语；以乐舞教国子：舞《云门》《大卷》《大咸》《大㲈》《大

---

① 参见邓福星《艺术前的艺术》，第 29—30 页。

② 汤姆森：《古希腊社会研究》，转引自 [印度] 德·恰托巴底亚耶《顺世论》，第 127 页。

③ 萧兵：《楚辞的文化破译》，湖北人民出版社 1991 年版，第 200—201 页。

④ 于省吾：《双剑誃殷契骈枝》，北京函雅堂 1949 年版，第 29—30 页。

夏》《大濩》《大武》;以六律、六同、五声、八音、六舞,大合乐以致鬼神祇,以和邦国,以谐万民,以安宾客,以说远人,以作动物。"《礼记·学记》云:"学:不学操缦,不能安弦;不学博依,不能安诗;不学杂服,不能安礼;不兴其艺,不能乐学。故君子之于学也,藏焉修焉,息焉游焉。"商周乐舞与礼相谐和成为定制,乐舞更趋于精制化,用于各种巫术、祭祀场合。《礼记·效特牲》云:"殷人尚声。臭味未成,涤荡其声,乐三阕,然后出迎牲。声音之号,所以诏告于天地之间也。"周人之乐讲究"变"数,不同的巫祭场合使用不同的乐"变"数,《大司乐》云:"凡六乐者,一变而致羽物及川泽之祇;再变而致裸物及山林之祇;三变而致鳞物及丘陵之祇;四变而致毛物及坟衍之祇;五变而致介物及土祇;六变而致象物及天神。"不同的"变"数用于不同的神祇,只有按照不同的"变"数作乐,然后方可礼也,否则鬼神祇不到礼的场合。乐的"变"数自身就成为礼的组成部分。《大司乐》又云:"冬日至,于地上之圆丘奏之,若乐六变,则天神皆降,可得而礼矣。……夏日至,于泽中之方丘奏之,若乐八变,则地祇皆出,可得而礼矣。……于宗庙中奏之,若乐九变,则人鬼可得而礼矣。"从这乐的变数,可透露出周人巫教观念的变化,人鬼的地位上升,乐需奏最高变数"九",这与西周人文的觉醒是相符合的。周人还注重使用"四夷之乐",以增加巫祭的效果。《周礼·鞮鞻氏》云:"掌四夷之乐,与其声歌,祭祀则吹而歌之。"周代的乐制反映在诗歌之制上十分明显。原始巫歌一般是有韵的祝祷辞,周代主要有"风""雅""颂"三类。《周礼·龠章》云:"中春,昼击土鼓,吹豳诗,以逆暑。中秋夜迎寒亦如之。凡国祈年于田祖,吹豳雅,击土鼓,以乐田畯。国祭蜡,则吹豳颂,击土鼓,以息老物。"今本《竹书纪年》记载:"(康王)三年,定乐歌。"从周代礼制发展状况来看,这一记载是可信的。"诗"为当时"乐歌"的主要内容与形式之一,康王时代,官方政府第一次为"诗"结集,显然乃周公"制礼作乐"之余绪,所以,"诗"结集之目的为"定乐歌"。在乐歌之中,《颂》当然尤其重要,"美盛德之形容,以其成功告于神明",(《毛诗·大序》)上博简《孔子诗论》云:"《颂》,平德也,多言后。其乐安而迟,其歌伸而引,其思深而远,至矣。"如果需要对"诗"结集,西周官府肯定首先确定编辑《颂》,而非《雅》,因为"国之大事，在祀与戎"，而《颂》恰为祀之助事，故首先应"定《颂》"，这是合乎情理的逻辑，在此后的穆王之世，祭公谋父进谏穆王引诗即已云"《颂》曰"。从现可见的《诗》中可以选出相当部分的巫祭之歌。周代的巫教舞蹈按舞者装饰和舞具之不同分为干舞、帗舞、羽舞、皇舞、旄舞、人舞。兵舞，执干戚而舞，用于祭祀山川；帗舞，秉析缯之麾翳而舞，用于祭祀社稷；羽舞，秉析羽之麾翳而舞，用于祭祀四方；皇舞，蒙戴羽饰之冠而舞，用于旱暵之雩祭；旄舞，手持牛尾而舞，用于雩祭求雨；人舞，徒手挥袖而舞，用于宗庙之祭祀。[①] 马克思在《摩尔根〈古代社会〉一书摘要》中说："舞蹈是一种祭典仪式。""制礼作乐"的目的就是"经国家，定社稷，序民人，利后嗣"（《左传·隐公十一年》）。

桑间濮上之乐，非淫逸之乐。桑林是古人求雨的地方，云行雨施，万物化生。古人在桑间求神祭祀以满足人间需要的古朴现象是符合当时巫术历史状况的，从人类学资料可知，原始民族在田野的男女交和是促使土地富庶庄稼丰收的巫术行为。《周易·系词下》云："天地之大德曰生"，"天地氤氲，万物化醇，男女构精，万物化生"。传说汤以身祷于桑林之阿，伊尹生于空桑之中，孔子野合生于桑中。桑中野合盖是一种古巫术允许之古礼。[②]《诗·小弁》云："维桑与梓，必恭敬之。靡瞻匪父，靡依匪母。"我们对周代《诗》乐应该给予历史性的认识，应该从多角度去解读，尤其不能忽略当时的巫教背景。《诗·大雅·生民》云："厥初生民，时维姜嫄。生民如何？克禋克祀，以弗无子。履帝武敏歆，攸介攸止，载震载育，时维后稷……"据闻一多考证，此诗记述的是周人始祖姜嫄，为了祈祷繁衍生育，去参加祺的祭典，和象征天地的"神尸"（巫）跳繁衍生育的舞蹈。舞罢止息，因而有孕，生下了后稷。因此，我们对古代的乐舞应该重新认识其历史状况及其历史价值。生殖崇拜本来就是祖先们从不避讳的一种情结，在生产力低下的情况下，人类自身的生产显得更为重要。恩格斯指出："根据唯物主义观点，历史中的决定性因素，归根结蒂是直接生活的生产和再生产，但是生产

---

① 参见（清）孙诒让《周礼正义》，第 911—914 页。

② 参见王占奎《"王若曰"不当解作"王如此说"》，周秦文化研究编委会编《周秦文化研究》，第 365 页。

又有两种：一方面是生活资料即食物、衣服、住房以及为此所必需的工具的生产；另一方面是人类自身的生产，即种的蕃衍。"[1] 据人口史专家研究，远古中国人口估计 1000 余万人，夏商周人口一直处于下降趋势。[2] 宗教礼仪的全部目的以及人们的整体欲望、行为指向无非就是自身的生存与种的延续。《孟子》云："食色，性也。"民俗学资料可佐证，青海省土族在每年祈祷繁衍生育的大祭祀时，要请法师及家中三人来跳舞，"跳到热狂时，女人常做出怪态，表明是与神发生关系"。贵州的苗族在"吃鼓脏"期间，跳一种"性交舞"，名曰追女，其道具是男女性生殖器。[3] 彝族在"跳虎节"和祭天仪式中都有性巫术舞，并在土主庙内由巫师描绘男女交媾壁画，祈求农业丰收。初民对男女交媾生殖力崇拜，常常以巫术的形式表现出来，初民在田间、果园里交媾，以求丰收，即属此类。因此，如果说古人在乐舞方面表现出对生殖巫术的辅助，这在当时就是最大的伦理，是神圣而高尚的，而非淫荡与猥亵。普列汉诺夫考察原始民族的舞蹈后认为舞蹈"在一切原始部落的生活中具有十分巨大的意义"，并描述与分析了"恋爱舞"：

> 　　原始民族的恋爱舞，在我们开来好像是极其猥亵的。不用说，这类舞蹈同任何经济活动都没有直接的联系。他们的表情是基本生理需要的毫不掩饰的表现，大概同大的类人猿的爱的表情有不少共同之点。当然，狩猎的生活方式对于这些舞蹈也不会不发生影响，但是，这种生活方式只是在它决定原始社会的两性社会的两性相互关系这个范围内才对于这些舞蹈发生影响。[4]

两性的舞蹈的目的就是指望着激起性感，这是男女选择对象的手段：灵巧的舞蹈者通常是强壮的战士和灵巧的猎手。野蛮人的舞蹈是社会的、部落的舞

---

[1]　恩格斯：《家庭、私有制和国家的起源》，《马克思恩格斯选集》第 4 卷，第 2 页。

[2]　参见赵文林、谢淑君《中国人口史》，人民出版社 1988 年版，第 13—22 页。

[3]　盖山林：《中国岩画学》，第 152 页。

[4]　[俄] 普列汉诺夫：《论艺术（没有地址的信）》，曹葆华译，生活·读书·新知三联书店 1964 年版，第 99、103 页。

蹈，也是社会性的教育。

《周礼·地官·媒氏》云："中春之月，会令男女。于是时也，奔者不禁。若无故而不用令者，罚之。司男女之无夫家者而会之。"故孔子云："《诗》三百，一言以蔽之曰：思无邪。"（《论语·为政》）至于孔子以后产生对这类乐舞的重新认识，那也是时代使然，《史记·乐书》云："郑卫之音，乱世之音也，比于慢矣。桑间濮上之音，亡国之音也，其政散，其民流，诬上行私而不可止。"因为这种乐舞方式已经落后于文明的进步，但是不能否定其曾起到积极作用的历史。后儒视桑间濮上之乐为靡靡之音，非也。朱熹以宋之理学歪曲"风"诗，与原诗意趣更是大相径庭。如朱熹评说《鄘风·蝃蝀》云："言此淫奔之人，但知思念男女之欲，是不能自守其贞信之节，而不知天理之正也。程子曰，人虽不能无欲，然当有以制之。"① 钱钟书说《桑中》云："《桑中》未必淫者自作，然其语气则明为淫者自述。桑中、上宫，幽会之所也；孟姜、孟弋、孟容，幽期之人也；'期'、'要'、'送'，幽欢之颠末也。"② 这些皆为后世之眼光看待历史之问题，以今度古，未免不出些许差错。

雩礼，能从一个礼的个案角度反映出乐在礼中的作用与地位。雩，《说文》云"夏祭乐于赤帝以祈甘雨也"。《尔雅·释训》云："舞，号雩也。"可知雩既有呼号又有舞蹈，实质上就是当时的"乐"，其结果就是"言之不足故嗟叹之，嗟叹之不足故永歌之，永歌之不足，不知手之舞之，足之蹈之也。"（《毛诗·大序》）在求雨时，众人边舞边向天空发出吁请。《礼记·月令》云：仲夏天子"命有司为民祈祀山川百源，大雩帝，用盛乐；乃命百县雩祀百辟卿士有益于民者，以祈谷实。"郑玄云："雩，吁嗟求雨之祭也。"大雩是帝王为百姓万民举行的祈雨的国家重礼。卜辞记录了殷代舞雩求雨之祭祀。如："癸卯卜，品贞：呼多老舞。王占曰：其有雨。"（《前》7.35.2）"呼舞，有雨。呼舞，亡雨。"（《金》635）"于翌日丙雩，又大雨。"（《粹》848）"乙酉卜：弜（弗）雩。及多雨。"（《人》2370）孔颖达认为此礼乃常礼，"四

---

① 转引自中国诗经学会《诗经研究丛刊》第 2 辑，学苑出版社 2002 年版，第 250 页。

② 钱钟书：《管锥篇》第 1 册，中华书局 1986 年版，第 88 页。

月纯阳用事，故制礼此月为雩，纵令不旱，亦为雩祭。"雩祭之礼中，舞雩是重要礼节，由巫师完成。《周礼·司巫》云司巫职："若国大旱，则率巫而舞雩"，又女巫"旱暵而舞雩"，使女巫舞，旱祭崇阴也。郑司农云："求雨用女巫，故《檀弓》曰：'岁旱，缪公召县子而问曰：吾欲暴巫，奚若？曰：天则不雨，而望之愚妇人，无乃已疏乎！'"（《通典·礼三·大雩》）所舞之舞蹈名"皇舞"，《周礼·地官》舞师职"教皇舞，帅而舞旱暵之事"。雩礼用乐情况，《月令》记述为："命乐师修鞉鞞鼓，均琴瑟管箫，执干戚戈羽，调竽笙簧篪，饬钟磬柷敔。"《诗·小雅·甫田》亦云："琴瑟击鼓，以御田祖，以祈甘雨，以介我稷黍。"民俗学材料证明，信仰巫术的人可以通过舞蹈或戏剧所模仿的气象学上的现象去呼风唤雨，甚至可以通过戏剧去影响季节变换。[1] 春秋时，鲁国曾多次举行大雩。《论语·先进》云："暮春者，春服既成，冠者五六人，童子六七人，浴乎沂，风乎舞雩，咏而归。"仪式有舞有乐，还要在河边浴身。人类学资料可以佐证，美洲印第安人祈雨，"跳舞有饰以鹰的羽毛，头戴雷鸟假面，或作电光闪烁，或作雷鸣的叫声，观众复取水从屋顶上淋下，淋湿舞者的周身。妇女则歌唱雷鸟的神话，合之于跳舞者的动作，形成戏剧的表演。"[2] 舞雩如果不得雨，则需"暴巫""焚巫"。郑司农注《周礼·司巫》云："鲁僖公欲焚巫尪，以其舞雩不得雨。"祈雨是首领的重要职责。"通观赋予首领的种种超自然异能，同民从最切身攸关者莫过于祈雨，——雨水是农业的命脉。乌库苏玛地区（维多利亚湖迄南），首长主要职责之一，即是为其属民确保风调雨顺。倘若久旱不雨，首领则因失于职守而遭逐。卢安戈的酋长负有同样职司：每年十二月间，属民则纷至沓来，乞求'唤雨'。酋长则向天空施放'法箭'，并行相应的仪式。万布圭人（东非），亦将首领、'雨师'视若一体。"[3] 舞雩毕竟是巫术行为，虽然很多朝代延用，但终有怀疑之人。《荀子·天论》云："雩而雨，何也？曰，无何也，犹不雩而雨也。天旱而雩，非以为得求也，以文之也。"祈晴而用

① 朱狄：《艺术的起源》，第 121 页。
② 萧兵：《楚辞的文化破译》，第 201 页。
③ ［俄］托卡列夫：《世界各民族历史上的宗教》，转引自萧兵《楚辞的文化破译》，第 202 页。

"禜"，祭祀日月山川之神。止雨时的仪式，也有浓重的巫术色彩……止雨仪式，完全是巫术的操演。①

《礼记·乐记》反映出"作乐"的原始思维，从天与地相沟通的巫术角度阐述了礼与乐的天然联系。"乐由天作，礼以地制。……明于天地，然后能兴礼乐也。"《吕氏春秋·大乐》亦主张音乐"生于度量，本于太一"，与《乐记》所论乐之缘起相近。他们所论之乐，是特指"制礼作乐"之乐，是来源于巫术发展之乐，这种思想在秦汉以后便不易见到。"大乐与天地同和，大礼与天地同节。和，故百物不失；节，故祀天祭地。明则有礼乐，幽则有鬼神。"乐在通天地之中的作用在于"和"，"和"则和谐而不乖戾，巫术需求的就是天、地、人在"和"中生存，"和"则"百物不失"，巫师在大乐中实现人神沟通，否则，巫师将失去顺利进入"萨满"状态的外部环境及辅助通神的最佳手段。大乐与大礼相结合，礼乐与鬼神的关系就是"明"与"幽"相互对应的关系，"明"是属于世间的，"幽"则是属于超自然的，礼乐是人们所要实行的巫术行为，鬼神是礼乐所要献媚与相通的对象。"乐者敦和，率神而从天。礼者别宜，居鬼而从地。"天地之通，也就是神鬼相通而和谐，巫师在"绝天地通"之后的职责就是令"天地相通"，即"神鬼相通"。"大乐必易，大礼必简。"这是符合巫术思维的，是返其本的追溯。由此可知，三代时期的所谓大乐，在"巫政合一"及巫风很浓的时代，首先为巫教服务，为巫教仪式的重要组成部分，然后才能说得上为世俗服务。这些乐章有舜作五弦之琴所歌的《南风》以及《大章》《云门》《大卷》《咸池》《韶》《夏》《大濩》等等。"故圣人作乐以应天，制礼以配天地。礼乐明备，天地官矣。""是故大人举礼乐，则天地将为昭焉。"此"圣人""大人"当为时代的大巫师了。他们关注礼乐的神圣功能，"礼乐交通"，醉心与膜拜于礼乐中的超自然魅力，故言"乐者，非谓黄钟、大吕、弦歌、干扬也，乐之末节也。……铺筵席，陈尊俎，列笾豆，以升降为礼者，礼之末节也。""古代所以把礼乐同列并举，而且把它们直接和政治兴衰联结起来，也反映原始歌舞（乐）和巫术礼仪（礼）在远古是二而一的东西，它们与其氏族、部

---

① 王子今：《秦汉社会意识研究》，商务印书馆 2012 年版，第 195 页。

落的兴衰命运直接相关而不可分割。……它们是原始人们特有的区别于物质生产的精神生产即物态化活动，它们既是巫术礼仪，又是原始歌舞。"① 至于《乐记》云："故礼以道其志，乐以和其声，政以一其刑，刑以防其奸：礼乐政刑，其极一也，所以同民心而出治道也。"这是礼、乐演化之后的世俗作用，也是后人根据社会对礼乐的实用状况总结出来的结论。礼乐，其极一也，在巫术世界中是有道理的；而礼乐政刑，其极一也，那只能适用于后来的世俗社会了。如学者所说的那样："明晰的'乐教'思想、完备的'乐教'体系及有效的'乐教'管理是从周公；'制礼作乐'开始的。虽不能说原始音乐歌舞对周代'乐教'没有影响，但二者却是性质完全不同的两种文化：前者是服务于'通天'的巫觋文化，后者是落脚于'治民'的世俗文化。"②

春秋时期孔子从儒教角度就曾郑重地申明云："礼云礼云，玉帛云乎哉？乐云乐云，钟鼓云乎哉？"（《论语·阳货》）礼乐本为相应相随之物，故孔子在《礼记·孔子闲居》中特标"无声之乐"与"无礼之礼"。儒家论教育也大半从礼乐入手，以至于"不学诗，无以言"，"不学礼，无以立"；（《论语·季氏》）"达于礼而不达于乐，谓之素；达于乐而不达于礼，谓之偏。"（《礼记·仲尼燕居》）此乃追溯传统文化之源之需要，亦为提升当时人之精神境界之方式。

（二）祭礼中的巫术特性

翦伯赞说："天人交际的实践，当然要通过宗教的仪式，这就是祭祀。"③产生祭祀行为的逻辑前提，是需要有可供膜拜的神灵。在祭礼中，被祭祀对象主要包括自然神灵和祖先神灵两大部类，但以祖先神灵为主，因为天地山川之神的祭祀为天子诸侯所垄断，士及庶人只有祭祖的权力，所以就社会生活层面而论，祭祖比祭天更具有普遍的意义。比如"神（祖先）由于祭品而

---

① 李泽厚：《美的历程》，第19页。

② 王齐洲：《论中国"乐教"的发生》，《华中师范大学学报》（人文社会科学版）2022年第1期。

③ 翦伯赞：《先秦史》，北京大学出版社1988年版，第270页。

变得肯予垂青以后，就给自己的后裔降下丰收（因为是他们在使大自然的产物生长和成熟）……活人给祖先的魂上供食品，给他们送人情，以此来达到让它们保证不破坏事物的自然而顺利的历程，不会有任何倒霉的事来扰乱目前的安宁……还有一种谢罪的供物，以平息祖先的魂的愤怒为使命的供物……目的在于通过对魂的安抚而结束纷争的供物，以及诸如此类。"① 祭祀之礼在社会生活中占有特别重要的地位，无论是通行的冠、昏、乡、射、朝聘诸礼，还是祈告天神地祇、孝敬祖宗鬼神，祭礼是不可缺少的内容。《祭统》云："凡治人之道，莫急于礼，礼之五经，莫重于祭。夫祭者，非物自外至者也，自中出生于心也；心怵而奉之以礼。是故，唯贤者能尽祭之义。"巫觋文化的发展，在已有文字记载的殷商时代达于顶峰，祭祀在社会生活中占有突出位置，因而巫觋的社会地位很高。②

1. 祭礼的基本形式

祭礼产生于向神灵奉献饮食，其目的就是沟通天地神灵，故其形式围绕此目的而设置。古人创设了一系列旨在通神的祭仪，可基本分为"上行"与"下行"两种。"上行"的方式主要是以焚烧为主，而"下行"的方式主要是以浇灌为主，无论其形式作何变化，都不外乎"通天地"之主旨。

"上行"的祭礼，如燔柴，即让升腾的烟气感知天神。在燔柴中，人们要加入玉、牺牲等祭品，以致其诚。另外，像"烄""实柴""禋祀""槱祀""焚香"等皆属此类。殷商烄礼在殷墟卜辞中多有记载，如"癸巳卜，今日烄。"（《殷墟文字甲编》八九五）"烄，此（柴），又雨。"（《铁云藏龟拾遗》八·二）"贞烄，出从雨。贞勿烄，亡其从雨。"（《殷墟书契前编》五·三三·二）。

"下行"的祭礼，如沉，即将牺牲沉于水中以行供；埋，即将玉、牺牲埋入地下感知地祇；灌鬯，即以酒浇地，以招迎居于九泉之下的神灵。

祭祀的种类、名目极为繁多，但可分为祭祀天神系列、地祇系列、人鬼系列，现略举几例。

① ［法］列维·布留尔：《原始思维》，第402页。
② 王齐洲：《论中国"乐教"的发生》，《华中师范大学学报》（人文社会科学版）2022年第1期。

（1）郊礼

古代称在郊外祭祀天神的礼仪为"郊礼"。"夫圣人之运，莫大乎承天。……故庖牺氏仰而观之，以类万物之情焉。黄帝封禅天地，少昊载时以象天，颛顼乃命南正重司天以属神，高辛顺天之义，帝尧命羲和敬顺昊天，故郊以明天道也。"（《通典·礼二》）《祭统》云："燔柴于泰坛，祭天也。"西周时袭用此礼，《礼记·大传》云："牧之野，武王之大事也，既事而退，柴于上帝，祈于社。"郊礼，显然是"通天"之术，达到君主与天沟通的目的。

郊祭的时间为每年冬至日之后某一天。《礼记·郊特牲》云："郊之祭也，迎长日之至也。"又"郊之用辛也，周之始郊日以至。"陈澔《礼记集说》云："冬至日短极而渐舒，故云迎长日之至。"又"周家始郊祀，适遇冬至是辛日，自后用冬至后辛日也。"实质上，郊祭的时日是由占卜来确定的，《周礼·大宗伯》云："祀大神，享大鬼，祭大祇，帅执事而卜日。"《郊特牲》云："卜郊，受命于祖庙，作龟于祢宫，尊祖亲考之义也。"在卜问的时候，"王立于泽，亲听誓命，受教谏之义也。"

郊祭的地点，《周礼·大宗伯》云："以禋祀祀昊天上帝。"郑玄注云："谓冬至祭天于圆丘，所以祀天皇大帝。"又《大司乐》云："凡乐……冬日至，于地上之圜丘奏之，若乐六变，则天神皆降，可得而礼矣。"圜丘为郊祭之地点，"圜"，可能与"天圆地方"观念相和，"丘"为高处，意近于天。

（2）社礼

古代称封土祭地神的礼仪为"社礼"。《礼记·郊特牲》云："社，所以神地之道也。"《祭法》云："瘗埋于泰折，祭地也。用骍犊。"即将牺牲埋在祭坎之下。这种祭礼显然来源于巫术活动，祭天则火燎牺牲，牲烟升于上，祭地则瘗埋牺牲，牲浸融于地下，用此手段达到向天地献祭的目的。殷墟卜辞中有记载，"卜辞祭社，可分两类：一类是先公土，一类是某地之社。"①"祭社"如"贞：勿求年于邦土"（《前》4.17.3 武丁卜辞）"其又岁于亳"（《瓠》）周人袭用此礼，"牧之野，武王之大事也。既事而退，柴于上帝，

---

① 陈梦家：《殷墟卜辞综述》，第 582 页。

祈于社，设奠于牧室。"商人卜辞中"土"两义显然是分开的，一为先公祖，一为某地社，虽然其字形雷同，"ᐁ"，有的解释为男根，有的解释为土块。后来周先祖后稷为土地神，社稷并称，而有"建国之神位，右社稷而左宗庙"。周先祖弃发展为土地神，也经历了一个衍变过程，在帝尧时弃为农师，帝舜时为后稷，后又尊奉为谷神，谷自地出，于是再奉为土地神，在巫教的氛围中，一名现实的人慢慢演变成为一个神，而且渐渐升级。从此社、稷相混，后人以为一回事。其实，社为何物？《论语·八佾》记载哀公问社于宰我，宰我对曰："夏后氏以松，殷人以柏，周人以栗。"《祭法》云："王为群姓立社曰大社，王自为立社曰王社；诸侯百姓立社曰国社，诸侯自为立社曰侯社；大夫以下成群立社曰置社。"这说明"社"是"立"起来的，而非"建造"起来的，社的物质状态是松、柏、栗等树木，由此可以推论，社起初为"立柱"，也许今日印第安人的"图腾柱"即为"社"之变类，至于社稷建筑只能是后起之事了。

（3）禘礼

禘礼，古今争论极大，崔东壁作《经传禘祀通考》怀疑此礼的存在。崔氏认为，古代只有宗庙四时之祭的禘礼，而没有如《祭法》《丧服小记》《大传》所专属王者之祭的大禘之礼。其实，禘祭与郊祭在地位上同等重要，为并列之祭。《国语·周语中》云："禘郊之事，则有全烝。"《楚语下》云："郊禘不过茧栗，烝尝不过把握。……天子禘郊之事，必自射牲，王后必自舂其粢。"因此，禘礼与郊礼是一样的大礼。《祭法》云："有虞氏禘黄帝而郊喾，祖颛顼而宗尧；夏后氏亦禘黄帝而郊鲧，祖颛顼而宗禹；殷人禘喾而宗冥，祖契而宗汤；周人禘喾而郊稷，祖文王而宗武王。"《国语·鲁语上》记载稍有不同在于"有虞氏郊尧而宗舜"。就禘、郊、祖、宗而论，韦昭注云："谓禘祭天以配食也。祭昊天于圆丘曰禘，祭五帝于明堂曰祖宗，祭上帝于南郊曰郊。""上帝"与"天"在此互可等换。

禘字由"示"和"帝"构成，"帝"为商族图腾"玄鸟"，从禘字构形角度看，禘礼为祖先崇拜之产物，故"禘"为"禘其祖之所自出"。《礼记·大传》云："礼，不王不禘。王者禘其祖之所自出，以其祖配之。"孙希旦《礼记集解》引赵匡之说曰："不王不禘，明诸侯禘得有也。所自出，谓所系之帝。禘者，帝王既立始祖之庙，犹谓未尽其追远尊先之意，故又推寻祖所自出之帝而追祀之。以其祖配之者，谓始祖庙祭之，以始祖配祭也。此祭不兼群庙之主，为其疏远而不敢亵狎故也。其年数，或每年，或数年，未可知也。"出"专指母系血缘。《尔雅·释亲》云："男子谓姊妹之子曰出。"《释名》曰："姊妹之子曰出，出嫁于异性而生之也。"因此，"出"指出自母方。"祖之所自出"，"祖"指父系始祖，"所自出"则是指始祖以上的母系血缘。"祖之所自出"之祖，当然不是父系祖先，而是母系时代的母系祖先，追溯到群婚制的时候，祖先已无从查找，只能造就出一个想象中的祖先，那就是图腾神。实际上，就是父系的始祖配祭母系的图腾神或所谓感应之帝，变为后来祭祀上帝要以祖先相配。所以，禘祭以母系祖先为尊，而以父系祖先为配祭。由于禘祭起源于男女婚姻相配关系，故后来祭祖，受祭对象必须先祖与先妣同时受祭。而主持祭祖的人，也必须由主人和主妇同时进行，"从观念上讲，郊礼反映的是人们对于自然规律的认识和对超自然力量的崇拜；而禘礼则是对自身来源的认识和对超社会力量的崇拜"①。

　　禘祭在殷代任何季节均可举行，董莲池先生研究认为："禘祭是殷王一年中任何一个季节都可举行的一种祭典，用以祭祀先公、先王、先臣以及除上天之外的其他诸神祇，它是一种膜拜对象广泛的祭祀活动，祭中仅用牲而无赏赐。"② 西周金文资料记述了时禘祭情况：一是由周王主持在秋季合祭祖考，如《小盂鼎》："唯八月既望……王各周庙……用牲，禘周王、武王、成王……"。二是周王主持在夏季专祭父考，如穆王时期《剌鼎》："唯五月……王禘，用牡于大室，禘邵王。"三是诸侯在秋季禘其先考，如穆王时期的《繁卣》："唯九月初吉癸丑，公彭祀。雺旬又一日辛亥，公禘彭辛公祀。"③ 殷周禘祭的共同特点就是以先祖先考为对象，以专祭为主，偶行合祭。这与汉以后禘祭以合祭为主，且被认为是郊祭天神之礼不同。禘祭是祖先崇拜的产物，而非上天崇拜之礼。

---

①　邹昌林：《中国礼文化》，第 123 页。

②　董莲池：《殷周禘祭探真》，《人文杂志》1994 年第 5 期。

③　参见雷汉卿《〈说文〉"示部"字与神灵祭祀考》，第 211—212 页。

（4）祭日月星辰礼

《尚书·尧典》云："乃命羲和，钦若昊天，历象日月星辰，敬授人时。分命羲仲，宅嵎夷，曰旸谷。寅宾出日，平秩东作。……分命和仲，宅西，曰昧谷。寅饯纳日，平秩西成。"羲和乃重黎之后[1]，《国语》韦昭注："尧继高辛氏，平三苗之乱，绍育重黎之后，使复典天地之官，羲氏和氏是也。"扬雄《法言》云："羲近重，和近黎。"羲和肯定是有名的巫觋了，"寅宾出日"与"寅饯纳日"是羲和对日出与日落的"敬道"。殷人同样如此祭奉日神，殷墟卜辞载："庚子卜贞，主侯日亡尤。"（《金璋》四十四）"丁巳卜，又出日。丁巳卜，又入日。"（《佚存》五十）"出入日，岁三牛。"（《粹编》十七）郭沫若断定殷人对日神有朝夕迎送的祭奉仪式。[2]陈梦家根据卜辞研究，祭日之法有宾、御、又、岁等。[3]《周礼·大宗伯》云"以实柴祀日月星辰"。《礼记·祭义》云："郊之祭，大报天而主日，配以月。夏后氏祭其暗，殷人祭其阳，周人祭以朝及暗。祭日于坛，祭月于坎，以别幽明，以制上下。祭日于东，祭月于西，以别外内，以端其位。日出于东，月生于西，阴阳长短，终始相巡，以致天下之和。"祭祀日月星辰的坎坛，《祭法》云："王宫，祭日也。夜明，祭月也。幽宗，祭星也。"陈澔《礼记集说》引方氏曰："天无二日，土无二王，则王有日之象，而宫乃其居也，故祭日之坛曰王宫。日出于昼，月出于夜，则夜为月之时，而明乃其用也，故祭月之坎曰夜明。幽以言其隐而小也，扬子曰：'视日月而知终星之蔑'，故祭星之所则谓幽宗焉。"祭祀日月还与其他巫术礼仪相配合，如盟礼，《通典·礼三》云："若王巡狩会盟，燔柴升烟以祭日，是君自以君道而祭阳也。方伯之会盟，则瘗埋以祭月，是臣自以臣道而祭阴。"[4]

2. 释"用尸"

王国维云："古之祭也必有尸。宗庙之尸，以子弟为之。至天地百神之

---

① 参见金景芳、吕绍刚《〈尚书·虞夏书〉新解》，辽宁古籍出版社 1996 年版，第 21—23 页。

② 郭沫若：《殷墟粹编》，科学出版社 1956 年版，第 345—355 页。

③ 陈梦家：《殷墟卜辞综述》，第 573—574 页。

④ （唐）杜佑撰，颜品中等校点：《通典》，第 639 页。

祀，用尸与否，虽不可考；然《晋语》载：'晋祀夏郊，以董伯为尸。'则非宗庙之祀，故亦用之。《楚辞》之灵，殆以巫而兼尸之用者也。其词谓巫曰灵，谓神亦曰灵；盖群巫之中，必有象神之衣服行貌动作者，而视为神之所冯依；故谓之曰灵，或谓之灵保。《东君》曰：'思灵保兮贤姱。'王逸《章句》，训灵为神，训保为安。余疑《楚辞》之灵保，与《诗》之神保，皆尸之异名。……《楚茨》一诗，郑孔二君皆以为述绎祭宾尸之事，其礼亦与古礼《有司彻》一篇相合，则所谓神保，殆谓尸也。其曰：'鼓钟送尸，神保聿归。'盖参互言，以避复耳。知《诗》之神保为尸，则《楚辞》之灵保可知矣。"① "用尸"为一普遍现象，各地对"尸"之称呼各异，灵保、神保亦为尸，为一事之多名也。《诗·楚茨》叙述了迎尸以祭的情况："礼仪既备，钟鼓既戒。孝孙徂位，工祝致告：神具醉止，皇尸载起。鼓钟送尸，神保聿归。诸宰君妇，废彻不迟。诸父兄弟，备言燕私。"迎尸气氛十分浓烈，礼仪亦为复杂，巫职"祝"参与其事，更显其巫术氛围。"用尸"记载颇夥，《召南·采蘋》："于以奠之，宗室牖下，谁其尸之？有齐季女。"齐季女装扮为尸，予以歌颂。《北山·信南山》："以为酒食，畀我尸宾，寿考万年。"陈述对"尸"之祝祷。《朱子语类》卷90云："古人祭祀无不用尸。杜佑说：'古人用尸者，盖上古朴野之礼，至圣人时尚未改，相承用之，今世不复用。'杜佑说如此。今蛮夷猺洞中，犹有尸遗意焉。尝见密溪祭祀有中王神者，必以一家长序轮为之。其人某岁次及，必恭谨畏慎，以副一乡祈向之意。看来古人用尸自有深意，非朴陋也。"又云："古人用尸，本与死者一气，又以生人精神去脚感他。那精神来会，便附着歆享。"杜佑认为"用尸"之礼来源甚古，朱熹认为"用尸"自有深意，为什么如此？其答案就是"用尸"起源于远古的巫术。

原始人巫觋思维认为，美术像，不论是画像、雕像或者塑像，都与被造型者一样是实在的，或同一的。这种感知方式，不仅从新石器时代发现的一些石质的人形雕像，而且也从建国前仍处于氏族社会阶段的少数民族中发现的木制神偶和岩画等得到证实，实质上，至今人们还跪拜"泥胎"。鄂温

---

① 王国维：《宋元戏曲史》，《王国维文集》，第52页。

克族的敖教勒神，是他们的祖先神，是画在蓝布上的，有太阳、月亮、眉（灰鼠皮作），有 9 个小人，5 个金色的是女人，4 个银色的是男人。一个萨满死后，人们便用毡子剪成人形，供在祖先下面，叫作"阿南"，即影子之意。这类雕像和画像无疑是原始表象思维的产物，正如列维·布留尔所说的，原始先民的集体表象认为，肖像即占有原形的地位，也占有它的属性。这是偶像巫术，偶像，就是模拟实际物体而制作的形象。而所谓"尸"，就是在祭礼中代表祖先神灵受祭的活人。郑玄云："尸，神像也。"① 商周祭祖礼之所以将"尸"作为受祭对象，目的是再现祖先形象；为了达到这一目的，在周代祭尸礼上就连神尸所穿的衣服也要类似于祖先。②

　　凡祭必用尸，因为神"无主则不依，无尸则不飨。"③ 用尸分两种情况，一种是祭祀祖先亡亲神灵，即所谓"内神"用尸。郑玄云："尸，主也。孝子之祭不见亲之形象，心无所系，立尸而主意焉。"④ 祭礼中，尸要穿上受祭者遗留的衣裳和服饰。⑤ 另一种是祭自然神灵，此"外神"用尸，一般不管姓氏，以卜定吉凶，吉则用之。⑥ 尸，本来用于宗庙，后来推到山川等等祭祀也用起来。《虞夏传》："舜入唐郊，以丹朱为尸。"《白虎通》："周公郊，以太公为尸；祭泰山，以召公为尸。"《左传》昭公七年晋祀夏郊。《晋语》载："平公祀夏郊以董伯为尸。"许地山甚至认为："从代表祖先底尸，渐次演进为专门事神及传达神意底巫。最初的巫恐怕有一部分是从尸流衍而来。"⑦《诗·大雅·凫鹥》为绎祭宴饮公尸之诗，《毛诗序》云："《凫鹥》，守成也。大平之君子能持盈守成，神祇祖考安乐之也。"《孔疏》云："神者天神，祇者地祇，祖考则人神也。"《凫鹥》云："凫鹥在泾，公尸来燕来宁，

① 《礼记·祭统》"尸在庙门外注"。
② 晁福林：《卜辞所见商代祭尸礼浅探》，《考古学报》，2016 年第 3 期。
③ 孙希旦：《礼记集解》引程子语，中华书局 1989 年版，第 72 页。
④ 《仪礼·士虞礼》"祝迎尸"注。
⑤ 死者遗衣服平时藏于庙寝，由受桃职保管，祭祀时授尸穿戴。见《周礼·受桃》。
⑥ 有人认为："设尸本是祖先祭礼中的特有现象，大约自战国以后，随着自然神祇的人格化，天神地祇也用尸。"（参见詹鄞鑫《神灵与祭祀》，江苏古籍出版社 1992 年版，第 295 页）这种观点值得商榷。
⑦ 许地山：《道教史》，第 125—126 页。

尔酒既清，尔肴既馨，公尸燕饮，福禄来成。凫鹥在沙，公尸来燕来宜，尔酒既多，尔肴既嘉，公尸燕饮，福禄来为。凫鹥在渚，公尸来燕来处，尔酒既湑，尔肴伊脯，公尸燕饮，福禄来下。凫鹥在，公尸来燕来宗，既燕于宗，福禄攸降，公尸燕饮，福禄来崇。凫鹥在亹，公尸来止熏熏，旨酒欣欣，燔炙芬芬，公尸燕饮，无有后艰。"其诗五章，每章有公尸，郑玄以初章为宗庙，其二为四方百物，其三为天地，其四为社稷、山川，其五为七祀，则是周代大小神祀皆有尸也。① 《通典·礼八》云："自周以前，天地、宗庙、社稷一切祭享，凡皆立尸。"

　　尸的身份，周制作出规定。何休云："礼，天子以卿为尸，诸侯以大夫为尸，卿大夫以下以孙为尸。"② 这里涉及两个因素，一是爵位等级，一是亲属关系，前者是由政治社会关系决定，后者是由血缘关系决定。"外神"用尸，非宗庙之祭，尸可用同姓，亦可用异姓。据《石渠论》，周公祭天，以太公为尸，异姓也又据《白虎通》，周公祭泰山，以召公为尸，同姓也。"内神"用尸必须是同姓，因为"神不歆非类"。但同姓又必须用孙。晁福林说："商代关于任'尸'者的身份标准，今所见卜辞尚无明确记载。而周代的情况则比较明确，可以提出作为参考。周代择尸，一是要选择同姓贵族的嫡子；二是男性先祖之尸为男性，女性先祖之尸为女性，女性之尸要取异姓女子。"③

　　《曲礼》云："礼曰：'君子抱孙不抱子。'此言孙可以为王父尸，子不可以为父尸。为君尸者，大夫、士见之，则下之。君知所以为尸者，则自下之；尸必式。乘必以几。"《曾子问》云："孔子曰：'祭成丧者必有尸，尸必以孙。孙幼，则使人抱之。无孙，则取于同姓可也。祭殇必厌，盖弗成也。祭成丧而无尸，是殇之也。"用孙子充当"尸"是为了保持祖孙的昭穆相同。④ 《祭统》云："夫祭有昭穆。昭穆者，所以别父子远近、长幼亲疏之序而无乱也。"又，"凡赐爵，昭为一，穆为一。昭与昭齿，穆与穆齿。凡群有司皆以齿，此之谓长幼有序。"既然以孙为尸，尸常由小孩充当，就需指

① 参见陈子展《诗经直解》，第 931—932 页。
② 《公羊传》宣公八年"壬午犹绎"注。
③ 晁福林：《卜辞所见商代祭尸礼浅探》，《考古学报》2016 年第 3 期。
④ 参见李衡眉《昭穆制度与周人早期婚姻形式》，《先秦史论集》，齐鲁书社 1999 年版。

导礼仪的协助者，称作"相"，通常由祝职承当。《礼记·郊特牲》云："古者尸无事则立，有事而后坐也。尸，神像也。祝，将命也。"在祭祀活动中，祝与尸之间还有所谓"祝嘏"辞，郑玄注曰："祝，祝为主人飨神辞也；嘏，祝为尸致福于主人之辞也，祐福也。"《仪礼·少牢馈食礼》记载了在祝史主持下与祭者和神明相交流的场景。"（祝）以嘏于主人曰：皇尸命工祝，承致多福无疆于女孝孙。来女孝孙，使女受禄于天，宜稼于田，眉寿万年，勿替引之。"《诗·大雅·既醉》乃诗人托公尸告嘏以祷颂："既醉以酒，既饱以德，君子万年，介尔景福。既醉以酒，尔肴既将，君子万年，介尔昭明。昭明有融，高郎令终，令终有俶，公尸嘉告。其告维何，笾豆静嘉，朋友攸摄，摄以威仪。威仪孔时，君子有孝子，孝子不匮，永赐尔类。其类维何，室家之壸，君子万年，永赐祚胤。其胤维何，天被尔禄，君子万年，景命有仆。其仆维何，釐尔女士，从以孙子。"魏源《诗序集义》云："《既醉》，绎嘏公尸也。武王有天下后，上祀先公天子之礼，旅酬下徧群臣，至于无算爵。乃见十伦之义，而兴嘏祝焉。"[①]

用"尸"，肯定是巫术之现象。《白虎通》曰："祭所以有尸者，鬼神听之无声，视之无形，升自阼阶，仰视榱桷，俯视几筵，其器存，其人亡，虚无寂寞，思慕哀伤，无所写泄，故座尸而食之，毁损其馔，欣然若亲之饱，尸醉若神之醉矣。《诗》云：'神具醉止，皇尸载起。'"尸，成为活人与死者的中间媒介，是活人为了和死去的亡灵之间沟通的需要。巫术在进行的时候，往往要运用一种媒介物，来达到巫术之目的。这种媒介物或许是法器，或许是巫具，或许是咒语，或许是活人，等等，总之，按照巫术的思维方式，巫觋在通鬼神时只能如此，否则，巫术活动难以确保实施。用尸为神像而进行的祭祀应当是周代特有的祭祀方式[②]，周以后逐渐为神主和画像所代替，尸不再出现于祭典。

---

① 引自陈子展《诗经直解》，第 928 页。

② 《公羊传》宣公八年何休注"夏立尸，殷坐尸，周旅酬六尸"，《通典·礼八》云："夏氏立尸而卒祭，殷坐尸，周坐尸，诏侑无方。其礼亦然，其道一也。"似夏商两代已有尸，但从甲骨文及考古资料都找不出夏商两代用尸的迹象，故夏商用尸说当存疑。（参见晁福林《先秦民俗史》，第 295 页。

（三）农礼中的巫术特性

《国语·周语》云："夫民之大事在农，上帝之粢盛于是乎出，民之番庶于是乎生，事之供给于是乎在，和协辑睦于是乎兴，财用蕃殖于是乎始，敦厖纯固于是乎成，是故稷为大官。"这里有许多巫祭活动。祈年，卜辞称为"求禾""求年"。《周礼·龠章》云"凡国祈年于田祖"；《礼记·月令》云"天子乃以元日祈谷于上帝""天子乃祈年于天宗"；《左传》襄公七年云"郊祀后稷，以祈农事也"。中国古代文明属于农业文明，农业耕作是我们祖先开垦的，无论粟作还是稻作，起始阶段均有一个靠天吃饭的特性。《春秋繁露》十五《郊祀篇》载郊祀辞曰："皇皇上天，照临下土，集地之灵，降甘风雨。庶物群生，各得其所。靡今靡古，维予一人某，敬拜皇天之佑。"此虽汉人之辞，然此传统观念可谓自古已然矣。因而，祈求上天还是祖先保佑是情理之中，农礼于是乎就产生了。既然向上天或祖先有所表示，必然不同于日常社会生活，特别是物质文化生活中的一些行为，必须是特殊而具有一定的神圣性，必须要有某种仪式、器具、言语、动作的规定性。这种规定性起初往往是偶发和无序的，逐步明确固定而走向专业化和程序化，礼制——礼行为规范的产物——才最终得以形成。[①] 在许倬云所谓"粗放型农业"的经济基础上，商周农业在整个社会中占有举足轻重的地位，是国家、社会以及人口保障的命脉，因此充满着巫术色彩的农耕之礼就显得尤其重要。

1. 籍田礼

古人的农耕礼仪形成了一个比较完整的巫术文化体系。"劦田"，是商后期重要生产活动。甲骨卜辞载："贞：王大令众人曰劦田，其受年？十一月。"（《前》七、三〇、三）"贞：唯辛亥劦田？十二月。"（《甲零》八九）"弜已灾，唯懋田劦受又年？"（《京都》二〇六二）"劦田"是祭神与农耕的结合词，即"首先是商后期农耕前祭祀田祖活动，其次是集体开垦耕地，是二者综合之词。"[②] 商时有"劦田"，而到西周时有籍田。籍田，《礼记·月令》和《吕氏春秋·孟春季》又称"帝籍"。高诱注曰："天子籍田钱亩，以供上帝之粢

---

① 参见朱威《用考古学构筑玉学基础》，《中国文物报·收藏鉴赏周刊》2001 年 4 月 15 日。

② 高光晶：《释"劦田"》，《文史》1999 年第 4 辑。

盛，故曰帝籍。"《周礼》贾公彦疏："籍田之谷，众神皆用，独言帝籍者，举尊言之。"古时的"籍田"上的收获主要是用于祭祀，天子诸侯亲耕主要是表示对鬼神和祖先的恭敬。《周礼》载"甸师"掌管"籍田"，"甸师掌帅其属而耕耨王籍，以时入之，以供齐盛。"《舀簋》铭文云："舀，令汝乍司土，官司籍田。"春秋时代各国都设有"甸人"掌管"籍田"。籍田礼表现出生产巫术的特性。① 籍田礼贯穿于农业生产的过程，春种有籍田礼，秋收亦有籍田之礼。

《国语·周语上》记载了隆重而复杂的籍田礼的过程。《通典·礼六·籍田》云："周制，天子孟春之月，乃择元辰，亲载耒耜，置之车右，帅公卿诸侯大夫，躬耕籍田千亩于南郊。"行籍田礼准备第一步骤，太史履行星历巫职，以察农时。"顺时瞻土，阳瘅愤盈，土气震发，农祥晨正，日月底于天庙，土乃脉发"。第二步骤，开耕前九日，太史告稷，稷告王天时与地气情况，王乃做三件有关巫术之事：一为"祗祓"；二为"除坛于籍"，即在籍田修治土台；三为"命农大夫咸戒农具"。第三步骤，重要礼仪在开耕前五日，"瞽告有协风至，王即斋宫，百官御事，各即其斋三日"，先行斋戒，然后行裸礼、裸礼，"王乃淳濯飨醴，及期，郁人荐鬯，牺人荐醴，王裸鬯，飨礼乃行，百吏、庶民毕从"，最后行籍田礼，"及籍，后稷监之，膳夫、农正陈籍礼，太史赞王，王敬从之。王耕一，班三之，庶民终于千亩。……毕，宰夫陈飨，膳宰监之。膳王赞王，王歆大牢，班尝之，庶人终食"。"王耕一，班三之，庶民终于千亩"，"农师一之，农正再之，后稷三之，司空四之，司徒五之，太保六之，太师七之，太史八之，宗伯九之，王则大徇"，"天子三推，三公五推，卿、诸侯九推"（《礼记·月令》），这是一种重要的农作巫术仪式，形成有秩序的耕作动作，既是氏族共耕制的遗风，显示头领垄断耕作权，即垄断农作物生长的权力，又是一种有节奏的农作"舞蹈"，表示对土地神的虔诚以及对丰收的祈求。杨宽运用民族学资料证明籍

---

① 按照功能主义大师马林诺夫斯基及其追随者对巫术的社会功能划分：（1）生产巫术：运用于生产活动以弥补人力不胜，保证生产过程顺利和劳动成果丰收的巫术；（2）保护巫术：用以预防或消除危险和治病，保护个人或集体免遭自然灾害或他人算计的巫术；（3）破坏巫术：专门用于谋害他人或破坏其活动的巫术。

田礼的存在,"黎人的各种农业劳动,开始时都有一定的仪式和禁忌,'亩头'又是各种仪式的主持者,当耕田仪式举行时,'亩头'要先做几下象征性的挖土动作。由此,我们不难推想到,周天子在举行'籍礼'时要带头'耕一坡',就是起源于这样的耕田仪式的。"① 但杨宽没有进一步深挖"籍田礼"的根源,即黎族人为何要有此仪式与禁忌,其实这种仪式与禁忌是源于巫术的。巫术是一种幻景技术,虽然虚幻,但不是徒劳无功的,它对于真技术是一种辅助。汤姆森说:"毛里司人(Maoris)有一种土豆舞。幼苗快要被东风吹枯萎,如是女孩们走到田地里跳起舞来,用身体模仿起风下雨,和庄稼发芽开花;他们一面舞蹈,一面歌唱,号召禾苗学习他们的榜样。他们在狂想中表演所想望的现实的实现。那就是巫术,一种辅助真实技术的幻想技术。虽然虚幻,但不是无益的。舞蹈对土豆不会有任何直接影响,但是能够而且也确实对女孩们自己产生可以感觉得到的效果。由于舞蹈的鼓舞,相信它会挽救庄稼,他们以比以前更大的信心,也就有更大的劲头进行培育庄稼的任务。如是乎它终究对收成产生了效果。它改变了他们对现实的主观态度,因而间接地改变了现实。"② "瞽帅音官以风土",乐官"风土"定为通过礼乐行巫事,为"土"做"风",以欢娱热烈的气氛来激发土地的生殖力和农作物的生长。然后"廪于籍东南,钟而藏之,而时布之于农",建廪于籍田边,明显是希望来年五谷丰登,是一种交感巫术。《诗·周颂·臣工》记述诸侯助祭之事:"嗟嗟臣工,敬尔在公。王釐尔成,来咨来茹。嗟嗟保介,维莫之春,亦又何求? 如何新畲? 于皇来牟! 将受厥明,明昭上帝,迄用康年。命我众人,庤乃钱镈,奄观铚艾。"《毛诗序》云:"诸侯助祭,遣于庙也。"据《郑笺》,"助祭"是指天子亲耕仪式之前的祭祀,诸侯要助祭。《礼记》还有几处记载值得注意。《祭统》云:"是故,天子亲耕于南郊,以共其盛;……诸侯耕于东郊,亦以共其盛;天子、诸侯非莫耕也……身致其诚信,诚信之谓尽,尽之谓敬,敬然后可以事神明,此祭之道也。"说明籍田礼的祭统,以事神明。《祭义》云:"是故,昔者,天子为籍千亩,冕而朱纮,躬

---

① 杨宽:《西周史》,第 275 页。
② 汤姆森:《宗教》,转引自 [印度] 德·恰托巴底亚耶《顺世论》,第 117 页。

秉耒，诸侯为籍百亩，冕而青紘，躬秉耒，以事天地山川社稷先古，以为醴酪齐盛，于是乎取之，敬之至也。"《乐记》云："耕籍，然后诸侯知所以敬。"籍田礼起源于原始农耕时代，是一种巫术活动产物，不但在开始春耕时要举行，在收获时也要举行，只是仪式略有不同。《国语·周语上》载虢文公说："耨获时如之。"仲山父云："王治农于籍"，"耨获亦于籍"。也就是说，"籍田礼"包括耕籍之礼，亦包括耨获之礼。祭典是籍田礼的核心部分，至于籍田礼转变为一种剥削方式却是后起的[①]，其巫术祭祀意义的确要古老得多。民俗资料亦有证明，克木人的农耕仪式中主要举行三次，春季播种前在谷仓举行一次，秋季举行打谷仪式，冬季举行的"叫谷魂"仪式。[②]

　　周天子籍田所用的谷种来自后宫，由此来看王后众妃嫔贮存、选育，"天子树瓜华，不敛藏之种也"（《礼记·郊特牲》）。《周礼·天官·内宰》记载："上春，诏王后帅六宫之人，而生穜稑之种，而献于王。"《注》云："古者使后宫藏种，以其有传类蕃孳之祥，必生而献之，示能育之，使不伤败，且以佐王耕事，其禘郊也。"郑司农云："先种后熟谓之穜，后种先熟谓之，王当耕种于籍田。"[③]贾公彦疏："古者使后宫藏种，以其有传类蕃孳之祥者。王妃百二十人，使之多为种类。藏种者，亦是种类蕃孳之祥者，故使藏种也。云必生而献之，示能育之，非直道此种不伤败，示于宫内怀孕者亦不伤也。"后宫育种是一种祈殖巫术，由于女性孕育、生殖的特性，谷种将女性神秘的生殖力传染给土地后，便奠定了丰产的基础。民族学资料证明，拉祜族每年农历正月有"跳笙会"，届时举行祭种、孕种祈殖活动，由寨头端一篾桌，上置篾箩，满桌谷种，在前引路并作祈祷，随后笙歌升起，男女狂舞，极尽欢乐。跳笙结束，各家领取祝殖后孕育的"神种"携回，掺于家中籽种中，经过触染，待播种时撒入地中，认为可保丰收。性巫术与祈殖的关系在农业活动中也很明显，以男女野合来促使人口和农作物繁殖。《周礼·媒氏》云："仲春之月，令会男女。于是时也，奔者不禁。若无故而不

①　参见杨宽《"籍礼"新探》，《西周史》，上海人民出版社 1999 年版。

②　张宁：《克木人的农耕礼仪和禁忌——兼论交感巫术中的映射律》，《民族研究》1999 年第 6 期。

③　参见孙诒让《周礼正义》，第 534—536 页。

用令者罚之。司男女之无夫家者而会之。"这种野合必定是在仲春之月万物生长时期的一种重要的巫术活动，其目的肯定是巫术的需要，以至于"若无故而不用令者罚之"，因为周礼是强调男女之别的，《仪礼·士昏礼》规定的礼仪繁缛复杂，就可知对婚姻制度的重视。人类学资料可提供佐证，安徽南部稻作地区，古代在水稻扬花灌浆时节，提倡夫妻到田头过性生活，认为这是保证农业丰收的重要手段。海南省黎族有一种田间野合的群婚残余，称"睡田"，即男女青年到田间交合，后来改变为寮房同居，认为这样能帮助稻子交合。这可借用弗洛伊德的解释："从大量具有相似基础的魔法行为之中……祈求土地肥沃的魔法则以相同的方式通过人的性交之戏剧性地加以促生。……爪哇有些地方，稻谷将要扬花的季节，农夫们带着妻子在夜晚到达他们的田园，籍着发生性关系来企图勾起稻米效法以增加生产。然而，乱伦的性关系却被严厉禁止且为人畏惧，因为它被认为可遭到收成的失败和促成土地的不育。"① 《诗经·豳风·七月》云"同我妇子，馌彼南亩，田畯至喜"，反映了向农神献祭，男女欢娱的场面。祭祀高禖一定是将祈殖人口与农作物丰产的仪式同时进行。《礼记·月令》云仲春之月，"至之日以大牢祠于高禖，天子亲往，后妃帅九嫔御。乃礼天子所御。带以弓矢于高禖之前。""弓矢"具有象征意义。

考古学和民族学资料表明，几乎所有从事农业的古老民族，都曾盛行过农事巫术，伴之以农业生产过程。籍田礼，实质上就是播谷种仪式。这在一些民族中也很隆重，并通过巫师念祷词。布努瑶族在新中国成立前仍处于刀耕火种的原始耕作阶段，从砍伐垦荒到播种收割都有崇拜母神"密洛陀"的祭祀仪式。② 基诺族的播种祭也存在着复杂的刀耕火种中运用的巫术仪式。播种前一天，各家家长要在自己地界盖一窝棚（称为"东木克"），如西周籍田礼中的土台一样为巫事服务的建筑，用于巫术活动。第二天播种时，头人念祷词，即咒语，"我是先三天出身的头头，过年过节在前过的头头，撒

---

① [奥] 西格蒙德·弗洛伊德：《论宗教》，王献华译，国际文化出版公司2001年版，第83—84页。

② 参见吕大吉等主编《中国各民族原始宗教资料集成》，第375页。

谷撒棉在前撒的头头，开地先开的头头，我代表大家来撒棉花，撒稻谷。"①
《诗经·周颂·载芟》既描述了周成王行籍田礼以及帝籍劳作的场面，同时
也可看作是籍田礼时的祝祷词，"载芟载柞，其耕泽泽。千耦其耘，徂隰徂
畛。……有略其耜，俶载南亩。播厥百谷，实函斯活。驿驿其达，有厌其杰。
厌厌其苗，绵绵其麃。载获济济，有实其积，万亿其秭。为酒为醴，烝畀祖
妣，以洽百礼。有飶其香，邦家之光！有椒其馨，胡考之宁！匪且有且，匪
今斯今，振古如兹！"王先谦《集疏》云："《载芟》一章三十一句，春籍田
祈社稷之所歌也。……汉章帝时，玄武司马班固奏用《周颂·载芟》以祈先
农。是《齐说》亦以此诗为籍田祈社稷所用乐歌。《韩诗》当同。"②至于当
代人认为籍田礼只是"天子、大奴隶主，亲耕藉田，自今人视之，只是一种
仪式的、象征的、骗人的政治把戏"，是有些偏颇了。③《周颂·噫嘻》一样
是一首周康王时期的农乐："噫嘻成王，既昭假尔，率时农夫，播厥百谷，
骏发尔私，终三十里，亦服尔耕，十千维耦。"《周颂·良耜》既是一首报丰
收的乐歌，又表现出对农用工具的精神控制的意图。诗云："畟畟良耜，俶
载男亩，播厥百谷，实函斯活。或来瞻女，载筐及筥，其馕伊黍，其笠伊
纠，其鎛斯赵，以薅荼蓼。荼蓼朽止，黍稷茂止。获之挃挃，积之栗栗，其
崇如墉，其比如栉，以开百室，百室盈止，妇子宁止，杀时犉牡，有捄其
角，以似以续，续古之人。"在很早时期，农业工具就演化成了礼器，在江
苏、浙江、山东、陕西、河南的龙山文化、良渚文化、二里头文化和商代文
化遗址中都有发现长方形孔石刀相类的玉石器，说明那时最高行政长官，也
是最大的巫师，执掌生产生活管理权及巫术祝殖权是普遍现象，进入有文字
记载的历史时期以后，长期保存的藉田礼则为其遗风。"远古时期农耕民族
的乐舞创造活动中，与其农耕生产相适应，便是作为心灵的物态化和凝聚物
的农事之乐的产生。"④古人认为乐本身就具有沟通天人关系的感召力，《吕
氏春秋·古乐篇》："昔古朱襄氏之治天下也，多风而阳气蓄积。万物散解，

① 参见张紫晨《中国巫术》，第 193—196 页。
② 陈子展：《诗经直解》，第 1131—1132 页。
③ 陈子展：《诗经直解》，第 1132 页。
④ 修海林：《古乐的沉浮》，山东文艺出版社 1989 年版，第 6 页。

果实不成，故士达作为五弦之瑟，以来阴气，以定群生。"

到了西周厉王、宣王时代，发生了"不藉千亩"事件，这是对巫术行为的一次反动。在宣王中兴时代，宣王"不藉千亩"未必就是荒政，这是宣王社会改革与维新之需要，是西周末期社会历史发展之必然。

2. 丰收祭

丰收祭，英、美有时称为丰年节（Harvest Festival）。[①] 祭祀目的无非三者："祭有祈焉，有报焉，有由辟焉。"（《礼记·郊特牲》）祈，祈福祥、求永贞也；报，报田功也；由辟，用弭也，弭灾兵、远罪疾也。此三者皆为通过"祭祀"这种方式以便媚悦神灵，最终达到预想的目的。

（1）大蜡

"蜡"是古人在年终举行的一种庆祝丰收的盛大报谢典礼，既报答一年来众神赐福助佑之功，同时又为来年的农业生产祈福。《礼记·郊特牲》云："伊耆氏始为蜡。"《通典》云："自伊耆之代，而有其礼。古之君子，使之必报之，是报田祭也。其神神农，初为田祖，故以报之。乐以苇籥土鼓。夏后氏更名曰嘉平。殷更名曰清祀。周因之，复名大蜡。"[②] 从大蜡仪礼来看，大蜡始于神农氏即原始农业的开创时代是比较合理的。《郊特牲》云："蜡也者，索也，岁十二月合祭万物而索飨之也。"郑玄注："飨者，祭其神也。万物有功加于民者，神使为之也，祭之以报焉。"《诗·周颂·丰年》描述丰年为："丰年多黍多稌，亦有高廪，万亿及秭，为酒为醴，烝畀祖妣，以洽百礼，降福孔皆。"《毛序》云："秋冬报也。"此诗属于"秋冬报祭"之礼，其对象为周人的祖先。

《郊特牲》云"蜡"，而《月令》云"腊"，其祭祀内容及名称，自汉以来解说纷纭。但周之有蜡是一致承认的，且有经典可为证明。据管东贵研

---

① 此说法采自管东贵《中国古代的丰收祭及其与"历年"的关系》，谈到"丰收祭"，该文说"由于这次祭祀的祭典繁多，故往往绵延达一两个月之久。每场祭祀完毕，狂欢宴饮是少不了的。在我国，'丰收祭'是从西洋民俗学的名词中翻译过来的。英、美人有时叫它做 Harvest festival（可译作：丰收节，丰年祭或收获节），有时亦叫它做 Harvest ritual（可译作：丰收祭，丰年祭，收获祭）。就字义上说，前者是从社会的观点去称述的；后者是从宗教的观点去称述的。"（《历史语言研究所集刊》第 31 本，第 193 页）

② （唐）杜佑撰，颜品中等校点：《通典》，第 642 页。

究，蜡与腊的确有密切关系，蜡有广义与狭义之称，而腊属于广义的蜡，甚至可以说，秦汉时代的腊就是周代的蜡名改来的。[1] 天子主持大蜡礼，各诸侯国贡献猎物和土产，作为献祭的礼物。大蜡之后，将献祭的猎物用于祭祀，这种祭祀周代称为"猎"祭。因为猎祭所献的都是肉品，所以写作"臘（腊）"，《周礼·天官·腊人》职掌为"掌干肉，凡田兽之脯、腊、膴、胖之事。"可知，周代的"腊"祭是大蜡礼的一个组成部分，秦汉以后，"蜡"与"腊"名称混淆了。[2]

《郊特牲》举出蜡祭诸神物：一为农神，"主先啬而后祭司啬"，祭祀先啬神农氏，配以司啬后稷。二为各种作物神灵，"祭百种，以报啬也"。三为农官田畯神。四为田间设施，即"邮表畷"，邮是田间亭舍，表是田界标志，畷是田间大道。五为农业益虫兽，"迎猫，为其食田鼠也；迎虎，为其食田豕也；迎而祭之也。""迎猫""迎虎"之举，显然是巫术行为，企图以这种"迎而祭之"的方式，达到招引或控制"猫"与"虎"去食"田鼠"与"田豕"，为我所用。六为水利设施，"祭坊与水庸"，坊同防，指川河堤坝，水庸指沟渠。《周礼·龠章》云："凡国祈年于田祖，吹豳雅，击土鼓，以乐田畯；国祭蜡，则吹豳颂，击土鼓，以息老物。"祈年与蜡对举，可见祈年与蜡是两回事。"天子乃祈来年于天宗，大割祠于公社及门闾，腊先祖五祀"（《礼记·月令》），天子还要祭祀日月星辰等"天宗"，民众公共的社神"公社"，以及先祖与五祀神。"天子大蜡八"，未必就是蜡祭八神，孔颖达、郑玄、王肃硬凑八神，不免牵强附会。"蜡"，索也。"大蜡八"就是"大索于八方"，故云"八蜡以祀四方"。大蜡所祭各神具有浓厚的原始崇拜性质，其仪式盛大而古朴，充满着原始遗风。人类学资料亦可辅证，陈盘举出民国时期的夷人，"他们有一种牢固的信念：此地的一切事物，是神和宣慰土司的；故他们所得的，任何事物，须先向神与宣慰土司进奉，才敢享受。"同

---

① 参见管东贵《中国古代的丰收祭及其与"历年"的关系》，《"中研院"历史语言研究所集刊》第 31 本，第 193—202 页。

② 《左传》僖公五年有"虞不腊矣"之语，孔疏引应劭《风俗通》说，大蜡的名称"夏曰嘉平，殷曰清祀，周曰大蜡，汉改曰腊。腊者，猎也，田猎取兽祭先祖也。"大蜡的名称至汉代开始改称"腊"。(参见詹鄞鑫《神灵与祭祀》，江苏古籍出版社 1992 年版，第 375 页)

时，陈盘还认为："吾人唯其承认田狩报祀，其信念中心为万物皆出鬼神恩赐之一说，然古今礼俗，可以绝对不隔；而于先秦两汉间人之曲说，不致再为所惑。"①

大蜡，也是一种丰收祭。《郊特牲》云："八蜡，以记四方。四方年不顺成，八蜡不通，以谨民财也。顺成之方，其蜡乃通，以移民也。"大蜡之日，犹如节日，举国欢度。《礼记·月令》云："季秋……农事备收，举五谷之要，藏帝籍之收于神仓，只敬必饬……大飨帝，尝牺牲，告备于天子……天子乃厉饰执弓挟矢以猎，命主祠祭禽于四方……天子乃以犬尝稻，先荐寝庙。孟冬……是月也，大饮烝：天子乃祈来年于天宗，大割祠于公社及门闾，腊先祖五祀，劳农以休息之。"《郊特牲》亦云："黄衣黄裳而祭，息田夫也。""既蜡而收，民息已，故既蜡君子不兴功。"春秋时，《礼记·杂记下》云："子贡观于蜡。孔子曰：'赐也乐乎？'对曰：'一国之人皆若狂，赐未知其乐也。'子曰：'百日之蜡，一日之泽，非尔所知也。张而不弛，文、武弗能也。弛而不张，文、武弗为也。一张一弛，文、武之道也。'"大蜡时，祭祀祝祷词是一首古老的巫歌，这是要通过语言巫术咒语，祈祷来年的丰收，曰："土反其宅，水归其壑，昆虫毋作，草木归其泽。"《小雅·大田》中的一阕与此祝辞相似："既方既皁，既坚既好。不稂不莠，去其螟螣，及其蟊贼，无害我田稚。田祖有神，秉畀炎火。"《诗·小雅·楚茨》呈现了对祭祀本身以及祭祀后所有族人飨宴过程的叙述："楚楚者茨，言抽其棘，自昔何为？我蓺黍稷。我黍与与，我稷翼翼。我仓既盈，我庾维亿。以为酒食，以享以祀，以妥以侑，以介景福。济济跄跄，絜尔牛羊，以往烝尝。或剥或亨，或肆或将。祝祭于祊，祀事孔明。先祖是皇，神保是飨。孝孙有庆，报以介福，万寿无疆！执爨踖踖，为俎孔硕，或燔或炙。君妇莫莫，为豆孔庶。为宾为客，献酬交错。礼仪卒度，笑语卒获。神保是格，报以介福，万寿攸酢！我孔熯矣，式礼莫愆。工祝致告。徂赉孝孙。苾芬孝祀，神嗜饮食。卜尔百福，如几如式。既齐既稷，既匡既敕。永赐尔极，时万时亿！礼仪既备，钟

---

① 陈槃：《古社会田狩与祭祀之关系》，《"中研院"历史语言研究所集刊》第21本第1分，第8页。

鼓既戒，孝孙徂位，工祝致告。神具醉止，皇尸载起。鼓钟送尸，神保聿归。诸宰君妇，废彻不迟。诸父兄弟，备言燕私。乐具入奏，以绥后禄。尔肴既将，莫怨具庆。既醉既饱，小大稽首。神嗜饮食，使君寿考。孔惠孔时，维其尽之。子子孙孙，勿替引之！"该诗的用场可能就是祭毕宴饮时唱的乐歌。丰收祭的祭仪很多，法国汉学家葛兰言（Marcel Granet）认为这些祭祀是"基于农人们的生活节律（Rhythm of peasant life）"，并认为农人们在收获祭时举行宴会，"从这些宴会中产生出了两场古典的祭仪：大傩与八蜡。一以启冬，一以闭冬。这是两个农事年的分界线。"[①] 葛氏虽然说的不确，但他注意到了这类活动的巫术性质。

秦汉以后，蜡祭之礼或有因袭，或有废弛。迄止元明清则多有废止，最终由国礼而演化为民俗。

（2）尝新祭

籍田的收获，还用于国君"尝新"之用。凡是农作物的大批新收，都有先荐寝庙的尝新祭。《月令》云："季秋……天子乃以犬尝稻，先荐寝庙。"尝祭是不用乐。《祭仪》云："春禘秋尝……乐以迎来，哀以送往，故禘有乐而尝无乐。"《郊特牲》亦云："飨禘有乐，而食尝无乐。"尝祭时卜问来岁农事。《周礼·春官·肆师》云："尝之日，莅卜来岁之芟。"郑玄注："芟，芟草除田也。古之始耕者，除田种谷。尝者，尝新谷。此芟之功也。卜者，问后岁宜芟不？"唐贾公彦疏："秋祭曰尝，以其物新熟可尝而为祭名也。"

（3）神仓祭

籍田的收获，既然按礼是祭祀鬼神用的，因此收藏"籍田"收获的仓廪又称为"神仓"。《吕氏春秋·季秋纪》云："乃命冢宰藏帝籍之收于神仓。"高诱注："于仓收谷，以供上帝神祇之祀，故谓之神仓。"秋天收成之后，将谷物储藏到神仓中，要举行一场神仓祭，《礼记·月令》云："季秋……乃命冢宰，农事备收，举五谷之要，藏帝籍之收于神仓，只敬必饬。"这场祭祀《月令》书于秋九月。《月令》系用夏正，周历则是十一月。台湾省布农

① 管东贵：《中国古代的丰收祭及其与"历年"的关系》，《"中研院"历史语言研究所集刊》第31本，第202、203页。

族的丰收祭至今仍具有浓厚的巫术气氛。"收仓祭仪是收仓前四天开始，酿酒，并开始守禁忌，如不吃醶、甜及鱼。收仓由各家男子主持。收仓之祭，将门窗关闭使粟不能跑出，然后依粟之种类一把一把堆仓后以继具穰被说'不要给老鼠吃、不要腐烂、不要减少'。堆完后杀大猪去掉四脚后压在种粟堆上大意说'粟！请怎么吃也不会减少！现在我把大猪来压你们了，请不要跑走！'此后即招待邻人，亲戚酒宴。"①《小雅·甫田》描述了"农夫之庆"："倬彼甫田，岁取十千，我取其陈，食我农人。自古有年，今适南亩，或耘或耔，黍稷薿薿，攸介攸止，烝我髦士。以我齐明，与我牺羊，以社以方。我田既臧，农夫之庆。琴瑟击鼓，以御田祖，以祈甘雨，以介我稷黍，以穀我士女。……曾孙之稼，如茨如梁。曾孙之庾，如坻如京。乃求千斯仓，乃求万斯箱。黍稷稻粱，农夫之庆。报以介福，万寿无疆。"南太平洋美拉尼西亚岛的土人在收获薯芋时还举行跳舞节，土人收获了薯芋之后，即安置于特殊的屋宇内，在每种薯或芋预先弄好了禁忌，及至宴会和跳舞以后，便举行一种普遍的小战争，巡游于各乡村中，无论何种东西都颠覆倒置过来，俾使精灵逃匿。②

　　西周将历法上记时的单位改称为"年"，是有其意义的。秦蕙田《五礼通考》卷128引《纪元表》云："己卯周武王十三年二月即天子位，改祀曰年。"《尔雅·释天》云："夏曰岁，商曰祀，周曰年，唐、虞曰载。"《说文》云："年，谷熟也。"段玉裁注："年者取禾一熟。"《谷梁传·桓公三年》云："五谷皆熟，为有年也。"又《宣公十六年》云："五谷大熟，为大有年。"这既表明周人对农业的重视，同时也与"丰收祭"的神灵意义相符合。在当时的巫教观念驱使下，当有收获的时候，在进入休耕期之前，一场大祭祀是少不了的，因此，这场大祭祀就成了"生长周期"及"耕种周期"的结束标志。

（四）"宗法"之巫术基础

　　刘师培云："特宗法起源于祭祀。皇古之时，有一境所祀之神，有一族

---

① 管东贵：《中国古代的丰收祭及其与"历年"的关系》，《"中研院"历史语言研究所集刊》第31本，第206、207页。

② 朱狄：《艺术的起源》，第121页。

所祀之神。一境所祀之神，即地祇之祭是也，其名曰社。一族所祀之神，即人鬼之祭是也，其名曰宗。……盖古人祭祖也，近者亲而远者疏，故祭祀之礼悉以远近为等差，复以尊卑为区别。为祖庙之名，故主祭之人亦为宗，帝王为一国主祭之人，故帝王亦称为宗。又由宗法之义引申之，凡族人为主祭之人统辖者，亦莫不称之为宗。此宗法之名所由立也。"① 祖先崇拜是原始宗教最晚的一种形式，是对自己血亲先辈的敬仰和鬼神观念基础上发展起来的。宗法制的宗教基础是祖先崇拜。而图腾崇拜就是最初的祖先崇拜，图腾崇拜是以宗族血缘祖先崇拜为心理基础。起初，人们产生了图腾崇拜，将动植物作为自己的祖先加以崇拜，如商族的图腾为玄鸟，"天命玄鸟，降而生商"，《史记·殷本纪》记载："殷契，母曰简狄，有娀氏之女，为帝喾次妃。三人行浴，见玄鸟堕其卵，简狄取吞之，因孕生契。"图腾崇拜唤醒了人类追根寻源的意识，成为祖先崇拜的先导，然后由崇拜自然界的动植物发展到崇拜社会中的人，这种人通常是本氏族或家庭的已故长者，以及村社和部落的头人，如"西双版纳傣族每个村社都有自己的祖先，称'丢拉曼'，即寨神的意思。一般是建寨时作过重要贡献的人物，或者是最早住户的家长。"② 图腾（totem）一词来源于印第安人的阿尔昆部族，意思是"他的族类""他的亲属"或"他的氏族标志"，在图腾崇拜的社会里实行图腾外婚制，这就是后来同姓不婚的滥觞。"偶像崇拜是略高一些的人类发展阶段的特点；处于最低阶段的部落，连偶像崇拜的痕迹也没有……偶像一般都采用人形，同偶像崇拜紧密相关的是那种祖先崇拜为内容的宗教。"③ 在母系氏族社会，人类崇拜的祖先是女性的，在考古资料中得到证实，辽宁喀左县东山嘴出土的陶制女像，应被视为女性祖先的形象。"女神的地位乃是关于妇女以前更自由和更有势力的地位的回忆。"④ 当父权制确立后，人们开始供奉男性祖先。"父权制家庭标志着人类进步中的一个特殊时期，这时个人的个性开始升到

① 刘梦溪主编：《中国现代学术经典·黄侃　刘师培卷》，第 671—672 页。
② 宋兆麟等：《中国原始社会史》，转引自盖山林《中国岩画学》，第 147 页。
③ 马克思：《约·拉伯克〈文明的起源和人的原始状态〉一书摘要》，《马克思古代社会史笔记》，人民出版社 1996 年版，第 530 页。
④ 马克思：《摩尔根〈古代社会〉一书摘要》，人民出版社 1978 年版，第 39 页。

氏族之上，而早先却是湮埋于氏族之中的。"① 父权制为宗法制奠定了组织的基础，建立在父系基础之上的宗法具有了可能性。"父权制家庭的神就是祖宗的神灵。因为这种家庭的成员把对自己的家长的那种亲属间的眷恋之情转移到祖宗神灵身上。"② 在祖先崇拜的宗教精神控制下，在父权制组织的基础上，两者的结合在中国产生了特有的宗法礼制。这是一种神权与族权的结合，通过神权去控制族权，又反过来通过族权去巩固神权。宗法礼制的职能，部分的是社会性质的，部分的是宗教性质的。民族学工作者在考察民族宗教乐舞后得出结论，"少数民族宗教乐舞不仅是宗教的、民俗的、伦理的、历史的等等文化内涵，同时还存在着不可忽视的、深厚的宗法文化内涵。或许，它对中国传统宗法制度的形成和稳固，能提供更广阔的文化背景。"③

人群的结合有多种方式，其中血缘结合的关系与地缘结合的关系占据重要位置。周代社会组织中的社会关系以宗法关系为主。宗法制的精神基础就是由图腾崇拜而来的祖先崇拜。统治者通过祖灵将天神垄断，以便巩固自己的统治，殷王宣布只有自己的先帝之灵可以"宾于帝"，周人则宣称只有自己的祖先能够"配天"。《史记·封禅书》载："宗祀文王于明堂以配上帝。""在明堂制度中，宗教与宗法合一，天神与祖神合一，宗法制度因宗教而获得了神圣的光辉。"④ 商人以祖先的影子——图腾的形象创造了上帝，但只有君主的祖先可以拜谒上帝，这是一种垄断性的神权行为，正如巫师需要垄断沟通天地权力一样，沟通着上帝与人间的关系。周代进一步确立宗法制，而其维持这一礼制的象征性的符号就是宗庙、祖庙、祢庙。"庙"建筑一直是龙山时代至三代时期的中心聚落的核心，是神权、族权、政权合一的象征。聚落中心的政治中心功能应来源于它作为宗教礼仪中心的功能，大型宗教礼仪建筑所需的人力、物力是以宗教信仰为理由召集大量民众，由他们奉献自己的剩余劳动建成的。《白虎通·宗庙》云："王者所以立宗庙者何？曰：生死殊路，故敬鬼神而远之。缘生以事死，敬亡若事存，故欲力宗

① 《马克思古代社会史笔记》，第 159 页。

② 《普列汉诺夫哲学著作选集》第 3 卷，三联书店 1962 年版，第 369 页。

③ 周凯模：《祭舞神乐——宗教与音乐舞蹈》，云南人民出版社 1992 年版，第 97 页。

④ 牟钟鉴、张践：《中国宗教通史》，第 154 页。

庙而祭之。此孝子之心所以追养继孝也。宗者，尊也。庙者，貌也。像祖先之尊貌也。所以有室何？所以像生之居也。"古人三大祭：天神、地祇与人鬼，对人鬼的崇拜与祭祀最能够使民族生聚与发展。祖、宗二祀，郑玄注："祭五帝五神于明堂曰祖、宗；祖、宗通言尔。"大致说来，郑说没有错。但若从祭祖之礼的起源及其演变来说，二者还是有所差别，如孙希旦《礼记集解·祭法》注曰："凡祖者，创业传世之所自来也。宗者，德高而可尊，其庙不迁也。……祖者，祖有功；宗者，宗有德，其庙世世不毁也。"《一切经音义》云："宗，尊也。《文选·班固·典引》善曰：蔡邕曰，宗，尊也。"《广雅·释诂三》云："宗，本也。《国语·晋语四》礼之宗也。《注》，宗，本也。"因此，祖、宗之区别在于功与德。二者都要配天，则说明祖、宗二祀之对象，都是功业和道德方面最早的祖先。《白虎通义·宗庙》云："周以后稷、文、武特七庙，后稷为始祖，文王为太祖，武王为太宗。"所谓"始祖"，就是整个族类从血缘上可寻的第一代祖先。所谓"太祖"，是开创周朝事业的第一代祖先，而所谓"太宗"，则是确立周天子为天下大宗的第一代祖先。祖、宗二祀能够明显分开的朝代，大约只有周代，由于文王开创基业，武王成为天下大宗，才分开来。此前和此后，太祖和太宗之业绩往往由一人完成，所以是合而不分的。《礼记·大传》云："礼，不王不禘。王者禘其祖之所自出，以其祖配之。""庶子不祭，明其宗也。"就庙制而言，《礼记·王制》云："天子七庙，三昭三穆，与大祖之庙而七。诸侯五庙，二昭二穆，与大祖之庙而五。大夫三庙，一昭一穆，与大祖之庙而三。士一庙。庶人祭于寝。"庙制的确立，就限定了对祖先祭祀的范围，这是周代宗法制的突出表现，也是宗法制赖以存在的巫教基础。祖先崇拜的场所——宗庙占有重要的地位，被认为是国家政权及族权的象征，"人夷其宗庙，而火焚其彝器，子孙为隶"成为国亡宗灭的代名词。丁山认为："宗者，宗庙也，宗法者，所以辨宗庙之昭穆也。""礼家所辨后世子孙之宗法，实蜕变于先祖宗庙制度。"[①]

西周时代具有严格的祭祀制度，首先是一族（姓）是不能祭祀外族

① 丁山：《宗法考源》，《"中研院"历史语言研究所集刊》第4本第4册，2009年，第61页。

（异姓）祖先的。"神不歆非类，民不祀非族"（《左传·僖公十年》），"鬼神非其族类，不歆其祀"（《左传·僖公三十年》），"非我族类，其心必异"（《左传·成公四年》），这些都是当时的祭祀原则。宗庙祭祀是宗法制度的重要组成部分，《说文》云："宗，尊祖庙也。"《白虎通·宗庙》云："宗者，尊也。庙者貌也，象祖先之尊貌也。"周天子以嫡长子继位，是"大宗"，永为天下共主。各国诸侯为众子，是"小宗"。但诸侯在其国内对卿大夫而言，则为"大宗"。宗庙祭祀要求十分严格。《左传·襄公十二年》："同姓于宗庙，同宗于祖庙，同族于祢庙。"为了维护周天子天下大宗的特殊地位，诸侯是不能立王庙的。《礼记·郊特牲》载，"诸侯不敢祖天子，大夫不敢祖诸侯。"《左传·襄公十二年》载："凡诸侯之丧，异姓临于外。"异姓诸侯只能在城外，向其"国"而哭之，是没有资格进入宗庙祭祀的。有人甚至将这种宗法祭祀称为中国的民族宗教——"宗法性传统宗教"。①

《大传》云："庶子不祭，明其宗也。庶子不得为长子三年，不继祖也。别子为祖，继别为宗，继祢者为小宗。有百世不迁之宗，有五世则迁之宗。百世不迁者，别子之后也。宗其继别子（之所自出）者，百世不迁者也。宗其继高祖者，五世则迁者也。尊祖故敬宗，敬宗，尊祖之义也。"周人的神灵系统已经打上了宗法制的烙印，不同的神灵与不同的规格相对应。《礼记·曲礼下》云："支子不祭，祭必告于宗子。"在等级原则下，《曲礼下》云："凡祭，有其废之，莫敢举也；有其举之，莫敢废也。非其所祭而祭之，名曰淫祭。淫祭无福。"也就是说，任何形式的僭礼祭祀都不会得到神明的保佑。"宗法"，严格意义上说，只有周代才有典型的"宗法"，与魏晋以后的门阀家族制度和宋元明清的家族制度有较大区别，不能混为一谈。同一宗族的人由于在同一宗庙中祭祀共同的祖先，所以才称为"宗"。"而宗子之所以为族人所尊，则以其为先祖主故也。此古代举一孝字，所以其义蟠天际地。"② 周代的宗法是，"宗其继别子者，百世不迁者也；宗其继高祖者，五世则迁者也。"宗与祖密切相关，"尊祖故敬宗；敬宗，尊祖之义也。"至于嫡

① 吕大吉：《宗教学通论新编》，第 562 页。
② 吕思勉：《中国制度史》，上海教育出版社 1985 年版，第 374 页。

庶之别只是宗法制的必要条件并非充分条件。有宗法肯定有嫡庶之别，但有嫡庶区别并不能构成宗法。在祖先崇拜观念的基础上，通过制定祖先祭祀的不同巫教权限，即对巫权的分配，才是宗法的本质所在。宗法制确定了宗子的中心地位，其权力来源于祖先神灵的祭祀权，即宗子与祖先是直接相联系的，祖先确保了宗子的绝对权威性，因此，宗法制的理论依据和信仰背景就是祖先崇拜。巫教权历来是重要的权力，其作用已不是现在人所能想象的。据学者们对商代甲骨文和出土文物的研究，各级贵族方国向商王进贡的物品，或商王向他们索取的物品主要是羌奴、牛、马、羊、猪、犬、龟甲、卜骨、贝、玉、齿及铜器、玉戈、石磬、舟船、丝织品、盐卤等，结合考古发现，这些供品多数是为巫教服务的。"一个值得注意的问题是，商王为首的贞人集团，为各部落祈雨祈年，关心它们年成的丰歉，似乎并不意味着各部落对商王负有交纳谷物的义务，在各部落给予商王的各种贡纳物中，除与祭祀占卜有关者外，商代的主要作物黍、禾、稻、菽等都不曾一见。"[1] 在商代时，周人对商王室主要贡纳龟甲、牛、巫等，还要祭祀商王的祖先，这是中央对方国的统治的重要标志，代表着一种统治与服从的关系。《荀子·正论》云："夫先王之制：邦内甸服，邦外侯服，侯、卫宾服，蛮夷要服，戎狄荒服。甸服者祭，侯服者祀，宾服者享，要服者贡，荒服者王。日祭、月祀、时享、岁贡、终王，先王之训也。"各方国的政治地位与祭祀权是相匹配的，但均有贡奉祭品的义务，是对王室祖先的认定，不贡祭祀品则是诸侯国的最大罪恶，是对王室祖先的否定，是对王室的背叛。《左传》僖公四年，齐桓公寻找伐楚的借口就是"尔贡苞茅不入，王祭不出，无以缩酒，寡人是征。"

宗法的原初职能与意义是为了有秩序地行使祭祀权，其宗法组织是建立在祭祀权划分基础之上，其它的"收族"的社会职能以及剥削的政治功能都是派生出来的。《大传》将"宗法制"的原理或曰逻辑描述得十分恰切："是故人道亲亲也，亲亲故尊祖，尊祖故敬宗，敬宗故收族，收族故宗庙严，宗庙严故重社稷，重社稷故爱百姓，爱百姓故刑罚中，刑罚中故庶民安，庶

---

① 葛英会：《殷墟卜辞所见王族及相关问题》，转引自徐良高《中国民族文化源新探》，第316页。

民安故财用足，财用足故百志成，百志成故礼俗刑，礼俗刑故乐。""收族"的主要手段之一就是巫教，张光直认为"收族"的"最重要的三种手段是：道德权威（胡萝卜）；强制力量（大棒）；以及通过对神灵世界交往的垄断来占有知识（宗教和仪式）"①。宗法制建立的基础只有两个：一个是人天生的血缘关系；一个是人们祖先崇拜的人鬼意识。前者是现实的物质基础，后者是已有的精神基础，两者缺一不可。王玉哲指出："上古民族迷信鬼神，非用尊天、事鬼、敬神之说，不足以服众，非用尊尊、亲亲、长长之说不足以合群。"② 血缘关系的组织单位是家族，能将这庞大的家族体系进行秩序化、社会化、制度化的精神手段或工具只能是祖先祭祀权的分配，西周统治者就巧妙地将血缘关系与祖先崇拜结合了起来，创造出"宗法制"，因此，也可以说，宗法制是巫教的产物，没有巫教就不会有宗法制。中国传统的宗教秩序与传统的宗法等级社会秩序相伴随，绵延几千年。

（五）荒礼中巫术特性

国家在遇到重大灾荒时，巫术救灾是主要手段之一，因为人们遇到灾荒就自然会认为这是神灵的行为，而不是自然现象或人为所致，因此，赈灾就成为巫职人员的一项重要职责。《周礼》所记巫职皆有赈灾之职责。大宗伯职："国有大故，则旅上帝及四望。"小宗伯职："大灾，及执事祷祠于上下神祇。""凡天地之大灾，类社稷宗庙，则为位。"肆师职："若国有大故，则令国人祭。"大祝职："国有大故、天灾，弥祀社稷、祷祠。"小祝职："……逆时雨，宁风旱，弥灾兵，远罪疾。"司巫职："司巫掌群巫之政令，若国大旱，则帅巫而舞雩，国有大灾则帅巫而巫恒。"女巫职："掌岁时被除、衅浴。旱暵则舞雩。……凡邦之大灾，歌哭而请。"各巫官根据自己的职责行使巫术措施，目的是控制与消除灾难。

灾难既然被认为是由超自然的力量决定的，那么人们就要用巫术这种超人力的办法解决。西周三川皆震就被认为是西周将亡的预兆，"山崩川竭，

---

① ［美］张光直：《美术、神话与祭祀》，第97页。
② 王玉哲：《中华远古史》，上海人民出版社2000年版，第541页。

亡之征也。……夫天之所弃，不过其纪。"（《国语·周语上》）相传周宣王时天下大旱，周人多方奔走以祭祀。《诗·云汉》云："倬彼云汉，昭回于天。王曰于乎，何辜今之人？天降丧乱，饥馑荐臻。靡神不举，靡爱斯牲。圭璧既卒，宁莫我听。旱既大甚，蕴隆虫虫。不殄禋祀，自郊徂宫。上下奠瘗，靡神不宗。后稷不克，上帝不临。"在旱灾严重时，"靡神不举，靡爱斯牲"，"上下奠瘗，靡神不宗"。汉代仍沿用巫术救灾之制。《后汉书·礼仪志》："自立春至立夏尽立秋，郡国上雨泽若少，府郡县各扫除社稷，其旱也，公卿官长以次行雩礼求雨。从而，遇旱行雩礼求雨成了汉朝定制。遇水、蝗等其它灾害，亦均诉诸巫禳。"《西汉会要》记汉文帝后元元年责己诏云："间者数年比不登，又有水旱疾疫之灾，朕甚忧之。愚而不明，未达其咎。意者朕之政有所失而行有过欤？乃天道有不顺，地利或不得，人事多失和，鬼神废不享与？"《东汉会要》云章帝建初五年二月甲申，诏曰："去年雨泽不适，今时复旱。其令二千石理冤狱，录轻系；祷五岳田渎记名山能兴云致雨者，冀蒙不崇朝遍雨天下之报。"《后汉书·安帝纪》云永初七年"五月庚子，京师大雩。"《后汉书·公沙穆传》云公沙穆"迁弘农令，县界有螟虫食稼，百姓惶惧。穆乃设坛谢曰：'百姓有过，罪穆之由，请以身祷。'于是暴雨不终日，既霁而螟虫自销，百姓称曰神明。"《后汉书·戴封传》云戴封"迁西华令时，汝颖有蝗灾，独不入西华界，时督邮行县，蝗忽大至，督邮其日即去，蝗亦顿除，一境奇之。其年大旱，封祷请无获，乃积薪坐其上以自焚，火起而大雨暴至，于是远近叹服。"

（六）青铜礼器纹饰的巫术性

差不多每一个古代文明中，都具有标志神权无限强大、无上崇高的物质象征物，这一类象征物大多属于重型物质及其空间组合。宏大的青铜制品群，既是神权交通天地的象征，又是各级统治者自身神化的标志。所以，一旦统治者控制了一个社会的宗教象征物，也就控制了这个社会民众的意识形态。礼器的出现是某种观念与思想的产物，是一种精神化的象征。清代阮元《研经室集卷三·商周铜器说》云："器者，所以藏礼，故孔子曰：唯器与名不可以假人。先王之制器也，齐其度量，同其文字，制其尊卑，用之于朝觐燕飨，则见天子之尊，赐命之宠……用之于祭祀饮射，则见德功之美，勋赏之名，孝子孝孙，永享其祖考而宝用之焉。"又云："且有王纲废坠之时，以天子之社稷而与鼎共存亡轻重者，武王迁商九鼎于洛，楚子问鼎于周，秦兴师临周求九鼎，是也，此周以前之说也。"张光直总结古代的巫师通天的手段主要有：一是根据天地之间直接的物理性联系，即大地之柱，代表性的是山与树，巫觋由此上下；二是各种动物，一方面表现为动物本身作为牺牲，其魂灵就是巫的助手，往来于天地之间，另一方面表现为青铜器等器物上的动物，巫师以动物来排除通天过程中的障碍；三是各种占卜手段；四是仪式与法器，法器如血和玉；五是饮食舞乐。[①]"通天地的各种手段的独占，包括古代仪式的用品、美术品、礼器等等的独占，是获得和占取政治权力的重要基础，是中国古代财富与资源独占的重要条件。"[②] 因此，青铜礼器及其纹饰带有巫术性作用与目的。法国社会学家列维·布留尔也给出一种解释："这个图画可能具有象征性、宗教的意义，同时能引起一些伴随着强烈情绪的神秘观念……相反的，首先使原逻辑思维感兴趣的因素则是图画的外形（还有被画的客体本身）与其中的神秘力量的联系。没有这种互渗，客体和图画的形状是无足轻重的。这就是为什么当图画是画在或者刻在神器上时它就是比图画本身要多的什么东西；它与这个东西的神圣性质互渗了，染上了它的力量。当同样的图画画在其他地方，即画在没有神圣性质的东西上时，它又是比图画本身要少的什么东西了。没有神秘意义的图画什么也不是。"[③]

侯外庐云："彝器是中国古氏族贵族政治的藏礼工具……所以在中国古代社会，'毁其宗庙，迁其重器'与'掊其国家'相若。"[④] 青铜礼器不仅是礼器，还是国家权力的象征，这是巫政合一的结果。若失去青铜礼器，就等于失去天下大宗的宗法祭祀地位，也就等于失去了国家政权。中国青铜时代的青铜器多属于政治宗教活动用品，而非生产生活所用之实用品。林巳奈夫认为礼器分为宗器和乐器两种，宗器又分为酒彝和鬻彝两种，下又分旅器和

---

① ［美］张光直：《中国青铜时代》，第477—479页。
② ［美］张光直：《美术·神话与祭祀》，辽宁教育出版社1988年版，第33页。
③ ［法］列维·布留尔：《原始思维》，第112页。
④ 侯外庐：《中国古代社会史》，第187页。

奠器，其中奠器是宗庙内不动之器，旅器则是军旅外出所用之祭器。①《礼记·礼运》云："故玄酒在室，醴盏在户，粢醍在堂，澄酒在下。陈其牺牲，备其鼎俎，列其琴瑟，管磬钟鼓，修其祝嘏，以降上神及其先祖。以正君臣，以笃父子，以睦兄弟，以齐上下，夫妇有所，是谓承天之佑。"

自二里头文化开始，青铜器开始兴盛起来。"迄今发现的二里头文化青铜器则均集中于河南偃师二里头遗址内，在其他遗址中尚未发现。……镶嵌绿松石的铜圆牌很独特，牌上有绿松石镶嵌的兽面纹。将这一纹饰同山东龙山文化和良渚文化玉器上是纹饰相比较，二者之间具有明显的相似之处……它的功用似也是一种特殊的宗教用品。"② 青铜器的铸造需要一定的巫术仪式，因为青铜礼器是神物而非俗物。这可能会像希腊人制陶一样，梅森曾指出："在早期，手工操作好像和魔术仪式联系在一起，操作过程的成功与否被认为和魔术仪式分不开的。希腊制陶工人把面具放在烧窑上，用以吓退魔鬼，因为魔鬼被认为能使陶器破裂。"③《墨子·耕柱篇》云："昔者夏后开，使蜚廉折金于山川，而陶铸于昆吾，是使一翁难雉乙卜于白若之龟，曰：'鼎成，三足而方，不炊而自烹，不举而自臧，不迁而自行，以祭于昆吾之虚，上乡！'乙又言兆之由，曰：'飨矣！逢逢白云，一南一北，一西一东，九鼎既成，迁于三国。'"铸鼎时需占卜，以知吉凶。西周时期铜器铭文对此有所记录。如"仲斿父鼎"铭文载："仲斿父乍宝尊彝，鼎七五八。""七五八"为巽卦。"董伯簋"铭文："董伯乍车尊彝，八五一。""八五一"为兑卦。"效父簋"铭文："休王易效父……用乍厥宝尊彝，五八六。""五八六"为艮卦，说明在铸造这些青铜器时分别进行了占卜，并将占卜结果记载了下来，以示后人。贞，本为鼎形"鼎"，卜辞中常借以表示卜问之义。鼎形锲刻不易，逐渐简化为"鼎"形，或增"卜"作"鼎"，以名其字为卜问。金文中多以"鼎"为鼎，又"鼎"与"鼎"形近，故后世"鼎"渐讹为从卜从贝之贞。为什么贞与鼎相关联呢？因为鼎为神物，与甲骨、蓍草相辅相成。鼎是权力与意志的象征，而权力与意志是来自上帝

---

① ［日］林巳奈夫：《殷周时代青铜器的研究》，东京吉川弘文馆 1984 年版，第 120 页。

② 徐良高：《中国民族文化源新探》，第 69 页。

③ ［英］斯蒂芬·F. 梅森：《自然科学史》，转引自朱狄《艺术的起源》，第 130 页。

或祖先，鼎充任了上帝或祖先的信息载体，并以卜兆显示其反馈，然后君主再通过鼎敬奉于上帝或先祖。[①] 宗庙礼器成则行衅礼，《礼记·杂记下》云："凡宗庙之器，其名者，成则衅之以豭豚。"孔颖达疏："若作名者成，则衅之；若细者成，则不衅。名器则杀豭豚血涂之也。不及庙，故不用羊也。"例如，《左传》昭公四年载："叔孙为孟钟，曰：'尔未际，飨大夫以落之。'"杜预注："以豭猪血衅钟曰落。"《孟子·梁惠王上》载："王（齐宣王）坐于堂上，有牵牛而过堂下者，王见之，曰：'牛何之？'对曰：'将以衅钟。'王曰：'舍之！吾不忍其觳觫，若无罪而就死地。'对曰：'然则废衅钟与？'曰：'何可废也？以羊易之。'"孙奭疏："盖古者器成而衅以血，所以厌变怪，御妖衅。"周柄中《辨正》云："衅之义有三：一是祓除不祥；一是弥缝罅隙，使完固之义；一是取其膏泽护养精灵。"据考古发现，洛阳北窑西周铸铜作坊遗址内大量的祭祀或巫术遗存反映了殷遗民对商代铸造巫术礼俗的继承。但是，西周时期的长安张家坡、马王村、扶风庄李村，东周时期的侯马、新郑、易县、临淄等地的作坊遗址中没有发现与手工业相关的巫术遗存。这也并不能断然认定周人在铸铜过程中不伴有巫术行为，或许只能说明周人与商人的巫术有差异，即可以推测商人与周人在巫术活动后处理牺牲的方式不同而已，如衅钟。[②]

　　动物纹饰是商周青铜礼器的典型特征，这种特征的出现不是偶然的，而是有历史继承性及其特殊的含义。动物纹饰的样式是复杂而多样的，俞伟超说："商代铜器中的神化动物图象，放在当时的信仰环境中来考虑，至少相当一部分是在表现铜器占有者的祖神。"[③] 容庚所列的动物纹饰为：饕餮纹、蕉叶饕餮纹、夔纹、两头夔纹、三角夔纹、两尾龙纹、蟠龙纹、龙纹、虬纹、蝉纹、蚕纹、龟纹、鱼纹、鸟纹、凤纹、象纹、鹿纹、蟠夔纹、仰叶夔纹、蛙藻纹等。[④] 动物纹样可分为三类：一类是写实的动物，如犀牛、鸮、

---

① 李汉鹏：《论先秦时期的贞人集团》，《东南文化》1993 年第 4 期。

② 参见谢肃《商文化手工业作坊内的祭祀（或巫术）遗存》，《江汉考古》2010 年第 1 期。

③ 俞伟超：《先秦两汉美术考古材料中所见世界观的变化》，《庆祝苏秉琦考古 55 年论文集》，文物出版社 1989 年版。

④ ［美］张光直：《美术、神话与祭祀》，第 38—40 页。

兔、蝉、蚕、龟、鱼、鸟、象、虎、蛙、牛、水牛、羊、熊、马和猪；一类
为古文献中记录的神话动物，如饕餮、肥遗、夔、龙、虬等；还有一类为
人—兽结合为主题的特殊纹样。龙纹，《说文》云"龙"："鳞虫之长，能幽
能明，能细能巨，能短能长，春分而登天，秋分而潜渊"，后来发展为中华
民族的图腾。《山海经·大荒西经》记述夏后启"乘两龙"："西南海之外，
赤水之南，流沙之西，有人珥两青蛇，乘两龙，名曰夏后开。开上三嫔于
天，得九辩与九歌于下。"龙与蛇是上帝使者四方之神的配备，《海外东经》：
"东方句芒，鸟身人面，乘两龙。"《海外西经》："西方蓐收，左耳有蛇，乘
两龙。"《海外南经》："北方禺疆，人面鸟身，珥两青蛇，践两青蛇。"人—
兽主题纹饰，"张开的兽口可能是把彼岸（如死者的世界）同此岸（如生者
的世界）分隔开的最初象征。这种说法与我们把动物纹样视为巫觋沟通两个
世界的助理的观点是完全吻合的。由此来看，铜器上的人形非巫师莫属，他
正是动物的帮助下升天。"① 张光直认为动物纹样的意义为："天地之间，或
祖灵及其余神祇与生者之间的沟通，要仰仗巫觋；而祭器和动物牺牲则是天
地沟通仪式中必备之物。"② 正如《左传》宣公三年记载的王孙满所言："昔
夏之方有德也，远方图物，贡金九牧，铸鼎象物，百物而为之备，使民知神
奸。故民入川泽山林，不逢不若，魑魅魍魉，莫能逢之。用能协于上下，以
承天休。"《左传》昭公十五年载文伯言："诸侯之封也，皆受明器于王室，
以镇抚其社稷，故能荐彝器于王。"张光直认为："青铜彝器是巫觋沟通天地
所用配备的一部分，而其上所象的动物纹样也有助于这个目的。""商周青铜
器上动物纹样乃是助理巫觋通天地工作的各种动物在青铜器上的形象。"③ 在
民族学资料中，巫师的主要作用就是通神，而在通神的过程中，各种动物常
常作为他们的助手或是使者。"萨满的本事是靠他能够任意使自己进入一种
昏迷的状态。鼓和舞一方面抬高他自己的精神，另一方面召唤他的伙伴——
他人所不能见，而供给他以力量，帮助他来飞翔的兽与鸟。……在他的昏迷
状态之中，他似鸟一般地飞到上面的世界，或是像只鹿、牛或熊一样降到下

---

① ［美］张光直：《美术、神话与祭祀》，第 53 页。
② ［美］张光直：《美术、神话与祭祀》，第 44 页。
③ ［美］张光直：《商周青铜器上的动物纹样》，《中国青铜时代》，第 434—435 页。

面的世界。"①

西周青铜器文化进入一个新的时期，周初青铜礼器的器形和纹饰与商代晚期相似，而进入西周中期以后，尤其是到了西周晚期，青铜礼器的形制和纹饰发生了重大变化。从纹饰上看，主纹多为粗宽带式，如窃曲纹、重环纹、环带纹、鳞纹及瓦纹等，一改商代晚期神秘繁缛的作风。马承源在《商周青铜器纹饰》中认为，窃曲纹实际上是从具有浓厚的宗教信仰气氛的兽面纹蜕化而成的变形兽体纹。"从商代早期到西周早期青铜器的艺术装饰……共同的特点是兽面纹占有突出的统治的地位，这与当时的宗教思想有着密切的联系。它实际上是用艺术的形式来表现人们对客观世界的态度和认识水准，反映了当时人们对自然神崇拜而产生的神秘和肃穆的气氛。"②周初鉴于商人酗酒通神混乱而严厉禁酒，因此，在青铜礼器的种类上，西周中期以后原在商代十分盛行的许多酒器如爵、角、觚、觯、觥、斝、尊、卣、方彝等显著减少，至西周晚期几近绝迹。西周后期，青铜文化开始走向衰落，中央王朝铸造的铜器越来越少，诸侯国铸造的铜器越来越多。这时期出现较多专为随葬用的明器，质量差，花纹粗疏，没有实际使用价值。先前流行的具有神秘意味的兽面纹数量大大减少且渐渐退居次要部位或简而化之，如以前兽面纹多饰于鼎、簋等腹部，此时则多移至足根部。鸟纹、简化夔龙纹、重圈纹、垂鳞纹等成为流行花纹。总体看来，西周以后青铜文化的确在一步步衰落下去。随着西周末期崇德、疑天、民本思想的兴盛，理性的、分析的、现世的观念渐趋蔓延，青铜器也日益失去其神秘的力量，纹饰风格由庄严、神秘走向写实、程式化，世俗审美色彩增强。西周晚期许多青铜器如方彝、簋、爵等已明器化，只有粗劣矮小的形状而不实用。春秋时期，侯马晋国铸铜作坊中的铜器也开始由不计工本的特制的"子子孙孙永宝用"的礼器向通用型的商品化器物转变。"前期盛极一时之雷纹，几至绝迹。饕餮失其权威，多缩小而降低于附庸地位（如鼎簋等之足）"③，到了战国时代，

① ［美］张光直：《中国青铜时代》，第 421 页。
② 张长寿、陈公柔、王世民：《西周青铜器分期断代研究》，文物出版社 1999 年版，第 182—183、220 页。
③ 郭沫若：《彝器形象学试探》，《两周金文辞大系图录》，文求堂书店 1934 年版，第 4 页。

青铜器虽然仍存在于社会生活的各个领域，但其原初的礼器作用已消失殆尽，笼罩着巫术神秘色彩，也恰是这份神秘带来观念价值的青铜时代已临近终结。

中原的巫术影响着四周，波及很远，甚至超出现代人的想象。1954年江苏丹徒烟墩山出土的宜侯夨簋，铭文记述了周王迁虞侯夨于宜为宜侯，器物的形制和纹饰为典型的中原风格，可能是中原铸造带到南方的。1986年北京琉璃河出土的克罍与克盉，铭文记述周王"令克侯于燕"，而器物的形制与纹饰也是典型是中原式的。1973年辽宁喀左北洞村出土的西周初期的蟠龙盖青铜罍，与1959年四川彭县竹瓦街出土的蟠龙盖青铜罍，在形制与纹饰上惊人地相似，肩部二兽耳衔环，盖纽为一立雕之蟠龙，器肩饰卷体夔纹，腹饰兽面纹。如果说这些都是从中原带去的，那为什么各诸侯国在自己青铜冶铸业初步发展起来以后，就开始仿制中原的青铜礼器呢？如江苏丹徒大港母子墩墓葬出土的西周中期的云形鸟纹鼎及变形兽面纹簋，其器形明显仿自中原，而其纹饰云形鸟纹及变形兽面纹则具有地方特征。这说明不但做器，还要有纹饰，这纹饰显然有其内在意义，不只是一种装饰的审美作用，而是作为礼器的巫术需要。

西周时期的青铜礼器及其工艺重点已从纹饰转向了铭文。西周时期出现了大量的长篇铭文，著名的毛公鼎铭文长达499字，使青铜礼器的功能进一步得到加强。文字作为一种特殊的符号起到巫术的功能作用。《周礼·秋官》"䧙蔟氏"职责为"掌覆夭鸟之巢"，其方法为"以方书十日之号、十有二辰之号、十有二月之号、十有二岁之号、二十有八星之号，县其巢上，则去之。"这就是文字的魔力了。"黄帝之史仓颉见鸟兽蹄迒之迹，知分理之可相别异也，初造书契，百工以乂，万品以察，盖取诸夬。"这是"仓颉造字"的传说。仓颉何许人也？据说仓颉"龙颜侈侈，四目灵光，实为睿德，生而能书。于是穷天地之变，仰观奎星圆曲之势，俯察龟文鸟羽山川，指掌而创文字，天为雨粟，鬼为夜哭，龙乃潜藏。"[1] 巫史是第一代文化人，仓颉肯定为一著名的巫职人员。文字产生相传"仓颉造书，天雨粟，鬼夜哭，亦

---

[1] 《汉学堂丛书》辑《春秋元命苞》，转引自冯天瑜《中华文化史》，第309—310页。

有感矣"①。龙山时代的丁公陶文和陶寺朱书陶文，据学者研究皆可能与原始宗教活动有关。甲骨文与巫术有密切联系。甲骨文的载体为龟甲和动物肩胛骨，这两种东西作为原始巫术道具由来已久。甲骨文内容基本上是一种巫术卜辞，是时王、贵族等与祖先神灵的沟通，以求神灵指点世俗事务的记载。"商王以甲骨文与帝或祖灵沟通，文字因有与祖灵沟通的神奇力量，因此形成了与过去智慧沟通的意识，于祭祀时用文字昭告鬼神，享用牺牲，在现代民间仍是很普遍的情形，青铜器上往往有铭文，其作用有祈求祖先荫佑，子孙繁昌之意……"②西周青铜器主要是祭器，其铭文中有族徽图腾，也记载一些世俗内容，表现出理性与神性相结合。白川静在《金文の世界》中云："铭文的出现意味着祖灵和祀祭它的氏族之间、氏族和王室的政治联系通过这一媒介开始具有很强的作用……是政治联系强烈地支配氏族生活的直接表现。"③中国文字的产生与巫术宗教有特殊的关系，而非与经济活动和贸易活动有关。这与西亚几处的早期文明中的最早的文字用于世俗事务记录的功能有很大区别。由于文字与宗教和政治的密切关系，使甲骨占卜和文字使用具有垄断性与神秘性。中国书法作为艺术本源于此，脱离了中国传统文化背景，书法就会显得苍白，这就是中国书法之所以成为书法的缘由之一。李阳冰《论篆》云："缅想圣达立卦造书之意，乃复仰观俯察六合之际焉。于天地山川得玄远流峙之形，于日月星辰得经纬昭回之度，于云霞草木得霏布滋蔓之容，于衣冠文物得揖让周旋之体，于须眉口鼻得喜怒惨舒之分，于虫鱼禽兽得屈伸飞动之理，于骨角齿牙得摆抵咀嚼之势。随手万变。任心所成，可谓通三才之品，汇备万物之性状者矣。"西方盛行艺术起源于巫术的理论，是不无道理的。在巫术领域中，我们称之为艺术的形式常被用做一种巫术工具，无论是视觉的还是听觉的，目的都是为了确保巫术的成功。这一现象在中国古代表现得尤其，可以证明此理论的合理性。

---

① 李嗣真：《书后品》，《历代书法论文选》，上海书画出版社 1979 年版，第 133 页。

② 蒋义斌：《中国宗教与史的起源》，《佛教的思想与文化——印顺导师八秩晋六寿庆论文集》，第 15 页。

③ ［日］白川静：《金文の世界》，转引自刘正《金文氏族研究》，中华书局 2002 年版，第 33 页。

高本汉将商周时代青铜器分为古典式、中周式与淮式。[1] 郭沫若根据商周青铜器纹饰的风格、形制、文体、字体将青铜器分为四期。[2] 一是鼎盛期，年代当于殷代及周文、武、成、康、昭、穆诸世。"器制多凝重结实……花纹……未脱原始的风味，颇有近于未开化民族的图腾画。"二是颓败期，年代当为起自恭、懿、孝、夷诸世以迄于春秋中叶。纹饰逐渐脱掉了原始风味。三是中兴期，自春秋中叶至战国末年。四是衰落期，自战国以后，纹饰几至全废。鉴于巫政合一的缘由，故从本质上说，中国古代青铜器又等于中国古代政治权力的工具。

三、结　语

礼乐制度是将巫术神灵之世界与人间现实世界的同构产物，既将巫教的一些仪式与内容理性化、人文化，同时又将人间的社会秩序巫教化，因此，我们应该建立真正的古礼的巫教观，才能正确地理解西周的礼乐制度。

巫教是对超自然或超社会力量的信仰与追求，这些力量的虚构是以现实为依据的，人们又在这些虚构的力量基础之上建立了一个存于心目中的虚拟世界。这个虚拟的世界与现实社会的沟通就构筑了一整套的模式，这些模式本来是适应虚拟的神灵世界的，而现在西周要将这些模式在现实社会中用制度的形式固定下来，于是就产生了所谓"礼乐制度"，一半神事，一半人事。也就是说，"礼乐文明"的形成经历了一个迂回的过程，由现实的人世映射出神灵的世界，再由神灵的世界降到现实的社会，即在人世的基础上构筑出一个虚构的世界，再由这个虚构世界与人世社会相"结合"，用这种结合出的图景与秩序统治现实的社会，造就出一个中国社会特有的"礼乐文明"，奠定中华文明的一块基石。

礼乐制度强调了社会等级性。祭祀是一种事神的活动，实际上反映了

---

[1]　B.Karlgren，"Yin and Chou in Chinese Bronzes" and "New Studies in Yin and Chou Bronzes"，Bulletin of the Museum of Far Eastern Antiquities，Nos，8 and 9，1936，1937.

[2]　郭沫若：《青铜时代》，《郭沫若全集·历史篇》(1)，人民出版社 1982 年版，第 605—606 页。

人与人之间的社会关系。祭祀的对象基本上是两大类：一类是自然神，一类是祖先神。祭祀是一种权力，具有严格的等级制，祭祀的范围有多大，权力就有多大，如《曲礼》云："天子祭天地，祭四方，祭山川，岁遍。诸侯方祀。祭山川，祭五祀，岁遍。大夫祭五祀，岁遍。士祭其先。"如何理解这种等级性呢？一般从现实的近距离作出解释，即现实的人群已分出等级，所以祭祀权也就分出了等级。其实，历史告诉我们，事实的逻辑正与此相反，祭祀成为一种权力并不是阶级社会的事情，而是从祭祀产生起就有了的，这种事神的等级性恰好反过来强化社会关系的等级性。在远古社会，信仰是人们共同的，而通神的巫术却不是共同拥有的，只有巫觋有此专权。巫掌握了通神的大权，实际上也就掌握了氏族部落的大权。及至形成了阶级和国家之后，这种权力就与阶级和国家的大权结合为一体，而成了政治权力的象征。①

巫教世界与现实世界是保持一致的，所有的神灵都是现实世界的守护者。中国的巫教自从产生的那天起就是实用主义的功利态度，如果现实世界没有问题一般就不需要去做一些巫教行为，而一切巫教活动都是为现实社会服务的，礼乐制度就是巫教为现实社会所用的典型范例，因此中国古代巫教没有沿着宗教的道路向前发展，而是沿着理性化、人文化的实用方向转化，人们主要关注于现实社会，而不是彼岸的世界。《礼运》云："是故夫政，必本于天，殽以降命。命降于社之谓殽地，降于祖庙之谓仁义，降于山川之谓兴作，降于五祀之谓制度。此圣人之所以藏身之固也。故圣人参于天地，并于鬼神，以治政也。""故先王患礼不达于下也，故祭帝于郊，所以定天位也；祀社于国，所以列地利也；祖庙，所以本仁也；山川，所以傧鬼神也；五祀，所以本事也。"为什么中国的巫教有如此强的实用化趋势，主要是因为巫教脱胎于巫术，巫术历来都是注重实用性的，自巫术产生的第一天起，巫术就妄想控制整个现实或虚拟的世界为其所用，所以，巫教肯定为实用的价值取向，导致巫教不可能发展为正规的宗教，只能存于巫术与宗教之间，以至于最终为礼乐形式所取代而渐趋消逝。

_____

① 参见邹昌林《中国礼文化》，第238—239页。

在西周时期，随着巫教之礼的人文化，国都王城不仅是政治权力中心，也是巫教神权中心，透露出王权垄断巫教的性质。《礼记·祭法》云："天下有王，分地建国，置都立邑，设庙祧坛墠而祭之。"这种宗教祭祀场所的建置，表明神对王权的专宠和庇护，以及王对神权的垄断。《表记》云："殷人尊神，率民以事神，先鬼而后礼……周人尊礼尚施，事鬼神而远之，近人而忠焉。"周人对巫教、王权以及巫教与王权的关系进行制度化、法典化，形成"礼治天下"的局面。东周以降，"礼崩乐坏"，其实是继"制礼作乐"对巫教削弱之后的巫教"崩坏"，周礼中的神权受到更强烈的挑战，以至于随国大夫季梁认为："夫民，神之主也，是以圣王先成民而后致力于神。"（《左传·桓公六年》）虢国史嚚云："吾闻之，国将兴，听于民；将亡，听于神。"（《左传·庄公三十二年》）春秋时代迎来了一个理性化世纪，出现了一个"枢轴时代"（Axial age），实现了"哲学突破"（Philosophical Breakthrough）[1]，突出标志是渊源于巫教的老道之学和蜕变于巫觋的儒之儒学建立。[2]

---

[1]　美国社会学家派深思（T.Parsons）对"枢轴时代"这一个时期的考察提出了"哲学突破"术语。参见林启屏《古代中国"语言观"的一个侧面》，《中国哲学》第 22 辑，辽宁教育出版社 2000 年版，第 106 页。

[2]　儒蜕变于巫觋之考证，参见阎步克《乐师与史官》中的《乐师与"儒"之文化起源》篇，生活·读书·新知三联书店 2001 年版。

第四章　西周社会风俗中的巫术

人类需要在故事中生存，民俗就是自编自导的剧本。

——题记

民俗，即民间社会流行的风尚与习俗，从远古时期就已经开始出现，进入文明社会之后，民俗的面貌就更为清楚，民俗的地位在社会结构中更为相对独立。在夏商周的文明社会中，社会总会分为主流社会与非主流社会，其文化传统也就分为"大传统"与"小传统"的两个层面①，"小传统"相对的就是民间的民俗文化。周初的巫教变革主要影响主流社会，是一种官方的政治运动，至于民间巫术将会惰性地延续其原有状态，这是符合社会运动规律的。孔子针对春秋末期社会现实状况得出一个结论："先进于礼乐，野人也；后进于礼乐，君子也。如用之，则吾从先进。"（《论语·先进》）也就说，大传统也会沦落到小传统中去，从小传统中可以找回大传统的样子。周代巫术仍旧存在于民间或成为民俗中的一部分，黎民百姓照常与乡村巫师共同生活于同一个村庄聚落，相互不与分离。在"礼不下庶人，刑不上大夫"的时代，黎民百姓主要生活在习俗中，当然中央以及诸侯国精英阶层也会同样重视当时当地的风俗习惯，如伯禽在鲁"变其俗"，姜太公在齐"从其俗"

---

① 美国芝加哥大学人类学家雷德斐尔德（Robert Redfield，1897—1958）以研究乡民社会著名，1956年发表了《乡民社会与文化》，提出了"大传统"（great tradition）与"小传统"（little tradition）的区分，用以说明在比较复杂的文明中存在两个不同层次的文化传统。前者体现了社会上层生活和知识阶层代表的精英文化，而后者则是一般社会大众的下层文化。

（《史记·鲁周公世家》）。这些风俗中就不免有巫术之风了，但不能简单地将其等同于现代市井野径的所谓迷信或黑巫术，童恩正说："巫和广义的巫术产生于远古代的人民之中，具有极其深厚的根基和顽强的生命力。在中国进入文明史以后的漫长时代中，巫师们仍然存在，继续在民间发挥其古老的魔力，直至今日，其影响深入到民俗的各个领域。"[1] 许多人类学或民俗学研究资料也能反映出上述说法，不足为奇。

一、宅居巫术习俗

《玉篇》云："人之居舍曰宅。"原始人居舍经历了一个由自然简朴至复杂构筑的过程。《易·系辞下》云："上古穴居而野处，后世圣人易之以宫室，上栋下宇，以待风雨。"又，《庄子》云："古者禽兽多而人民少，于是民皆巢居避之。"解释穴居与巢居的两种方式，一是从时间角度出发，《礼记·礼运》云"昔者先王，未有宫室，冬则居营窟，夏则居橧巢"；另一是从空间角度出发，《博物志》云："南越巢居，北朔穴居，避寒暑也。"穴居与巢居时代的人们居无常处，随遇而安，因此，在居住方式上，还没有引起人们的深切关注，其动因与目的皆从简单的实用出发。谁始作宫室？《尔雅·释宫》疏："《白虎通》云：黄帝作宫室；《世本》曰：禹作宫室。"待到定居造宅之后，"其不为橧巢者，以避风也；其不为窟穴者，以避湿也。"（《晏子春秋·谏下》）人们对居住方式的选择就愈来愈重视，以至于上升到巫术层面，凡邦国都鄙，皆择吉处而营居，并形成了宅居的巫术习俗，以至于《释名·释宫室》云："宅，择也，择吉处而营之也。"蔡达峰说："古代对时空有专门的占术，占时日的有择日术，占空间的则有堪舆术以及后来的风水术。但时间和空间的占断是联系在一起的。""风水术的起源是与古代择日、星占等天文占术密切相关的。"[2]

---

① 童恩正：《中国古代的巫》，《中国社会科学》1995 年第 5 期。
② 蔡达峰：《历史上的风水术》，上海科技教育出版社 1994 年版，第 2 页。

（一）风水术

风水文化是我国自古遗留于今的独特产物，并"从巫术走向实践并在民俗与乡土中滋生、蔓延最终又融于民俗，形成一种新的奇特的乡土文化"①。宅居问题是人们生活中的一件大事。②《墨子·辞过》云："古之民，未知为宫室时，就陵阜而居，穴而处，下润湿伤民，故圣王作为宫室。为宫室之法，曰：室高足以辟润湿，边足以圉风寒，上足以待雪霜雨露，宫墙之高足以别男女之礼。谨此则止。"实质上，古人为宫室之法远非如此。古人的时空观念充满着神秘思维，也就伴随有神秘的巫术，占问空间位置的有风水术，占问时日吉凶的有择日术。古人又将宅分为阳宅与阴宅，通过巫术手段对宅、都、邑乃至陵墓的选址、型制、营造等进行决断，后世统称为风水之术，风水术就是风水意念的产物，而风水意念来源于万物有灵观，因此可以说，"巫是风水的母体"③。这里我们主要研究西周阳宅相关的巫术。

《鹤林玉露》云："古人建都邑、立家室，未有不择地者。"④卜宅是风水意念的最早记载与实践，是风水术中第一步骤。殷墟卜辞记录了"卜"宅之事，"□子卜，宾贞，我乍（作）邑？"（《乙》五八三）"乙卯卜，争贞，王乍（作）邑？帝若？我从，之兹唐。"（《乙》五七〇）殷人贞卜营造城邑的吉凶，即运用巫术手段决断是否"作邑"。《尚书·盘庚下》记："盘庚既迁，奠厥攸居，乃正厥位，绥爱有众。""朕及笃敬，恭承民命，用永地于新邑。肆予冲人，非废厥谋，吊由灵各，非敢违卜，用宏兹贲。"盘庚迁都，亦用神灵巫术，非为己意，理由为"吊由灵各，非敢违卜"。周人同样

---

① 何晓昕、罗隽：《风水史》，上海文艺出版社1995年版，第248页。

② 恩格斯："正像达尔文发现有机界的发展规律一样，马克思发现了人类历史的发展规律，即历来为繁茂芜杂的意识形态所掩盖着的一个简单事实：人们首先必须吃、喝、住、穿，然后才能从事政治、科学、艺术、宗教等等；所以，直接的物质的生活资料的生产，因而一个民族或一个时代的一定的经济发展阶段，便构成为基础，人们的国家制度、法的观念、艺术以至宗教观念，就是从这个基础上发展起来的，因而，也必须由这个基础来解释，而不是像过去那样做得相反。"（《在马克思墓前的讲话》，《马克思恩格斯选集》第3卷，人民出版社1972年版，第574页）

③ 何晓昕、罗隽：《风水史》，第6页。

④ 蔡达峰：《历史上的风水术》，第5页。

如此，在周原出土的西周卜辞，如"乍（作）三立（位）"（H11：24）"大乍（作）其……"（H11：118）"六年，吏乎宅商西"（H11：8），这出土资料充分说明周人利用问占的方式决定其宅居。《诗·大雅·緜》记："周原膴膴，堇荼如饴。爰始爰谋，爰契我龟：曰止曰时，筑室于兹。"古公亶父迁岐，占卜决定在周原筑室，透露出古公亶父对"筑室"的神秘感受。又，《诗·大雅·文王有声》记："文王有声……作邑于丰……考卜维王，宅是镐京，维龟正之，武王成之。武王烝哉！"文王迁都丰京、武王迁都镐京亦是按照神灵的旨意，做了一番巫术的工夫。《尚书·洛诰》记载周公旦选择洛邑之前，亦进行了必要的占卜，以显神灵。周公旦云："予惟乙卯，朝至于洛师，我卜河朔黎水，我乃卜涧水东，瀍水西，惟洛食，我又卜瀍水东，亦惟洛食，伻来以图及献卜。"公认的巫术文献《周易》筮辞中同样记录了周人居处生活的史料。《升》卦的九三爻辞："升虚邑。"《涣》卦九五爻辞："涣王居。"《屯》卦初九和《随》卦初六爻辞："利居贞。"《颐》卦六五爻辞："拂经，居贞吉。"《革》卦上六爻辞："居贞吉。"《益》卦初九爻辞："利用大作，元吉，无咎。"《益》卦六四爻辞："中行，告公从，利用为依迁邦。"这些历史文献可以从一个方面佐证周人以问卦的方式预测风水状况。《周易》中反复出现有关"宅居"的爻辞，还说明当时人们对"宅居"方面的巫术信仰的程度之深。当然人们首先要解决衣食住行的问题，然后才能从事其他领域的事务。住，既要解决的是人们生存的稳定的、安全的、宜居的建筑，又是一个可以归宿的温馨的家。所以，人们十分重视对于这个空间的选择与建造。周初作邑占卜，铜器铭文也有记载，宋重和元年（公元 1118 年）湖北孝感县出土 6 件西周初期铜器中的"中鼎"，铭文尾有"惟臣尚中臣，七八六六六六，八七六六六六"，这两个数字卦对应的为剥卦和比卦，是对两个采邑的占卜所得的数字卦。张政烺认为"卦和采邑是不可分开的，卦是采邑的名字"[①]。周人用卦作为采邑之名，这表明其笃信巫术之灵验，并已牢固地将巫术与宅居捆绑在一起了，或许这种命名方式能带来更多的巫术效果。

---

① 张政烺：《试释周初青铜器铭文中的易卦》，彭卫、张彤等主编《中国古代史卷》，第194 页。

《周礼》云"惟王建国，辨方正位，体国经野"，"辨方""正位""体国""经野"，并非随意而为之，亦需要与神灵相谐和，聆听神的旨意及巫师的导引，包括国都、宫殿与宗庙的位置与方向等等方面。

卜宅与相宅是商周时期普遍盛行的活动，卜宅之后的风水活动就是相宅，《逸周书·大聚》云"相土地之宜，水土之便"。相，占视也。《尔雅·释诂》云："相，视也。"《方言》云："占视，视也。自江而北，凡相候谓之占，相民宅亦谓候视之，故云占视也。"相宅，就是将神事与人事相结合，既注意风水如何，又考虑到自然环境，《轩辕本纪》云："黄帝始划野分州，有青鸟子善相地理，帝问之制经。"西周成王在丰，欲宅洛邑，使召公先相宅，《尚书·召诰》云："惟太保先周公相宅。越若来三月，惟丙午朏。越三日戊申，太保朝至于洛，卜宅。厥既得卜，则经营。越三日庚戌，太保乃以庶殷攻位于洛汭。"太保大概就是目前见于正史记载的最早风水师了。1963 年在陕西出土的《何尊》提供了周初营建洛邑的宝贵史料，铭文共 12 行，122 个字："唯王初（读相，从张政烺说）迁，宅于成周，复禀武王，礼福自天。在四月丙戌，王诰宗小子于京室。曰：昔在尔考公氏，克逨文王。肆文王受兹命。唯武王既克大邑商，则廷告于天，曰：余其宅兹中国，自兹乂民。呜呼！尔有唯小子无识，视于公氏，有勋于天，彻命。敬享哉！唯王恭德裕天，训我不敏。王咸诰何，赐贝卅朋，用作庚公宝尊彝。唯王五祀。"铭文记载，建成周，先相宅，武王并且"廷告于天，曰：余其宅兹中国，自兹乂民。"这与《洛诰》言"公不敢不敬天之休，来相宅"是相合的，也与《逸周书·度邑解》《史记·周本纪》的记载若合符节。

《周礼·夏官》记载了掌相宅之法的"土方氏"，其执掌为："掌土圭之法，以致日景，以土地相宅，而建邦国都鄙。以辨土宜土化之法，而授任地者。王巡守，则树王舍。"以日景测定方位，知东西南北之深，察其地而知其可居者。可知，西周掌管风水术的人，是兼具巫术与神性的官员。相宅在周代可能已很普遍，《周礼·地官·大司徒》云："以土宜之法辨十有二土之名物，以相民宅而知其利害，以阜人民，以蕃鸟兽，以毓草木，以任土事。"大司徒经土宜兼辨地形高下营建都邑之事，并相视民宅而知其利害吉凶。《诗·大雅·公刘》已记有"相地"之事，"笃公刘！于胥斯原。既庶既繁，既顺乃宣，而无永叹。陟则在巘，复降在原。何以舟之？维玉及瑶，鞞琫容刀。"孙鑛云："于相地之时，却叙述佩剑之丽，似涉无紧要，然风致正在此。"① 公刘做了一些相地活动，"笃公刘！逝彼百泉，瞻彼溥原。乃陟南冈，乃觏于京。京师之野：于时处处，于时庐旅，于是言言，于是语语。""相其阴阳"是其关键，"笃公刘！既溥既长。既景乃冈，相其阴阳。观其流泉，其军三单，度其隰原。彻田为粮，度其阴阳，豳居允荒！"公刘由邰地迁居豳地时非常重视当地的自然地形、地质等问题，对山、水、树木全面巡视，确定建筑基址范围，并测量日影，来确定建筑的朝向。因此，风水术开始是和科学的地理人文知识相互掺杂的，从巫术中寻找到一些科学的踪影并非是不可思议之事。古公亶父迁居周原，《诗·大雅·绵》云："爰始爰谋，爰契我龟，曰止曰时……乃左乃右，乃疆乃理，乃宣乃亩，自西徂东，周爰执事，乃召司空，乃召司徒，俾立室家，起绳则直，缩版以载，作庙翼翼。"古公亶父来到岐山之阳的周原并非盲目行动，而是由周原的地理环境决定的。岐山山脉形势险扼，蜿蜒曲折，箭括岭海拔 900 多米两峙相对，气势雄伟，"地脉之行止起状曰龙"。"而起状有晕，生气勃勃，十分吉利，阴阳分明。从岐山本身说，有阳有阴，而在其山南选址建都盖房，形成房子与岐山为阳与阴的大环境的关系，正像《易经·系辞》说：'负阴抱阳。'这就使建筑获得了很好的朝向和通风条件，给人们提供了较理想的磁场和气场，无疑对人体健康是十分有益的。"② 周原几处建筑基址均在夯土的高台基上，比原地面高出 1 米左右，岐山凤雏村基偏西北 10 度，并都选在离山水不甚太远和太近的地方，即后世所言的"喜地势宽平，局面阔大，前不破碎，坐得方正，枕山襟水""喜东南压西北"。古人还讲究"中"的位置，从考古资料来看，三代都城的布局是以宗庙宫室为核心，周围松散地分布着一些居民区。从通天地来说，"中"更是为了占据通天地的中心。美国学者刘易斯·芒福德说："大型庙宇的建立，以其庞大的建筑学体量及象征意义的威慑感，完成了神权同世俗权力的联合。"③ 成周选为"土中"，《逸周书·作雒解》云：

---

① 陈子展：《诗经直解》，第 937 页。

② 陈全方：《西周与建筑文明》，周秦文化研究编委会编：《周秦文化研究》，第 463 页。

③ 转引自徐良高《中国民族文化源新探》，第 165 页。

"周公敬念于后，予畏同室，克追俾中天下。及将致政，乃作大邑于土中，城方千七百二十丈，郛方七百里。南系于洛水，地因于郏山，以为天下之大凑。"为何选"土中"呢？《周礼·大司徒》可作解释："以土圭之法测土深、正日景，以求地中。……日至之景尺有五寸，谓之地中：天地之所合也，四时之所交也，风雨之所会也，阴阳之所和也。然则百物阜安，乃建王国焉，制其畿方千里而封树之。"

《诗·鄘风·定之方中》记春秋时卫国选建建筑风水云："定之方中，作楚于宫。揆之以日，作于楚宫。树之榛栗，椅桐梓漆，爰伐琴瑟。升彼虚矣，以望楚矣。望楚与堂，景山与京，降观于桑，卜云其吉，终然允臧。""虚"是指地形，而"定之方中""揆之以日"则是指察辨天象方位。出土文献战国时代的《云梦睡虎地秦简日书》亦有许多与相宅术有关的内容，《日书》甲种有相宅类两篇，分别为相宅篇与置室门篇。[①] 宅居巫术，汉代又称堪舆术。堪，天道也；舆，地道也。如《淮南子·四讳篇》云："俗有大讳四。一曰西益宅。西益宅谓之不祥，不祥必有死亡，相惧以此，故世莫敢西益宅，防禁所从来者远矣。传曰：鲁哀公欲西益宅，史争以为不祥。"堪舆家在汉代已居重要地位。风水术又可称地理术，风水家也可称为最早的地理家了。风水术讲究的是天文与地理适应居住的需要，后来就发展成为"仰观天文"与"俯察地理"的风水文化。

（二）建筑营造中的巫术仪式

最古老最流行的建筑仪式为奠基，始见于仰韶文化时期，是在建房之前，在居住面的地下或基址中，或者在房柱的基洞下，埋置器物人畜，先行祭奠一番。西安半坡仰韶聚落遗址，一座房址西部居住面下埋着一个带盖粗陶罐，南壁下埋着一个人头和一个碎陶罐，是房屋奠基时举行祭祀的遗迹。龙山文化时期的聚落遗址中的人、兽奠基仪式更为流行，且常出现用小孩奠基的现象，奠基牲不仅用于大型建筑中，一般民居也用，如河南登封王城岗

---

① 参见刘乐贤《睡虎地秦简日书的内容、性质及相关问题》，《中国社会科学院研究生院学报》1993 年第 1 期。

城址和汤阴白营乡村聚落遗址。夏商时期的建筑仪式亦笼罩在浓烈的巫术氛围中，用人畜现象较史前更酷烈，《尚书·盘庚》云"盘庚既迁，奠厥攸居，乃正厥位"，其程序大致经过奠基、置础、安门、落成等四种仪式。[1] 郑州商城城内的民室有人畜奠基现象，如有一座面积不足 5 平方米，地坪下奠有一俯身屈肢人架和一人头，北壁下埋祭一猪。[2] 奠基用人牲是世界性的普遍现象。[3]

西周时期的民居是很简陋的。《诗经·豳风·东山》云："伊威在室，蟏蛸在户"，"妇叹于室，洒扫穹窒"。《豳风·七月》又云："十月蟋蟀，入我床下，穹窒熏鼠，塞向墐户。"民居内有地虱虫、蜘蛛、鼠洞，可知其陋，但其巫术仪式未必就简化，甚至其巫风可能更浓。近代西南地区建房民俗可佐证，"现在昆明的乡间，对于建筑房子，从起首到完成，举行着搁盘定向、破土、发马、竖柱上梁、安龙奠土等一套隆重的典礼。搁盘定向是建筑房子的初步；破土是开始动工；发马是请鲁班师父；竖柱上梁时较为隆重，亲戚朋友皆送礼物；而最重要的是最后的安龙奠土一幕。安龙是把房顶上所留的一片瓦补起来，而奠土则甚重要，请和尚或道士念经三日，杀一只白鸭与一头黑羊，把鸭头与羊角钉在大门的头上，把四只羊蹄钉在墙的四角，然后大宴宾客。"[4] 丰镐遗址的民居分土窑式和半竖穴式，多数房子的墙壁和居住面用火烧烤过，其目的一者可能是起去除湿气的作用，另外也可能是建房的一种仪式。宗庙宫室建筑最具有时代性，从新石器时代的半地穴式大房子到龙山时代的人工土台建筑再到三代时期的大型高台夯土建筑，可谓飞跃发展。西安半坡村、临潼姜寨和陕西庙地沟发现的"大房子"，就具有巫教用途的性质，这既可能是大巫师的房子，又可能是施行巫事的场所。《墨子·明鬼下》云："昔者虞夏商周三代之圣王，其始建国营都日，必择国之正坛，置以为宗庙，必择木之修茂者，立以为丛社。"建筑亦分先后次序，《礼记·曲

---

① 宋镇豪：《夏商社会生活史》，中国社会科学出版社 1994 年版，第 79 页。

② 河南省博物馆、郑州市博物馆：《郑州商代城遗址发掘报告》，宋镇豪《夏商社会生活史》，第 51 页。

③ 参见詹鄞鑫《心智的误区》，上海教育出版社 2001 年版，第 558—560 页。

④ 宋镇豪：《夏商社会生活史》，第 73 页。

礼》云:"君子将营宫室,宗庙为先,厩库为次,居室为后。凡家造,祭器为先,牺赋为次,养器为后。"成王时《新邑鼎》铭记"王来奠新邑",可知奠基仪式的隆重。周原扶风云塘西周建筑基址 F5 台基北部发现了奠基牺坑,"在 F5 台基北部,第 2 号柱础坑西北有一长方形坑(编号 K4),打破夯土台基。平面呈东西向的长方形,东西长 1、南北宽 0.5,深 0.18 米。坑内有一具狗骨架,无头,头向东,四足向北侧躺,在狗的颈部发现 6 件玉项饰。"① 云塘 A 组建筑与马家庄一号秦宗庙遗址相比,马家庄一号秦宗庙遗址庭院中间有众多牺牲坑,而云塘建筑遗址庭院内未见牺牲坑,也就是说,在商代和春秋时期的秦宗庙建筑内均发现了大量的牺牲坑,内埋牛、马、羊、人等。由此说明,这种奠基牺牲的仪式可能只存在于民间或商人中间,而周人官方却可能很少用此习俗,但并不否定周人官方在做奠基仪式时施用其它各种巫术。周原遗址凤雏建筑基址的西厢房第二号房间内的窖穴里发现甲骨1.7 万余片,可推知当时巫术气氛之浓烈。周人已很少使用人牲来奠基,但西周时期仍旧存在此种奠基现象。洛阳北窑村西周遗址中发现过奠基牲,如2 号房址,有 12 个奠基坑环列坪壁基槽内,共埋人牲 7 具、马牲 3 具、狗牲 2 具。这虽可能是殷人遗俗,但也反映出当地的民风,而非官方礼制。建筑物落成还要衅血,《礼记·杂记》云:"成庙则衅之,路寝成则考之而不衅。"宗庙盖好后,要用羊血或鸡血涂在台阶上以避不祥。

　　建筑之门成为神秘的界隔,在建筑中居于特殊地位。半坡遗址第 1 号房址西部门道所在方位居住面下在修房子时有意埋入一个带盖的粗陶罐,第2 号房址门道口有一个双耳大瓮,内有腐朽灰白色谷物粉末。② 姜寨遗址第46 号房址门槛东侧有一表面平光的石块,第 36 号房址门道入口处置石头 3块,第 109 号房址门槛外门道上也放置陶钵 1 件。③ 殷商商朝宫殿基址的每

---

① 周原考古队:《陕西扶风县云塘、齐镇西周建筑基址 1999~2000 年度发掘简报》,《考古》2002 年第 9 期。

② 中国科学院考古研究所、陕西省西安半坡博物馆:《西安半坡——原始氏族公社聚落遗址》,文物出版社 1963 年版,第 18、13 页。

③ 半坡博物馆、陕西省考古研究所、临潼县博物馆:《临潼——新石器时代遗址发掘报告》,文物出版社 1988 年版,第 18、19、31 页。

一门址下埋有四五个牲人持戈、盾和贝。"奠基的狗和守卫的人，是与建筑的程序有关，各系一次埋入。"① 陕西岐山县凤雏村的大型周代建筑基址坐落在一个夯土台基上，建筑布局相当严谨，在门外，正对门道有影壁，即后世所谓的"屏"。1976 年，考古工作者在陕西岐山凤雏村发现了一座大型西周宫室基址，即凤雏甲组宫室基址，南北向，以影壁、前院、门道、门房、中院、前堂、过廊、小院、后室居中。东西两边配置回廊、厢房。西周置影壁有其特殊意义，影壁的作用显然是为了"安宅"，外驱邪疠，内保福气。其建筑程序为：夯筑整座台基、挖去院子和门道的夯土、切齐台基及院子的四边、依次完成开沟排水、挖洞立柱、筑墙建屋。门，在建筑营造中居于一种神秘的位置。《左传》文公十一年记载："冬十月甲午，败狄于咸，获长狄侨如。富父终甥椿其喉，以戈杀之，埋其首于子驹之门，以命宣伯。"同年又载："齐襄公元二年，郑瞵伐齐，齐王子成父获其弟荣如，埋其首于周首之北门。"埋敌首于门显然是一种克敌制胜的巫术。英国人类学家爱德华·泰勒（E.B.Tylor）在《原始文化》中写道，在非洲塞内加尔河上的黑人国家加拉姆（Galam），"在新的稳固移居的正门前通常活埋一个男孩和姑娘，以便使其稳固成为不能攻破的。"② 《史记·十二诸侯年表》载磔狗于门："（秦德公二年）初作伏，祠社，磔狗邑四门。"《史记·秦本纪》云："（德公）二年，初伏，以狗御蛊。"《礼记·月令》记载："（季春之月）令国傩，九门磔攘，以毕春气。"孙希旦《集解》云："磔，磔裂牲体也。九门磔攘者，逐疫至于国外，因磔牲以祭国门之神，欲其攘除凶灾，御止疫鬼，勿使复入也。"汉应劭《风俗通义·祀典卷第八·杀狗磔邑四门》解释为："俗说狗别宾主，善守御，故著四门，以避盗贼也。"哈尼族、瑶族具有断裂狗牲肢体，挂于寨门口或埋于十字路口，借以驱鬼避邪，颇合"杀犬磔攘"的古义。③

《礼记·祭法》云："王为群姓立七祀：曰司命，曰中霤，曰国门，曰泰厉，曰户，曰灶。王自为立七祀。诸侯为国立五祀，曰司命，曰中霤，曰国

---

① 石璋如：《殷墟最近之重要发现附论小屯地层》，《中国考古学报》第 2 册，商务印书馆 1947 年版，第 37 页。

② ［英］爱德华·泰勒：《原始文化》，连树声译，上海文艺出版社 1992 年版，第 110 页。

③ 王子今：《门祭祀与门神崇拜》，上海三联书店 1996 年版，第 29 页。

门，曰国行，曰公厉。诸侯自为立五祀。大夫立三祀，曰族厉，曰门，曰行。适士立二祀，曰门，曰行。庶士、庶人立一祀，或立户，或立灶。"中雷、门、户、灶等建筑物都成为祭祀的对象，这是由人们在营建建筑过程中的巫术意识所决定的。"中雷"，是古代重要的七种祭祀对象之一。顾颉刚《史林杂识》认为"中雷"就是家中的土地神①，"主堂室居处"。清代程瑶田《释宫小记》认为，随着房室制度变革，四旁的窗户取代了天窗，因此，作为屋檐下承接雨水的地方——"承雷"取代了"中雷"。《韩非子·内储说》记述忌讳在"承雷"地方洒水，认为这是陷害人的方式，齐王曾杀过洒水的人。楚庄王还规定，大臣和公子们入朝的时候，马蹄如果踩到了"承雷"，驾车的人要被杀掉。《汉书·郊祀志》云："周公相成王，王道大洽，制礼作乐……天子祭天下名山大川，怀柔百神，咸秩无文。……而诸侯祭其疆内名山大川，大夫祭门、户、井、灶、中雷五祀，士庶人祖考而已。""中雷"是主屋内"堂室之神"。大夫无封土，不得立社祀神，因为"封土立社"，没有"封土"就没有权"立社"，社为土地之神，同时也不得祭任何名山大川，只能祭祀自己的祖先和自己所在住屋内的门神、户神、井神、灶神、中雷等所谓"五祀"。"门"与"户"的区别为一扇为户，二扇为门，或在堂室为户，在宅区域为门。②周时庶民只祭户或灶，以至于民间只流行门神和灶神。灶的性质与少数民族的火塘相似，"灶神的前身就是原始人的火塘神"③。与灶神相联系的是爨神。《礼记·礼器》云："夫奥者，老妇之祭也。"郑注："奥当为爨，字之误也。"《论语·八佾》载："王孙贾问曰：'与其媚于奥，宁媚于灶'何谓也？子曰：'不然，获罪于天，无所祷也。'"西周时期一般平民居住的遗址也有所发现，其灶坑十分明显。陕西西安附近的沣西和沣东所发现的早期房屋是长方形半地穴式的，居住面比较平整并且用火焙烤过，靠墙处多有凹入地面的椭圆形灶。

---

① 参见顾颉刚《史林杂识（初编）》，中华书局 1963 年版，第 140—145 页。

② （唐）释玄应：《一切经音义·户扇》。

③ 詹鄞鑫：《神灵与祭司——中国传统宗教综论》，江苏古籍出版社 1992 年版，第 76 页。

二、丧葬中的巫术习俗

丧葬仪式是原始巫术意识最常见的表现形式，旧石器时代中期就已开始埋葬死者的习俗。英国人类学家马林诺夫斯基说："丧礼是在全世界上特别相似的。死亡快要到的时候，最近的亲属永远要聚在一起，有时全地方要聚在一起，聚在将死的人底跟前；而死这专私的行为，任何人惟一最专私的行为，乃变成一项公共的事故，一项部落的事故。"[①]法国社会学家列维·布留尔说："不管葬礼采取什么形式，不管尸体以什么方式处理——土葬、火葬、停放高台上或架在树上以及诸如此类，所有这些仪式实质上都是神秘的，或者如果愿意的话也可说都是巫术的。"[②]葬俗历经一个过程，先是"不葬"，《孟子·滕文公上》云："上世尝有不葬其亲者，其亲死，则举而委之于壑。"再是葬而"不封不树"，《周易·系辞下》云："古之葬者，厚衣之以薪，葬于中野，不封不树，丧期无数。"又，《礼记·檀弓》云："古也，墓而不坟。"注解："凡墓而无坟，不封不树者谓之墓。"远古葬法简单，《吕氏春秋》云："尧葬于榖林通树之，舜葬于纪市廛不变其肆，禹葬会稽，不变人徒。"后来丧葬既要讲究礼，又要讲究俗。丧葬礼俗本源于人死为鬼的观念。《礼记·祭法》云："大凡生于天地之间皆曰命，其万物死皆曰折，人死曰鬼。"《左传》昭公七年记载子产云："人生始化曰魄，既生魄，阳曰魂，用物精多，则魂魄强，是以精爽，至于神明。匹夫匹妇强死，其魂魄犹能冯依于人，以为淫厉。""鬼有所归，乃不为厉。"《礼记·祭义》记载孔子答学生宰我之所问，阐述了鬼神信仰的本质和意义。宰我曰："吾闻鬼神之名，不知其所谓。"子曰："气也者，神之盛也。魄也者，鬼之盛也。合鬼与神，教之至也。众生必死，死必归土，此之谓鬼。骨肉毙于下，阴为野土，其气发扬于上，为昭明，蒿凄怆，此百物之精也，神之著也。因物之精，为之极，明命鬼神，以为黔首则，百姓以畏，万民以服。"孔子从"气"的观

---

① 〔英〕马林诺夫斯基：《巫术科学宗教与神话》，第 43 页。

② 〔法〕列维·布留尔：《原始思维》，第 305 页。

点解释鬼神问题，又提出鬼神信仰的产生是出于"神道设教"的目的，这是一种智者的认识。原始社会已经流行一些古老的葬俗，如割体葬仪、涂朱习俗、归葬习俗、人牲习俗、人殉习俗、暖坑习俗、葬猪习俗等等，无论何种习俗的流行，都是古老的鬼灵意识的产物，目的无非是安顿死者的亡灵以及祈求生人的安宁。浙江余杭安溪乡瑶山良渚文化遗址的祭坛建在当地的瑶山山顶，由内外三层构成规整布局，祭坛上有12座墓葬，这种建筑格局具有高上加高、直上云天的意义，那也就意味着亡灵更为顺利地升入云天。荷兰汉学家格罗特在《中国宗教系统》中说："在中国人那里，巩固地确立了这样一种信仰、学说、公理，即似乎死人的鬼魂与活人保持着最密切的接触，其密切的程度差不多就跟活人彼此的接触一样。当然，自活人与死人之间是划着分界线的，但这个分界线非常模糊，几乎分辨不出来。不论从哪个方面来看，这两个世界之间的交往都是十分活跃的。这种交往既是福之源，也是祸之根，因而鬼魂实际上支配着活人的命运。"①

（一）卜葬与择墓

西周和春秋前期依然保存着上古时代的墓葬"不封不树"的习俗，"文、武、周公葬于毕，秦穆公葬于雍橐泉宫祁年馆下，樗里子葬于武库，皆无丘陇之处。"②坟堆的普及是在春秋后期。但西周时期不坟而墓。《初学记》引《释名》曰："葬不如礼曰埋。埋，痗也。不得埋曰弃，不得尸曰捐，葬下棺曰窆。"按《周礼·春官》记载，西周时期非常重视丧葬，族葬墓地已明确分为"公墓"和"邦墓"两种。公墓是王室、国君等贵族的墓地，归冢人掌管，而邦墓为自由民的墓地，由墓大夫掌管，亦按宗法关系排定墓次。

卜墓之茔兆就是选择阴宅，属于阴宅风水。《周礼》云："王丧七月而葬，将葬先卜墓之茔兆。"《孝经·丧亲》云："卜其宅而安厝之。"周还设有专职官员负责丧葬，如"冢人"职，"掌公墓之地，辨其兆域而为之图。"郑玄注："图，谓画其地形及丘陇所处而藏之。""墓大夫"职，"掌凡邦墓之

---

① ［法］列维·布留尔：《原始思维》，第296—297页。
② 《汉书·楚元王传》附"刘向传"，中华书局1962年版，第1952页。

地域，为之图。""职丧"职，"掌诸侯之丧及卿、大夫、士凡有爵者之丧，以国之丧礼莅其禁令。"其中，冢人、墓大夫可谓掌管阴宅风水之事。《礼记·檀弓下》云："葬于北方北首，三代之达礼也，至幽之故也。"《礼记·士丧礼》云："筮宅，冢人营之……筮者许诺，不述命，右还北面，指中封而筮。卦者在左。"郑玄注："中封，中央壤也。卦者，识爻卦画地者。"用占筮来确定墓地，并且先在地上画出墓穴位置才开始发掘。卜墓之茔兆在当时是一种普遍的巫术习俗，《周礼·小宗伯》云："卜葬兆。"郑玄注："兆，墓茔域。"只不过茔兆大小有别而已，即只要有墓就需要通过巫术的手段来确定墓之方位。陕西宝鸡斗鸡台墓地发现一处由36座西周墓组成的家族墓地，显然是经过规划的"邦墓"。河南三门峡市上岭虢国墓地发现234座墓，均呈南北向布置，基本上没有互相叠压现象，表明墓的方向是服从一定巫术信仰的，并有择墓的迹象。阴宅的位置不是随意确定的，既要符合"邦墓"的规划，还要符合当时的巫术意识，这是可以推知的。后世"卜葬兆"更为重视，河北中山王𰻝墓出土了兆域图。

（二）丧葬程序中的巫术

周代的丧葬程序是礼与俗的交融物，既可谓礼也可谓俗。民间丧葬程式则已成为习俗，或许官方已将此上升为礼，既包括一般的通行的礼仪程式和步骤，又有宗法等级的约束和禁忌的特别规定，大体有初丧、复、哭吊、饭含、设铭、悬重、小敛、大敛、殡、祖奠、赗赙、遣奠、葬仪、虞祭、卒哭、祔祭、小祥、大祥、禫祭、除丧等。

复，为在死者弥留之际，生者为对死者做最后的挽留，要进行招魂的仪式。其过程是招魂人"皆升自东荣，中屋履危，北面三号，卷衣投于前，司服受之，降自西北荣。"从堂屋东侧登上屋脊，面向北三呼其名曰"皋某复矣"，"凡复，男子称名，妇人称字"，同时摇动死者的衣服。（《礼记·丧大记》）三呼其名以作招魂的意义，孔颖达疏云："三号者，一号于上，冀神在天而来；一号于下，冀神在地而来，一号于中，冀神在天地之间而来也。"《礼记·檀弓下》曰："复，尽爱之道也，有祷祠之心焉。望反诸幽，求鬼神之道也。北面，求诸幽之义也。"招魂有企盼死者复生的意义，只有真正确认死者已经离开人世，才把死者作为死人看待，《礼记·丧大记》云："唯哭先复，复而后行死事。"郑玄云："气绝则哭，哭而复，复而不苏，可以为死事。"

招魂之后，将招魂所用的死者的衣服给死者穿上，把死者安放在正寝南窗下的床上，将角柶插入死者的齿间，使死者的嘴张开，即"楔齿用角柶"，以便日后饭含。丧仪中还有"一足巫术"，在《礼记·檀弓上》记载人初死时要"缀足"，《仪礼·即夕礼》记述了周人缀足方法："缀足用燕几，校在南，御者坐持之。"在《仪礼·士丧礼》中还记载"连绚"，即两屦之绚穿连在一起，目的是"止足坼"。一足巫术的目的在于限制鬼归去之后又归来的能力，鬼不能行走也就是它的效应。①在尸体的东侧设酒食，以供死者鬼魂之需。安放尸体的正寝堂上设帷帐，堂前西侧用竹竿挑起用细长的帛条做成的明旌，堂前庭中置一块木牌，以象征亡灵。

埋葬完毕，亲属回到殡所，升堂而哭，称为反哭。反哭之后进行虞祭。初虞要在葬后的第一个柔日，即天干逢乙、丁、己、辛、癸之日的中午举行，要由祝迎尸入门，以尸代替死者受祭。三虞则在刚日，即天干逢甲、丙、戊、庚、壬之日举行。在虞祭时可以为死者正式设置用桑木制作的神主，上书死者的官爵和名讳。这些所谓"刚日""柔日""祝""尸""神主""名讳"等无不与巫术相关。

丧葬礼仪以及丧服制度已进入礼制范畴，也就有别于民俗，但无论如何当时是存在一些丧葬习俗的，而且这种丧葬习俗是和丧葬礼交融在一起的。由于民俗不足征，我们就只能从一些礼制资料中窥见一些习俗的影子，也可通过民族学资料予以推想丧葬习俗的存在，如《宜都县志》载："宜邑踵楚旧习，信鬼而尚巫，丧葬之仪……丧期先一日晚，孝家备酒，请族亲友邻伴。夜酒毕，勿论诸，皆绕棺而跳，一人击鼓，众则随口作歌，彼此相嘲，名为跳丧。"②西周这些丧葬巫术及民俗，再与祖先崇拜观念相联系，产生了"孝"的观念及其文化现象。"孝"字最早见于商代卜辞，作"𦥑"，

---

① 参见孙华先《夔一足与一足巫术》，《东南文化》1994 年第 4 期。
② 陈富荣：《宗教礼仪与古代艺术》，第 201 页。

但仅一见，且用于地名。商代金文中又以"孝"字作人名，如"孝卣：赐孝……"此时虽出现"孝"字，但不等于有了孝的观念。①西周以后，"孝"的观念逐渐发达起来，周代金文、《周书》《诗经》等著作中，"孝"字也大量出现，据李裕民统计，西周金文讲孝的共有64器，其中多对已死的父母、祖先而言，如《买簋》铭文云："买自作尊簋，用追孝于朕皇祖帝考。"周人对死人，尤其对祖先的孝比对活人更加重视，故有"追孝"之说。《孝经》云："夫孝，天之经也，地之义也，民之行也。天地之经，而民是则之。则天之明，因地之利，以顺天下，是以其教不肃而成，其政不严而治。"

（三）人牲与殉葬

西周时期的人牲祭祀之风虽然开始衰落，但依然存在。《逸周书·世俘》记载周武王灭殷时曾把虏获的大批俘虏用于祭祀。考古发现西周时期人牲资料迄今仅见1例，1974年河南洛阳北窑村西周遗址的墓葬中发现过祭祀坑，一座双墓道大墓，在墓道的两侧有祭祀坑4个，东侧人牲坑1个，俯身葬，无任何葬具和随葬品，羊坑1个，西侧马坑2个，分埋4只整羊、2只马头，分层夯打填平。②因洛阳一带是殷遗民集中地，这可能是殷人的遗俗，说明殷民入周以后人牲在相当长的时期内还在民间民俗中流行。西周贵族人牲墓葬还有两例，一是陕西宝鸡茹家庄强伯墓（M1），牲人1具，在墓道填土中，身首分离；一是河南新郑市唐户村M3，在填土中发现无头屈肢人架1具。这些贵族墓葬的发掘，也透露出在一定程度上周人可能有人牲的习俗，因为他们也不可能超越出那个时代，但是相对商人来说那也是很少的，甚或可以说偶然例外，何况人牲习俗在世界各地"金字塔"式的墓地葬俗中都流行过。

西周时期的人殉习俗仍旧存在，大中型墓中往往有殉人，但与殷商相比已趋衰落。在已出土的西周早期中小型墓葬中，有人殉现象的不到1/10，而且殉葬人数最多的墓中也只有4个殉人。从1955年至1978年，沣西西周

---

① 参见徐吉军《中国丧葬史》，江西高校出版社1998年版，第60页。
② 洛阳市博物馆：《洛阳北窑村西周遗址1974年发掘简报》，《文物》1981年第7期。

都城先后进行 4 次发掘,共发掘中小型墓 321 座,其中殉人墓 27 座,共有殉人 38 人,一般每墓殉人 1 个,个别的墓殉人 2—4 个。车马坑 11 座,保存较好的 6 坑皆有一御奴随葬。殉人全躯,大多为 10 岁左右的少年儿童,也有少量是年岁较大的女青年。这些殉葬者身上往往佩戴项链、贝串、蛤蜊壳等饰物。长安沣东斗门镇长囟墓、宝鸡强国墓地、浚县辛村卫国墓地、洛阳东郊西周墓、胶东夷人墓地等均发现了殉人。殉人皆全躯,大多放在二层台上,少数放在壁龛或填土中,殉人多数无葬具,少数备有木棺。一般随身佩戴蛤蜊或贝一至数枚,或口中含贝,有些带有铜兵器或佩饰,甚至青铜礼器。北京琉璃河燕国墓地发掘了 300 多座西周墓葬,除随葬成组青铜礼器、玉石器、漆器、原始瓷器以及兵器、车马器等外,还发现了人殉及附葬的车马坑。西周时期的车马坑中往往有一御奴殉葬,一般在车厢附近,皆为成年男性。西周墓中殉人经骨骼鉴定者,大多为青少年、儿童和女性。据研究,与殷代同类型的中小型墓葬相比,西周早期墓的殉人数量并不减少,从西周殉人墓的地理分布看,以奴隶殉葬的多数墓当是商朝遗民或原与商人有着密切关系的族人墓葬。[①] 商代巫风习俗之炽盛由此可见一斑,并没有随着朝代的更换而立即停止,此种恶习在西周时代还残留着。考古发掘中,有明确国属、族属的西周周族贵族墓葬竟未发现殉葬奴隶。山东滕州前掌大遗址发掘一处商末至西周早期贵族墓地,M11、M18、M21 三座大墓葬,主人身上和身下撒铺朱砂,下有殉狗腰坑。山西天马——曲村晋侯墓地,其墓葬年代M9、M13 最早,约在西周穆王之世,M93、M102 最晚,约在春秋初期。墓的东侧多有附葬车马坑,M8 附有长 20.1 米、宽 15 米大型车马坑,规模之大,实属罕见。墓道内两侧多有祭祀坑,有的近 20 余个(M64),仅 M102 未见祭祀坑,牲多为马、狗,少量的牛、羊,还有玉戈、玉牌等玉器。[②] 再如陕西宝鸡斗鸡台发掘的 40 多座陶鬲墓,1973 年陕西岐山贺家村发掘的 10 座西周墓,甘肃省博物馆发掘的灵台白草坡西周墓地和灵台姚家河西周墓地的 14 座墓以及 1 座车马坑,以及三门峡市的上村岭虢国墓地、安徽屯溪西

---

① 　徐吉军:《中国丧葬史》,第 93 页。
② 　黄石林、朱乃诚:《中国重要考古发现》,第 110、120 页。

周墓和江苏等地出土的西周墓地，皆未发现人殉现象，说明西周时期以奴隶殉葬并不是周人的习俗，虽然当时社会上存在着人殉这种社会现象。到了西周晚期，同样是中小型墓，却几乎看不到用人殉葬的现象，商人已经融入周人的社会习俗之中。泰勒考察了人殉仪式的源流，其结论是："从民族学志的材料中可以看出，这种仪式在最低级的文化阶段上表现得并不过分突出，但是在蒙昧人的进一步发展中兴起，在野蛮时代大力发展起来，而后继续存在或退化为遗风。"①

由于有关人牲与殉葬文献记载的匮乏，我们仅能借助于现有的考古资料。从考古资料看，周代初期的厚葬风气仍然浓烈，直到西周穆王，特别是西周中期以后，这种厚葬风气才呈现出消减的趋势，其显著特征是人殉的现象几乎完全消失，随葬品减少并以铜器组合代表死者的身份。

三、占卜习俗

法国社会学家列维·布留尔说："没有什么风俗比占卜的风俗更普遍的了。我不相信有哪个原始社会是完全不需要占卜的。……把占卜的风俗想象成只是想要揭示未来，这意味着把它们限制在十分狭小的意义上。"② 占卜，在中国起源很早，容肇祖说："至于说到占卜的起源，虽未能直穷他的本始，而殷代的占卜的状况，已可了然明白。"③ 占卜，对于占卜师来说，那是一项复杂的玄而又玄的事情；对于相信的人来说，确实是一件神圣的确信无疑的事情。占卜，起码可以影响人们的心理活动，借用现代心理学来说，那起码也是一种心理暗示，然后影响事物的发展趋势。现在有人甚至这样评价中国的占卜："中国的理论是在长期进行占卜活动中逐渐形成……这种占卜学是在阴阳、五行和乾坤的宇宙学中发展起来的。在战国的思想家典籍中，后者替代了西洋思维构造的形而上学。"④ 占卜的机理确实值得研究。

---

① 泰勒：《原始文化》，转引自吕大吉《宗教学通论新编》，第 139—140 页。
② ［法］列维·布留尔：《原始思维》，第 280—281 页。
③ 容肇祖：《占卜的源流》，海豚出版社 2010 年版，第 1 页。
④ ［法］汪德迈：《〈儒藏〉的世界意义》，《光明日报》2009 年 8 月 31 日。

(一) 星气之占

周人对天的信仰，驱使人们通过巫术的方法来了解天意，于是产生星气之占，这种占术也普遍流行于古代文明诸如古巴比伦、古埃及和古希腊社会，"就中国的情形来说，占星术的基础是古代社会普遍相信的'天事恒象'（《左传·昭公十七年》记申须语）或者'天事必象'（《国语·周语》）的观念。按照这个观念，天的意志一定会通过某种形式的天象表现出来。因此，人们也就可以通过天象来了解天意。《易传》中'天垂象，见吉凶'的说法，就是占星术理论基础的一个很好表达。"① 《史记·天官书》云："自初生民以来，世主曷尝不历日月星辰？……仰则观象于天，俯则法类于地。"星象的观察在上古时代已较普及，顾炎武云："三代以上，人人皆知天文。'七月流火'，农夫之辞也；'三星在天'，妇人之语也；'月离于毕'，戍卒之作也；'龙尾伏辰'，儿童之谣也。"② 昔在唐尧，则历象日月，敬授人时，爰及虞舜，在璇玑玉衡，以齐七政，"中国古老的天人合一的思想可能使最早出现的占星术只是作为一种巫术，人们感到，一些天象可能给人带来吉祥，而另一些天象却使人蒙受灾难，尽管这些感觉有时很朦胧，但却无例外地得到了古人极大的关注。"③ 在古人巫术思维中，天文气象与地理人事相通连，故在古代占卜体系中，星气之占是天文关系最为密切的一类，直接根据星象与云气的观察来预言天道吉凶与人事祸福，如观察殷商星气，则云："殷帝无道，虐乱天下，星命已移，不得复久。灵祇远离，百神吹去。五星聚房，昭理四海。"（今本《竹书纪年》卷七）星气之占与星象学是相联系的，可以说是同步的，甚至占星术要早于星象学，"中国古代的星象学发展到周代，才开始有了确切的记载和具体的内容。周代的星象学在中国星象学史上占重要地位，因为星象学的基本内容到这时都大体上问世并固定下来了。"④

在周人看来，岁时星辰风雨寒暑等都是人世间的象征。《尚书·洪范》云："庶征：曰雨，曰旸，曰燠，曰寒，曰风。曰时五者来备，各以其叙，

---

① 严文明：《中华文明史》第 1 卷，第 345 页。
② 顾炎武、张京华校释：《日知录》，岳麓书社 2011 年版，第 1162 页。
③ 冯时：《星汉流年：中国天文考古录》，四川教育出版社 1996 年版，第 12 页。
④ 周绍军：《神秘的星象》，广西人民出版社 2004 年版，第 10 页。

庶草蕃庑。一极备，凶；一极无，凶。曰休征：曰肃，时雨若；曰乂，时旸若；曰晰，时燠若；曰谋，时寒若；曰圣，时风若。曰咎征：曰狂，恒雨若；曰僭，恒旸若；曰豫，恒燠若；曰急，恒寒若；曰蒙，恒风若。曰王省惟岁，卿士惟月，师尹惟日。岁月日无易，百谷用成，乂用民，俊民用章，家用平康。日月岁时即易，百谷用不成，乂用昏不明，俊民用微，家用不宁。庶民惟星，星有好风，星有好雨。日月之行，则有冬有夏。月之从星，则有风雨。"这里包含古人生活经验的总结，是有一定客观依据的，"中国上古之言天，大抵借天以比附人事，以天为造化之主宰……厥生三派学术，一为祀学，一为谶纬学，一为占验学，皆以天事推本人治者也，故天事人事，相为表里。"①

星气之占，首先要依靠观察天象的变化，然后是将天象和人事联系起来，最后推断人事的吉凶。其中分野理论占据重要星气之占的重要角色，"分野理论是构成占星术体系的一个重要内容，这个理论的核心是把天和地、人联系起来成为一个整体。它根据天象把天分成若干的区域，以与地上的区域相对应。其基本的功用是力图具体而准确地把握天象和人间事务的联系"②。《周礼·春官》记载保章氏职掌：

> 掌天星，以志星辰日月之变动，以观天下之迁，辨其吉凶；以星土辨九州之地，所封封域皆有分星，以观妖祥；以十有二岁之相，观天下之妖祥；以五云之物辨吉凶、水旱降、丰荒之祲象；以十有二风察天地之和，命乖别之妖祥。凡此五物者，以诏救政，访序事。

保章氏负责星占，观天象以察地理，作星占以辨吉凶。保章氏的官名可能与保管记录有关。章，文也，包括一切天文现象及与之相应的地理、人事。在星占巫术思维中，天与地有一种简单的比照，即符合"模拟巫术"原理，天上的体系及星官命名成了人间社会的复制品，地理与人间又成为上天

---

① 刘师培：《古学出于史官论》，彭卫等主编《中国古代史卷》（上册），第253—254页。
② 严文明：《中华文明史》第1卷，第347页。

的投影，这就是所谓"分野"之说：将天球划分为若干天区，使之与地上的各地域分别对应，如此则某一天区出现某种天象，其所主吉凶即为针对地上对应郡国而兆示者。"所封封域，皆有分星"，28 宿与地上州国相对应。木星，即岁星，沿木星所行由西向东方向划分为 12 个星纪，称为"十二次"，常用地支字表示，又依次各有专名为："星纪""玄枵""诹訾""降娄""大梁""实沈""鹑首""鹑火""鹑尾""寿星""大火""析木"。沿太岁所行方向划分为"十二辰"，太岁年的名称依次为："摄提格""单阏""执徐""大荒落""敦牂""协洽""涒滩""作噩""阉茂""大渊献""困敦""赤奋若"。这两种分法连同 28 宿、12 古国、12 州等，都有整套对应之法。最早的分野形式是以北斗作为一种中介星象，在 12 次诞生之前，28 宿天区必须通过北斗所指的方向才能与地平方位建立起联系，如此解决在将天区与地域合理配合时所遇到的困难。《史记·天官书》云分野形式为：斗杓，自华以西南；斗衡，中州河、济之间；斗魁，海岱以东北。由北斗建时而产生的识星系统则引发了恒星分野的另一种形式。以"十二次"划分星宿的分野，对应关系为：星纪—吴越；玄枵—齐；诹訾—卫；降娄—鲁；大梁—赵；实沈—晋；鹑首—秦；鹑火—周；鹑尾—楚；寿星—郑；大火—宋；析木—燕。"武王伐殷，岁在鹑火"，因周之分野于"鹑火"。28 星宿对应列国分野为：角、亢—郑；氐、房、心—宋；尾、箕—燕；斗、牛—越；女—吴；虚、危—齐；室、壁—卫；奎、娄—鲁；胃、昴、毕—魏；觜、参—赵；井、鬼—秦；柳、星、张—周；翼、轸—楚。故知分野各有所宜，凡系星之法，皆因王者所命属焉。《左传》昭公元年："晋侯有疾，郑公孙侨如晋聘，且问疾。叔向问焉，曰：'寡君之疾病，卜人曰实沈、台骀为祟。史莫之知，敢问此何神也？'子产曰：'昔高辛氏有二子，伯曰阏伯，季曰实沈，居于旷林，不相能也。日寻干戈，以相征讨。后帝不臧，迁阏伯于商丘，主辰。商人是因，故辰为商星。迁实沈于大夏，主参。唐人是因，以服事夏、商。……及成王灭唐而封大叔焉，故参为晋星。……山川之神，则水旱疠疫之灾，于是乎崇之；日月星辰之神，则雪霜风雨之不时，于是乎崇之。'""辰"，又称"大火"，为心宿，即为宋国分野。参宿为大夏，后来即为晋国分野，战国时为赵。张守节《史记·天官书正义》云："张衡云：'文曜丽乎天，其动者有七，日月五星是也。日者，阳精之宗；月者，阴精之宗；五星，五行之精。众星列布，体生于地，精成于天，列居错峙，各有所属，在野象物，在朝象官，在人象事。其以神祇有五列焉，是有三十五名；一居中央，谓之北斗；四布于方各七，为二十八舍；日月运行，历示吉凶也。'"保章氏是属于天文家，更重要的是星占家。这种星占心理影响着国野的黎民百姓，其生活笼罩在一种天象主宰人事间的氛围之中，他们相信官方的天文信息，同时自身也根据天象的观察来预示着社会的未来及个人的命运。

不同星出现会预示吉凶。彗星代表不祥的征兆，周武王出发伐纣时，"彗星出而授殷人其柄"。(《淮南子·兵略训》)《左传·昭公十七年》载："冬，有星孛于大辰，西及汉。"彗星出现于心宿，光芒西及银河，当时星相家梓慎和裨灶据分野之说而预料"若火作，其四国当之，在宋、卫、陈、郑乎？""宋、卫、陈、郑将同日火。"(《左传·昭公十七年》)岁星则是吉兆，岁星即木星，《荀子·儒效》云："武王之诛纣也，行之日以兵忌，东面而迎太岁。"《国语·周语》云："武王伐纣，岁在鹑火，月在天驷，日在析木之津，辰在斗柄，星在天鼋。量与日、辰之位皆在北纬，颛顼之所建也，帝喾受之。我姬氏出自天鼋，及析木者，有建星及牵牛焉，则我皇妣大姜之姪、伯陵之后逢公之所凭神也。岁之所在，则我有周之分野也。月之所在，辰马农祥也，我太祖后稷之所经纬也。"韦注"岁星所在，利以伐之也。"利簋铭文亦载："武王征商，唯甲子朝，岁鼎，克，昏夙又商。"岁星当头，故武王克商成功。日月食亦有所兆，《礼记·昏义》云："男教不修，阳事不得，谪见于天，日为之食；妇顺不修，阴事不得，谪见于天，月为之食。是故日食则天子素服而修六官之职，荡天下之阳事；月食则后素服而六宫之职，荡天下之阴事。"又，《诗经·小雅·十月之交》云："十月之交，朔日辛卯。日有食之，亦孔之丑。彼月而微，此日而微。今此下民，亦孔之哀。……爗爗震电，不宁不令。百川沸腾，山冢崒崩。高岸为谷，深谷为陵。哀今之人，胡憯莫惩！"西周王朝结束之前，伯阳父曾运用巫术思维予以预言，认为人间的时事与上天造化是有关联的，《国语·周语上》载："幽王二年，西周三川皆震。伯阳父曰：'周将亡矣！夫天地之气，不失其序，民乱之也。……今三川实震……源塞，国必亡。……昔伊、洛竭而夏亡，河竭而商亡。今周德若二代之季矣，其川源又塞，塞必竭。夫国必依山川，山崩川竭，亡之征也。川竭，山必崩。若国亡不过十年，数之纪也。夫天之所弃，不过其纪。'是岁也，三川竭，岐山崩。十一年，幽王乃灭，周乃东迁。"

后世星气之占广为适用，"中国星占体系就像中国封建社会的结构一样，呈现出类似'超稳定'之象——基本定型后，垂两千年而不变"①。星气之占在后期文献中亦得流传，出土文献有马王堆帛书《刑德》《五星占》和《天文气象杂占》等，是目前所见的最早的占星术的典籍。据整理者介绍，"《五星占》包括占文和表格两个部分，共六千字，记载了金、木、水、火、土五大行星的运行，列出了从秦始皇元年（公元前 246 年）到汉文帝三年（公元前 177 年）70 年间木星、土星和金星的位置……此书内容来自战国时期的天文学家楚人甘德和魏人石申的天文学著作，从甘氏继承来的尤多。"② 文献虽然作于汉初，但运用的仍是先秦时期的占星术理论。《天文气象杂占》是"以彗星、云气占验吉凶的书。它以十四国云开篇，列在第一位的就是楚云，很可能出于楚人之手，其成书年代当在公元前 223 年楚亡国之前，书中的29 篇彗星图尤为珍贵……这是世界上现存最早的彗星图。"③ 由于占星术的术士认真地观察天象，留下许多珍贵的天象观察资料，记载了许多天文现象，应该说是古天文学的萌芽，对天文学史是有巨大贡献的。

星占之占的原理，可借用董仲舒《春秋繁露卷十二·阴阳义》予以表述："天亦有喜怒之气，哀乐之心，与人相副，以类合之。天人一也……与天同者大治，与天异者大乱。故为人主之道，莫明于在身之与天同者而用之，使喜怒必当义乃出，如寒暑之必当其时乃发也。"德国天文学家开普勒（1571—1630）称占星术为天文学的"愚蠢女儿"，"占星术在确立近代合理科学的同时，被从科学的领域中驱逐了出去，因此走向发展的道路，这反而使之融入了大众文化。"④

---

① 江晓原：《历史上的星占学》，上海科技教育出版社 1995 年版，第 277 页。

② 傅举有、陈松长编著：《马王堆汉墓文物》，湖南出版社 1992 年版，第 161 页。

③ 傅举有、陈松长编著：《马王堆汉墓文物》，第 154 页。

④ ［日］桥本敬造：《中国占星术的世界》，王仲涛译，商务印书馆 2012 年版，第 1 页。

（二）甲骨占卜

据古代文献记载，周族历来有自己的占卜习俗。《诗·绵》叙述古公亶父率族人由豳迁岐时，曾经"爰始爰谋，爰契我龟，曰止曰时，筑室于兹"。周文王亦习占卜，《史记·齐太公世家》载"西伯将出猎，卜之，曰：'所获非龙非螭，非虎非罴，所获霸王之辅。'"武王信卜，"武王将伐纣，卜龟兆不吉，风雨暴至，群公尽惧，唯太公强之，劝武王，武王于是遂行。"《国语·周语下》引《尚书·大誓》云周武王言："朕梦协朕卜，袭于休祥，戎商必克。"后来，周武王宅镐京以龟卜定位，"考卜维王，宅是镐京，维龟正之，武王成之"。周公对占卜也深信不疑，《尚书·大诰》记载周公平定三监之乱以前诰辞："予不敢闭于天降威，用宁王遗我大宝龟，绍天明。即命曰：'有大艰于西土，西土人亦不静，越兹蠢。……我有大事，休？'朕卜并吉。肆予告我友邦君，越尹氏、庶士、御事曰：'予得吉卜，予惟以尔庶邦于伐殷逋播臣。'"周公、召公营建洛邑，同样进行卜宅。在周初统治者看来，占卜的结果代表了天命，《左传》宣公三年载周大夫王孙满语谓"成王定鼎于郏鄏，卜世三十，卜年七百，天所命也"。周人所占卜事项的范围相当广泛。《尚书·金縢》篇载有周公为祈祷周武王之病早日痊愈而进行占卜的情况："既克商二年，王有疾，弗豫。二公曰：'我其为王穆卜。'周公曰：'未可以戚我先王？'……乃卜三龟，一习吉。启籥见书，乃并是吉。"

虽然文献中有关周人迷信甲骨占卜言之凿凿，但发现西周甲骨实物却是很晚的事，一直到20世纪中后期。出土西周甲骨可分为文王时期、武成康时期、昭穆时期。出土甲骨地点分布很广，略作统计，列表如下：

省市	山西	陕西	河北	北京
遗址	洪赵坊堆村	丰镐、岐山凤雏、扶风齐家、强家	南小庄	白浮村、琉璃河、镇江营

从甲骨出土地点看，不仅在周人的发祥地周原和西周王朝的都城遗址有甲骨出土，而且在远离政治中心以外的遗址也有甲骨出土，诸如山西洪赵坊堆村、北京昌平白浮村、房山镇江营等聚落，说明在西周时期，甲骨占卜并不总是官方的专利，甚至远在偏僻的乡村聚落一样进行占卜活动，占卜的民俗性可想而知。从西周时期出土甲骨资料看，周人继承了殷人的占卜传

统，又保留有周族自己的特点。一是钻凿形式不一样，周人主要是"方兆"。在甲骨整治方面，周人的卜甲主要采用方凿，所用卜骨有排列不规整的圆凿。二是周人所用卜甲主要采用两面均经过刮磨的龟腹甲，但却留有宽厚的边缘；所用卜骨则是去掉骨臼和中脊的牛肩胛骨，也有未切去臼角者。三是周人占卜和刻辞所用牛肩胛骨一般是以骨臼所在处为下，这与殷墟牛肩胛骨以骨臼为上的做法完全相反。四是周人的有字甲骨，一般字数都很少，并且字迹纤细，需要放大几倍才能辨认清楚。种种迹象表明，甲骨占卜鼎盛时期在商代，而在西周前期仍比较盛行，并且受到广泛重视，但筮法也在普遍使用，而且筮法历来为周人所偏重，到了西周后期，筮法日益兴盛，并呈现出超越甲骨占卜的强势，成为社会各阶层的人们判断吉凶的重要方式。

（三）筮占

筮法在周代有较大发展，这是不争的事实。在周初的青铜器、陶器和甲骨上，刻有不少用数字表示的易卦，而且还有文王拘而演《周易》的历史记载。从考古资料看，在西周早期只有数字卦，直至厉王时期，易卦还可用数字符号来表示，而无阴、阳两卦画符号，卦画符号是后起之事。从数字卦也可知道，周人早已使用十进位算术系统，至于在筮法如此发达时期，筮法肯定在推进十进位算术运算方面起到促进作用，因为数在筮法中起到决定性的中介作用。迄今所见较早的西周数字卦为周原甲骨所载的易卦："六六七。七六六。六六十。"按照奇数为阳爻、偶数为阴爻的原则，对应的卦为震、艮、坤，属于单卦。青铜器铭文中记有属于重卦的有："八七八七八五。七六六七六六。七六六六七六。七六六七一八日，其入，王□鱼。"[1] 四卦依次为节卦、艮卦、蒙卦、蛊卦。今所见蛊卦卦辞为"元亨，利涉大川。先甲三日，后甲三日。""七六六七一八日，其入，王□鱼。"与今所见蛊卦之辞接近，即辛日（先甲三日）和丁日（后甲三日），王可返归，涉大川而捕获鱼。西周中期"史懋壶"记载史官名懋者，曾经受周王命而占筮，王"亲令史懋路筮"，所谓"路筮"，即文献所载的"露蓍"，就是将蓍草暴于星宿之

① 晁福林：《先秦民俗史》，第302—393页。

下，翌日用此蓍草进行占筮。

从《仪礼》和《礼记》各篇所载的内容看，周代的一些礼仪在举行之前都要进行占筮，以选定举行礼仪的日期，此外还要通过占筮以确定其他一些事情。在举行冠礼的时候，"前期三日筮宾"，通过占筮来确定邀请何人来为受冠礼者加冠。占筮用于各个方面，也可知各种礼制不能脱离巫术的因素，对一些可供选择的事情几乎都要交给神灵决定，以取得神意支持，如"筮日""筮宾""筮尸"等等。《曲礼上》云："卜筮者，先圣王之所以使民信时日、敬鬼神、畏法令也，所以使民决嫌疑、定犹豫也，故曰疑而筮之，则弗非也，日而行事，则必践之。"筮法常被普遍使用，尤其在下层贵族使用更多，《礼记·表记》云："天子无筮，诸侯有守筮，天子道以筮，诸侯非其国不以筮。"实质上，天子除了"道以筮"以外，《尚书·洪范》载周天子"建立卜筮人，乃命卜筮……谋及卜筮。"从西周时期社会情况看，筮法使用是相当频繁的。

古代筮法不止是一种，可能存在多种筮法系统。但筮法在西周得到了系统建设与发展，筮法逐渐系统化，数字卦也趋于用卦画符号来表示，《周易·系辞上》详细记载了筮占之法。《周易》一书的形成，既记载了当时的歌谣，又记载有当时的史实，成为华夏智慧的结晶及中华传统文化的宝贵财富。《史记·太史公自序》云："三王不同龟，四夷各异卜，然各以决吉凶。"各地风俗不同，可能还有其它一些占卜方式在民间流行，但都是为了达到神判的唯一目的，如《墨子·明鬼》记载："讼三年而狱不断。……羊起而触之，折其脚。"又，《论衡·是应》记载："儒者云：觟〈𧳶〉者，一角羊也。性知有罪，皋陶治狱，其罪疑者，令羊触之，有罪则触，无罪则不触。"再如在缅甸，让双方当事人各持大小相等的蜡烛同时点燃，点得更长时间的人则被判为胜诉。[①]

---

① 朱狄：《信仰时代的文明》，第150页。

四、传说中的巫术神话因素

传说为口耳相传之物，故有其民众性，即使后来记入简册。王国维《古史新证》云："研究中国古史，为最纠纷之问题。上古之事，传说与史实混而不分。史实之中固不免有所缘饰，与传说无异；而传说之中亦往往有史实为之素地。"[1]实质上，史实与传说中最为纷繁迷人的是巫术及其神话，而巫术又是神话产生之温床，令史实与传说蒙上一层巫术神话色彩。古之史书，受巫术思维之左控，闻异则书，未必皆审其休咎，详其原委。刘知几云："夫灾祥之作，以表吉凶。此理昭昭，不易诬也。然则麒麟斗而日月食，鲸鲵死而彗星出，河变应于千年，山崩由于朽壤。又语曰：'太岁在酉，乞浆得酒；太岁在巳，贩妻鬻子。'则知吉凶递代，如盈缩循环，此乃关诸天道，不复系乎人事。"[2]此天道自然之神异事为巫觋所关注，属巫教之范畴，而史官恰为巫官之流，史官记述神异之传说，也自在情理之中，故不能以巫术神话否定其历史的真实性。《汲冢纪年》记述怪异之事甚夥，如：

> 三苗将亡，天雨血，夏有冰，地坼及泉，青龙生于庙，日夜出，昼日不出。
>
> （夏廑）天有妖孽，十日并出，其年胤甲陟。
>
> （昭王）十九年，天大曀，雉兔皆震，丧六师于汉。
>
> 昭王末年，夜清，五色光贯紫微。其年王南巡不反。
>
> （宣王）三十年，有兔舞镐。
>
> （宣王）三十三年，有马化为狐。[3]

通天地，卜吉凶；知天象，定人事，乃巫觋之特权。三苗将亡之地理天象，胤甲崩之天作妖孽，昭王丧六师之征兆，宣王时代有关兔舞、马化狐之

---

① 王国维：《古史新证》，清华大学出版社1994年版，第1页。

② （唐）刘知几，黄寿成校点：《史通》，辽宁教育出版社1997年版，第17页。

③ （清）朱右曾辑，王国维校补：《古本竹书纪年辑校》，辽宁教育出版社1997年版。

巫说，皆为历史传说中夹杂巫术想象，然后就变为神话之素材。我们从历史的角度可以解构一些神话，剖析其巫术思维演化之过程。

羿射十日神话也经历了一次巫术思维缘饰的过程。首先是十日并出，"东海之外，甘水之间，有羲和之国。有女子名曰羲和，方浴日于甘渊。羲和者，帝俊之妻，是生十日。"（《山海经·大荒西经》）"汤谷上有扶桑，十日所浴，在黑齿国北。居水中，有大木，九日居下枝，一日居上枝。"（《山海经·海外东经》）盖表明时为大旱，古代求雨之法为暴巫焚巫，时女丑为巫，十日炙杀女丑，"女丑之尸，生而十日炙杀之。在丈夫北。以右手鄣其面。十日居其上，女丑居山之上。"（《山海经·海外西经》）"有人衣青，以袂蔽面，名曰女丑之尸。"（《山海经·海外西经》）袁珂考证女丑可能为女巫。[1] 此巫术之事再延伸演变为羿射十日。"尧之时，十日并出，焦禾稼，杀草木，而民无所食。猰貐凿齿九婴大风封豨修蛇，皆为民害。尧乃使羿……上射十日而下杀猰貐。……万民皆喜，置尧以为天子。"（《淮南子·本经训》）该神话个中蕴含着史事，一是历史上曾发生过一次特大旱灾，灾情十分严重；二是该灾荒可能发生于尧在位时期；三是尧使羿率民抗旱，取得成果。

英国人类学家爱德华·泰勒说："载关于伟大人物们的传说中，事实和神话传说的混合，证明着带有怪异性虚构的传奇却能具有历史事实的基础。"[2] 禹，周金文中已有著录，而王国维根据《秦公簋》《齐侯镈钟》铭文，参照《诗·商颂》的记载，得出"春秋之世，东西二大国无不信禹为古之帝王，且先汤而有天下也"[3]。至于近代疑古学派考证出"禹"原为大虫，不是空穴来风，这是疑古学派没有充分认识古代巫术在传说中的作用，而将史事之"原始状"与"传说状"两分剥离之结果。顾颉刚认为，禹是带有神性的人物[4]，并认为整个夏代的历史是由神话传说演变而来。[5] 岂不知禹本身就是

---

① 参见袁珂《中国古代神话》，华夏出版社 2006 年版，第 213 页。

② ［英］爱德华·泰勒：《原始文化：神话、哲学、宗教、语言、艺术和习俗发展之研究》，广西师范大学出版社 2005 年版，第 228 页。

③ 王国维：《古史新证》，第 6 页。

④ 顾颉刚：《讨论古史答刘二胡先生》，《古史辨》第 1 册，海南出版社 2005 年版，第 109—136 页。

⑤ 童书业、顾颉刚：《夏史三论》，《古史辨》第 7 册，海南出版社 2005 年版，第 605—646 页。

一位大巫师，具有半人半神之体；而蛇，正为古代巫师之法具、通神敬畏之物，《山海经·海外西经》记："巫咸国在女丑北，右手操青蛇，左手操赤蛇。在登葆山，群巫所从上下也。"大禹治水之传说，后世记载很多：

> 禹之时，共工振滔洪水，以薄空桑。……乃使禹疏三江五湖，辟伊阙，平通沟陆，流注东海。洪水通，九州干，万民皆宁其性。（《淮南子·本经训》）
>
> 禹有功，辟下鸿，辟除民害逐共工。（《荀子·成相》）
>
> 共工臣名相由……禹掩洪水，杀相由。（《山海经·大荒西经》）
>
> 洪水滔滔，鲧窃帝息壤以埋洪水，不待帝命，帝令祝融杀鲧于羽山，鲧腹生禹。帝乃命禹卒布土，以定九州。（《山海经·海内经》）

"鲧"则为一匹白马，"黄帝生骆明，骆明白马，白马是为鲧。"（《山海经·海内经》）鲧死后化为"黄龙"[1]、"黄熊"（《左传·昭公十七年》）、"黄能"（《国语·晋语八》）等动物。这些传说的表层结构呈现为一系列的神话，是神话的表象世界，而其深层结构却完全可以看作是可信度很高的信史，是历史的真实世界。[2] 这就是传说中的每一个英雄人物，都具有神话色彩，因为他们是和巫术相联的，是大巫师的角色，而传说的人又往往具有巫觋情结。再如，商王亥，盛传"仆牛于有易"之故事。古本《竹书纪年》云："殷王子亥，宾于有易而淫焉。有易之君绵臣杀而放之。是故殷主甲微假师河伯以伐有易，灭之，遂杀其君绵臣也。"而《山海经·大荒东经》却云："有人曰王亥，两手操鸟，方食其头。王亥托于有易，河伯仆牛。有易杀王亥，取仆牛。"甲骨卜辞中王亥之"亥"字有时写作上从鸟下作亥，即"鳌"。胡厚宣先生考证其为商族鸟图腾的遗迹[3]，即王亥与图腾鸟相融合为一神话般的巫师形象。《周易·旅》上九爻辞亦云："鸟焚其巢，旅人先笑而后号咷，丧牛于易。"《楚辞·天问》云："该秉季德，厥父是臧；胡终弊于有

---

[1] 《山海经·海内经》郭璞注引《归藏·启筮》。

[2] 参见何新《中国远古神话与历史新探》，第98页。

[3] 胡厚宣：《甲骨文商族鸟图腾的遗迹》，《历史论丛》第1辑，中华书局1964年版。

扈，牧夫牛羊?"王国维在考证"王亥"时云："而王亥之名竟于卜辞见之，其事虽未必尽然，而其人则确非虚构可知。古代传说存于周秦之间非绝无根据也。"①由于古代"巫政合一"，所以神话传说中传承着一些真正的史事，这也就是我们相信神话中保留着史实的原因。《逸周书·尝麦解》记述的是周武王灭商后在宗庙主持荐新礼，武王以天子身份确认传说中的历史传承：

> 昔天之初，□作二后，乃设建典。命赤帝分正二卿，命蚩尤于宇，少昊以临四方，司□□，上天未成之庆。蚩尤乃逐帝，争于涿鹿之阿，九隅无遗。赤帝大慑，乃说于黄帝，执蚩尤，杀之中冀。以甲兵释怒，用大正，顺天思序，纪于大帝，用名之曰绝辔之野。乃命少昊，请司马、鸟师，以正五帝之官。故名曰：质天用大成。至于今不乱。

而《山海经·大荒北经》记录黄帝与蚩尤之战富有神话色彩，"蚩尤作兵伐黄帝。黄帝乃令应龙攻之冀州之野，应龙蓄水，蚩尤请风伯雨师，纵大风雨，黄帝乃下天女曰魃，雨止，遂杀蚩尤。"韩非子则更将黄帝与蚩尤之战神化②，直至西汉司马迁作《史记》方将其神话向历史转化③，这也是情理之中事。

史事是史事，传说是传说。西周穆王游行之事，《穆天子传》缘饰传说中的巫术神话因素。穆王祭河宗，"甲辰，天子猎于渗泽，于是得白狐玄貉焉，以祭于河宗。"仪式是相当隆重的，"西向沉璧于河""祝沉牛马豕羊"等。穆王宾于西王母，实为两巫师相见，执玉器，口念祝祷之辞，以作徒歌。"吉日甲子，天子宾于西王母，乃执白圭玄璧以见西王母……乙丑，天子觞西王母于瑶池之上。西王母为天子谣，曰：'白云在天，山陵自出。道

① 王国维：《古史新证》，第14页。
② 《韩非子·十过》云："昔日黄帝合鬼神于西泰山之上，驾象车而六蛟龙，毕方并辖，蚩尤居前，风伯进扫，雨师洒道；虎狼在前，鬼神在后，腾蛇伏地，凤凰复上，大合鬼神，作为《清角》。"
③ 《史记·五帝本纪》云："蚩尤作乱，不用帝命。于是黄帝乃征师诸侯，与蚩尤战于涿鹿之野，遂禽杀蚩尤。"

里悠远，山川间之。将子无死，尚能复来。'天子答之曰：'予归东土，和治诸夏。万民平均，吾顾见汝。比及三年，将复而野。'"关于西王母，《山海经·西山经》描述为具有人兽同体的外形和高深莫测的神格："玉山，是西王母所居也。西王母其状如人，豹尾虎齿而善啸，蓬发戴胜，是司天之厉及五残。"天子灵鼓可化为蛇，"□献酒于天子，乃奏广乐。天子遗其灵鼓，乃化为黄蛇。"巫史所记，民之口传，几为中国古代神话之源。再如"宣王被弒"事件在历史传说中显然受到巫化。宣王中兴时代，在西周史上具有重要地位，宣王也被人视为有作为的君主，然而，关于周宣王之死，由于不是正常驾崩，故传说中予以必要的缘饰了。《国语》分明有"杜伯射王于鄗"的记载，《墨子·名鬼》却说杜伯被宣王杀害后三年，在宣王田猎时，杜伯又"起于道左"，射死宣王，具有巫术之荒诞色彩。西周消亡以后，春秋时代开始有比较详细而真实的历史记事，袁珂认为"神话和传说的时代也就随之而结束了"①。

　　中国古代没有"神话"之词，是近世纪从国外输入进来的。从某种意义上说，中国古代神话就是对历史事件的巫术描述或巫术加工，并掺杂大量的巫术之想象，故中国是具有丰富神话的民族，因为炽盛的古代巫术是产生神话的丰厚土壤。巫术、神话与传说历来都是羼杂在一起的。"什么是神话？什么是传说呢？这是很难遽下断语的。因为我们并没有把神话和传说加以严格的区分，传说也还是被当作神话的。"②古代生活中的神话"本来是与原始仪式一起构成原始宗教的有机体，在原始生活中发挥着活的社会功能"③。这一事实，常为研究者有意无意地忽视。巫术神话与历史神话是相容的，十日之母太阳神羲和在帝尧时充任历法主管④，而夔龙在帝舜时却充任乐官。⑤ 现可列出神话、历史时期、文献记载时期相对应的图表：⑥

---

① 袁珂：《中国古代神话》，第 395 页。
② 袁珂：《中国古代神话》，第 15 页。
③ 谢选骏：《神话与民族精神》，第 9 页。
④ 见《尚书·尧典》。
⑤ 见《尚书·舜典》。《山海经·大荒东经》云："东海中有流波山，入海七千里。其上有兽，状如牛，苍身而无角，一足，出入水则必雨。其光如日月，其声如雷，其名曰夔。"
⑥ 采自谢选骏《神话与民族精神》，第 302 页。

神话	历史时期	文献记载时期
盘古	创世时期	公元 3 世纪
女娲	伏羲	汉之前提到仅两次（其中一次在公元前 4 世纪）
天地分开	颛顼	周朝前半期
十个太阳	尧	周朝后半期
洪水	禹	周朝最初年代

　　我们如何解释这种文献记载时代与历史时期产生的"逆差"呢？首先可以肯定从考古学的角度已可以证明这些时期的存在，河南舞阳贾湖文化约为公元前 7000 年，龙山文化为公元前 2000 年之前，还有学者列出了考古学文化年代定位与史记时期的对照图表①，这就说明无论文献记载的早与晚，史实都是存在的。在传说的年代，传说总会一直流传着，至于到何时诉诸文字却在必然性中又有偶然性，所以文献记载的时期与历史时期成"逆差"，亦不足为奇。也许就是因为这些神话作为载体，才不断地将史事传承下来，不然枯燥的史实是很难通过传说的形式保存下来的。我们应该重新认识与评价一些神话故事，这些神话故事的原型是真实的实在，然后经过一个神化的传说过程，只要我们能够剥掉这层传说中的神化外壳，留下的就是复原的史实。

　　正确对待古代的神话传说，从巫术发展角度可以得出一个比较审慎的态度，并不能完全将古史传说当成"伪古史，真神话"，纳入中国神话学体系②，只要理解中国的巫术及其巫术文化历史与传统，就可知神话传说与历史学有不解之缘，甚至，就是真实历史中的一部分，我们不能简单而武断地将在历史上已经发生或经历过的史实推到历史之外。古帝王都以"帝"称，徐旭生《中国古史的传说时代》中说："固然因为古代人相沿着这样称呼他们，而最主要的，却是当日处在原始公社时代的末期，宗教势力很庞大，专

① 参见王大有《三皇五帝时代》（下）中"三皇五帝时代的年代学研究"，中国社会出版社 2000 年版。
② 参见李零《考古发现与神话传说》，《学人》第 5 辑，江苏文艺出版社 1994 年版，第 115—141 页。

名前面加一'帝'字，很恰切地表明他们那半神半人的性质。帝就是神，单
称'帝'或加一字作'皇帝'而下面不系专名的，均指天神，并无真实人
格。……可是帝下带着专名的却是指的人神，他们虽说'神'气十足，而人
格却并非子虚。必须兼这两种性质来看，才近真实。"①《山海经》以其怪诞
色彩与朴野风格著称于世，与"巫术合，盖古之巫书也"②。王应麟《山海经
考证》认为其"要为有本于古"，乃十分中肯，而且《山海经》一经问世就
处于非官方地位。由此我们可以得出一个结论：民间神话与传说之产生与传
播与巫术有关，或者反过来说，古代巫术在民间神话与传说产生与传承中起
到了原创与助推作用。

---

①　徐旭生：《中国古史的传说时代》，第 113—114 页。
②　鲁迅：《中国小说史略》，第 9 页。

第五章　西周巫术禁忌

> 禁忌是人类超越理性边缘的产物，反过来又成为约束自己的游戏规则。
>
> ——题记

《礼记·曲礼上》云："入竟而问禁，入国而问俗，入门而问讳。"问禁、俗与讳，或为巫术禁忌所需，或为某种巫术心理所致，因为只要有巫术存在的地方就有可能存在着某种禁忌。禁忌，西方学者又称塔布①，是巫术研究领域的一个重要方面，普遍存在于古代的巫术活动中，可谓是消极巫术。《周礼·地官·诵训》云："掌道方慝，以诏辟忌，以知地俗。"方慝，即谓四方所讳所恶；辟忌，即谓禁忌与避讳。又，《周礼·春官·小史》云："小史掌邦国之志，奠系世，辨昭穆，若有事，则诏往之忌讳。"避讳已成为西周官僚的一项重要职责，然后延伸到社会生活各领域。诵训、小史等已成为西周官僚体系中掌管巫术禁忌之职，可知时人对禁忌的重视，也说明这些本来的巫术禁忌转变为西周的礼制，并以国家的意志形式固定下来，要求整个

---

① 塔布（Taboo）是个波利尼亚词。[奥] 西格蒙德·弗洛伊德认为："依我们看来，'塔布'的含义有对立的两个方面。对我们来说，它一方面指'神圣的'（sacred）、'祭献的'（consecrated），另一方面指'神秘可怕的'（uncanny）、'危险的'（dangerous）、'被禁的'（forbidden）和'不法的或邪恶的'（unclean）。玻利尼西亚语中，'塔布'的反义词是'noa'（诺阿），指'普通的'（common）或'一般可接近的'（generally accessible）。所以说'塔布'有某种不可接近之物的意思，这主要表现在各种禁忌和限制上。……塔布禁忌与宗教或道德禁忌不同，并不以某种神圣律令为基础，倒可以说是其自身而产生作用的。"（[奥] 西格蒙德·弗洛伊德《论宗教》，第 19—20 页）

社会及其个人无条件地遵从。禁忌来源于人与神灵内在的某种魔力和人们的巫术信仰，按照巫术的逻辑，人们不遵从禁忌，就是冒了风险，就可能遭到某种超自然惩罚。每个组织的存在都是需要游戏规则维持的，巫教这个组织也不例外。只要有游戏规则，就具有约束性，禁忌就是一种依附于神灵存在的极端负面约束规则。实质上，在巫教世俗化、国家制度化之后，巫术禁忌与社会道德甚至法律都会关联起来，这样自然力、道德、法律一起作为违反禁忌惩罚的手段。反过来说，巫教又会影响阶级社会道德与法律体系的形成。所以，从这个角度来看，不同的民族和国家就会有不同的道德与法律体系；从西周礼制巫术来源看，东方文化也就具有了一些神秘的色彩，按照法国社会学家列维·布留尔解释："集体表象所固有的神秘性质必然包含着他们思维的各种对象之间的同样神秘的关联。因而我们可以先验地假定，那个支配着集体表象的形成的互渗律也支配着集体表象之间的关联。"①

一、西周语言禁忌

语言本身就是一个世界，我们构筑了这个世界，又生活于这个世界，在这个世界里通过语言达到我们的现实目的。谁控制了这个世界的话语权，谁就控制了这个现实世界。所有宗教都离不开其构筑的语言体系，所有意识形态同样需要依靠语言来构建，所有学科体系同样需要其专业术语和命题建立，所以任何人都不可小看语言的存在。当然，社会语言体系就具有有形和无形的语言规则支撑，禁忌就是其中一个重要规则，不可忽视。《礼记·王制》云："大史典礼，执简记，奉讳恶。"大史简记时注意避讳及忌恶之语，而"王言若不辟其方之忌，则闻者将窃议其言之苟谬"②。何以如此？欲解其故，则应知语言禁忌在巫术中之作用，再知语言禁忌在社会政治生活中之余响。在巫术思维中，没有什么事物不具有神秘力量，没有哪种语言只是语言，也没有哪种符号只是符号，"言语中有魔力的影响，因此，对待语言必

---

① [法]列维·布留尔：《原始思维》，第83—84页。
② （清）孙诒让：《周礼正义》第4册，第1197页。

须小心谨慎。"[1] "事物和语言，同人一样，都可以暂时地或永久地赋以禁忌的神秘性能，因此就可以要求在或短或长时期内从日常生活习惯中予以摒弃。"[2] 在西周时期，由于巫术禁忌的存在，语言就被赋予了神秘的功能，尤其表现在对人或物的名称上，由此产生了一些特殊名称称谓的历史现象，后人认可或熟视这种现象的存在，但往往知其然而不知其所以然耶！

（一）避讳的巫术起因

避讳，主要指人名忌讳，即在言谈和书写时要避免君父尊亲的名字，这在历史上持续实行了几千年。众所共讳的如帝王之名，称公讳；人子避祖父之名，称家讳。避讳之法很多，可以是改姓、改名、改官名、改地名、改干支名等等。[3] 而《春秋繁露·玉英》云："《春秋》之书事，时诡其实以有避也；其书人，时易其名以有讳也。故诡晋文得志之实，以代讳避致王也。"这里所言的"讳避"意谓藏匿回避，与禁忌避讳略有不同，但两者一脉相通，只是在继承中有所变异而已。我们主要讨论的是人名避讳的巫术起因。

孔子曰："唯器与名，不可以假人。"（《左传·成公二年》）避讳起源于何时，历史上存有诸说：一是始于周人说。《左传》桓公六年申繻云："周人以讳事神，名，终将讳之。"唐孔颖达《疏》："自殷以往，未有讳法，讳始于周。周人尊神之，故为之讳名。以此讳法敬事名神，故言周人以讳事神。"周密《齐东野语》卷4"避讳"条云："盖殷以前，尚质不讳名，至周始讳。"陈垣《史讳举例》云："避讳为中国特有之风俗，其俗起于周，成于秦，盛于唐宋，其历史垂二千年。"但可以确定避讳绝不是中国特有之风俗。二是始于秦说。袁枚《随园随笔卷下·称谓类·避讳可笑》云："避讳始于秦始皇，以庄襄王名楚，改楚为荆，己名正，改正月为一月。"郭沫若《讳不始于周人辩》同此说，言"可得一断案，即避讳之事始于秦"。[4] 三是始于殷商说。宋代《游宦纪闻》卷3："殷人以讳事神，而后有字。"屈万里《谥法

---

① ［法］列维·布留尔：《原始思维》，第171页。

② ［英］詹·乔·弗雷泽：《金枝》，第334页。

③ 参见陈垣《史讳举例》，上海书店出版社1997年版，第9—25页。

④ 郭沫若：《金文丛考》（第6），人民出版社1954年版，第118页。

滥觞于殷代论》云："盖殷人已有避讳之俗。就卜辞验之，尔时已知直斥尊长之名为不敬。……尊长生时，既不敢直斥其名，殁后当亦如此，此盖即后世所谓避讳者。"① 四是始于夏代说。董作宾云："大概夏代的晚年，才订立以十日为神主的制度，有忌讳直称先王名号的意义。"② 台湾杨君实亦认为："溯自夏代，初世诸王已采日干为庙号，已有避讳之风也，可信之矣。"③ 诸说各异之原因主要是由各家对"避讳"理解之差异，他们没有追溯"避讳"之起因，仅凭看到"避讳"事例之现象，而没有追究其实质。

实质上，避讳起源很早，可谓自原始社会开始，或谓自巫术产生之时起，因为避讳起因于巫术中的语言禁忌，一直延续到 20 世纪前期。顾炎武《日知录卷二·帝王名号》云："尧崩之后，舜与其臣言则曰'帝'。禹崩之后，《五子之歌》则曰'皇祖'。《民征》则曰'先王'，无言尧舜禹者，不敢名其君也。"④

人类学资料表明，在原始思维中，名字从来就不是无关紧要的东西。原始人把自己的名字看成是神圣的东西，不是自己简单的标签或符号，"存在着对人和其名字之间的实在的和肉体上的联系的信仰……使用人的名字，可以伤害这个人……帝王的真名始终保持秘密"，"既不能说出自己的名字，也不能说出别人的名字，尤其是不能说出死者的名字；甚至一些包含了死者名字的日常用语也常常废弃不用。"⑤ 因此对于名字采取一切预防措施是必要的。因为"名字是神秘的，正如同图像是神秘的一样……名字制约着和限制着与它们互渗的存在物的秘密力量。由此也制约着和限制着名字所引起的情感或者恐惧和由这些恐惧所导致的预防措施。"⑥ 日本学者穗积陈重的研究统计，在亚洲、大洋洲、非洲、欧洲、北美洲、南美洲的一百多个原始部族内

① 屈万里：《谥法滥觞于殷代论》，《"中研院"历史语言研究所集刊》第 13 本，1948 年版。
② 董作宾：《论商人以十日为名》，刘梦溪主编《中国现代学术经典·董作宾卷》，第 572 页。
③ 杨君实：《康庚与夏讳》，转引自王建《中国古代避讳史》，贵州人民出版社 2002 年版，第 7 页。
④ （清）顾炎武：《日知录集释卷二·帝王名号》，（清）黄汝成集释，秦克诚点校，岳麓书社 1994 年版，第 32 页。
⑤ ［法］列维·布留尔：《原始思维》，第 42 页。
⑥ ［法］列维·布留尔：《原始思维》，第 45 页。

部都发现了避讳的习俗。① 避讳是原始社会时期曾普遍出现的一个共同现象，因为巫术信仰是相同的。弗雷泽《金枝》将这种禁忌分为五类：个人名字的禁忌、亲戚名字的禁忌、死者名字的禁忌、国王及其他神圣人物名字的禁忌、神明的禁忌。弗雷泽指出："未开化的民族对于语言和事物不能明确区分，常以为名字和它们所代表的人或物之间不仅是人的思想观念上的联系，而且是实在的物质联系，从而巫术容易通过名字，犹如通过头发指甲及人身其他任何部分一样，来害于人。事实上，原始人把自己的名字看作是自身极重要的部分，因而非常注意保护它。……今天仍有许多未开化的民族把自己的名字看作自身生命的重要组成部分，从而极力隐讳自己的真名，恐怕给不怀好意的人知道后来伤害自己。……古代埃及人具有相当高的文明……他们也有这种恐惧思想，从而产生一种风俗：每一个埃及人都有两个名字，一为真名，一为好名，或一为大名，一为小名；好名或小名是为大家知道的，真名或大名则小心隐瞒不让别人知道。……这种习俗意在防范巫术的侵害，因为巫术只有在和真名联系上了的时候才能发生效应。"② 既然说出名字可能给人带来伤害，那么不说出名字就是对其保护与尊敬。弗洛伊德也有相关的说法："在原始民族的观念里，人名是一个人最重要的部分之一。所以，当一个人获知某一个人或某一种灵魂的名字时，他同时也将得到了他的一部分力量。"③ 这是一种世界性的普遍现象，对名字的保护与避讳显得尤为重要。"南美古代巫师所用的'捉魂机'，就是通过唤人姓名而勾取别人魂灵的。所以原始人是轻易不许叫名字的，因为叫名字就等于叫灵魂，叫灵魂就有灵魂出窍、丧失生命的危险。"④ 名不但和人联系在一起，而且还和精物相联系。《管子·水地篇》云："涸泽……生庆忌。庆忌者，其状若人，其长四寸，衣黄衣，冠黄冠，戴黄盖，乘小马，好疾驰，以其名呼之，可使钱里外一日返报。此涸泽之精也。"知鬼怪名可免不幸，而被鬼神或仇人知道自己的名字要招致灾祸。据说，新中国成立前浙江吉县的山民上山恪守不叫人名的禁

---

① 转引自王建《中国古代避讳史》，贵州人民出版社 2002 年版，第 7 页。

② ［英］詹·乔·弗雷泽：《金枝》，第 364 页。

③ ［奥］弗洛伊德：《图腾与禁忌》，文良文化译，中央编译出版社 2016 年版，第 104 页。

④ 陈来生：《无形的锁链——神秘的中国禁忌文化》，上海三联书店 1993 年版，第 154 页。

忌，因为他们认为山林中的妖魔知道人名后会勾该人的魂魄，以至有生命危险。只有请巫师镇妖魔，驱鬼怪，方能脱晦安宁。① 在先民的意识中，名字与身体是有实体联系的，是人本身不可分割的一部分，并且是极为重要的一部分，巫术只有和真名联系在一起时才会发生效应，故古人才特别制定了保护名的种种措施。

西周最早的有关避讳的文献资料是周初的《尚书·金滕》，云："惟尔元孙某，遘厉疟疾。若尔三王是有丕子之责于天，以旦代某之身。"孔安国传："元孙，武王。某，名。臣讳君，故曰某。"不但君王名行避讳，而且诸侯名同样如此，《礼记·曲礼下》云"诸侯不生名"，孔疏："名者，质贱之称，诸侯相间，只可称爵，不可称名。"不但诸侯名行避讳，其他人亦同样如此。《曲礼下》又云："国君不名卿老世妇，大夫不名世臣姪娣，士不名家相长妾。"班固《白虎通·姓名》解释云："名者，幼小卑贱之称也。"汉人解释此种语言禁忌主要原因是"名者，质贱之称"，不甚确切，这有点儿像"以汉人之心度西周人之腹"。在先秦文献中，不称生者之名不称为"讳"，而称"不生名"，或"不名"，"讳"只用于死人，但都属于后人所言的"避讳"之列。西周时期已有避讳之事无疑，并已发展为礼制。

根据古礼，婴儿生下 3 个月后，要择日剪发，"妻以子见于父"，由父"执子之右手，咳而名之"（《礼记·内则》）。取名也十分讲究，不是随意而为。民俗学资料显示，基诺族在孩子出生 9 天后举行一次原始宗教性的取名仪式，以为取了名，也就为婴儿定了魂。这一天要杀一对红色鸡，宴请亲朋及村社长老，然后在孩子的帽子上结一个红线结以求吉祥，打结时同时取名，这样，孩子的灵魂就被安住了。② 青铜器铭文中的人名有 5000 多个，金文中出现人名的种类有：称呼在世人的活人名，活人名又可分为私名和通名，私名又包括名和字，通名就是以官爵、行第、姓氏中的一种或几种相互组合起来表示一个具体人所形成的人名，为特定身份的人所使用，如太师、太史、鲁伯、蔡侯等；称呼过世人的死人名，又包括日名和谥

---

① 万建中：《禁忌与中国文化》，人民出版社 2001 年版，第 181—182 页。
② 陈来生：《无形的锁链——神秘的中国禁忌文化》，第 51 页。

号。名之内容十分丰富，比如以疾病为名，金文中如"疾"（五年上郡守疾戈）、"冶吏疱"（阳安君剑）等；以干支、月相、季节取名，如兮甲（兮甲盘）、史寅（士上卣）、师晨（师晨鼎）、师望（师望簋）、工师夏等；以鸟兽虫鱼为名，如禽（禽鼎）、史兽（史兽鼎）等；以山川原泉为名，如善夫山（善夫山鼎）、洹（伯喜鼎）等等。① 但后来取名更为讲究，注意避讳名的内容，《礼记·曲礼上》云："名子者，不以国，不以日月，不以隐疾，不以山川。"《礼记·内则》亦云："凡名子，不以日月，不以国，不以隐疾。"《左传》桓公六年记鲁桓公给太子命名，大夫申繻云取名"不以国，不以官。不以山川，不以隐疾，不以畜生，不以器币。周人以讳事神。名，终将讳之。"而且，避讳日趋烦琐与缜密。在避讳中，姓与名不同，讳名不讳姓，《孟子·尽心下》云："讳名不讳姓。姓，所同也；名，所独也。"赵岐注："讳君父之名，不讳其姓。姓与族同之，名所独也，故讳。"说明避讳具有个人属性，没有族的群体属性。但西周礼制规定在一些特殊情况下不行避讳，《礼记·曲礼上》云："礼：不讳嫌名，二名不偏讳。逮事父母，则讳王父母；不逮事父母，则不讳王父母。君所无私讳，大夫之所有公讳。《诗》《书》不讳，临文不讳，庙中不讳。夫人之讳，虽质君之前，臣不讳也。妇讳不出门，大功小功不讳。"在青铜器铭文中单称名现象相当普遍，这是由于巫术与礼制相结合之结果，如"谏拜稽首，敢对扬天子丕显休，用作朕文考惠伯尊簋"。为讳称。谏为名，而文考惠伯则避讳还有一些变通的规则，《礼记·杂记下》云："卒哭而讳。王父母、兄弟、世父、叔父、姑、姊、妹，子与父同讳。母之讳，宫中讳。妻之讳，不举诸其侧，与从祖昆弟同名则讳。"

原始社会的避讳反映的主要是人与鬼魂神灵之间的神秘的巫术关系，其核心是避免灾祸。周代以后，随着巫术之演化，避讳制度成为国家的礼制，除了避讳本身的核心精神外，又增加了社会秩序的内容，则反映臣民与君主或尊上之间的尊卑关系，其世俗核心则为权威崇拜。避讳虽然不始于周代，但是在周代经过了重大的改造，并被赋予了新的意义，即"尊卑有序，

① 吴镇烽：《金文人名研究》，周秦文化研究编委会编《周秦文化研究》，第 433—439 页。

以讳为首"①。恩斯特·卡西尔认为："禁忌体系尽管有其一切明显的缺点，但却是人迄今所发现的唯一的社会约束和义务的体系。它是整个社会秩序的基石。"②

与名有关的巫术在后代还十分流行。马王堆帛书《杂禁方》："与人讼，书其名置履中。"这样就等于将敌人踩于脚底下。敦煌遗书《攘女子妇人述秘法》（伯 2610）记有利用女人名字求爱的巫术方："凡欲令女爱，以庚子日书女姓名，方圆□□无住主即得。凡男欲求女妇私通，以庚子日书女姓名封腹，不经旬日必得之。凡男子欲求女私通，以庚子日书女姓名，烧作灰和酒服之，立即效验。凡欲令妇人自来爱，取东南引桃枝书女姓名安厕上，立即效验。"这些都是道地的名字巫术，即巫术思维的产物。

（二）"字"之起源及巫术意义

中国古代的避讳属于巫术禁忌体系。这种对名之避讳禁忌直接导致了人们寻找除名之外称呼人的新方式，于是乎"字"应运出现。《仪礼·士冠礼》云："冠而字之，敬其名也。"表明取字是为了"敬名"，否则无须取字。《礼记·曲礼上》云："男子二十冠而字。"郑玄注："成人矣，敬其名。"为何要取字"敬名"呢？宋代《游宦纪闻》卷 3 解释云："殷人以讳事神，而后有字。"这句话点出了其中蕴涵的妙机，即为了"以讳事神"，以"字"护"名"之需。顾炎武《日知录》卷 23 云："古人敬其名，则无有不称字者。"③有自称字，有人主呼人臣字。

名，要符合"名礼"之要求，如父为子起名要择日于祖庙，《白虎通义·姓名》云："《礼内则》曰，子生，君沐浴朝服，夫人亦如之，立于阼阶西南，世妇抱子升自西阶，君名之；嫡子，执其右手，庶子，抚其首；君曰：'钦有帅。'夫人曰：'记有成。'告于四境。四境者，所以遏绝萌芽，禁备未然。"名，又要作为保护对象，避免受到方术伤害，如防止"呼名落马""呼

---

① 《孔融集》，《北堂书钞》卷 94 引。
② [德]恩斯特·卡西尔：《人论》，第 138 页。
③ （清）顾炎武，（清）黄汝成集释，秦克诚点校：《日知录集释》，岳麓书社 1994 年版，第 827 页。

名姓而魂飞越"等方术。① "凡避讳者，皆须得其同训以代换之。桓公名白，博有五皓之称；厉王名长，琴有修短之目。"② 字与此道理一也。字，与名在意义上一般是有联系的，字为表字，而名常藏在字的里面，总之要让人因其字而知其名，而非直接呼其名，"本名常被人呼唤，未免利少害多，坐是之故，长者负责另予幼者以'字'，以备一般人称呼"③。从巫术角度看，字的产生是有其实用目的的，字是名的一道防线，是名的保护层，防止名遭到冒犯与侵害。④ 巫术的心理就是这样，名需保护而字则勿需，虽然在后人看来两者皆为符号而已。春秋时，名与字常连言，而字冠名上，如齐公子坚，字乐，故或连言为乐坚；孔子父名纥，字叔梁，故或连言叔梁纥；宋孔金父，字子木，故连言子木金父等。孔颖达《左传正义》云"古人连言名字者，皆先字后名。"北齐颜之推云："古者，名以正体，字以表德，名终则讳之，字乃可以为孙氏。孔子弟子记事者，皆称仲尼。吕后微时，尝字高祖为季。……江南至今不讳字也。河北士人全不辨之，名亦呼为字，字固呼为字。"⑤ 字不避讳，故可以生时之尊字为谥，如《左传》鲁隐公八年记："无亥卒。羽父请谥与族。公问族于众仲。众仲对曰：'天子建德，因生以赐姓……诸侯以字为谥……'公命以字为展氏。"宋代高承《事物纪原·公式姓讳部》引《帝王世纪》曰："少皋帝名挚，字青阳。"这是最早的字的记录。⑥ 至于后来颜之推所言"名以正体，字以表德"⑦，则是完全从后世的道德角度予以不恰当的解释，与事实相差甚远。古人在取字时如何显现出名与字之间的联系呢？清王引之总结出周人取字的五个规律：一是"同训"，即

---

① 江绍原说："研究先民有多少种名。每种名是他们一生中在何时得到和怎样得到的，以及命名时所守的禁忌和所遵的义理为何——这些若总称为'古代名礼的研究'亦极便利。"然后他又举出《封神演义》中"呼名落马""呼名姓而魂飞越"等方术。（参见江绍原、陈泳超整理《民俗与迷信》，北京出版社 2003 年版，第 1—27 页）

② （北齐）颜之推著，王利器集解：《颜氏家训集解·风操》，上海古籍出版社 1980 年版，第 74 页。

③ 江绍原、陈泳超整理：《民俗与迷信》，北京出版社 2003 年版，第 2 页。

④ 参见王建《中国古代避讳史》，贵州人民出版社 2002 年版，第 12 页。

⑤ （北齐）颜之推著，王利器集解：《颜氏家训集解·风操》，第 98 页。

⑥ 按，《史记·五帝本纪》不言"青阳"为字，有待进一步考证。

⑦ （北齐）颜之推著，王利器集解：《颜氏家训集解·风操》，第 98 页。

名与字两者意义相同；二是"对文"，如齐国庆封字子家，封读为邦，邦与家相对为文；三是"连类"，如孔子的弟子冉耕字伯牛，耕与牛相连；四是"指实"，如楚公子启字子间，启有开启之义，间指里门，以间为字就将启的意思进一步申述；五是"辨物"，即字的含义进一步辨明其所指事物。

《士冠礼》记述古代男子取字的方式为："字辞曰：'礼仪既备，令月吉日，昭告尔字。爰字孔嘉，髦士攸宜。宜之于假，永受保之，曰伯某甫。'仲、叔、季，唯其所当。"男子取字全称由三个字组成，其中第三字"甫"字为通称，且为"父"的假借字；第一字，伯、仲、叔、季是长幼行辈的称呼，实质上，也是通称。只有第二字才是真实意义上与"名"相联系的某一个字。见于西周文献的字很多，如白（伯）丁父（《令簋》）、白（伯）家父（《伯家父簋》）、伯阳父（《国语·周语上》）、中（仲）旄父（《逸周书·作雒》）、仲山甫（《大雅·烝民》）、叔向父（《叔向父簋》）、叔家父（《叔家父簋》），等等。为什么将关键的第二个"字"藏在中间呢？这也是为了尽力起到掩护"名"的作用，如此"名"则将隐藏得更深。《礼记·檀弓上》云"冠字，五十以伯仲"，即50岁以后，可以单称伯、仲等行辈而省去"某父"的称呼，连名带字全为隐瞒。女子取字的方式，《仪礼》中没有指出，但从西周、春秋金文发现女子的"字"的构成与男子近似，第一字为长幼行辈的称呼，第二字为姓，第三和第四字为"某母"。如囡孟妫媧母（《陈伯元匜》）、孟妊车母（《铸公簋》）、中（仲）姬客母（《干氏叔子盘》）、虢孟姬良母（《齐公簋》）、辛中（仲）姬皇母（《辛仲姬鼎》）、中（仲）姞义母（《仲姞匜》），等等。上古时期，名和字连称时，通常先称字后称名，以便字保护名。当名字与尊卑等级相联系的时候，又出现了一套名字称呼的规定，如对平辈或尊辈则不能称名，只能称字，甚至连字都不能称。

"字"的题取不是随意而取的，而需在举行"冠礼""笄礼"等成年礼时由来宾题取的，即"字"要产生于必要的仪式。男子到20岁举行"冠礼"，才由宾客取"字"。女子则在15岁时举行"笄礼"取"字"。也就是说，取字是"冠礼""笄礼"的重要组成部分，取字需要举行一个隆重的成年礼仪式。成年礼时，进行新命名在世界其他民族中也有，弗洛伊德在《图腾与禁忌》中记述："在澳大利亚土人中，一位男子最机密的事情，是他在成年礼上所接受的新命名。它是一种禁忌，同时也必须严加保密。"①

从人类学资料看，成年礼是部落礼仪的重要形式，并由此产生部落神话，杜尔干解释为："但当部落产生某种强烈的自我感情时，就会把这种感情自然地表现在成为它的象征物的某个人物身上。人们为了把一些人与另一些人，以及自己与所属的氏族联系起来，往往想象大家来自同一个祖先，是同一个父亲的孩子，是这位父亲给了他们生命而不是别的人。指定成年礼的神正是为了起这个作用，因为根据土著人通常的说法，成年礼的目的恰恰就是制造人。"② 我们共同的祖先神话——黄帝、炎帝大抵由此而来。但在成年礼中，无论如何，"人们举行的一系列消极或积极礼仪都是为了获得这种避难的能力"③。

民俗学资料显示，民俗中的借名等事例与取字的巫术原理是相似的。民间传说认为，巫术的功能可以由人的乳名、生日年月时日而施术于人，以至于伤害或置于死地。为了保护孩子，就衍生出借名、偷名、请人命名、寄名等习俗。乳名很神秘而珍贵，三月所取之名，轻易不能示人，不能叫唤，以免利用语言的魔力受到伤害。保密乳名，担心有仇人将乳名施用巫术。《中华全国风俗志》介绍了"借名"事例："有时小儿啼哭不安，即选择黄道日，备香糕果品素斋纸钱锡箔等等至双石门借名。其名必嵌有石字。先用朱纸请道士画双石成或石天宝等名字，至双石门，拈香祈祷后，将朱纸所画之名贴于石门上，沿路呼所取名字还家。俗传如此能使小儿强壮，易于长大。此种举动俗称借名。候小儿成年嫁取后，仍备香烛糕果等物，至双石门设祭，称为还名。"④ 这种名字的一借一还纯粹是一种巫术行为。

我们的习俗或礼制中为人起名还要起字，这一习俗在古埃及也曾流行，其实这是巫术思维的结果，是禁忌的一种。当我们搞清楚起字这一原理后，我们就会油然而生某种敬畏，不再是感觉多此一举了。人生存意义的获得，

①　转引自陈来生《无形的锁链——神秘的中国禁忌文化》，第 157 页。

②　[法] E. 杜尔干：《宗教生活的初级形式》，林宗锦等译，中央民族大学出版社 1999 年版，第 325 页。

③　[法] E. 杜尔干：《宗教生活的初级形式》，第 325、347 页。

④　陈来生：《无形的锁链——神秘的中国禁忌文化》，第 49 页。

总是要依靠这些人生故事。巫术和礼制给我们提供了这样一个有趣的故事，还是值得珍惜的。

（三）谥法源于避讳

谥法是避讳的一种特殊情况，是指对死者的称呼的避讳，而改用另一种方式指称。周广业《经史避名汇考》卷3云："讳起于周公制谥之后，武王时未有也。"这显然将讳与谥的发生先后颠倒了，完全是不知两者的巫术源起所至。谥，《广韵》："益，增也。"因益字有增的意思，后来才造出一个谥字。《左传》隐公八年众仲云："诸侯以字为谥，因以为族，官有事功，则有官族。"可知字与谥在巫术禁忌中的作用是相通的。

《仪礼·士冠礼》云："古者，生无爵，死无谥。"谥法的起源，旧说各异。一是周公制谥说，《礼记·檀弓》云："死谥，周道也。"《逸周书·谥法解》云："唯三月既生魄，周公旦、太师望相嗣王发，既赋宪受胪于牧之野，将葬，乃制作谥。"《穀梁传》桓公十八年何休《注》："昔武王崩，周公制谥法。"二是黄帝制谥说，班固《白虎通义·谥》云："黄帝始制法度，得道之中，万世不易，后世虽盛，不能制作。"三是商始制谥说，清人崔述《丰镐考信别录卷三·周制度杂考》云："至汤拨乱反治，子孙追称之为武王，而谥于是乎始。"四是西周共王、懿王以后制谥说，王国维《观堂集林卷十八·遹敦跋》云："然则，谥法之作，其在宗周共、懿诸王之后乎！"五是战国制谥说，郭沫若认为："谥法之兴当在战国时代，其时学者惯喜托古作伪，《逸周书》即一伪托之结晶，《谥法解》其结晶之一分子也。"诸种旧说，不得其法，没有道出谥法的真正源起，故莫衷一是。实质上，谥法的产生经历了一个过程，其源头为远古已有的巫术禁忌。只有理解这一点，才能够对谥法起源有一个清醒的认识。

死亡是生命的终结，是人生的大不幸，但也有视为节日。死亡恐惧是人类的群体心理，这种恐惧一直伴随着每个个体，或以潜意识的方式存在。列维·布留尔说："按照原始人的观念，死亡永远包含神秘的原因，而且永远的横死。死是那些把个人与社会集体连接起来的绳索的猝然中断。于是，又确立了死者与这个集体之间的新的关系。人刚一死之后绝不是一个无足轻

重的人，而是怜悯、恐惧、尊敬以及复杂多样的情感的对象。"① 因此，死亡
这个词按照避讳的原则又产生很多同义词。《礼记·曲礼下》云："天子死曰
崩，诸侯曰薨，大夫曰卒，士曰不禄，庶人曰死。"郑玄《注》曰："异死名
者，为人裹其无知，若有不同然也。自上颠坠曰崩；薨，颠坏之声；卒，终
也；不禄，不终其禄；死之言澌也，精神澌尽也。"孔颖达云："崩者，坠坏
之名，譬若无形坠压然，则四海必睹。王者登遐，率土咸知，故曰崩。薨
者，崩之余声也。诸侯卑，死不得效崩之形，但如崩后崩余声，劣于形压
也。卒，毕竟也。大夫是有德之位，毕了生平，故曰卒。士，禄以代耕，而
今遂死，是不终其禄。死者澌也，澌是消尽无余之目。庶人极贱，生无令
誉，死绝余芳，精气一去，身名俱尽，故曰死。"这些解释皆出自后人思维，
但可略备稽考。《曲礼下》又云："羽鸟曰降，四足曰渍。死寇曰兵。……寿
考曰卒，短折曰不禄。"动物的死亡，同样用不同的语词表示避讳，即对一
切死亡的称呼都需用固定的语言符号，这显然是巫术避讳的需要，而对死亡
称呼语言变化如此之多也是世界上其他民族罕见的。祭祀时，对死者的称
谓，也有规定。《曲礼下》云："祭王父曰皇祖考，王父母曰皇祖妣，父曰
皇考，母曰皇妣，夫曰皇辟。生曰父，曰母，曰妻；死曰考，曰妣，曰嫔。"
人类学资料证明，"古代高加索地区的阿尔巴尼亚人严格奉行不说死者名字
的习俗。今天许多未开化的民族仍盛行这种习俗。……维克多利亚土人极少
谈起死人，更从来不提死人的名字；当提到死者时总是用压抑的嗓音说'逝
去的人'或'那不再在人世的可怜人'。他们以为，如果谈起死者时说出名
字来就会激起'考依特——吉尔'（Couit—gil）（死者的灵魂）的愤恨。"② 在
世界所有这些地方不提死者名字的习俗做法，其根本原因大概就是害怕鬼
魂。《礼记·祭统》云"人死曰鬼"。鬼有着恐怖的力量，能够作祟于人。《论
衡·解除篇》载："昔颛顼氏有子三人，生而皆亡，一居江水为疟鬼，一居
若水为魍魉，一居区隅之间主疫病人。"由于巫术法则认为人名与人鬼是联
系一体的，人们就不再提起死者的名字，以免发生不必要的麻烦。法国列

---

① ［法］列维·布留尔：《原始思维》，第 300 页。

② ［英］詹·乔·弗雷泽：《金枝》，第 374 页。

维·斯特劳斯《野性思维》指出："不论在澳洲，还是在美洲，我们发现人们禁止使用死者的名字，这些死者会用与这些名字相似的语音'污染'一切字词。"①《礼记·杂记下》云："免丧之外，行于道路，见似目瞿，闻名心瞿。"人类学资料也表明，有些民族由于害怕死人的鬼魂，使得与死人同名的人更换新名，以免一说起名字来就引起死去鬼魂的注意，而对这些死鬼，人们又很难指望他们能够区别相同名字之间的不同应用。"北美印第安人，无论男女，凡与新亡人同名的一律都要放弃旧名，另换新名，并在首次为死者举行的吊唁时更改。"②《礼记·檀弓下》云："虞而立尸，有几筵，卒哭而讳。生事毕而鬼事始已。既卒哭，宰夫执木铎以命于宫曰：'舍故而讳新。'自寝门至于库门。"郑樵云："以讳事神者，周道也。周人卒哭而讳，将葬而谥。有讳则有谥，无讳则谥不立。……生有名，死有谥，名乃生者之辨，谥乃死者之辨，初不为善恶也。"③讳是在卒哭之后，不是刚死即讳，即当死者神主迁入宗庙以后，不可再言其名。

　　夏代之前避讳之事因文献不足之故，无从稽考，暂付阙疑。正如孔子曰："文献不足故也，足，则吾能徵之也。"（《论语·八佾》）夏代已有用日干名亡君的避讳之法。以日干命名显然是死后之事，而非生前以日干呼之。董作宾云："夏代十七王，最后的四王是：孔甲—皋—发—履癸。孔甲也称胤甲，履癸就是桀，中间两世，称名不称神主，当是后人传述讹失。"张光直说："夏人的王制，虽不得其详，但夏人也有以十日为名的习俗；《史记·索隐》引谯周云'生称王，死称庙主'，乃是'夏殷之礼'。《夏书·皋陶谟》说'娶于涂山，辛壬癸甲'四个干的顺序，与商人十干的婚配规则也颇可相比。"④台湾杨君实还论证夏初的太康、仲康、少康、帝宁也是以日干命名的，太康、仲康、少康实即太庚、仲庚、少庚，帝宁即帝丁。⑤至于史书记载的夏代帝王的其他名号是其生前之名，还是死后之讳称，现无从稽

①　[法] 列维·斯特劳斯：《野性思维》，商务印书馆 1987 年版，第 200 页。

②　[英] 詹·乔·弗雷泽：《金枝》，第 376 页。

③　(宋) 郑樵：《通志·谥略·序论》，中华书局 1995 年版，第 785 页。

④　[美] 张光直：《中国青铜时代》，第 73 页。

⑤　杨君实：《康庚与夏讳》，转引自王建《中国古代避讳史》，第 6—7 页。

考。但夏代是处于巫术盛行的时期，为死者避讳应该是存在的，若由此推论，夏代帝王之所有史记的名号或许为死后之号，而非原生前之名，如相、予（杼）、槐（芬）、芒（荒）、泄等。

殷代各王均有本名，又以日干称之，为其庙号。而日干是有限的，故有大、小、文、武一类区别字以免重复。据《史记·殷本纪》记载，自上甲微以下 37 人，毫无例外皆以天干为名，且每一日干都在可用之列，如天乙名履、太甲名至、盘庚名旬、武丁名昭、帝辛名受等。其中称甲者有七，称乙者有六，称丁者有八，称庚、辛者各为四，称壬者三，称丙者二，称戊、己、癸者各一。王国维《殷礼征·殷人以日为名之所由来》云："商世诸王，皆自有名；而甲乙等号，自系后人所称。"在卜辞和铜器铭文中，商王室成员和贵族，不分男女，普遍都有日名。从卜辞和铭文看，这些人活着的时候，都自称本名，但对死者却都称日名，而不称本名。屈万里云："当其祭先公先王时，其所祭之王公，既当契于甲骨，复当腾诸口语，如不能直斥其名，其将何以识别？于是而有日干之号之追命。"[1] 关于日名来源及意义，历来有生日说、庙主说、死日说、祭名说、致祭次序说、选日说、生前政治势力分类说等。[2]

夏商的这一习俗，曾长期受到误解。《白虎通义·姓名》云："殷以生日名子何？殷家质，故直以生日名子也。以《尚书》道殷家太甲、帝乙、武丁也。不以子丑为名何？甲乙者干也。子丑者枝也。干为本，本质，故以甲乙为名也。"把日干之名看成了父亲给孩子按出生日的天干取的名字。三国蜀汉史学家谯周首先揭示其中与祭祀相关的奥妙，指出：子微称上甲是"死称庙主，曰甲也。"[3] 后来，王国维《殷礼徵》分析说："然则商人甲乙之号，盖专为祭而设。以甲日生者，祭以甲日，因号之曰上甲，曰大甲，曰小甲，曰河亶甲，曰沃甲，曰羊甲，曰且甲。以乙日生者，祭以乙日，因号曰报乙，曰大乙，曰且乙，说小乙，曰武乙，曰帝乙。盖子孙所称，而非父母所

①　屈万里：《谥法滥觞于殷代论》，《"中研院"历史语言研究所集刊》第 13 本，1948 年版。

②　详见常玉芝《殷商历法研究》，第 95 页；王玉哲《中华远古史》，第 344—346 页。

③　《史记·殷本纪》索隐引。

名矣。"①董作宾奉行死日说，在《论商人以十日为名》云祖庚死了，"死在庚日，即忌日，为了避讳直称其名，就把这个忌日作为他的神主之名，也在庚日祭祀他。祖甲即位称王了，祭祀他的时候称'兄庚'；廪辛、康丁继位了，称他为'父庚'；武乙继位了，称他为'祖庚'；以后因为没有相重的神主，也就永远称为祖庚。所以祖庚一名，是武乙时所称，若说武丁或祖甲时就叫他做祖庚，岂非笑话。"②李学勤首先利用卜辞证明殷人的"日名有些像谥法，是在死后选定的，和生日死日无关，祭祀日依日名而定，并不是日名依祭祀日而定"③。选日名，存在巫术因素及意义为：一是为了避讳死者的真名才选用日名代替；二是通过占卜卜定日名，这是巫师所为；三是在日名所在的日干那天举行祭祀。常玉芝研究认为，这种日干名反过来又用于纪日，"由于商代王、姚的祭祀日是依日名而定的，而日名又只单用天干日，所以卜辞中有不少是用王、姚的日名纪日的"④。殷人选用天干而非以地支为号，这也许与太阳神崇拜有关，而地支符号却来源于人事间的俗物。⑤

　　殷人入周以后，殷之王族此俗未改，如称"武庚"、宋公中有称"丁公申"者是。西周金文中，殷人仍沿用日干以作死者庙主，《两周金文辞大系》铭文中许多人名以日干称呼，周初至宣王"以日为名之习犹存"⑥，那只能说是指殷遗贵族，如成王时器令彝"用作父丁宝尊彝"，昭王时器御正卫簋"用作父戊宝尊彝"，懿王时器史懋壶"用作父丁宝壶"，还有公认为殷遗的微氏家族中，直至共懿时代犹存以日易名之俗，见于史墙盘的即有乙祖、亚祖祖辛、文考乙公等，而作器者史墙死后又被其子兴称为丁公。但姬姓周人革新了这一习俗，在《史记·周本纪》以及其他记载姬姓族裔的《世家》中，以日为名者未见一人。从可以确定为姬姓族人的西周金文看，亦复

---

① 董作宾：《论商人以十日为名》，刘梦溪主编《中国现代学术经典·董作宾卷》，第570—571页。

② 董作宾：《论商人以十日为名》，刘梦溪主编《中国现代学术经典·董作宾卷》，第579页。

③ 李学勤：《论殷代的亲族制度》，转引自常玉芝《殷商历法研究》，第96页。

④ 常玉芝：《殷商历法研究》，第96页。

⑤ 参见蔡先金《"地支"字原义初探》，《东南文化》2002年第1期。

⑥ 郭沫若：《金文丛考》（第6），人民出版社1954年版，第118页。

如是，可以用爵称、排行、谥号称其先人，却不用生前名或日名。①避讳仍
旧存在，但已改用新的方法，这就是周人开始给死去的人追加谥号。如西周
早期的班簋，铭文中有"班非敢觅，唯作邵考爽益曰大政，子子孙多世其永
宝。""大政"是祭器名，"邵"为班加给父亲的谥号。穆王以后，这些例子
很多，如穆王时的录簋，懿王时的大鼎，孝王时的曶鼎，夷王时的无惠鼎，
宣王时的召伯虎簋铭文中，那些剌（烈）、圣、恭等字，都是贵族王臣给死
去的父母所加的谥号。"至迟到穆王前后，这类给死者加予谥号的做法在贵
族中已很时髦"②，《穆天子传》卷6还记述了周穆王给其崇妾盛姬谥为哀淑
人之事。

谥法开始于何时？"周公旦始制谥法"应为不错。至于对西周王号为死
谥持怀疑态度的始作俑者为王国维，他认为金文中有"生称谥"的现象，进
而提出谥法兴于共、懿之后。③后来徐中舒、郭沫若附和王说，于是"生称
谥"说成为气候。实质上，"生称谥"说是对西周铭文的误读造成的，即排
错了金文的年代，误将金文记事时代与其铜器制作时代混同一体。④所谓
"生称谥"实际上都是"死称谥"或"后称谥"。1974年陕西扶风强家村出
土一批西周青铜器，其中师臾钟、即簋、师翻鼎与传世的师望鼎等为虢氏家
族几代人先后铸作，可以通过铭文排列出对应的生前之称与死后之称，这两
套用名系统对应排列为：⑤

　　　　生前用名：（缺）——师——师望——即——师臾
　　　　死后用名：虢季易父——宫公——幽叔——德叔——（缺）

生死相讳，无论从文献还是铭文方面皆有可取的明证。至于《左传》
昭公二十年记载"卫侯赐北宫喜谥曰贞子，赐析朱鉏曰成子"的"生称谥"

① 杜勇、沈长云：《金文断代方法探微》，人民出版社2002年版，第50—60页。
② 汪受宽：《谥法研究》，上海古籍出版社1995年版，第15页。
③ 参见《观堂集林》卷18《遹敦跋》，中华书局1959年版。
④ 参见杜勇、沈长云《金文断代方法探微》，第5—16页。
⑤ 参见杜勇、沈长云《金文断代方法探微》，第18页。

之事，杨希枚先生已论证此为"传文之误"。① 西周的谥法与殷商的日名在巫术本质上是一样的，皆为死者讳，是巫术禁忌之样式。但两者也是有区别的，这就是周人的巫术之革新，是对殷商制度的"损益"。日名制为殷人所沿用，一直到西周晚期，是商族的巫术传统，谥法制是周人的巫术与礼制行为，但入周的商遗民也有改用谥法制的，故西周出现日名与筮法混用的现象，如西周晚期的爾攸从鼎称"朕皇祖丁公、皇考惠公"，同一家族亦将两种易名方式交互使用。但无论日名还是谥法，其巫术原理与功能是相同的。

宋代郑樵《通志·谥略》云："生有名，死有谥。名乃生者之辨，谥乃死者之辨，初不为善恶也。""成周之法，初无恶谥，谥之有恶者，后人之所立也，由有美刺之说行，然后人立恶谥。"② 谥之初起，不为善恶，这是符合谥之巫术本义的，只是一种避讳死者真名而已，或说同日名作用一样。谥号之有善恶，是从西周共和以后开始的，给厉王姬胡谥为"厉"。这也是在巫术中由避讳而造就的谥法为政治所利用之一例。谥法既然为周礼之一，那么春秋时期，谥法就更有所发展，其表现之一就是谥号趋于制度化。童书业指出："读《左传》《史记》等书，知西周中叶以来，列国君臣以至周天子谥号，多与其人之德行、事业以至考终与否大略相当。"③ 尤其自孔子始，儒家的兴起，谥法更作为以礼褒贬人物，挽救引导社会风气，调整人际关系的手段，于是儒家着重把谥法纳入了礼制范畴，这样谥号与孔子的"正名"理论就相和谐一致了。《逸周书》中的《谥法解》编造了谥法的产生经过，阐述了谥法的基本原则，并列出了一百来个谥字，一一予以解释，这正迎合了儒家及后世对谥法的需要。秦始皇曾废止谥法，《史记·秦始皇本纪》载："朕闻太古有号毋谥，中古有号，死而以行为谥。如此，则子议父，臣议君也，甚无谓，朕弗取焉。自今已来，除谥法。"此后，谥法已根本失去原有巫术的作用与意义，仅做"盖棺定论"的世俗之用。

从谥法一路走来，就可以看出谥法从巫术到巫教到礼制再到儒家阐释

① 参见杨希枚《论周初诸王之生称谥》，《殷都学刊》1988 年第 3 期。

② （宋）郑樵：《通志·谥略·序论》，第 785、778 页。

③ 童书业，童教英校订：《春秋左传研究》附录《周代谥法》，中华书局 2006 年版，第 342—345 页。

的过程，也在说明谥法的理性发展历程，最终成为一种道德评判，这是出乎始作俑者之预料的。事物发展有时是不以人们的意志为转移的，这就是不可否决的历史。

（四）号忌

号忌是指对人名以外的事物的称谓禁忌。《礼记·礼运》云"作其祝号"，所谓"祝号"，就是一种号忌。郑玄注："《周礼》祝号有六，一曰神号，二曰鬼号，三曰祈号，四曰牲号，五曰粢号，六曰币号。号者，所以尊神显物也。"周代由于号忌的存在，语言变得神秘化、复杂化，巫术编造出一套属于自己的语言体系，表现出对不可言说的言说。

一是牺牲之号忌。号牲物者，异于人用也。《独断》云："凡祭，号牲物异于人者，所以尊鬼神也。"每种牺牲皆需取一种异样的号，不能直呼其俗用的名称。《礼记·曲礼》记载："凡祭祀宗庙之礼，牛曰一元大武，豕曰刚鬣，豚曰腯肥，羊曰柔毛，鸡曰翰音，犬曰羹献，雉曰疏趾，兔曰明视，脯曰尹祭，槁鱼曰商祭，鲜鱼曰脡祭，水曰清涤，酒曰清酌，黍曰芗合，粱曰芗萁，稷曰明粢，稻曰嘉蔬，韭曰丰本，盐曰咸鹾，玉曰嘉玉，币曰量币。"既然有此号忌，人们就得注意对牺牲的称呼，遵从这种巫术中的禁忌，《少牢馈食礼》云"敢用柔毛刚鬣"，《士虞礼》云"敢用洁牲刚鬣芗合"。如果不了解其号忌的状况，就有可能不知其所云。民俗学资料可做旁证，纳西族在祭天坛中绝对不许称本族以外的语言，而且所用的器皿一入天坛内，名号都换过了。这些被尊称的本身就是神物，其名称的字词与发音都一样是神圣的不可亵渎，因此这些字词和声音要与世俗不同，甚至世俗者不能用，也不能听。这种禁忌在世界巫术与宗教领域都是普遍存在的，如"有些圣礼中的歌，妇女是不能听的，违者要处以死刑。她们只能远远地听到牛鸣器发出的声音。"①

二是对特殊动物的号忌。龟属于灵属，用于占卜，《周礼·春官·龟人》云："天龟曰灵属，地龟曰绎属，东龟曰果属，西龟曰雷属，南龟曰若属。"

---

① ［法］E.杜尔干：《宗教生活的初级形式》，第335页。

以前的戏班对五种动物实行"塔布"——不能直叫这五种动物的本名，称为"五大仙"，都要称"爷"，老鼠为灰八爷，刺猬为白王爷，蛇为柳七爷，黄鼠狼为黄大爷，狐狸为大仙爷。① 其巫术道理是一样的。

三是星次号。上天是十分令人敬畏的，在周人眼中远胜过上帝，天文由巫史掌管。太阳系九大行星中的木星称为"岁星"。岁星由西向东 12 年绕天一周，称"一周天"，其运行的轨道称"黄道"。在黄道上，将其等分为 12 个区域称之为 12 宫或称之为 12 星次，分别将其命名为：星纪、玄枵、娵訾、降类、大梁、实沈、鹑首、鹑火、鹑尾、寿星、大火、析木。战国时期，出现了与岁星纪年有关的太岁纪年法②，又将 12 太岁取了年名，《尔雅·释天》云："大岁在寅曰摄提格，在卯曰单阏，在辰曰执徐，在巳曰大荒落，在午曰敦牂，在未曰协洽，在申曰涒滩，在酉曰作噩，在戌曰阉茂，在亥曰大渊献，在子曰困敦，在丑曰赤奋若。"大约在西汉年间，历法家为对应 10 个天干，又取了 10"岁阳"名，《尔雅·释天》称"大岁在甲曰阏逢，在乙曰旃蒙，在丙曰柔兆，在丁曰强圉，在戊曰著雍，在己曰屠维，在庚曰上章，在辛曰重光，在壬曰玄黓，在癸曰昭阳。"这些古怪的名字皆是掌握天文的巫职人员的称谓，无法知其名字的蕴涵，但可推测这些星次号是符合巫术禁忌要求的。

禁忌是巫术中的普遍现象，语言禁忌除以上所列的禁忌之外还有其它禁忌，如《礼记·曲礼下》云："居丧不言乐，祭事不言凶，公庭不言妇女。"除语言禁忌以外还有其它禁忌，再如《曲礼下》云："龟策、几杖、席盖、重素、袗絺绤，不入公门。苞屦、扱衽、厌冠，不入公门。书方、衰、凶器，不以告，不入公门。"

二、历忌与择日

古人对时间的认识是与天上的日月星辰以及万事万物相联系的，并不

---

① 陈原：《社会语言学》，学林出版社 1983 年版，第 345—346 页。
② 太岁，这是一个假想天体，沿自东向西的方向在天上运行，12 年以周，与当时人们所知的木星（岁星）运行速度相同（实际约为 11.86 年一周）而方向相反。

是单纯的客观时间观念。《尚书·尧典》云："历象日月星辰，敬授人时。"即是根据日月星辰的变化，安排重大事务日程表，这与古人对天象的禁忌有关，如《左传》昭公十七年援引《夏书》云："辰不集于房，瞽奏鼓，啬夫驰，庶人走。"王之施政，须与天时相应，人不能违时。殷墟卜辞表明商人在出行或田猎之前总要占卜一下吉凶，这就是选择时日。周之革命亦以"顺乎天，应乎人"，选择"甲子昧爽"，《利簋》铭文云："武王征商，唯甲子朝。"历忌与择日在西周的物质生活和精神生活中居有不可或缺的重要地位。"历谱者，序四时之位，正分至之节，会日月五星之辰，以考寒暑杀生之实。故圣王必正历数，以定三统服色之制，又以探知五星日月之会，凶厄之患，吉隆之喜，其术皆出焉，此圣人知命之术也。"（《汉书·艺文志·数术略·历谱类跋》）

西周设有官职执掌历忌与择日之事务，史官为其相关事务之要职，而后日官又分化于史官。《史记·太史公自序》云："文史星历近乎卜祝之间。"历忌与择日与天象有关，古波斯有言曰："天文的内容十分丰富。它对未来的预测总是正确无误的。……总之，学习天文的目的是预卜凶吉。研究历法也出于同一目的。"① 当天上发生日月食现象就认为将预示大凶大灾的不祥之兆，《周礼》中设有职官负责救日月之事，救日的办法就是击鼓，"鼓人"之职是"救日月则诏王鼓"，"太仆"之职是"赞王鼓，救日月亦如之"，如春秋时期鲁庄公二十五年六月辛未朔发生日食，于是国君击鼓，并用牺牲祭社。历来设有占日之官，《吕氏春秋·勿躬篇》云"羲和占日"，司马贞《史记·历书索隐》引《世本》云："黄帝使羲和占日，常仪占月，臾区占星气……"羲和是文献记载最早的负责择日之官。西周时，占日之事属于史官。《周礼·春官》云"太史正岁年以序事，颁告朔于诸侯"。《史记·天官书》云："周室衰微，史不记时，君不告朔。"关于日官的记载始见于《左传》桓公十七年："'冬十月朔，日有食之。'不书日，官失之也。天子有天官，诸侯有日御。日官居乡以底日，礼也。日御不失日，以授百官于朝。"人们十分重视天时与历忌，《左传》哀公十二年记载，当年冬天有螽，孔子

---

① 江晓原：《天学真原》，辽宁教育出版社 1991 年版，第 133 页。

说是"司历之过"。

择日不但需要视天象，还需要占卜。择日与占卜，不过是对同一事物的两种不同角度的陈述而已。《礼记·曲礼上》云："外事以刚日，内事以柔日。凡卜筮日，旬之外曰'远某日'，旬之内曰'近某日'。丧事先远日，吉事先近日，曰：'为日，假尔泰龟有常，假尔泰筮有常。'"时日分为"刚日"和"柔日"，对应着"外事"与"内事"，同时，择日需要龟筮相辅助。《仪礼·少牢馈食礼》记载诸侯之卿大夫祭祀其祖祢于庙时的选择祭日的情况："少牢馈食之礼。日用丁、己，筮旬有一日。筮于庙门之外。主人朝服，西面于门东。史朝服，左执筮，右抽上韇，兼与筮执之，东面受命于主人。主人曰：'孝孙某，来日丁亥，用荐岁事于皇祖伯某，以某妃配某氏，尚飨！'史曰：'诺。'西面于门西，抽下韇，左执筮，右兼执韇以击筮，遂述命曰：'假尔大筮有常。孝孙某，来日丁亥，用荐岁事于皇祖伯某，以某妃配某氏。尚飨！'乃释韇，立筮。卦者在左坐，卦以木。卒筮，乃书卦于木，示主人，乃退占。吉，则史韇筮，史兼执筮与卦以告于主人：'占曰从。'乃官戒，宗人命涤，宰命为酒，乃退。若不吉，则及远日，又筮日如初。"又《士丧礼》云："卜日，既朝哭，皆复外位。"选择时日需通过占卜，以作神判。《周易》筮占是与时日相联系的，在某时日占卜会得到某卦，再反过来某卦决定某时日的事情，如泰卦初九爻辞："拔茅茹以其汇。征，吉。"说明得泰卦之时利于征伐，为征伐吉日。再如坤卦爻辞："西南得朋，东北丧朋。"说明得坤卦之时选择西南有利，而选择东北则不利，那么在一段时期之内只能选择西南之事。《史记·龟策列传》还述及"卜时"的禁忌，"卜禁曰：子亥戌不可以卜及杀龟。"

《礼记·月令》就是一篇关于时令与禁忌、择日的文献，如：仲春之月，"日夜分，雷乃发声……先雷三日，奋木铎以令兆民曰：雷将发声，有不戒其容止者，生子不备，必有凶灾。"仲夏之月，"日长至，阴阳争，死生分。君子斋戒，处必掩身，毋躁，止声色，毋或进。"季夏之月，"不可以兴土功，不可以合诸侯，不可以起兵动众。毋举大事以摇养气，毋发令而待，以妨神农之事也。水潦盛昌，神农将持功，举大事则有天殃。"仲冬之月，"日短至，阴阳争，诸生荡，君子斋戒，处必掩身，欲宁，去声色，禁耆欲，安形性，事欲静，以待阴阳之所定。"湖南长沙子弹库出土的楚帛书《月忌》，在每月之下都述及宜忌，而以忌讳为主，其性质近于历忌之书。[①] 睡虎地秦简《日书》，虽然时代为战国末期，但它是对前代有关内容的继承与总结。《日书》中记载了历法、天象与人事的关系，这部分内容在整个《日书》中起到工具和原则、纲领的作用。《日书》甲种本中择日部分内容有：以时间为线索类 17 篇，如"十二支避忌篇""弦望朔晦篇"等；以行事为线索类为 30 篇，如"土忌篇""室忌篇"等。[②]《淮南子·要略》云："言道而不明终始，则不知所仿依；言终始而不明天地四时，则不知所避讳；言天地四时而不引譬援类，则不知精微。"

《礼记·礼器》云："作大事必顺天时，为朝夕必放于日月。"在一些所谓"神圣"的时间，规定有相应的禁戒和仪式活动，如父母死亡之日为"忌日"，《礼记·祭仪》云："君子有终身之丧，忌日之谓也。"在忌日禁止饮酒作乐，甚至禁食。李约瑟认为选择时日之术在世界各地都有，且历史悠久。"和星命有密切关系的另一种信仰体系是选择吉凶时日；这不是中国所特有的，但受到了中国的培育，艾斯勒提供了证据说明，这种迷信要追溯到巴比伦和埃及。例如希罗多德说过，埃及人知道主宰每天的神以及在这时出生的人有着什么命运。因此，在罗马历书上曾标有'埃及日'。希腊诗人赫西奥德也有这种观念。它的起源似乎无疑的是基于月相，西方的这类书称为 seleodromia（月相），这一事实足以说明。"[③] 如佛教规定农历一、五、九月为"忌月"，在此三月中信徒要素食、斋戒、禁屠宰等。这些都是历忌在不同的宗教中的不同表现形式。

历忌与择日在中国传统中居于重要的位置，并始终信奉这种巫术禁忌。时至今日，人们同样还是选择吉日行事，因为人们始终坚信："夫历有圣人

---

① 参见李学勤《简帛佚籍与学术史》，第 56—66 页。
② 参见刘乐贤《睡虎地秦简日书的内容、性质及相关问题》，《中国社会科学院研究生院学报》1993 年第 1 期。
③ ［英］李约瑟：《中国科学技术史》第 2 卷，上海古籍出版社 1990 年版。转引自刘乐贤《睡虎地秦简日书的内容、性质及相关问题》，《中国社会科学院研究生院学报》1993 年第 1 期。

之德六焉：以本气者尚其体，以总数者尚其文，以考类者尚其象，以作事者
尚其时，以占往者尚其源，以知来者尚其流，大业载之，吉凶生焉，是以君
子将有兴焉，咨焉而以从事，受命而莫之违也。"（《后汉书·律历志下》）人
的生命是以时间为丈量尺度，对于时间的崇拜也是情有可原的。

三、禁忌与生态伦理

崇拜生命是古代人类对生活的一种基本态度。《孔子家语·好生》云：
"舜之为君也，其政好生恶杀。……凤翔麟至，鸟兽驯德。无他也，好生故
也。"由于对生命的崇拜就产生了有关生命的禁忌，并呈现出古代社会特有
的生态伦理，这种生态伦理有利于生态的持续与发展，可谓是巫术禁忌带来
的正面影响。

生命禁忌起于巫术，巫术思维决定违反禁忌将是危险的，当一些生命
禁忌得到普遍认可后，就成为人们普遍遵从的戒律或上升为国家意志的禁
令，但我们不能忽视这种戒律或禁令与巫术禁忌之间的内在联系。在古代
社会，人类自身的繁衍是人类一种重要的生产，追求种的健康延续首先表
现为生育禁忌。生育禁忌表现在很多方面：一是强调婚媾有行媒，《曲礼
上》云："男女非有行媒，不相知名。……故日月以告君，斋戒以告鬼神，
为酒食以召乡党僚友，以厚其别也。"这与巫师沟通天地方式一样，既然强
调男女有别，则须有行媒。《诗·卫风·氓》云："匪我愆期，子无良媒。"
又《豳风·伐柯》云："伐柯如何，匪斧不克；取妻如何，匪媒不得。"行
媒既是文明发展之产物，同时又是一种婚媾禁忌。二是同姓不婚，"虽百世
不得通婚者，周道也"，（《礼记·大传》）因为同姓婚媾，其生不蕃，"娶妻
不娶同姓，故买妾不知其姓，则卜之。"（《礼记·曲礼上》）西周末年，史
伯在《国语·郑语》中提出了"和实生物，同则不继"的深刻思想。①三
是胎教禁忌，《列女传》记周文王的母亲大任"性专一，及其有身，目不
视恶色，耳不听恶声，口不出恶言，以胎教也。"《大戴礼记》记"周后妃

---

① 这种巫术禁忌中蕴涵了科学的萌芽，现已得到了生命科学的证明。

任成王于身，立而不跂，坐而不差，独处而不倨，虽怒而不詈，胎教之谓也。"① 四是生辰禁忌，《礼记》的《曲礼》和《少仪》两篇记载不能直接说出岁数，《曲礼下》："闻天子之年，对曰：闻之始服衣若干尺矣。问国君之年，长，曰：能从宗庙社稷之事矣；幼，曰：未能从宗庙社稷之事也。问大夫之子，长，曰：能御矣；幼，曰：未能御矣。问士之子，长，曰：能典谒也；幼，曰：未能典谒也。问庶子之子，长，曰：能负薪矣；幼，曰：未能负薪也。"年龄不能公开，生日亦需保密。《礼记·内则》云："宰辩告诸男名，书曰'某年某月某日谋生'而藏之。"《南越笔记》记载，"南越人好巫，或有仇怨，于神前书其人生年八字，以碗覆之神前"，可取其性命。② 五是伦理禁忌，《礼记·曲礼上》云："男女不杂坐，不同椸，不同巾栉，不亲授。嫂叔不通问。诸母不漱裳。""姑、姊、妹、女子已嫁而反，兄弟弗与同席而坐，弗与同器而食。"像这些父之妾不能为父之子洗浣衣裳等，都是受巫术传染律的影响，怕因此而产生乱伦的念头。除这些禁忌之外，还有一些生育巫术行为，如《礼记·内则》载，生了男孩以后，门上要挂弓，并且要向上下四方射箭，弓箭具有避邪作用，"射人以桑弧蓬矢六，射天地四方"。

生物崇拜带来禁忌，这种禁忌可以维持生态平衡，建立起一种生态伦理的秩序。一是动物禁忌，《周礼·迹人》云："迹人掌邦田之地政，为之历禁而守之，凡田猎者受令焉。禁麛卵者与其毒矢射者。"又《礼记·曲礼下》云："国君春田不围泽，大夫不掩群，士不取麛卵。"③ 对动物施行一些禁忌，是对自然的保护，表现出一定的"天人合一"思维。为何如此呢？云梦睡虎地秦简《日书》甲种有所解释："春三月甲乙不可以杀，天所以张生时；夏三月丙丁不可以杀，天所以张生时；秋三月庚辛不可以杀，天所以张生时；冬三月壬癸不可以杀，天所以张生时。此皆不可杀，小杀小央（殃），

---

① 引文引自《保傅》，《保傅》是贾谊《新书》里一篇，又被收录于《大戴礼记》，定县八角廊竹简中又发现了《保傅》的单行本。中国古人在周文王时期已懂得胎教，何其先进，可令今人汗颜。现今研究胎教之士若不数典忘祖，当溯及于此。

② 陈来生：《无形的锁链——神秘的中国禁忌文化》，第 56 页。

③ 动物保护可谓从此始，为当今绿色和平组织之鼻祖。

大杀大央（殃）。"①除杀生禁忌外，还有种类禁忌，《史记·周本纪》云：武王将伐纣，"既渡，有火自上复于下，至于王屋，流为乌，其色赤，其声魄云。是时，诸侯不期而会盟津者八百诸侯。诸侯皆曰：'纣可伐矣。'武王曰：'女未知天命，未可也。'乃还师归。"乌被视为一种禁忌。《楚辞》中说，残酷的牧野之战即将开始的时候，天空中飞集着群鹰。《战国策·魏策》认为苍鹰盘旋是凶杀的前兆，这些都是一种禁忌。二是植物禁忌，《周礼·地官·山虞》云："山虞掌山林之政令，物为之厉，而为之守禁。仲冬斩阳木。仲夏斩阴木。凡服耜，斩季木，以时入时。令万民时斩材，有期日。凡邦工入山林而抡材，不禁。春秋之斩木，不入禁。"《逸周书·大聚》云："（周公）旦闻禹之禁。春三月，山林不登斧，以成草木之长。夏三月，川泽不入网罟，以成鱼鳖之长。"环境及动植物的保护，已成为后世秦汉的法律，这得到了出土简帛的佐证。睡虎地竹简秦律《田律》云："春二月，毋敢伐材木山林，及雍（壅）堤水。不夏月，毋敢夜草为灰，取生荔麝卵鷇。毋……毒鱼鳖，置井网，到七月而纵之。"②张家山竹简汉律亦有："禁诸民吏徒隶，春夏毋敢伐材木山林，及进堤水泉，燔草为灰，取产麝卵鷇。毋杀其绳（孕）重者，毋毒鱼……"③《吕氏春秋·十二纪》以及本于《十二纪》的《礼记·月令》都有此思想。这一脉相承的思想不仅反映了生产的需要，还有其特殊的巫术文化背景，是特定时期的巫术演化产物，也可谓是一种巫术的特殊演化形态。

鬼魂崇拜带来的禁忌。《礼记·曲礼上》云："邻有丧，舂不相；里有殡，不巷歌。……送丧不由径，送葬不辟涂潦。"邻居家有丧事时，不要对着邻居家舂米，因为舂米是招魂的仪式之一，以免亡魂误入自己家中。《礼记》的《檀弓》《丧大记》等篇都明确说明守丧期间夫妇不能同房，否则违反禁忌。《仪礼》《礼记》中规定守丧期间不可洗澡、剪指甲、腰间系的麻绳在睡觉时不能解掉。《仪礼》说，死者用过的厕所要被填平，不能再用。

随着社会文明的进展，人们日益感觉到禁忌束缚着人的行为太甚，人

---

① 高明：《古文字类编》，中华书局1980年版，第380页。
② 李学勤：《简帛佚籍与学术史》，第111页。
③ 李学勤：《简帛佚籍与学术史》，第111页。

道往往让位于神道，故引起后人对禁忌的议论，试图减少禁忌。《老子》云："天下多忌讳而民弥贫。"司马谈《论六家要旨》云："若拘牵禁忌，则畏鬼神废人事矣。"说明忌讳多带来的负面影响。班固《汉书·艺文志》在评价阴阳家时云："阴阳家者流，盖出于羲和之官，敬顺昊天，历象日月星辰，敬授民时，此其所长也。及拘者为之，则牵于禁忌，泥于小数，舍人事而任鬼神。"这也说明禁忌在历史进程中越来越受到质疑。

禁忌越多，巫教对于人的控制就越强；在禁忌产生之初，是一种巫教的需要，甚至是一种进步事业。但是，由于禁忌的巫术本质带有强烈的迷信性，当然随着人类自己的解放，冲破禁忌就成为一种必然了，这又是一种进步事业。不同历史时期，就会产生不同的价值评判，这也是合理的。

第六章 西周巫教演化特质及其影响

历史不是编年式的材料堆积，而是鲜活地呈现于当下和未来的人类故事。

——题记

西周巫教越过商代之鼎盛期，运行轨迹似是螺旋式下滑，实质上是在作周初巫教维新后的不断演化。周初巫教维新使古代巫教在西周时期产生了质的变化。这种变化是亘古未见的，犹如滔滔大河穿越密密层林后来到一片开阔地，然后发生巨大的转向，平铺地流向广阔的文明大平原。巫教演化就成为西周巫教的最大特质，也是西周社会精神世界的发展主轴。内在原因主要表现在：一是先周巫风不及商炽，故周克商后巫风渐杀；二是商周至上神"帝"与"天"宗教冲突后，周人获得天命转移的君权神授的合法性，削弱"帝"的至上神地位；三是周人总结历史经验，得出"天命靡常""唯德是辅"等信条式的结论，动摇巫教存在的至上神根基，给人事留下理性的转圜余地；四是周公"制礼作乐"令原为巫教化的社会更进一步人事化与政治秩序化，在不改变巫教信仰的同时又将巫教作为社会治理的途径与手段，这可能是周人创造的东方式"二律背反"，巫教与理性两种力量之间呈现此消彼长、相背相反的作用；五是周人完成巫教合一政权向君权神授的转变，同样获得政权的合法性；六是周人善政与善教是相联系的，西周文化教育之兴起，进入了一个新的官学时代。在商周改朝换代以及周人"其命维新"的大的时代背景下，西周巫教维新及其演化形态表现出其显著的特质，并带来历史性的深远影响。

一、西周巫教演化阶段

周代之前，历史上巫教衍化是一个持续不断的单向过程，但自从周初巫教维新后，其演化方向就发生了转折，开始越来越趋向于理性的轨道，渐渐显露出其理性色彩，而且人事的味道也是越来越重。西周处于巫教演化最为剧烈、最为重要的历史阶段，甚至可以说西周的此巫教已经不能简单地等同于过往历史上的彼巫教了，原来威严的不可挑战的至上神信仰的独尊地位有所动摇，人们反而更多地相信"天命靡常""惟德是依"了；原来有些巫教的仪式也被改造为人事化的仪规，仪式可能还是那个仪式，但内容却稍稍地有所改变，可能从敬神变为敬神与人伦合一了；巫教一些内容与仪式行为都已通过官方的"制礼作乐"过程进行了规范化的改造，并且成为一套官僚化的制度体系；原来的巫师被选择性地纳入官僚体系，并接受和服从官方管理，不再具有巫教自身独立的组织体系，巫教对于官僚的从属性越来越强，其接受官僚的使用的工具性也越来越凸显；巫教、礼乐系统、巫教在意识形态领域中比重以及巫教在一般日常生活中的结构都发生了巨大的变化，其实不是一般简单的量变式的"损益"论所能说明的了。这些变化当然也符合量变与质变规律，符合历史发展进程，不是一朝一夕就可以完全实现的。西周巫教维新应该说肇始于成王时期，而蜕变于宣王时期，最后终止于幽王时期。成王时期开始努力建立的巫教衍生态——礼乐体系，到宣王时期就开始有意识地被打破，结果导致"礼崩乐坏"之发端。在整个西周巫教演化过程中，我们可以通过这些不同的节点更进一步地对其加深了解。

（一）武王时期：巫教维新准备阶段

徐钟舒据史料记载，发现周人迁居周原之后，"在社会发展相同阶段中，二千年后金王朝的兴起，也走了同一的道路""金人兴起距周初已二千年，在社会发展相同阶段里就有相同的生产方式，这是不以人们意志为转移的"。[①]

---

① 徐中舒：《先秦史十讲》，中华书局 2009 年版，第 71 页。

这说明周人当初生产力水平及文化发育之先进,当出乎后人之想象。徐中舒只是将周族同中华大地上的女真族相比较,就是同欧洲的所谓日耳曼人兴起做比较,也会得出同样的结论。周人后来能创造出恢宏的东方历史画卷,能够引领当时天下文明的发展方向,甚或说创造了一种中华文明新形态,也是可以理解的。周人确实有周人的特质,无论是文化积淀还是武力所及,都已具备取得天下之条件,于是乎武王克商,在伐商大会诸侯的誓师词《尚书·泰誓》中,直接宣誓周人接受天命,向商人宣战。商人既然信奉上帝,那么周人就以天的名义发号施令,整篇誓文表现出天的压倒性优势,"皇天震怒""肃将天威""底天之伐";历数夏桀和商受违天之罪愆,"有夏桀弗克若天"、商王受"自绝于天""商罪贯盈,天命诛之";武王承受天命,"天其以予乂民""恭行天罚";表明天之佑民之态度,"惟天惠民,惟辟封天","天视自我民视,天听自我民听""天矜于民,民之所欲,天必从之";但是周人在此不提商人的至上神上帝,以免至上神之间发生冲突,也就避免了由于信仰不同而导致族群之撕裂。《尚书·泰誓》虽为古文《尚书》,但也能说明周人对于天之崇奉。《尚书·牧誓》篇仍旧发出"今予发惟恭行天之罚"之誓词。《尚书·武成》篇表明"恭天成命""垂拱而天下治"。开国伊始,武王重要的是一面安顿前朝遗臣,一面忙于建国,稳定局势。其时武王及时了解商之旧制,向箕子问"彝伦攸叙",寻求治国大道,做好从伐纣"替天行道"到"天阴骘下民"之治理、从商人"巫政合一"体制到建立新的治理秩序做好准备。

(二)成王时期:巫教维新肇始阶段

成王在位前期,周公摄政,后又归政于成王。这一时期,周人掀起了巫教维新运动,重要标志性事件就是周公的"制礼作乐",彻底改变了夏商以来的"巫政合一"的旧体制,可以说,在整个三代时期,夏代进入了文明的门槛,实现了从原始社会向文明社会的转换,经过商代的文明积累,周代进入了第二个文明阶梯,其重要标志就是透露出理性的、人文的曙光,人权开始从神权的统治下抬头,民本思想开始成为统治者制定治国理政的依据,这在夏商朝代是不可思议的。这是多么巨大的文明进步啊!周公制礼作乐,显然是将原来社会只关注人与神之间的顺从关系转向既关注人与神还关注现实的人与人之间的关系，从而形成一个重视伦理的社会的雏形；将宗教的社会体制转向了国家的社会体制，从而形成天下观念统领的文化秩序；这也就自然地形成了新旧之间的矛盾。这就需要一系列的巫教变革，否则就难以推行一整套新的社会运行机制。如在占筮领域，将原《坤乾》颠倒顺序为《乾坤》，金景芳先生认为，这绝非主观随意而为，必定与商周社会的政治结构与思想观念有关，是"殷道亲亲，周道尊尊"的反映。重母统，亲亲，是原始社会的孑遗；重父统，尊尊，是阶级社会的初制。亲亲，反映血缘关系；尊尊，反映政治关系。用如此的变革去维护新的社会体制，由巫教演化的礼制也就自然推行开来，使得现行体制也就显得天经地义了，这是周初历史发展的逻辑使然。[①] 周公旦巫教变革，充分地将血缘与神缘、地缘与神缘、祭权与政权、族权与政权有机地结合起来，令天上的神与地上的君结成一体，西周的分封制、宗法制、世袭制、等级制等一整套政治礼制与巫教结合后，巫教成为这些制度的思想基础与执行依据。原来的巫教也愈来愈理性化和政治化，由此逐渐建立的君权神授的专制体制影响了中国几千年。在此可以借用黑格尔的话来阐明这个时代，倒也算恰切：

> 这个时代是一个新时期的降生和过渡的时代。人的精神已经跟旧日的生活与观念世界决裂，正使旧日的一切葬入于过去而着手进行他的自我改造。事实上，精神从来没有停止不动，它永远是在前进运动着。但是，犹如在母亲长期怀胎之后，第一次呼吸才把过去仅仅是逐渐增长的那种渐变性打断——一个质的飞跃——从而生出一个小孩来那样，成长着的精神也是慢慢地静悄悄地向着它新的形态发展，一块一块地拆除了它旧有的世界结构。只有通过个别的征象才预示着旧世界的倒塌。……在在都预示着有什么别的东西正在到来。……但这个新世界也正如一个初生儿那样还不是一个完全的现实。……我们不能说一个建筑物在奠基的时候就算是已经落成……[②]

---

① 何世明：《融贯神学与儒学思想》，《世明文集选》第 5 卷，宗教文化出版社 1999 年版，第 15 页。

② [德] 黑格尔：《精神现象学》（上卷），第 6—7 页。

　　成王时期，周公旦奋力按照周人的设想或者说周人的模式建立一个属于周人的新世界，建立一个不同于商人并与过去有所区分的巫教新精神以及西周社会的意识形态，一切都是新的，号召作新人，真正描绘出了一个"苟日新，日日新，又日新"的愿景。

（三）康王时期：开始"王权神化"阶段

　　《左传·昭公廿六年》云"昔武王克商，成王靖四方，康王息民"，也就是说，康王时期是一个休养生息的年代，这个时期是很适合于实施精神文化建设的。康王进一步强化皇权与神权结合，巩固"君权神授"的政治观念，为进一步实行礼制铺平道路。康王时期有两件值得提到的事情：一是康王时代，官方政府开始"定乐歌"，第一次为作为巫歌的"诗"结集，成为《诗经》之滥觞，显然乃周公"制礼作乐"之余绪。由此巫教之类的"乐歌"纳入政府统一管理，这是一件了不起的事情。这次"定乐歌"的意义起码可以如此认识一下：

　　　　在西周，当神的威力渐次减弱，人的力量渐渐凸显，理性精神显露曙光、得到发展，诗歌由人与神之关系语境的言语方式，逐渐成为人与人之间关系语境的重要言语方式，在西周社会意识形态的构建中，产生了重要影响。从《礼记·表记》中可以看到，与殷人相比，周人虽然同样隆祭祀，却更加重视的是"尊礼"，即尊礼尚施、崇德贵民、远神近人，西周礼乐文化是对原始巫觋文化与巫教祭祀文化的包容与革新，在原始巫觋文化与巫教祭祀文化中，诗歌承担着沟通神人并达到"神人以和"的重要使命，而在西周礼乐文化中，诗歌则被赋予了"礼别异、乐合同"的伦理政治功能，对于确立周人统治的合法性起到了至关重要的作用。①

　　二是自康王始自称"天子"。"巫政分离"的必然结果就是由"巫政合

---

①　蔡先金：《诸子之前泛诗现象研究》，齐鲁书社2012年版，第114页。

一"转为"王权神化"。周之王权授之于天命是不能改变的。《尚书·召诰》把周之代殷说成"皇天上帝，改厥元子。"郑玄注云："言首子者，凡人皆云天之子，天子为之首耳。"《尚书·大诰》云："予为小子，不敢替上帝命。天休于宁（文）王，兴我小邦周。"《尚书·多士》云："非予罪，时惟天命。"《尚书·多方》云："天惟式教我用休，简界殷命，尹尔东方。"《诗经》亦多篇言周受天命，不胜枚举。"王权神化"后，天和人的关系认识有了一个重要变化，就是授命者与受命者之间的关系发展成为一种血缘关系，由此天之子则可以垄断神权。西周早期铭文"敢对扬王休"的套语，后来演变为"对扬天子丕显休"①，故天子之说并不是周初就存在的，从康王开始，周人最高统治者"王"与"天子"并称。《洪范》所云："凡厥庶民，极之敷言，是训是行，以近天子之光。曰：天子作民父母，以为天下王。"只能为后世追记了。这一"王休"与"天子休"习语的转变，似乎可以用于青铜礼器断代，"王休"铭文青铜器一般为康王之前，而"天子休"铭文青铜器只能为康王之后了。翦伯赞说："西周的国王，首先把天的权威引渡到自己的身上……虽然是上帝的儿子，但人间和天上，究竟是两个世界，为了沟通这两个世界的关系，于是西周的国王，遂成为天人之间的中介。"② 然后昭、穆、恭、懿、孝、夷各王时期，主要是继承与完善礼乐制度，正如祭公谋父谏穆王所言："日祭、月祀、时享、岁贡、终王，先王之训也。有不祭则修意，有不祀则修言，有不享则修文，有不贡则修名，有不王则修德，序成而有不至则修刑。"（《国语·周语上》）巫教稳步地进行演化，演化为礼乐形态，于是后人看到了神性、人性、社会性三位一体的礼乐文化。

（四）厉王时期：巫教时代的尾声

万物常变。巫文化延续至厉王时期，已经接近强弩之末了，甚至走到了国人的反面；此时原有的礼乐制度也处于岌岌可危状态。这也符合一切制

---

① 《静簋》铭文称天子，"静敢拜首，对扬天子丕显休"。

② 翦伯赞：《先秦史》，北京大学出版社 1988 年版，第 269—270 页。

度的生命周期率，或者说是制度变迁的规律。① 当一个政体的制度衰老的时候，也就意味着这个社会将失掉其稳定状态，社会动乱也就离得不远了。巫可能已经走到了历史的反面了，沦为国王施暴的政治工具。据史料记载，厉王喜欢专利，巫师成为国王的帮凶，直接参与王之事务，受到国人嗔怒。厉王三十四年（公元前838年），"厉王虐，国人谤王。邵公告曰：'民不堪命矣！'王怒，得卫巫，使监谤者，以告则杀。国人莫敢言，道路以目。"（《国语·周语上》）《周本纪·正义》云："监，察也。以巫人神灵，有谤毁必察也。"卫巫的职能极为异化，假托神灵发现某人暗地毁谤，即予惩罚。巫教系统受到极大破坏，《墨子·尚贤中》云厉王"诟天侮鬼"。这一时期"井田制"已经开始动摇，如《散氏盘》铭文所记载田地分割；物与物贸易也可能十分活跃，如《卫盉》铭文所记载裘卫所做的贸易；民之参政意识也有所觉醒，《国语·周语》记载邵公云"夫民虑之于心而宣之于口，成而行之，胡可壅也？若壅其口，其与能几何？"厉王在如此制度失灵、社会失序境况下，无论其是真的"专利"还是发展经济，也无论其是顺民还是逆民，都会遇到"防民之口，甚于防川"，因为其官府已经陷入了所谓"塔希佗陷阱"，一旦陷入这个陷阱，民众对公权力的信任就会丧失，无论官府做的好事还是坏事都同样会引起民众的厌恶。结果，国人暴动，厉王流亡于彘。厉王的结局也就代表着其手中工具巫的下场，也就宣告厉王和巫共同维护的统治地位的丧失，由此看来，巫教的地位在渐渐式微之后已临近结束的尾声。不但巫教地位难保，礼乐制度也同样面临毁坏之境地。王宇信评价道："厉王时国人暴动使西周的统治基础发生了动摇，揭开了由奴隶制社会逐渐向封建制社会过渡的序幕，是我国历史上具有重大历史意义的事件。"②

---

① 当今经济学界将制度分为"内在制度"（internal institution）和"外在制度"（external institution）。内在制度是从人类经验中演化出来的，体现着过去曾最有益于人类的各种解决办法。外在制度是被自上而下地强加和执行的，是由一批代理人设计和确立的。（参见［德］柯武刚、史漫飞《制度经济学——社会秩序与公共政策》，韩朝华译，商务印书馆2000年版，第36—37页）

② 王宇信：《西周史》，中国青年出版社1994年版，第289页。

（五）宣王时期：礼崩乐坏之发端

从西周建国至宣王即位已 200 余年，整个王国又刚刚历经国人暴动，朝纲松弛，旧制度显然不能够完全适应现实社会的需要。理性与巫教是一对冤家，随着理性渐渐抬头，巫教必将式微。在巫教式微的背景下，一部分演化于巫教的礼乐制度也必将失去效用，如此看来，无论是巫教的意识形态还是其制度体系都处于衰落的边缘。宣王即位不久，就出现了"不籍千亩"现象。宣王不信"籍千亩"则"能媚于神而和于民矣，则享祀时至而布施优裕也"，而"不籍千亩"则"匮神乏祀而困民之财"（《国语·周语》）。除此之外，宣王还做出了一些有违"古训"之事，如"料民于太原""立戏为鲁太子"后又伐鲁，宣王加速了"礼崩乐坏"的进程。因此"礼崩乐坏"过程肇始于天子而不是诸侯与庶民，此过程的方向恰与人们正常想象的要相反，是自上而下，而不是自下而上。[①] 宣王的一系列举动都会招致保守势力的反对，然而史学家们都将宣王时期说成是"宣王中兴"，这说明宣王是奋力有为的，他对于旧制度的改革以维护为王朝续命，初心是好的，犹如晚清王朝最后的所谓"新政"那样，昙花一现，结果只能走向事与愿违，加速王朝的崩塌。法国历史学家阿力克西·德·托克维尔（Alexis—Charles—Henri Clerel de Tocqueville，1805—1859）在《旧制度与大革命》中总结道，社会的崩溃并非因为人们的处境越来越坏，最经常的情况是一旦社会制度松弛，人们就将它猛力抛弃；流弊被清除，使得人们更容易觉察尚存的其它流弊；痛苦一旦减轻，但感觉却会变得更加敏锐；一时的所谓繁荣或者中兴反倒加速王朝的崩溃。宣王中兴只能是西周王朝的回光返照，带来的也只能是西周的灭亡。然而，宣王时期开始有秩序地打破巫教之衍生态——礼乐制度，渐渐地揭开"人文时代"的帷幕，为迎接后期真正的诸家并起的"人文时代"做了推开大门的准备。

（六）幽王时期：终结西周巫教演化

西周至幽王时期，其命数已竭。无论是巫教演化还是礼崩乐坏都致西

---

① 参见蔡先金《从"宣王伐鲁"看嫡长子继承制》，《人文杂志》2002 年第 4 期。

周于绝境。幽王在位时期，国破人亡。幽王二年，西周三川皆震，岐山崩。"夫国必依山川，山崩川竭，亡之征也。川竭，山必崩。若国亡不过十年，数之纪也。夫天之所弃，不过其纪。"（《国语·周语》）这虽是巫教性的预言，但也能从一个侧面反映当时的社会状况。整个社会的意识形态领域已相当混乱，原生态巫教及其衍生态礼乐体系都已动摇，而没有建立起一个新型的精神体系，幽王也无力去建立起一个能够统治天下的精神信仰与体系，也更难重振朝纲。西周巫教演化的大幕至此已经闭合，该谢幕的已经谢幕，西周故事到此终结。幽王十一年，周乃东迁。此后便是五霸纷争天下，呼唤着新的精神范型出现，于是春秋战国时期出现百家争鸣的局面，为"大一统"国度的建立做出了精神上的准备。

一切文化变革都是由人推动的，西周巫教变革的主体就是"文官阶层"，那么这个变革群体如何运作的呢？西周自公元前 1046 年至公元前 771 年期间，每一时期的变革总是新与旧的较量，这文官阶层也总要分出保守派与革新派，即使在商代的占卜贞人，董作宾认为都有新派与旧派之分，代表历史文化发展潮流与方向的总是新派，而固守过去不放与持倒退态度的总是旧派。因此西周时期涌现出了像周公旦、宣王满等新派代表人物，推动着巫教的演化过程，推动着历史前进的步伐。但也有像祭公谋父那样的旧派代表人物，维护着传统巫教及其衍生态礼乐系统。倘若没有新旧的矛盾与冲突，也就不会产生巫教演化，也就没有历史前进的动力。按照历史唯物主义的观点，事物发展总是在扬弃中螺旋式上升，新事物最终都要战胜旧事物，无论道路如何曲折，前途总归是光明的。华夏民族的五千年历史已经做出了证明。

二、西周巫教演化内在机理

西周巫教经历了一个非常艰难的演化过程，基本完成了由商之巫教向春秋人文转变的过渡任务，可以说，既是前期巫教文化的维新与终结，又是后期春秋人文文化的初期启蒙。这一演化过程必定会产生出各种各样的巫教演化形态，而这些巫教形态又有一些表现形式，反映出西周巫教演化的一些内在机理。

（一）西周实现从"巫政合一"向"巫政分离"转变

在历史长河中，"巫"与"政"之间彼此消长关系可以描述为：第一阶段，只有巫而没有政。先有巫，后有政，即在没有产生国家政权之前就有了巫的存在；第二阶段，政已产生，却是巫政合一，政权可称之为有政参与之巫权，实质上，这一时期巫权高于政权；第三阶段，巫政渐分离，巫权成为政化之巫权，这一阶段政权实质上高于巫权，巫权服务于政权需要；第四阶段，巫权消失，只存有政权。这就是巫与政相互之间消长的历史演化过程，经历了由"有巫没政"到"有政没巫"的消长，于是乎文明就如此向前推进。商周之际，就是处于由"巫化政权"向"政化巫权"的过渡阶段。此乃是周与商在国家演进过程中最大之不同，是一次质的飞跃，政权开始从巫权中解放出来。若言商之前为政权相对巫权是处于奴婢地位的话，那么在西周时期政权就渐渐居于主人的位置。在古代世界史上，古代埃及、两河流域、印度等各种文明都经历了这么一个相似的过程，只是其表现形式不同而已，其本质是一样的。我们只要把几个古代文明进行简单比较，就会比较出各自政权在他们的神权下什么时期如何独立出来的，就是一个十分有意义的课题。① 可以说，他们都是由于异族的征服，才真正导致了神权与政权开始分离。西周走的道路却完全不同于其它古文明体所走的道路，神权与政权分离

---

① 古埃及人较原始的信仰是对图腾的崇拜，鸟兽虫鱼皆为崇拜对象。埃及人崇拜动物神，罗马时期派驻埃及的一名使官因打死一只猫引起埃及暴动，而使官被拷打致死就足以说明这些神圣动物的不可侵犯。（见刘文鹏《古代埃及史》，商务印书馆 2000 年版，第 621 页）古王国和中王国时期可谓"神政合一"，新王国时期出现了阿蒙霍特普四世的宗教改革，大约处于公元前 1379 年至前 1362 年之间，就是由于法老政权意识的觉醒，于是产生了同阿蒙祭司之间的斗争，即政权与神权之间产生了冲突，尽管政权采用以另一种神权的形式取代原有神权，但总表现出政权这个奴婢对神权之反抗。最终阿蒙霍特普四世的宗教改革归于失败，政权仍旧屈从于神权。约公元前 1085 年，底比斯的阿蒙祭司长赫里霍尔取法老而代之，建立了第 21 王朝，从而结束了新王国时期。祭司是神灵的代言人，认为君权神授。埃及"象形字"本意为"神圣铭刻"，主要是祭司们使用的文字，多用于碑铭和宗教方面。因此，古埃及时期还是处于神政合一时期。托勒密统治时期（公元前 305 年至前 30 年），统治者接受了埃及法老传统，不仅使王权神化，也使国王成为神。但希腊僧侣与埃及僧侣不同，他们不像埃及僧侣是专职的献身宗教的圣徒，而是来自富裕阶层的俗人，相当于政府机构的管理人员，不生活在僧侣部落中。

不是通过外部征服的力量，而是通过自身变革的内在动力，最终实现这种分离。这是多么伟大的力量，又是多么伟大的历史进程！

西周"巫政分离"过渡时期表现在：一是"巫"组织职能衰退，国家组织职能强化；二是"巫"与"政"还没有实现完全分离、各自独立，但"巫"已变相地屈从于"政"，镶嵌在"政"的系统中；三是"巫"文化从主导性的文化中剥离出一部分，进入民间文化，即大传统与小传统分离成为两个相对的文化系统；四是由"巫权政化"转为"王权神化"，由原来的巫权披上政权的外衣到人世间的政权披上神权的外衣，这种颠倒是一件十分了不起的事情。西周初期，"巫"与"政"的关系渐渐分离，但巫仍旧存在于主流社会文化之中，只是以巫或者其变种的形式出现，或是赤裸的，或是潜在的。后来"神"与"政"的关系渐渐替代"巫"与"政"的关系居于主导地位，对神仅仅是祭祀与信仰了，也就是后来所言的"国之大事，在祀与戎"。

（二）周人复杂的神灵系统解构了一元至上神的崇拜

周人虽然"事鬼敬神而远之"，但仍处于万物有灵信仰的后期阶段，只是表现出天、帝为主而已，并没有在巫教基础之上产生一神教，其信仰系统仍然纷乱不统一，这就是巫教仍旧存在并能流行的信仰基础。西周的神灵系统，《周礼·大宗伯》记载为："以禋祀祀昊天上帝，以实柴祀日、月、星辰，以槱燎祀司中、司命、风师、雨师，以血祭祭社稷、五祀、五岳，以貍沈祭山、林、川、泽，以疈辜祭四方百物。"周人虽然有些理性的觉醒，增强了对自然客观世界及自身的认识，但不可能超越那个时代，完成一次跨越神灵时代的飞跃。

同夏商相比，周代的祖先崇拜有鲜明的个性特点，已经完成比较完善的祖先崇拜意识系统，成为中国几千年祖先崇拜系统的集大成者。在周人心目中，祖先，即使是最显赫的祖先，也是处于半神半人状态，不像商人那样祖先神灵等同于其他神灵一样，帝成为商人祖先的最高代表。周人祖先不再是首领与巫师合一的形象，祖先也不能直接呼风唤雨，最多"文王陟降，在帝左右"。（《诗经·大雅·文王》）但祖先神灵可以降福佑于子孙，当然也不能否认这里有向祖先祈求多福的祈祷成分，周厉王时的"胡簋"铭文："有余惟小子，余亡康昼夜，经雍先王，用配皇天……用康惠朕皇文烈祖考，其各前文人，其频在上帝廷陟降。"厉王时的"胡钟"铭文："惟皇上帝、百神保余小子，朕猷又成亡竟。我惟司配天王，对作宗周宝钟……用昭各不显祖考先王。先王严在上……降余多福，福余子孙。""虢叔旅钟"铭文："皇考严在上，异（翼）在下……降旅多福。"在祖先祭祀时，周人往往以生人代替死者受祭，受祭者称为"尸"。

由于这种万物有灵论的长期存在，结果又导致世人对于神灵敬畏不足，因为到处都是神灵，往往在人们的心里就都不重要了。所以，世人只能"临时抱佛脚"，需要拜哪方神灵就拜哪方，也就不专一了，甚至有神灵实用主义之嫌，比如向神灵祈福应验后履行自己当初求神保佑时许下的诺言或报酬，俗称"还愿"，这样就变成了一种貌似公平的交易了，实质上，一旦祈福得不到应验又必然会对神灵产生怀疑与抱怨。这种情况下，表面看来尊奉的是"万物有灵论"，实际上另一面又会表现出"万物无神论"，犹如语言学中所谓"正反义合一"语言现象，钱钟书指出黑格尔曾"举'奥伏赫变'（Aufheben）为例，以相反两意融会于一字"①，古汉语中的"乱"字同样是融"混乱"与"治理"两意，不足怪也。所以，国人似乎处于一种有神论与无神论之间，视情而定，视势而为。

辜鸿铭曾解释中国为何没有宗教，他说："中国之所以没有对于宗教的需要，是因为他们拥有一套儒家的哲学与伦理体系，是这种人类社会与文明的综合体儒学取代了宗教。人们说儒学不是宗教，的确，儒学不是欧洲人通常所指的宗教。但是，我认为儒学的伟大之处也就在于此。儒学不是宗教却能取代宗教，使人们不再需要宗教。"② 他的说法是很有道理的。其实儒学就是周人正统之学，孔子只是接续着讲，而且声明自己"述而不作，信而好古"（《论语·述而》），其所谓古只能是指西周了，无论是他所谓"郁郁乎文哉！吾从周"还是"克己复礼"，都在说明孔子效法的是西周，希望回到西周去。如果说孔子是儒学的创立者，那么周公旦就应该是儒学信奉的祖师爷

---

① 钱钟书：《管锥编》（一），生活·读书·新知三联书店 2001 年版，第 4 页。

② 辜鸿铭：《中国人的精神》，黄兴涛、宋小庆译，海南出版社 1996 年版，第 41 页。

了。倘若按此逻辑推理，周人创立的社会治理思想与方法影响中国几千年，直至当下。辜鸿铭还认为国人也没有真正地相信道教或佛教，因为中国人的骨子里就不信教。他说："有人说中国没有宗教。诚然，在中国即使是一般大众也并不太看重宗教，我指的是欧洲人心目中的宗教。对中国人而言，佛寺道观以及佛教、道教的仪式，其消遣娱乐的作用要远远超过了道德说教的作用。在此，中国人的玩赏意识超过了他们的道德或宗教作用。"① 中国人的血脉里流淌着周人的文化基因，这一基因有顽强的生命力，无论外来什么样的文化，当然包括宗教在内，可以包容外来文化，但这些文化的最终结果往往都会是所谓中国式的本土化，或者说，成为中国传统文化的一部分。这倒也符合中国人一贯奉行的"海纳百川，有容乃大"的文化古训。

(三) 西周实现了巫教体制化与民俗化的双层转化

巫教的体制化主要表现在两个方面：一是巫教仪式转化为一种国家体制内的礼乐制度；另一是巫教组织体系转化为国家官僚体系中的官僚职位；总之，巫教纳入国家治理体系，而不是超越国家政权之上或游离于国家政权之外。巫教从此又以另一种面目——国家政权的职能系统出现，为统治阶级服务，这种国家制度行为就不再是纯粹的巫教组织与礼仪的性质。巫教仪式以礼乐制度化的形式保存并延续下来，成为中国传统文化大传统的基础，而不同于西方走向宗教和科学的分途。

任何复杂的文明都缺少不了民俗的成分，虽然民俗属于自存在状态，但是那些约定俗成的民俗民规的作用在某种程度上并不亚于国家制度。在文明产生之前，民俗曾经是居于主要地位的，而与民俗相对的官方主流社会基本是不存在的，因此，可以说，"大传统"是从"小传统"中分离出来，是后于"小传统"形成的。民俗中的礼仪以及节日等庆典活动本身可能就是在执行着巫教的精神及形式要素。因此，我们应该重新历史地认识民俗文化，还民俗文化的历史应有的地位。巫教原本属于民俗系统，国家出现之后，巫教才上升到所谓官方主流系统，成为大传统的成分，随着历史的进步，到西

---

① 辜鸿铭：《中国人的精神》，第 40 页。

周时候，巫教又反过来再次进入民俗，这就是巫教的民俗化。巫教在历史发展过程中走了一个"螺旋式"上升与下降的轨迹，由民俗上升为国家主流文化传统，然后又回归民俗，这是文明发展所需的过程，也是符合事物发展的历史规律，从产生到巅峰，再到衰退。此时巫教民俗化主要是因为巫教在官方主流社会存在的空间在渐渐缩小，巫教受到挤压后不得不部分进入民俗，不然就有可能面临部分消亡的厄运。周初巫教改革的后果及意义之一就是带来巫教的分层：大传统与小传统两个层次。美国人类学家弗朗兹·博厄斯（Franz Boas，1858—1942）说："每一种习俗都是历史原因造成的，但随着时间的推移，它可以引起很多不同的观念联想。"[1]巫教一旦进入民俗，返回到原先滋生自己的土壤，就表现出具有顽强的生命力，一般不以"大传统"的转变而转变，"大传统"常常由于人为的因素而发生骤变，而"小传统"常常相对保持稳定延续，于是，巫教也就在"小传统"中赖以生存与延续。巫教仪式在周初彻底分化，发展为巫、宗、祝、卜、史、医等各种专业职官分工执掌，其后一些巫教成分逐渐流入民间，形成小传统，成为民间各种大小迷信、宗教、科学、庆典的源泉。

（四）西周完成了巫教政治化与政治神权化的双向过程

我们往往单方面地认为，"古代社会酋邦演变国家时，一个普遍的历史现象是政治宗教化和政治权力宗教化"[2]，统治者将政治行为转化为宗教行为，利用宗教的社会功能实现政治权力的合法化。实质上，这只是说明后世的一些宗教与政治的关系，而早期并非完全如此。在中国文明的发展历程中，巫教这种宗教形态与国家这种政治形态孰先孰后，不言而喻，既然巫教在先，那么国家形成初期历史发展方向应该主要是巫教政治化，而非政治宗教化，因为国家形成初期巫教相对成熟，而国家政治则相对稚嫩，或者说处于襁褓之中或刚出襁褓。商代，巫教仍旧处于向政治演化的过程，所以巫风炽烈。西周初期，政治发展对于巫教来说处于逆向状态，带来的就是十分激

---

① ［美］弗兰兹·博厄斯：《原始人的心智》，转引自詹鄞鑫《心智的误区——巫术与中国巫术文化》，上海教育出版社 2001 年版，第 168 页。

② 段渝：《政治结构与文化模式——巴蜀古代文明研究》，学林出版社 1999 年版，第 108 页。

烈的巫教维新，其显著标志就是周公的"制礼作乐"，可谓是一场大规模的政治巫教化的运动。西周完成了这一政治巫教化的历史使命，之后，政治神权化又慢慢表现为主导，这是两个相反方向的过程，但其性质与作用显然是不同的。这一历史规律必须予以揭示，否则我们的历史认识将与史实相反。巫教本来源于世俗，巫教的政治化过程，归根结底，其实质就是巫教的更高层次的再世俗化，神化了的政治权力只是世俗权力的一种实现形式罢了。在文明初兴时代，宗教神权具有双重功能，一是政治功能，使神权统治者的权力世俗政治化；一是社会功能，则使神权统治者的权力稳定化，两者的目的是一致的，"研究中国宗教的传统，我们应当注意的是，中国有一种相当'现代'或者甚至相当'超现代'的发展趋势。它不但很早就没有西方政教合一（这才是'天人合一'）的'宗教管国家'，而且就连西方小国林立、国王一大堆的贵族传统也早已中绝。"①

（五）西周巫教呈现理性化及人文化趋向

西周的巫教变革是一次重要的理性化过程，也可以说是一次最早的理性启蒙运动，从神性中解放出来，凸显出人的主体地位，萌生以人为本的哲学信念。德国社会学家韦伯说："在过去，在世界任何地区，构成人类生活态度最重要因素之一者，乃巫术与宗教的力量，以及奠基于对这些力量之信仰而来的伦理义务的观念。"②从这个角度来看，如果说中国文明是早熟的文明形态，那也是说得过去的；如果再同西方17—18世纪才开始掀起启蒙运动相比较的话，那就更具有说服力了。韦伯又说："一般而言，在中国，古来的种种经验知识与技术的理性化，都朝向一个巫教的世界图像发展。天文学出了历算科学外，其余都变成占星术。""中国这种'天人合一的'哲学与宇宙创成说，将世界变成了一个巫教的乐园。"③韦伯的说法可能有失偏颇之处，但是这也取决于人们对于"巫教的世界图像"或"巫教的乐园"作何理解。

---

① 李零：《中国方术续考》，第135页。

② ［德］马克斯·韦伯：《韦伯作品集Ⅴ·中国的宗教　宗教与世界》，康乐、简慧美译，第460页。

③ ［德］马克斯·韦伯：《韦伯作品集Ⅴ·中国的宗教　宗教与世界》，第273、277页。

西周巫教在主流社会主要是以巫教意识衍生态和巫教仪式衍生态存在，其巫教意识衍生态的主要形式就是"明德"，而巫教仪式衍生态的主要形式就是"礼乐"，故"德"和"礼"是西周巫教理性化完成形态的标志。① 巫教的世界，变而为"礼"的世界和"德"的世界，这是巫教理性化的关键环节。"德"最初是巫师所具有的神奇品质，巫教力量逐渐演化为巫教品德，由"与天地交通"的内在神秘力量的"德"，变为后世内在的道德、品质、操守，再由人们通过自我内在的力量去恪守，这都是原巫教在人们心灵上留下的遗迹残痕。"德"为内在，其外在的方面就演化成"礼"，郭沫若说："礼是由德的客观方面的节文所蜕化下来的。"② "礼"中超道德的神圣性、仪式性、禁欲性都来自于巫教的内在要求。从巫师本身的理性化过程看，"巫"发展成为"圣"，"巫君合一"发展成为"内圣外王"，从而成为后世儒学的理想。西周巫教可以说是以"天"为崇奉、以"德"为涵养，从而发展出了"天命论"。如果现在有一个文学剧场，穿越时空隧道，有一位像周公那样的周人，一定会愿意朗诵康德的一段哲学话语，因为这段话语能够同周人产生心灵的共鸣，但也会感叹为何西方人晚了几千年才出现这种思想：

　　有两样东西，我们愈经常愈持久地加以思索，它们就愈使心灵充满不断更新、有加无已的赞叹和敬畏：在我之上的星空和居我心中的道德法则。对于这二者，我们没有把它们当作隐藏在黑暗中或者逾界到我的视野之外的东西去寻求或猜测；我在自己的面前看到它们，并把它们直接与我实存的意识连接起来。星空开始于我在外部感觉世界所占据的位置，并把我身处其中的联结拓展至世界之外的世界、星系组成的星系这样恢弘无涯的规模，拓展至它们周期性运动及其开端和延续的无尽时间。道德法则开始于我的不可见的自我，开始于我的人格，并把我呈现于具有真正无限性、却只能被知性理解的世界中，我认识到自己与这个世界之间存在着某种普遍而必然的联结（不像在前一种

① 李泽厚：《历史本体论·己卯五说》，第 172 页。
② 郭沫若：《先秦天道观的发展》，《郭沫若全集·历史篇》(1)，人民出版社 1982 年版，第336 页。

情形下那样，仅仅存在偶然性的联结），并借助于此种联结，也同一切可见的世界连接起来。前面那个无数世界的景象仿佛取消了我作为一个动物性创造的重要性，这个创造物在一段短促的时间内被赋予了生命力（我们不知道它是怎样被赋予的），在这之后却又不得不把它由以组成的那种物质返还给这个星球（仅仅是宇宙中的一粒微尘）。与之相反，后者借助于我的人格无限地提升了我作为理智存在者的价值，而在我的人格里面，道德法则揭示出某种独立于一切动物性、甚至独立于整个感性世界的生命——这至少可以从由这个法则赋予我的存有的合目的性使命中推得，该使命不受此生的条件和界限限制，而趋于无限。①

康德所指的天空和道德法则与周人的意识何其相似，当然周人有周人的天命观与道德法则，但是如果说康德在为周人作哲学注脚那也是可以理解的。钱钟书说："东海西海，心理攸同。南学北学，道术未裂。"② 在此更可知其深意了。西周巫教形态的重要特质总结为一句话，那就是巫教文化的政治化、礼乐化、理性化、人文化。弗雷泽说，巫教盛行的后期，个体巫教渐渐减少，公共巫教日渐增多，"宗教"渐渐取代"巫术"，巫师渐渐让位于祭司，巫师的巫术活动最终转变为祭司的祈祷献祭职能。中国巫教在西周时期正是处于巫教盛行后期，个体巫教减少，而公共巫教增多，但不是以"宗教"取代"巫教"，而是以"礼乐系统"取代"巫教"，巫师不是让位于祭司，而是让位于职官，巫师的活动不是最终转变为祭司的祈祷献祭职能，而是转变为以"天子"为主的整个官僚系统职能。西周的巫教形态就是处于理性化的道路上，不同于夏商的巫觋文化，我们应该分清西周与夏商在"巫文化"上的分疏，"这就是中国上古思想史的最大秘密：'巫'的基本特质通由'巫君合一'、'政教合一'途径，直接理性化而成为中国思想大传统的根本特色。巫的特质在中国大传统中，以理性化的形式坚固保存、延续下来，成为解中国思想和文化的钥匙所在。至于小传统中的'巫'，比较起来，倒是

---

① ［德］伊曼努尔·康德：《实践理性批判》，第 317—318 页。

② 钱钟书：《谈艺录》，生活·读书·新知三联书店 2001 年版，第 1 页。

无足轻重的了。"① 饶宗颐对于东方的这种神道思想与西方的理性主义作了比较，总结得较为恰切：

> 理性主义在西方的兴起甚迟，亦是从神道中解放出来，但是古代希腊是以客观知识为中心。中世纪教权掌握一切，人的地位屈膝于神的威灵之下；人的理性，无独立价值。个人的道德心，纯为教权所支配，只有他律，没有自律的可能。到了后来才有个人的发现。我的自觉，使"理性我"的自律说，缓缓抬头起来，方才形成哲学上的理性主义。中国在西周贵族提倡明德、敬德的道理，在上则配合天命，在下则践履纯德，天与人相资为用。由春秋的"德礼"（以德合礼）发展到战国的"德法"（以德配法），从礼治到法治，都是一贯地以"德"作它的内涵。
>
> 天神是辅导人，而不是控制人、约束人的；在中国，人没有原罪，不必在神的面前去赎罪。人如果能自觉地遵从德礼去行事，已可说是自我肯定（Self Affirmation）了。可是天（神）对人，仍有所预感，有所儆戒的。天会示人以"祥"、"异"。祥有吉与凶的双面性——即是德祥和灾祥。人君有至德，则瑞物出现；有凶德则山崩川竭日食……等灾异发生，表示天对其有所警告，《易》所谓"视履考祥"，后任谓之"卜征考祥"（张衡《东京赋》），都是这个意思。把德与符应的关联性连起来讲，正构成邹衍政治道德学的基本骨干，发展成为秦汉以来的新的天命说和德运论。
>
> 自春秋以来，民人的地位提高，人道与天道可以对立看待。天道远而人道迩，孔子言"道"，而少言"天道"；从切近的人事方面着力，渺茫的天和不可知的鬼神，逐渐为儒家所略视。原有的畏天、尊天的思想，发展为儒家的则天、同天、顺天。到荀子遂以制天为主；天神的地位反而屈居人之下，人本的理性主义，可谓发展至最高峰。②

---

① 李泽厚：《历史本体论·己卯五说》，第 162 页。

② 饶宗颐：《神道思想与理性主义》，《"中研院"历史语言研究所集刊》第 49 本第 3 分，第 510—511 页。

西周出现了巫教思维义理化趋势。巫教的思维具有原始性,是一种原始思维,因为其原始性,所以才可以成为后来一些思维及思想的原点,没有原始的就没有现在的,所有原始的观念思维最显著的共同特征就是其具有强烈的生命力,一切思想都要根源于"原始"之中,否则它就会变得颓废起来。后来的阴阳五行学说、《周易》义理哲学、西周时期的前儒家思想以及道家思想无不受到西周变革后的巫教思维的影响,或者可以径直地说,有些思想就是巫教思维的余响。阴阳观念,早在周幽王二年,《国语·周语》记载的周王室伯阳父解释周地渭水流域地震时就已运用,以阴阳变化解释地震,并认为地震是西周发展不祥的前兆,这种前兆性的思维方式显然是受到巫教思维的影响。"象数"源于巫教,《左传》僖公十五年:"龟,象也;筮,数也。物生而后有象,象而后有滋,滋而后有数。"这是最早提出有关"象""数"问题的。后来,《易传》广泛地发展了占数思维而形成一整套义理思想。德国哲学家黑格尔说:"中国人也曾注意到抽象的思想和纯粹的范畴。古代的易经(论原则的书)是这类思想的基础。易经包含着国人的智慧,(是有绝对权威的)。"① 这说的是恰到好处的。然后,他又再继续陈述,就有失偏颇或不知所云了:"(中国人不仅停留在感性的或象征的阶段),我们必须注意——他们也达到了对于纯粹思想的意识,但并不深入,只停留在最浅薄的思想里面。这些规定诚然也是具体的,但是这种具体没有概念化,没有被思辨地思考,而只是从通常的概念中取出来,按照直观的形式和通常感觉的形式表现出来的。因此在这一套具体原则中,找不到对于自然力量或精神力量有意义的认识。"② 这是黑格尔对于东方哲学的偏见所导致,姑且由之,权作反面教材。③《老子》所谓"道生一,一生二,二生三,三生万物",就是一种数的思维,列维·布留尔指出:"每当他想到作为数的数时,他就必然把它与那些属于这些数的,而且由于同样神秘的互渗而正是属于这一个数的性质和意义一起来想象。"④ 我们传统的理论思维不得不追溯到西周的巫

---

① 　[德] 黑格尔:《哲学史讲演录》第 1 卷,第 120 页。

② 　[德] 黑格尔:《哲学史讲演录》第 1 卷,第 120—121 页。

③ 　参见蔡先金《黑格尔哲学史视域下的孔子评判的评判——以〈哲学史讲演录〉文本为基础》,《孔子研究》2018 年第 6 期。

④ 　[法] 列维·布留尔:《原始思维》,第 201 页。

教观念的理论化过程。有了巫教思维理论化，才真正地具有中国思想史、哲学史的肇始，同时也决定了中国传统文化的根源特性。我们研究中国东方理论思维特质，不妨从此入手。

（六）西周巫教演化实现了文明发展的内向超越

世界上其他文明体若要实现超越，大都是依靠外部冲击，借助外部力量（无论主动还是被动），要么通过文明交融的方式，要么通过文明替代的方式，然后获得一次文明的跃进或辉煌。只有中华文明主动求变，采用自身力量，实现一次次的自身蜕变或内向超越，这也是需要很大的内在能量和爆发力，这就是中华文化的优势所在。所以，中华文化能够延续几千年而且是世界上唯一没有中断的文明，巍然屹立于东方，这是与其内在的特质分不开的。事实证明，在这方面，世界上没有一个古老文明可与之媲美，而且是"苟日新，日日新，又日新"，这样"穷则变，变则通，通则久"，无往不胜，古老文化基底不断焕发出新生的力量，至今世界上的人们还要回望中华古老的过去，从中汲取伟大的智慧，用于指导当下人们的生活实践。西周巫教演化就是一个历史典型案例，在神权笼罩的浓厚氛围下，改革神权是需要极大的勇气和魄力，更重要的是需要自身求变的意志和内在动力。基督教历史上发生了数次宗教改革，涌现出了像马丁·路德、加尔文那样的宗教改革者，推动了西方文明发展的进程。如果照此改革的说法，周公旦就是巫教改革的鼻祖，世界上没有一位宗教改革家能够同其相提并论，也没有一位宗教改革者能够像周公旦那样给一种文明体的内部带来如此巨大的文化和精神巨变。

西周巫教演化过程的一个重要内在机理就是自身的"内向超跃"，这是余英时在研究"轴心期突破"时发现并提出的，他认为："以整个'轴心突破'为比较参照，我强调中国古代的'突破'有其独特的取径。儒、墨、道三家都是'突破'了三代礼乐传统而兴起的。而所谓礼乐传统则包含着很大'巫'文化成分。这三家都曾与'巫'的势力奋斗过，最后'扬弃'了'巫'而成就了自身的'超越'。这是为什么他们一方面致力于消除礼乐传统中的'巫风'，另一方面又对礼乐本身作了新的阐释。它们的'超越'不是与礼乐传统一刀两断，彻底决裂。中国古代'突破'所带来的'超越'

与希腊和以色列恰恰相反，我现在更明确地界说为'内向超越'（inward transcendence）。我以前曾用过'内在超越'一词，虽仅一字之差，意义则完全不同。'内在超越'早已是 immanent transcendence 的标准译名，这是西方神学的观念，与我所表达的意思根本不合。……以礼乐为例，孔子提出'仁'为礼的精神内核，庄子重视'礼意'都是其例。儒、道两家都摆脱了古代礼乐传统中'巫'的主导成分，'天'与'人'之间沟通不再需要'巫'为中介，代之而起则是'心'。庄子的'心斋'尤其值得注意。总之，在'轴心时代'之后，人与超越世界（可以'天'为代表，无论取何义）的联系主要是靠'心'。中国无西方式的'神学'，而'心性'之学则自先秦至后世有种种发展，这决不是偶然的。所以'内向超越'成为中国思维的特色之一，直至与西方接触以后才发生变化。"① 这种所谓内向超越应该说肇端于西周初期，然后成为一种顽强的文化基因，代代相传，成就了中华文化以及中华文明体。

中华文明体并不像所谓西洋文明那样，分出教廷的教权和世俗的政权，形成对立的形势。在西方的封建时期，"大体说来，在当时的情况下，人民的身体恰如被分成了两部分，一部分是精神，一部分是肉体。肉体的活动，受王侯世俗政权的统治，精神的活动，听命于罗马教廷。世俗政权统治着有形的物质世界，宗教统治着无形的精神世界"②。西洋这种情况也是有其特殊历史进程的，但这一进程无论从历史的长度还是文明的厚度来看都确实无法同中华文明相比较。西洋文明起源最多从公元 476 年西罗马灭亡算起，以日耳曼为代表的野蛮民族摧毁了西罗马帝国，从此进入了野蛮时代或黑暗时代，直至公元第 10 世纪，约 700 年时间，"当时横行于天下的野蛮民族的风习和性格……可以想象到他们是豪横剽悍不通人情的，其愚昧无知的程度几乎近于禽兽"③。然后流徙的人民才定居下来，于是过渡到封建割据的时代，直至十六七世纪才结束。在封建时代，"欧洲各国，大都形成了这种情况，人民只知有贵族，而不知有国王。如法兰西和西班牙，在当时根本就未能完成可以称为法国和西班牙国的国家体制（封建割据）"④。从野蛮黑暗

---

① 余英时：《轴心突破和礼乐传统》，《二十一世纪》2000 年第 4 期。

② ［日］福泽渝吉：《文明论概略》，北京编译社译，商务印书馆 1960 年版，第 131 页。

③ ［日］福泽渝吉：《文明论概略》，第 129 页。

④ ［日］福泽渝吉：《文明论概略》，第 130 页。

时代到封建时代，只有宗教才能控制住野蛮人的人心，获得野蛮人的信仰，12—13世纪，宗教势力之盛已达到极点。这里有一个历史事件值得玩味。德意志国王亨利四世（Heinrich Ⅳ，1050—1106）因触犯了教皇格里高利七世（Gregory Ⅶ，1020—1085）不得不在风雪严寒中（据传说是赤足）站在卡诺沙城堡下三天三夜，向教皇哭乞赦免。这就是著名的"卡诺沙悔罪"事件。现在看来是十分荒唐的，但是在当时的欧洲确实是合情、合理、真实的。由此可以看得出来，西洋文明既是后起者，又与东方的中华文明的发展根本就不是一个路径，这样一比较，到底谁文明谁野蛮，谁先进谁落后，昭然若揭。现在拈出这一比较，重在说明中华文明从西周维新与演化时期就有其内在发展脉络与机理。

三、西周巫教演化之影响

西周巫教维新及其演化的意义，不但凸显于西周的当时当事，而且重要的是其对于后世产生的深远影响。倘若没有西周的巫教维新，那么中国的文化发展方向及其文明进程可能要改写；如果那样的话，今日之中国就将不是现在这个样子，今日之华夏民族也可能不是现在这个样子；如果那样的话，说得极端一些，缺乏这种中华文化的支撑，中华民族这个古老的文明能否延续五千年而不中断，也要打上大大的问号。许倬云认为文化主义强于民族主义，中国是"天下主义"，"文化就与国家合而为一，所以文化秩序就是政治秩序。"[1] 由此可知文化在中国历史延续中的重要价值意义了。

---

[1] 许倬云分析文化主义和民族主义很透彻："民族主义是西欧发展起来的，严格说起来，是由中欧日耳曼人建国时发展出来的。原因是战争。以致欧洲进行造国运动的五百年前时，必须讲我族、你族。民族都是部族的基础直接演化出来的。部族要否认基督教的普世思想，这样才能否定罗马教廷对他们的影响力。也就是说，民族这个东西是五百年前在中欧从部族建立起来的。最早建立日耳曼民族，逐渐成为整个欧洲要脱离罗马基督教会的管束而成立的国家。西欧的国家与宗教由此处于对立状态。中国没有教会，所以没有这个对立状态。……但中国要在洋人侵略之下自己重新建立新的认同时，只有抄袭欧洲的办法……以求立足于一个标榜民族主义的世界。"（许倬云：《历史分光镜》，上海文艺出版社1998年版，第249页）

（一）商巫教的某些原始性得到了应有的改变

殷商巫风炽盛，无论从文献记载还是从考古挖掘资料来看，殷商时期的巫教带有很大的原始巫术性。许倬云认为，殷商时代"却未能开创一个超越政治力量的共同文化。因此殷商的神始终不脱宗教神、部落神的性格。"[①]商代在原始巫术观念的驱使下是历史上人牲最为兴盛时期，据统计，仅1933年至1973年40年的考古发现中，就在殷商墓葬、杀殉坑及建筑遗址中发现各种人牲1644人之多。周族在先周时期，虽然受到商族的宗教影响，墓坑中有腰坑，腰坑中偶殉狗之类，但不像殷人那样大批人殉。这充分说明两族在宗教观念上的差异。西周时期人殉制度开始衰落，从西周殉人墓的地理分布看，殉葬墓多是商遗民或原与商人有密切关系的族人葬。在一些出土多件青铜器的西周墓葬和有明确国属、族属的周族贵族墓葬，竟没有发现人殉，到西周晚期几乎看不到人殉现象。这一变化最好从巫教角度寻找原因，可惜却往往被人忽视了。殷周宗教变革之际，天神对上帝本来就有冲击，再加上以周公为代表的周人极富理性色彩地推进巫教世俗化，极力将神化社会转向现实的人的社会，将神对人的支配权有限度地转为人的自主权，商人巫教中那种原始的成分渐被周人的进步所取代，形成一种敬天、重德、保民、"敬鬼神而远之"的态度取向，"西周文化不断扩散，其文化的同化力也极为强大"，"周人的世界，是一个'天下'，不是一个'大邑'；周人的政治权力，抟铸了一个文化的共同体"，"中国的历史，从此成为华夏世界求延续，华夏世界求扩张的长篇史诗"。[②] 这是西周时期巫教演化的重要成果，在当时社会就已有显现。

当巫教的神权持续下降的时候，信仰便退向了幕后，德性就成为统治阶级和个人的最高目的，政治体制可能就不得不屈从于德性了，否则就有可能失掉其存在的合理性了，这样最好的政体就是要有利于德性的实践了。杨向奎说："周公之造'德'，在思想史上，政治史上，都是划时代的大事，由此，传统的'天人之际'，逐渐失去颜色，至孔子造'仁'，遂以'人人之

---

① 许倬云：《历史分光镜》，第193页。

② 许倬云：《历史分光镜》，第194、193页。

际'代'天人'。""周公以'德'代礼，强调人间德政的意义，以削减上帝权威；孔子之以'仁'补礼，强调了人际关系，遂为后来儒家认识人性，铺平了道路。"① 人们在信仰神灵的同时重要的是追求德性的修炼，而德性恰恰又是人自身的修行，而不是依靠神灵的恩赐，这样巫教原有的与德性不相符合的所有教条和仪式都有可能接受德性的挑战而不得不发生改变，以适应新的德性文化要求。周人又将"道"奉为一种客观的不以人们意志为转移的东西，崇奉的"道"大有代替神灵之势，成为另一种客观的信仰。德国哲学家黑格尔甚至认为"道"就是"理性"，他解释道：

> "道"在中文是"道路，从一处到另一处的交通媒介"，因此就有"理性"、本体、原理的意思。综合这点在比喻的形而上的意义下，所以这就是指一般的道路。这就是道路、方向、事物的进程，一切事物存在的理性与基础。"道"（理性）的成立时由于两个原则的结合，像易经所指出的那样。天之道或天的理性是宇宙的两个创造性的原则所构成。地之道或物质的理性也有两个对立的原则"刚与柔"（了解得很不确定）。"人之道或人的理性包含有（有这一对立）爱邻居和正义"。所以道就是"原始理性"，产生宇宙，主宰宇宙，就像精神支配身体那样。②

无论黑格尔阐释得是否合适，但他总归看到了中国哲学的理性成分。德国哲学家雅斯贝尔斯对于"道"也有自己的认识，他认为：

> 道存在于天和地生成之前；它同样先于上天的主宰帝——这是中国人至高无上的神。不过道并非一个不可接近的完全的其他者，而是当前的。尽管道是不可被感知的，但作为存在于一切存在物之中的原本的存在是可以被体验的。它存在于一切之中，因为有它的存在，才使

---

① 杨向奎：《宗周社会与礼乐文明》，第340—341 页。
② ［德］黑格尔：《哲学史讲演录》第1 卷，第126 页。

得万事万物得以生成。①

如此一来，周人在义理上对于"道"和"德"大加弘扬和阐释，从客观和主观两个方面在动摇神权，而人权变相地或实际地得到某种程度的彰显。这就是周人精神领域中，有三股势力的存在：一股是古已有之的神灵信仰，虽然渐渐式微，那也是另两股势力作用的结果；其中一股势力就是要遵循"道"，这"道"也塑造成一股古已有之的原始力量；再一股就是只能从人或群体内生的"德"的力量，而且这股力量可以无限地增强，只要自身努力向善做更大的努力，就有可能获得更高的德性。这种精神结构，就构成了西周的主流社会意识形态，控制或影响着整个社会的发展和文明的塑造与延续。商人的巫教面对周人的这种信仰架构和精神结构，原有的巫教原始性注定要陷入被淘汰的命运或者不得不改变的境地，否则无可逃脱。西周巫教变革开始摆脱商人炽热的巫教信奉，帝、天、巫、民、官之间的关系发生了变化。上帝的至上神地位受到了质疑，巫教原有的巫政合一的组织体系在衰变，制礼作乐及世俗化的潮流不可遏阻地传播。商人巫教与上帝信仰衰退的过程尽管曲折并伴随着各种各样的反复，如商人旧臣的反叛，但是周人巫教变革的成果以及巫教理性化的演变形态已经落地于中华大地，"天命靡常""惟德是依"以及"民为邦本"等观念扎下根来，今天中华文明体的现状，其观念和传统都是在这个时候奠定的。

（二）西周"启蒙轴心性"为春秋战国时期"轴心期突破"做了前期铺垫

从人们思想和精神层面来看，周人似乎在做着一次有意或无意的起初的启蒙，既有政治的计划，又有文化的变革；既有宗教性的渐微，又有理性的显露；既有进步性的一面，又有主体意识觉醒的一面；最终在这个过程中把巫教和启蒙混合在主体意识之中，似乎也同西方16—18世纪启蒙时期那

---

① ［德］卡尔·雅斯贝尔斯：《大哲学家》（下），李雪涛、李秋零等译，社会科学文献出版社2010年版，第758页。

样在传递"创造一个没有残忍的世界是人类深切持久的愿望"①的意识。从某个角度来看，将西周的巫教变革及其理性显露同西方晚于其两千余年的启蒙运动相比较，是行得通的，也是比较有意思的一件事情。何谓西方的启蒙现代性？"从16世纪开始，欧洲社会生活开始从神圣的超验领域退却了，它们越来越转向世俗的事务。纵向的天国逐渐被铲平，人们开始在地上横向地彼此观望。这种向俗务的实践性退却，同时伴随着观念领域的世俗化退却。这个从神圣到世俗的过程，一般被看成是'启蒙现代性'（Modernity of Enlightenment）的过程，也就是说，欧洲从16—18世纪展开了启蒙现代性的叙事"②。欧洲的所谓启蒙现代性的过程与西周的巫教维新及其演化过程是如此的相似，简直出乎现代人的预料与想象，这真的是历史上跨越近三千年出现的惊人的相似一幕。如果说欧洲采用"启蒙现代性"叙事的话，那么我们是否可以采用"启蒙轴心性"来叙述西周的巫教演化呢？因为欧洲通过"启蒙现代性"带来了"现代化"，而中华通过"启蒙轴心性"带来了后来的"轴心化"，也就是雅斯贝尔斯（Karl Jaspers，1883—1969）所言的"轴心期"。所以，"启蒙轴心性"还是意义重大的。当然，"启蒙轴心性"在先，在东方；而"启蒙现代性"在后，在西方；时间上这又简直不可同日而语了。

我们已不难看出巫教时代在历史学研究中的地位，同时也令人联想起德国哲学家雅斯贝尔斯著名的"轴心期"（Axial Period）理论。他认为轴心期是突破阶段：约公元前800—前200年之间，特别是在公元前500年前左右，在世界范围内集中出现了一些最不平常的历史事件。中国的孔子、老子、墨子、庄子、列子和诸子百家，印度的《奥义书》和佛陀，伊朗的琐罗亚斯德，巴勒斯坦以利亚、耶利米、以赛亚，希腊的巴门尼德、赫拉克利特和柏拉图等几乎同时出现。在轴心期，众多哲学家在世界上的不同地区同时出现，这是人类意识的觉醒阶段，这时人类意识到自己作为整体的存在，也意识到自己的起源和目标，此后人类历史的每次飞跃，都需要回忆这一时期，从中汲取希望并获得精神动力。既然是突破，那在中国是对什么产生了

① 童明：《启蒙》，赵一凡、张中载、李德恩主编《西方文论关键词》，外语教学与研究出版社2006年版，第389页。

② 汪民安：《启蒙现代性》，赵一凡、张中载、李德恩主编《西方文论关键词》，第415页。

突破呢？突破也应该是量变到一定时候的产物，难道是突如其来的空穴来风吗？雅斯贝尔斯没有做出回答。

实质上，这次突破是在"礼乐崩坏"之后，人文文化对巫教文化的突破，巫教文化也发生了漫长的量变过程。在西周时期，巫教文化渐变为礼乐文化，到春秋战国时期，人文文化一次性地突破前期文化，产生了质变。但也有另一种观念认为，中国古代文明演进是连续性的。固然，春秋战国时代的精神跃动比以前的文化演进是一大飞跃，但这一时期的思想与西周思想之间，与夏商周三代文化之间，正如孔子早就揭示的，存在着因袭损益的关联。与其说是"超越的"突破，毋宁说是"人文的"转向。① 这种说法自有其道理，这是一个事物从两个方面看。中国在轴心时代，儒家为代表的诸子百家没有一个以真正巫教时代作为背景和出发点，而是以巫教演化后的衍生态或次衍生态作为其背景，巫教的演化存在于西周的整个时期，如果单从礼乐文化角度看，这是一次"转向"；如果从整个巫教时代来看，这又是一次"突破"。因此，西周巫教形态研究是理解中国古代文明的关键点，是理解中国古代文明演进过程中"连续"与"突破"的一把钥匙。说明"突破"寓于"连续"中，这里可以举出筮占《周易》为例：

> 在筮占的传统中，对后来影响最大的当然是《周易》一系。这种影响力一方面表现在周代甚至后世的筮占以《周易》为主的事实，另一方面，由于后来以儒家为主的对于《周易》的理性化的解释，使得它渐渐脱离原来王官学的藩篱，从筮占的工具书变成了古代中国的人文经典。这种变化是极具象征性的，它可以作为一个很好的例子，来说明中华文明在此一时期从王官之学到诸子学的演进，以及中华文明发展过程中寓突破于连续之中的特点。②

如果按照"转向"与"突破"来理解的话，西周初期的巫教维新未尝

---

① 参见陈来《古代宗教与伦理——儒家思想的根源》，第 1—21 页。

② 严文明：《中华文明史》第 1 卷，第 399 页。

不是一次在文化"连续"过程中前期的"转向"与"突破",这次突破可以称之为"东方突破"或"理性突破"。这表现在:首先是"中国的神祇始发展了道德的超越意义这是一个重要突破",新的天命观"依据人类行为来判决天命谁属,这是中国文化演化过程中的一个极重要的突破"。① 其次是政权不再是神权的婢女,反过来神权要服务于政权,两者之间也不再是平等的关系,神权虽然具有至高的名誉,甚至也是崇奉的对象,但不是掌控者,犹如现代的君主立宪制,神权就是那位君主,政权就是政府机构,从某种程度来说神权只具有象征性意义。再次是社会一般日常生活渐次世俗化与人文化,即使厉王"专利"、宣王"不藉田亩",也是君王带头走世俗化与人文化之路,理性主义有所抬头。所以,许倬云如此高调地评价周初的巫教维新:

> 由远古宗神或部落神融合为至高无上的神祇,再由这一位至高无上的神祇演化为道德的守护者,人类行为的裁判者。依据人类行为来判断天命谁属,这是中国文化演化过程中的一个极重要的突破。古人,大约认为殷商之际是一个重要转换点,因此孔子不断称述周公,也因此《易·系词》称殷周的转变为:"易之兴也,其当殷之末世,周之盛德耶?"认为作《易》者其有忧患乎?
>
> 这是一个重大突破,可说是开辟鸿蒙,将史前的文化带入文明;自此以后生命才有意义,人生才有善恶好坏的标准,才有超越的道德的判断。人类曾有过不少的文化,但只有若干文化提升为伟大的文明传统,而大多数人类缔造的文化成就不过解决了衣食住行,却未再提升境界。人类之有文明也不过是这一念之差别而已!②

春秋诸子与其说是中国的"轴心期突破",倒不如说是中国式的"内向超越",即对西周文化境况的内向超越。春秋时期出现了一场文化之剧烈变革,像西周初年的巫教维新一样,即存在着一场人文与巫教新形态之斗争,

---

① 许倬云:《历史分光镜》,第 172—173 页。

② 许倬云:《历史分光镜》,第 173 页。

儒、道、墨实现了对巫教及其早期衍生态的礼乐文化之突破，实现了自身的超越，相对西周以来的礼乐传统来说，一方面抗争于消除礼乐传统的巫风，另一方面又致力于对礼乐作出新的解释，开创了中国文化新时代。春秋时期诸子对礼乐文明做一次"轴心期突破"，各家"突破"的价值取向不同，又建立起不同家派。春秋时期主要表现为道、儒、墨三家，道家出于史官；墨家出于巫祝；儒家出自乐师舞人。儒家是谦和地对传统巫教演化新生态——"礼乐文明"予以取舍阐释，选择其适应儒家需要的成分重新构建出儒家体系，如开《周易》义理一派，卜筮书转向人文；墨家则是对传统礼乐中"巫"的成分适当予以清算。《庄子·天下》云："（墨子）作为非乐，命之曰节用，生不歌，死不服。……不与先王同，毁古之礼乐。"墨子征引古代文献以说明乐、舞曾是先王所禁止的"巫风"中主要成分，要消除掉礼乐传统中的"巫"的成分。而道家则对传统礼乐予以反叛，最为激烈。因此我们可以得出古学出于巫官之结论。古学出于巫教，这是因为巫教是最早的文化，从事巫教的人员是当时的知识分子，是最有学问的人，也可以说是当时的知识阶层，垄断着上至天文下至地理的社会知识。刘师培认为古学出于史官，"是则史也者，掌一代之学者也。一代之学，即一国政教之本，而一代王者之所开也。吾观古代之初，学术铨明，实史之绩""学出于史，有明征也""周末之时，诸子之学各成一家之言，由今观之，殆皆由于周初学术之反动力耳"①，而史最早却是从巫中分离出来的。儒家渊源于巫，据章太炎考证，"儒"原来写作"需"，"需"是求雨的巫师。章太炎云："达名为儒，儒者，术士也。""皆以忿世为巫，辟易放志于鬼道。古之儒知天文占候，谓其多技，故号遍施于九能，诸有术者悉晐之矣。"②葛兆光说："从思想发展上看……'儒'起源于殷周时代参与仪礼操持的巫祝史宗一类文化人。把儒视为巫祝的后人，并没有半点对其不恭的意思，其实孔子自己也曾经说过，自己和巫觋有很深的关系，马王堆汉墓帛书《易传》中有一篇《要》其中就引

---

① 刘师培：《古学出于史官论》，彭卫、张彤、张金龙主编《20世纪中华学术经典文库·历史学·中国古代史卷》（上册），兰州大学出版社2000年版，第249—250、260页。

② 章太炎：《原儒》，刘梦溪主编《中国现代学术经典·章太炎卷》，河北教育出版社1996年版，第98—99页。

了孔子的话说：'吾与史、巫同途而殊归也。'"① 巫文化无论怎样都应该是我们的精神源头和文化的最初来源。

中国轴心期突破始于春秋时期，有自身的特点。雅斯贝尔斯的"轴心期"突破，在中国突破的背景主要是礼乐传统，而突破的对象就是中国传统的巫文化。西周巫教演化为春秋时期各家诸子的思想诞生提供了必要的土壤。殷周之际以巫教为核心的文化变革，直接结果就是为中华民族的传统文化奠定了一个基础，成为西周以后诸子的思想源头。儒家思想并非孔子始创，其政治伦理、仁义道德，以及孟子的"民本"思想皆可追溯于此。历史上"以神为本"的文化过渡到"以人为本"的文化，是一个相当长的曲折过程。西周只是完成这一过渡的关键时期，或者说是转变最为激烈的时期，但它已向"以人为本"这个人文方向迈出了具有决定意义的步伐，这正是西周时代在中华文化史上的特殊地位所在，"从学术流变上，中华文化史中被冠以'国学'尊号的文、史、哲三家，其学术源头最早在巫史那里便相互汇通。这种汇通被中国士人作为优良传统继承下来并且发扬光大"②。从某种角度说，"国学"的学术源流主要在西周巫教演化形态里面。

周公巫教维新和制礼作乐，启动了"启蒙轴心性"，周公们也成为轴心期突破的先驱。周人巫教维新的这笔精神财富实在是难能可贵，从此树立起了引领华夏大地子民前行的精神旗帜，也可以说是在人类的东方地平线上透露出人类理性的曙光。这次巫教维新带来了孔子的儒家学说及其文化，孔子也从不隐讳其常梦见周公，晚年还很遗憾叹息道："甚矣，吾衰也！久矣，吾不复梦见周公。"（《论语·述而》）倘若没有这次巫教维新，儒学是否会出现可能也是个问题。中国历次的精神解放运动都是政治的产物，只有当社会觉醒的时候，那带来的解放的红利是无比巨大的，简直要超出世人的想象力了。

（三）西周巫教维新就决定了中国不需要产生本土"一神教"

西周是巫教处于剧烈变化时期，虽然巫教得到了新的建设，但在这块

---

① 葛兆光：《古代中国文化讲义》，复旦大学出版社 2012 年版，第 44 页。

② 冯天瑜、何晓明：《中华文化史》，第 309 页。

土壤上并没有发展出真正成熟的宗教，只是表现出巫术宗教化的某些过程及其趋势而已，"当某种巫教活动形成一种习俗文化，它发展过程中就有可能与当时的神灵信仰相结合，从而转化为带有宗教性质的活动。这便是巫术文化宗教化"①。史籍所载巫教礼俗，大都有宗教化倾向或已经宗教化。祭祀是古人一种特殊的巫教演化形式，具有宗教化的征兆，但又不能等同于现代成熟的宗教祭祀。历史进入文明的国家时期，巫教在中国这块土地上发展成为具有巫术性质的巫教，这是因为巫术与国家政权相互结合的缘故，因此也就产生祭祀这种介于巫术与宗教之间的形式，这是中国巫教的特殊性。

巫术宗教化是一个过程，而且这种宗教化可谓是处于宗教的低级阶段，有些巫术已具有了宗教的某些形式，而有些巫术仍旧是处于非宗教状态。西周加速了巫术的宗教化过程，这种宗教化又带有十分明显的政权化倾向，或者说，这种宗教化在国家统治中，其表现形式主要就是巫术政治化。由于巫术在宗教化的过程中有过多的政治化干扰因素，而宗法、教育等都是不利于宗教的形成的，是故阻碍了成熟宗教的形成，巫术宗教化也就不能按照自身规定的方向演化。西周巫术宗教化还突出地表现在"明堂制度"，"中国古代宗教在西周达到鼎盛阶段的重要标志，就是形成了宗教、宗法、政治、教育紧密结合，意识形态一体化的'明堂制度'。东周以后，随着社会政治制度的变革，宗法血缘体制的瓦解，建于其上的意识形态大厦——'明堂制度'也随之崩溃了"②。明堂从建筑到功能，都是一个不断发展的过程。《大戴礼·盛德》云："明堂者，古已有之。"《周礼·考工记》载："神农曰天府，黄帝曰合宫，陶唐曰衢室，有虞曰总章，夏曰世室，殷曰阳馆，周曰明堂。"远古的明堂就是考古中所谓的"大房子"，是古人进行宗教活动的场所，后来成为国家的总祭堂。清人阮元《明堂论》解释为："明堂者，天子所居之初名也。是故祀上帝则于是；祭祖先则于是；朝诸侯则于是；养老尊贤教国子则于是；飨射献俘馘则于是；治天文告朔则于是；抑且天子寝食恒于是。是古之明堂也。"明堂作用还表现在行政方面，是国家的政治中枢。郑

---

① 詹鄞鑫：《心智的误区——巫术与中国巫术文化》，上海教育出版社2001年版，第166页。
② 牟钟鉴、张践：《中国宗教通史》，第151页。

玄注《孝经》云："明堂者，天子布政之堂也。"《逸周书·明堂》云："大会诸侯明堂之位……明堂者，明诸侯之尊卑也。"在明堂每月公布朔望便成为王朝政治生活中的一件大事，实行统一历法成为服从统治的象征。教育也是明堂一项重要功能。周代教育与巫教、宗法、政治合一，祭仪、占卜是青年学习的主要内容。明堂制度的建立标志着古代国家巫术宗教化发展的最高水平。美国著名人类学家塞维斯（Elman R. Service）在其名著《国家与文明起源》中认为古代文明的非物质文化特征有四个方面，其中之一就是权力系统通过宗教这种诱取赞同方式来获得对民众的统治权。[1] 可惜的是名堂并没有发展成为教堂，而且也过早地坍塌了。

张君劢说，中国文化"敬天尊祖，而无西方一神之宗教信仰，孔子之教义，重在读书明理于道之并行不悖，故心理上之信心，不如西方之专一与坚强。""吾国处于东亚，以尧、舜、禹、汤、文、武、周公、孔子之教义立国，实以学术为基础。至于中国以外亚洲国家如印度、阿拉伯、犹太皆以宗教立国。"[2] 按照英国宗教学家麦克斯·缪勒（Friedrich Max Muller，1923—1900）在《中国的宗教》中的说法，中国人虽不像雅利安人和闪米特人那样是世界宗教大舞台上的主要角色，但也出现了两个"有圣典的宗教"——孔子的《论语》和"儒教"，老子的《道德经》和"道教"，其实这是缪勒对中国传统文化的误解，可惜儒学和道学无论如何也不是宗教。学者牟仲鉴认为："在中国历史上，于佛道儒以外，确实存在过一个绵延数千年的正宗大教，我称之为宗法性传统宗教。……这个国家民族宗教起源于原始宗教，形成于夏商周三代，完善于汉至隋唐，一直延续到清朝末年帝制垮台为止，其间从未间断。"[3] 这只是牟氏的良好愿望而已，每一个宗族不是宗教组织，每一个宗子也不是教主，每一个宗族的主要职能也不是宗教活动，宗族在社会

---

① 其它三个方面是：一是通过裁决（或解决内部争端或利益冲突）来进行社会管理；二是提供军事上集中的攻击和防御优势；三是提供再分配系统或贸易网络的经济利益。（Elman R.Service，Origins of the State and Civilization，Toronto，1975，pp.291-296）

② 张君劢：《义理学十讲纲要》，中国人民大学出版社 2006 年版，第 1、8 页。

③ 牟仲鉴：《关于中国宗教史的若干思考》，《中国宗教与文化》，（台）唐山出版社 1995 年版，第 139—140 页。

组织中就是"齐家治国平天下"的"家",因此,我们应辨别"宗法""宗族"与"宗教"之间的概念的不同。德国哲学家黑格尔认为:"中国人有一个国家宗教,这就是皇帝的宗教,士大夫宗教。这个宗教尊敬天威最高力量,特别与以隆重的仪式庆祝一年的季节的典礼相联系。我们可以说,这种自然宗教的特点是这样的:皇帝居最高的地位,为自然的主宰,举凡一切与自然力量有关系的事物,都是从他出发。"① 这纯粹是黑格尔对于中国的误解或者是一知半解所致的看法,只要对于中国有所了解的人都不会认可他的这种说法。

对于周代的宗教变革,陈来认为:"中国文化发展在西周完成了卡西尔所说的成熟宗教必须完成的最大奇迹,而完成这一奇迹的代表人物就是周公旦。"② 事实果真像陈氏所说的那样吗?这"成熟宗教"的名称至今未知,这"完成奇迹"的周公旦也不像个教主。卡西尔说:"一切较成熟的宗教必须完成的最大奇迹之一,就是要从最原始的概念和最粗俗的迷信之粗糙素材中提出他们的新品质,提取出他们对生活的伦理解释和宗教解释。"③ 周代的"皇天无亲,惟德是辅",是否是对宗教的伦理或宗教性解释呢?实质上,周公旦是有意整治宗教公开为政治服务的始作俑者,是一切意识形态为最高政治服务的滥觞,在此宗教只是工具而已,并不是一种心灵的归宿与精神的家园,从此角度看,周公旦又是一名彻底的功利主义者。在"天"与"帝"的融合过程中,在周初的巫教氛围中,完全可以逻辑地从多神教发展成为一神教,甚至成为"国教",然而由于周公世俗性、政治性地利用原始宗教,历史地丧失了发展上帝一神教的机会。

在 17 世纪至 18 世纪"中西礼仪之争"中,耶稣会内部就曾主张禁止耶稣会士用"天"和"上帝"的概念。④ 1704 年和 1715 年教皇克莱芒

---

① [德] 黑格尔:《哲学史讲演录》第 1 卷,第 125 页。

② 陈来:《古代宗教与伦理——儒家思想的根源》,第 195 页。

③ [德] 恩斯特·卡西尔:《人论》,第 133 页。

④ 1610 年利玛窦去世,意大利人龙华民接任在华教会中的职务,成为引发"礼仪之争"第一人。1693 年被康熙派回欧洲,在欧洲期间参加"礼仪之争"的白晋(Joachim Bouvet, 1656—1730)为欧洲带来的是《中国语言中之天与上帝》。(参见 [法] 费赖之《在华耶稣会士列传即书目》(上),中华书局 1995 年版,第 438 页)

（Clement）九世再次抨击传教士使用"天"和"上帝"术语。①其实，"天"和"上帝"都不是中国一神教的至上神，何来中国所谓拜"天"或"帝"的一神教?!西方人的争论完全是自说自话，隔靴搔痒。中国也缺乏产生一神教的文化土壤，儒家门派本来只是一个学说、一种文化而已，近代康有为（1858—1927）于19世纪末发起了本国的孔教运动，曾竭力将儒家学说转变为孔教，结果只能是失败得很惨，而且遭到了鄙视和扬弃。汪荣祖分析其文化原因时指出："中国人性趋向实用，故文化传统之中，以家族伦理为主的道德制度，最为发达……此一历史背景，足见纯粹宗教在中国传统文化传统中之微弱情状……在此情状下，欲将孔教建成强势的宗教，以与耶教抗衡，实在太缺乏文化资源，难成气候……康有为在此大势所趋下，欲将理性度极高的儒教，建立成神秘性较强的'传统宗教'（韦伯语）式的孔教，岂非恰恰反其道而行，犹如逆水行舟，自然功倍而事半?!这也就是孔教不能植根于社会的真正原因。"②由此看来，无论是外界对于中国宗教的强制性认可，还是国人努力构造出一个国教，都是纯粹的不切实际的一厢情愿而已。只要了解了周人对于巫教的态度及对其改造理路，一切都迎刃而解了。

（四）西周巫教演化奠定了中华民族精神气质形成的基础

人类处于一种不停息的自我文化进化中，即人的精神的存在就处在一种"不断再造的运动之中"③。西周产生了一种全新的精神结构，中华民族精神的一次重要跃升是从西周开始的，从此为时至今日的华夏民族提供了仍然赖以生存的精神的基础。西周巫教演化影响着民族的心理与思维方式。每个人都是生活在社会中的个体，"社会是人类生物性和文化性的共同产物；人类必须营社会的生活才能维持其生物个体的存在……不同的文化有不同的社会结构"④，这种不同的文化及其形成的社会结构会影响群体与个体的心理以

① [法]谢和耐：《中国与基督教——中西文化的首次撞击》，商务印书馆2013年版，第27页。
② 汪荣祖：《康有为论》，中华书局2006年版，第118—119页。
③ 参见李鹏程《胡塞尔传》，河北人民出版社1998年版，第181页。
④ 李亦园：《人类的视野》，上海文艺出版社2000年版，第69页。

及"人格构成"。社会文化犹如那泡菜汤，而个人犹如那泡菜，不同的泡菜汤泡出的泡菜是有差异的。一个有作为的稳定的王朝，一定会基于历史的经验，陶冶成特殊的文化，潜移默化天下人，化民成俗，久而形成精神共识，凝聚整体，犹如一个人的魂魄。康有为曾借用国魂一词作如此描述："凡为国者，必有以自理立也；其自立之道，自其政治、教化、风俗深入其人民之心，化成其神思，融洽其肌肤，铸冶其群俗，久而固结，习而相忘，谓之国魂。"①

西周的巫教变革与演化，导致新的偏重理性的人文精神的出现，以至于影响民族文化心理。巫教偏重于非理性的一面，而礼制则偏重于理性的一面。人类的心理只能分为理性与非理性的两个方面，或者处于相对的平衡，或者处于两者互补状态，对人乃至民族的心理健康都是必要的。然而，中华民族心理深处的非理性的冲动常常受到外在力量的压抑，而不像其他民族那样能够明朗化，成为灵魂中不与理性相通的"死角"。我们常常从小农经济基础或政治制度中寻找合理的解释，其实还要从历史的或文化的角度予以审视。商代是一个非理性占有优势的时期，巫风弥漫，酗酒盛行，具有游牧民族的气质。而进入西周，颁布《酒诰》，令行禁止，变革巫教，礼制替代，守于农作，理性偏向于主导位置。从此，理性与非理性由分裂对抗状态发展到相对和谐状态。周公制造出了一个礼制文化，同时也压制了另一个人性文化。春秋之后，中国文明时代的主导精神分为儒道二宗。儒家能够居于主导地位是与传统的礼制文化相适应的，因为儒家是从西周崇尚的理想模式中建立起自己入世的理论框架。至于东汉时期的道教追溯到中国古史中早期的巫教文化，超越西周礼制文化阶段，古老的巫教文化成为其标榜"出世"的精神依据。闻一多《道教的精神》云：道教的前身，"很可能是某种富有神秘思想的原始宗教，或更具体点讲，一种巫教"；并云："《庄子》书里实在充满了神秘思想，这种思想很明显的是一种古宗教。"② 可惜的是历史及社会发展还是选择了儒家作为独尊，道教既不能取得独尊地位，更不能获得国教名

---

① 康有为：《中国颠危误在全法欧美而尽弃国粹说》，转引自汪荣祖《康有为论》，第115页。
② 闻一多：《道教的精神》，《北大国学讲座》，哈尔滨出版社2016年版，第124—132页。

号。这种西周巫教文化变革对后世到底有何影响，这需要我们不但从大传统（great tradition）考察还要从小传统（little tradition）分析。在大传统儒家系统中，孔子就公然申明："周监于二代，郁郁乎文哉！吾从周。"（《论语·八佾》）而在小传统中，中国大众的文化心理积淀着厚重的西周文化，即使在现代化的今天，这种心态一直起着不可估量的作用。刘述先认为，中国文化最可贵的价值就是人文精神，而这种精神是中国文化的特殊产物。他说："中国的人文精神是一种最合乎常识，最合情合理的生命体验，它又不只是少数知识分子的事。……儒家的东西就好像家常便饭，平淡无奇。然而阳明却指出，平地比高山更伟大，这是真能把握到儒家的根本精神。百姓日用而不知；正好像阳光、空气和水一样，没有了它们一天日子都过不下去。"①

路德维希·维特根斯坦（Ludwig Wyttgenstein，1889—1951）说："我也许正确地说过：早期的文化将变成一堆瓦砾，最后变成一堆灰土。但精神将萦绕着灰土。"② 这种精神就是民族文化精神。美国社会学家萨母纳（W.G.Sumner，1840—1910）1906 年提出，文化精神（ethos）就是一个群体不同于其它群体的那些特质的总和。中国上古三代文明带有强烈的巫教色彩，无论是政治统治还是社会生活等各个方面充斥浓重的巫教气氛，这正是中国古代文明的一个主要特征，即如张光直所说的"中国古代文明是所谓萨满式文明"，并认为中国文明的起源，其关键是政治权威的兴起与发展，而政治权力的取得主要依靠宗教、道德、垄断稀有资源等手段，其中最重要的是对天地人神沟通手段的独占，统治者占有了与上天和祖先的交通，也就取得了政治的权威。③ 而西周时期正处于巫教大变革时期，是巫教文明向人文文明转折的重要阶段，即人文思想孕育的黎明期，紧接着迎来一个人文的"轴心时代"。若按照英国历史学家柯林武德（Robin George Collingwood，1889—1943）的观点，那么真正的历史学必须研究人类行动背后的思想，只有思想才构成为历史的本质，因此人类的历史也就是思想史。历史研究也就变成了是对过去思想的重演，而且"除了思想以外，任何别的东西都不可

---

① 刘述先：《理一分殊》，上海文艺出版社 2000 年版，第 31 页。

② 转自朱狄《信仰时代的文明——中西文化的趋同与差异》，扉页。

③ ［美］张光直：《美术、神话与祭祀》，第 3 页。

能有历史。"① 虽然该观点有些偏颇，但也能从一个方面说明研究精神文化的重要性。中国历史研究题材的选择是多样化的，但研究中国巫教及其形态更是必需的，"因为宗教也是反思思想的一种功能，并不亚于艺术或哲学或政治。在宗教中，人……关于思想和行动、知识和力量的想法被提到无限的高度"②。从宗教广义来说，巫教属于宗教范畴，由此看来巫教研究也正是重要的历史研究题材之一。从早期中国文化的演进来看，夏商周的文化模式有所差别，但三代以来也具有一种连续性的气质，巫教文化是贯穿其中的，从未间断，自巫教的诞生就贯穿着整个夏代，巫教是处于发展时期，商代是鼎盛时期，而周代是衰落时期，经过轴心期，演化成为中国文化的基本性格。

中国传统精神文化的发展进程至周代可大体描述为：由史前巫术转化为国家建立后的巫教，上升为国家的意志，"颛顼尧舜禹一代，已属于中国城邑国家的形成时期，像帝颛顼、帝尧、帝喾、帝舜这类半神半人的统治者当然是当时神权的代表。……对于早期文明社会的人们来说，王权的神圣性和宗教性是一种信仰而决非出自统治者的欺骗"③。王权周围形成了一个辅佐统治的巫师阶层，也是当时唯一的知识阶层，即"宗祝卜史"之类，这也是周代立国的条件之一。只不过到西周时期再由巫教转化为礼乐文明，这是一次重要的历史性演变。中国古代的巫觋文化，产生古代的祭祀文化和礼乐文化，沿着中国特有的精神发展脉络运行，倘若没有古代的巫觋文化而是其它什么神性文化，也许中国的民族文化精神气质就不会是目前这个样子。这正是马克斯·韦伯所说的人类精神进程就是"祛除巫魅"（disenchartment）和"理性化"（rationzlization），理性化的重要标准之一就是破除巫教的程度。但是我们要用辩证的态度对待中国古代的巫教文化，不能脱离巫教时代的背景去做偏离性的认识，而应回归到中国古代人们的精神意识与思维方式。

西周草创了华夏文化共同体与文化共同意识，具有筚路蓝缕、开启山林之功业，开始塑造中华文化精神世界的初期形态。许倬云说：

---

① [德] 柯林武德：《历史的观念》，何兆武、张文杰译，商务印书馆 1997 年版，第 417 页。

② [德] 柯林武德：《历史的观念》，第 431 页。

③ 王震中：《中国文明起源的比较研究》，陕西人民出版社 1994 年版，第 369 页。

西周三百多年来，华夏意识渗入中原各地，自西徂东，无往而没有分封网的触角伸入各地，当地文化层次，一方面吸收取新成分，一方面反哺华夏文化，经过三千多年的融合，西周代表的华夏世界终于铸成一个文化体系，其活力及韧度，均非政治力量可以比拟。这一段过程中，政府不复仅以人治本而趋于组织化与制度化。封建的分封制度不再只是点状的殖民与驻防，而趋于由邦国与田邑层级式的组织。甚至世官世禄的贵族社会，也因若干新兴力量的出现，而较为开放。华夏世界的韧力……华夏世界凝聚性之强，足以维护其世界于不坠……依旧维持了对外竞争的团结……只能归于华夏世界内部因共同意识而产生的文化凝聚力。①

巫教作为精神文明的源头，西周巫教文化融入民族精神气质中，孕育了华夏民族传统文化特有的礼乐系统、宗庙系统和汉字系统，成为有别于其它文明的文化圈，这个文化圈是多元一体的中华民族的主体，"中国古文明不是经济及贸易发展的结果，以经济发展水平及由其产生的物质标志和管理制度的出现作为中国文明是否出现的标志就不妥当"②。我们应用中国的历史史实来总结自己的文明特征。中国文明有两大征候特别重要，一是以血缘宗法家族为纽带的氏族体制，一是理性化了的巫史传统。两者紧密相连，结成一体，并长久以各种形态延续至今。

西周文化影响着"大一统"政治体制的建立。中国民族主义意识的发展，历来是重在文化上，不重在政治上。许倬云说："中国文化的统一性比政治的统一性先出现，而且维持的时间相当长，等到周人强大的文化包容性与政治包容性出现以后，才造成了一个真正统一的政治秩序；这个政治秩序与……文化体系相辅相成，替中国构成了一个永远庞大而充实的核心体……因此变成了一个非常结实的文化大民族，它不会被打散，在世界上是少见的例子。"③罗马帝国也构成了一个强大的政治秩序，后来还成为欧洲最主要的

---

① 许倬云：《历史分光镜》，第 194 页。

② 徐良高：《中国民族文化起源新探》，社会科学文献出版社 1999 年版，第 324 页。

③ 许倬云：《历史分光镜》，第 170—171 页。

传统，但因为没有充实的文化共同性，所以无法维持长期的统一。没有文化的统一，政治也是无法统一的。西周巫教演化创造出了中国文化的范型，奠定了华夏民族的心理基础，这种心理在长期的社会发展中作为集体的社会心理积淀下来，决定了后人选择了弘扬礼乐文化的儒家学派，作为治国之本，从而使"大一统"政治体制坚如磐石。

从西周巫教演化过程，可以追溯华夏传统文化的源头，演绎华夏文化的纵向发展过程。殷商时代未能开创一个超越政治力量的共同文化，殷商的"帝"始终不脱宗族神、部落神的性格。周人用"华夏"称呼自己，称呼整个族群，而不叫它"周"，因为"周"总没有"华夏"之大气磅礴，也难以接纳、输出、共融其它的文化成分，同时西周文化在理性化演变过程中，不断吐故纳新，由原始向文明，由初级向高级，由感性向理性，由宗教向人文，在连续与突破中向前推进，这种自强不息的精神很了不起，使得中华民族文化趋于定型，"华夏文化体系，兼具坚韧的内部抟聚力，及广大的包容能力，遂使中国三千年来不断成长不断扩大，却又经常保持历史性共同意识，世界上若干伟大文化体系中有些有内聚力强的特质，如犹太文化系统；也有的包容力特强，如伊斯兰教与基督教的两大系统。中国民族的华夏文化却兼具两个特点，而且都异常强劲。"① 倘若没有培育"大一统"的文化土壤，肯定就不能长出"大一统"这棵参天大树。现在看来这是一棵具有顽强生命力、愈长愈旺的古老而又全新、枝叶繁茂的圣树，应该归功于华夏文化的土壤源源不断地输送新鲜的营养。华夏文化自西周以来，源远流长，如果不数典忘祖的话，我们都应该回望并敬畏其伟大的源头。

文化具有重要作用，"文化是制度之母"。我们需要解析我们自己的文化胚胎。三代社会中，一方面是以落后的农业生产方式为主的经济基础，一方面却有着高度发达的国家机构，巨大的城市宗庙宫室建筑、精美的青铜器、发达的文字等一系列先进的文明现象和上层建筑。按照生产力决定生产关系的原理，我们会做出必要的解释，但我们也不能忽视精神文化的作用。② 英

---

① 许倬云：《历史分光镜》，第195页。

② 有人认为："学术界一般认为，以青铜器生产工具为主的金属工具的出现决定了三代社会上层建筑的变化。然而，当我们面对大量的考古实物资料的统计和分析时，方认识到其

国历史学家汤恩比（Arnold Joseph Toynbee，1889—1975）指出："所有这
些全都证明在技术进展和文明进展之间显然不存在什么相互关系……技术进
步了而文明却停步不前，甚至在后退。……这些同样明显的事例来从另一个
角度说明同一件事实，技术停步不前而文明在前进或后退。"[1] 我们应该充分
认识巫教在变动社会力量方面的作用，因为巫教渗透到社会及个人的每个角
落，大到社会结构，小到个人生活。精神文化的生产就是观念意识的生产，
当然这种生产是由当时的物质生产方式所决定的，但这些生产的思维方式又
有自身的规律可循，这就是大家艳称的"东方思维模式"。东方思维模式的
原初到底是什么样子，如何定型的，在西周巫教演化过程及其形态中可以找
到答案。许倬云说："孔子是中国文化的代言人，也正因为他体认了华夏文
化的性格。儒家学说是华夏文化的阐释，儒家理想人格是择善固执，是以仁
恕待人，这种性格，可称为外圆（包容）内方（执善），也正是华夏性格的
化身。儒家文化的基本性格成为中国文化的基本性格，而其成形期，正是在
西周形成华夏文化本体的时候。"[2]

（五）西周文化影响着后世人们的一般日常生活世界

我们首先来认识一下何谓一般日常生活世界。每个人都过着一般日常
生活，其实这是最真切的、最能体验得到的，任何人也不可能脱离这种一般
的日常生活世界。这一般日常生活世界是由每个人与其周围世界互动产生
的，因为生活世界就是人的经验世界，是活生生的世界，是人的生命存在
的总体世界，按照奥地利现象学家胡塞尔（Edmund Gustav Albrecht Husserl，
1859—1938）的说法，"生活世界的概念，是一个经验系统，每一个时代的
生活世界的经验系统，都构成一个具体而又普遍的概念框架。这个框架是在
人们的生活过程中，在人们的相互交流过程中自然而然地产生和形成的。这
是一个永远开放的框架，它因人的生命活动的永世流动常新而不断地变动

本来面目远非如此。"（参见徐良高《中国民族文化源新探》，第 41 页）

[1]　[英] 汤恩比：《历史研究》（上），曹未风等译，上海人民出版社 1986 年版，第 248 页。

[2]　许倬云：《历史分光镜》，第 195 页。

着"①。德国哲学家哈贝马斯（Jurgen Habermas，1929—　）还指出了生活世界的"二律背反"的特征，"生活世界的背景既是直接当下的，又是不被注意到的；既是强烈的，又是隐蔽的；既是不言而喻的，又是需要确证的；既是切近的，又是遥远的。严格说来，它既是一种知识，又不是一种知识"②。生活世界就像空气和水一样，注意到了就感知到了，不注意就忽视掉了，但不是其不存在。所以，我们应该重视我们的生活世界，重视我们个人所处的周围世界是什么样子，这是很重要的。从文化角度来说，这个周围世界既是历史的延续又是当代人的构造，既是社会空间的总体又是历史时间的累积，按照哈贝马斯说法，"'生活世界是灌木丛。'它的各个枝节（自然、社会、上帝、历史、当下、真假、善恶、美丑、是非等等）缠绕在一起，形成一个错综复杂的整体"③。西周巫教维新及其形态演化，恰是为人们的生活世界提供了新的生存意义的网络以及新的生存秩序、生存方式，然后这些又建构起周人自己的全部生活。周人生活世界的建构就成为华夏民族生民的一种历史基础，影响着后来人的一般日常生活。

　　周人建构了一个新的自然、社会以及个体的伦理架构，必然造成这个社会是重视伦理秩序的社会状况，也就是说，这个生活世界的第一个特征是伦理秩序。周人为了塑造"生活世界"的所谓合理结构，便将这个世界伦理秩序化了，表现在礼乐制度伦理化、社会交往伦理化、精神结构伦理化，乃至风俗伦理化、语言伦理化、个体行为伦理化，如格式化一般一切归于伦理化。周人构建的各种制度体系都体现出其伦理精神，整个社会依靠的就是这种伦理精神来凝聚社会人心，依靠伦理秩序来稳定社会结构，如果失掉了这种伦理架构，那么不仅是社会秩序与统治秩序坍塌，而且东方人的生活世界可能也会同时黯淡下去，因为人们就将失掉存在的文化基础，失掉生存的价值意义。这个伦理架构发展到极致，以至于"非礼勿视，非礼勿听，非礼勿言，非礼勿动"（《论语·颜渊》），许多个体可以为伦理献祭，在所不惜。伦

---

① 李鹏程：《胡塞尔传》，第 196 页。

② 倪梁康：《现象学及其效应——胡塞尔与当代德国哲学》，生活·读书·新知三联书店2005 年版，第 350—351 页。

③ 倪梁康：《现象学及其效应——胡塞尔与当代德国哲学》，第 352 页。

理架构是人的架构，不是神的架构；伦理规范是人为制定的规范，不是神谕
和教规。杨向奎谈到"礼"作为构建社会伦理之内容时有自己的解释："周
公对于原始礼仪有过加工，他认为这种待人敬天的礼以及行礼中的仪容，应
当充实德的内容，礼不应当仅是物品的交换，仪也不应当仅是外表的仪容，
他把它们伦理化，美化；如果说他以德代礼，也就是以乐舞代仪。从此中国
传统的礼乐文明建立下良好基础，以后，孔子又以仁丰富了礼的内容，使礼
从'天人之际'回到'人人之际'中来，礼用以处理'人际'关系，所以礼
为仁之目。"① 这个社会人们的思考方式要从伦理出发，其行为方式要符合伦
理规范，其生活方式重要的是现实的世俗生活，不是超世的宗教生活。杨向
奎说，周礼"这种道路是中国思想界正统派所走的道路，三千年来它浸润着
中国人们的思想方法，伦理行为，周公、孔子遂成为中国哲学家、政治家所
供奉的不祧祖先，虽然他们也时遭厄运，而屡仆屡起"②。如果要理解我们现
在的生活世界，就可以到周人那里寻找其源头。

　　周人勾画的生活世界是一种"诗意的生活世界"，诗乐在周人那里占据
了十分重要的位置，后世人们只要阅读《诗经》文本就可遥想周人的诗情画
意生活。在"制礼作乐"安排下，提倡"礼"与"乐"的结合，从生活世界
设计来说可以说是十分美好的，"人最佳的生活状态应该达到一种'理性'
与'感性'的生活的均衡，只有'理性'的生活，'生活世界'就显得干瘪
而不鲜活；只有'感性'的生活，'生活世界'就会显得疯狂而无秩序。无
数哲人皆在理性与感性生活的均衡样式与途径。无怪孔子倡导西周一种和谐
的'礼乐生活'而得到后世的崇奉，因为他为人类指出了一种美好的'生活
世界'图景。"③ 辜鸿铭则如此描述中国人的生活世界，他说：

　　　　什么是真正的中国人？我们现在已经知道，真正的中国人就是有
　　着赤子之心和成年人的智慧、过着心灵生活的这样一种人。简言之，
　　真正的中国人有着童子之心和成年人的智慧。中国人的精神是一种永

① 杨向奎：《宗周社会与礼乐文明》，第338页。
② 杨向奎：《宗周社会与礼乐文明》，第287页。
③ 蔡先金：《诸子之前泛诗现象研究》，第29页。

葆青春的精神，是不朽的民族魂。那么，这种使民族不朽，永远年轻
的秘密又何在呢？……是同情的或真正的人类的智能造就了中国人式
的人之类型，从而形成了中国人那种难以言表的温良。这种真正的人
类的智能，是同情与智能的有机结合。它使人的心与脑得以调和。总
之，它是心灵与理智的和谐。如果说中华民族之精神是一种永葆青春
的精神、是不朽的民族魂，那么民族不朽的秘密就是中国人心灵与理
智的完美谐和。①

辜氏并没有去寻求这种"有着赤子之心和成年人的智慧、过着心灵生活"的
历史缘由，其实这是来自于周人构造的礼乐生活世界，代表了一个社会共同
体的集体行为期待，以及民众公认的道德意识。

德国当代哲学家哈贝马斯说："由日常交往实践编织的互动网络，乃是
生活世界。"②周人创造的生活文化影响着社会生活结构，影响着民俗民风，
影响着人们的交往方式，我们的一般日常生活世界说来是与此相关的。如果
想解开东方儒家社会人们的生活世界的秘密，那么了解周人对于生活世界的
建构是十分有益的。

（六）西周巫教演化形态对华夏文化传统的形成具有开启与延流作用

张光直认为，就世界范围来看，文明的产生主要有两种方式：一种是以
人与自然的关系的改变为契机引起社会的质变，此以古代两河流域的苏美
尔文明为代表；一种则是以人与人关系的改变为主要动力，开创一个新的时
代，此以玛雅—中国文化连续体为代表，其特征为金属在政治与宗教活动中
的广泛运用，政治分层系统与网状结构的形式，文字和艺术成为宗教的附属
品，成为天人沟通的工具。前者在兴起的时候突破了自然生态系统的束缚，
并与旧时代之间产生了断裂，后者则从史前继承并演化了巫教、各种制度、

---

① 辜鸿铭：《中国人的精神》，第 38—39 页。
② 转自章国锋《交往理性》，赵一凡、张中载、李德恩主编《西方文论关键词》，外语教学
　与研究出版社 2006 年版，第 239 页。

观点和仪式，表现为连续性。① 三代王朝创立者的功德都带有巫教和超自然
的色彩。夏禹有阻挡洪水的神力，所谓"禹步"，便成了后代巫师特有的步
态。商汤能祭天求雨。后稷竟能奇异地使庄稼成长。世界上任何民族的文
化，都经历了一个以神为本向以人为本发展的历程。中国作为世界上的文明
古国之一，也不例外。"没有古代的巫教，就不会有古代的文明。"② "经过巫
教进行天地人神的沟通是中国古代文明的重要特征；沟通手段的独占是中国
古代阶级社会的一个主要现象；……从史前到文明的过渡中，中国社会的主
要成份有多方面的、重要的连续性。"③ 先周在商巫觋文化为主体的氛围下保
存了自己固有的文化特色，同时还接受了草原文化以及西边羌人的影响，显
示出很大的包容性。西周立国之后，西周巫教演化文化不断地向四周传播与
扩张，甚至殖民文化，由中心走向边缘，刺激着地方文化的发展，形成了一
个超越自身政治力量所及的更为广大的"礼乐"文化圈。到了东周时期，边
缘地区文化获得新的活力，形成了各有特色但又具有西周文化基本特质影
响的文化圈。李学勤将东周分为七个文化圈：以周为中心的中原文化圈、北
方文化圈、齐鲁文化圈、楚文化圈、吴越文化圈、巴蜀滇文化圈、秦文化
圈。④ 许倬云认为："论其文化活力的来源，仍当在西周的扩张过程中寻找。"⑤
西周三百年来，以"礼乐"为中心的华夏意识自西徂东渗入各个族群，一面
汲取新成分，一面反哺华夏文化，这种厚德载物的精神亦很了不起，华夏
文化终于铸成一个文化体系，均非政治力量可以比拟。玛雅文明（前10世
纪—后10世纪），乃至整个新大陆的文明的形成和中国古代文明则是相似
的。美国社会人类学家彼得·佛尔斯脱（Peter Furst）提出了一个"亚美式
萨满教"的意识形态，这种巫教意识形态代表了旧石器时代人类从亚洲大陆
进入新大陆时的一个文化底层。⑥ 也就是说，亚洲文化曾经移入美洲，这是

---

① ［美］张光直：《美术、神话与祭祀》，第1—2页。

② 宋兆麟：《巫与巫术》，四川民族出版社1989年版，第8页。

③ ［美］张光直：《考古学专题六讲》，第13页。

④ 参见李学勤《失落的文明》，第109—110页。

⑤ 许倬云：《历史分光镜》，第189页。

⑥ 参见［美］张光直《中国青铜时代》，第481—482页。

人类历史上最早的一次"东风西渐",而非近代所言的"西风东渐"。张光直认为:"中国的型态很可能是全世界向文明转进的主要型态,而西方的型态实在是个例外,因此社会科学里面自西方经验而来的一般法则不能有普遍的应用性。"① 西周巫教演化形态既是中国特有的,但又是对世界做出了应有的贡献。华夏文化一直就是开放的、包容的、具有自身特色的。德国历史学家奥斯瓦尔德·斯本格勒(Oswald Arnold Gottfried Spengler,1880—1936)说:"一个民族之所以能形成历史,是因为它能'胜任'形成历史的任务。它生动地经历着一种内部的历史——这种内部的历史使它处于此种'胜任的状态',只有在这种'状态'中它才成为有创造力的——和一种外部的历史,这种外部的历史存在于这种创造中。"②

历史造就一个民族。民族的形成需要一个历史的过程,民族的认同同样离不开历史的养料。西周初期的巫教维新运动及其延续的效应,既在书写华夏族历史,又在为华夏族提供新的想象时空,"人类的心智追求准确性,心灵却在找寻意义。史学以故事来满足这两种需要"③。民族不是宗教团体,不是王朝,也许是"想象的共同体"④,这里的想象在中华大地上当然应该是建立在一定文化基础上的。民族是西方历史一定阶段的产物,民族主义当然是在民族概念与实体确立之后才在西方产生。许倬云说:"民族这个东西是五百年前在中欧从部族建立起来的。最早建立日耳曼民族,逐渐成为整个欧洲要脱离罗马基督教会的管束而成立的国家。""民族主义是西欧发展出来的,严格说起来,是由中欧日耳曼人建国时发展出来的。原因是战争。欧洲进行造国的五百年前时,必须讲我族、你族。民族都是部族的基础上直接演化出来的。""中国文化就与国家合而为一,所以文化秩序就是政治秩序。中国没有什么国家主权的想法,只有文化中心的想法。"⑤ 华夏民族就是

---

① [美]张光直:《中国青铜时代》,第 487 页。

② [德]奥斯瓦尔德·斯本格勒:《西方的没落》,张兰平译,第 245 页。

③ [美]乔伊斯·阿普尔比、林恩·亨特、玛格丽特·雅各布:《历史的真相》,刘北成、薛绚译,中央编译出版社 1999 年版,第 249 页。

④ 参见[美]本尼迪克特·安德森《想象的共同体:民族主义的起源和散布》,吴叡人译,上海世纪出版集团 2005 年版。

⑤ 许倬云:《历史分光镜》,第 249 页。

在近代外敌入侵下重新建立新的认同，利用西方的民族国家概念体系，创造出自己的民族国家实体，以求立足于一个标榜民族主义的世界。由此看来，华夏民族的根基在于华夏文化，不是像西方那样依靠政治和所谓主权成为形成民族的力量。因此，我们不能忽视我们的文化传统。"民族"一词的现代意义是在 19 世纪末从日本传入中国的。1899 年梁启超在《东籍月旦》一文中破天荒地使用了现代意义的"民族"一词。"中华民族"这个概念最早是梁启超于 1902 年在《论中国学术思想变迁之大势》中提出的。但是中华民族作为一个自在的实体确是古已有之。美国外交家亨利·基辛格（Henry Kissinger，1923—2023）说："中国与周边国家的疆界与其说是政治和领土的分界线，不如说是文化差异的分水岭。中国文化的辐射圈涵盖整个东亚。美国政治学家白鲁恂（Lucian Pye）有一句名言：近代中国依然是'一个自诩为民族国家的文明社会'。"① 无论是一个文明体还是一个民族国家，这个偌大的族群和国家都是摆在那儿的，谁也否认不了，只是称呼不同而已，但是其文化特征却是十分显赫的，区别度更是特高的，文化传统又是世界上独一无二的。庞朴说："所谓文化传统一般是指民族的、支配千百万人的这样一种观念和力量，那样一个习惯势力或者说那样一个惯性，它是人们在日常生活当中所遵循的那么一种模式，人们遵照它而行动，但是又不能意识到它的存在的这样一种精神力量。""文化传统是在你的观念里边在你的行动当中支配着你的观念和行动的那个活的东西。"② 西周文化就流淌在当下的文化传统之河流中，正如黑格尔所说："这种传统并不是一尊不动的石像，而是生命洋溢的，有如一道洪流，离开它的源流愈远，它就澎湃得愈大。"③

周文化也是一直处于发展之中，而不是凝固不动的。"天"自西周向两个方向发展，一向科学与哲学，一向天命神学。由"天"与"天子"之间模糊的亲缘关系发展出"天人合一"的观念，同西方强调人神分离、人与自然对立有很大区别；由于对"天"信仰的动摇发展出荀子"明于天人之分""制天命而用之""人定胜天"的思想，又逻辑地发展为否定天命观及无神论；

---

① ［美］亨利·基辛格：《论中国》，第 7 页。

② 庞朴：《蓟门散思》，上海文艺出版社 1996 年版，第 304—305 页。

③ ［德］黑格尔：《哲学史讲演录》第 1 卷，第 8 页。

由于以德为本的天命转移论与阴阳五行说相结合，形成了五行德运说，使天命神学发展到新高度。《易传》云："有天道焉，有人道焉，有地道焉，兼三才而两之。"中国的一切思想文化都将在天、地、人之间产生。黑格尔说："这些思想的活动，最初表现为历史的事实……但事实上，我们之所以是我们，乃是由于我们有历史……我们在现世界所具有的理性，并不是一下子得来的，也不是从现在的基础上生长起来的，而是本质上原来就具有的一种遗产……这个传统的内容是精神的世界所产生出来的，而这普遍的精神并不是老站着不动的。"① 古代巫教主要是一种意识生产，它不但进入"大传统"，而且亦进入"小传统"。广义地说，大传统是社会精英及其所掌握的文字所记载的文化传统，小传统是乡村社区俗民（folk）或乡民（peasant）生活代表的文化传统。古代巫教先是居于小传统的地位，后又升于大传统地位，然后又再次回归于小传统的地位，至今现代社会一些小传统中仍有巫教残留之痕迹。何兹全说："巫在民间地位和影响的衰落，是在魏晋南北朝及此后的事。巫的地位为和尚、道士所代替。巫在庙堂没有地位，在民间的地位也被佛道所挤，越缩越小。"② 许多文化人类学家及民族学家进行大量的社会调查，搜集少数民族小传统中的巫教资料，以做文化研究。

从西周巫教演化形态，可以呈现华夏文化"内圣外王""天人合一""礼乐秩序""学在官府""肇对元德，孝友唯型"等等单元结构，寻绎出中国传统文化的性格。每一个文化单元结构模式的搭建都经历了一个过程，而组成这些单元的材料就是传统文化中的核心范畴与基本命题，我们只有理清这些范畴与命题的来龙去脉，才能真正理解中国传统文化，也正是这些范畴与命题形成了中国传统文化区别于其它族群文化的特质，因为它们是中国传统文化的基石。"中国传统文化自信的根扎在几千年生生不息的文明传承中，中国是一个薪火相传、文脉不断的文明体，今天的文化自信有着古老文化的根基，那就是中华文化的深厚底蕴和中华民族最深沉的精神追求。中华文明绵延数千年，有其独特的价值体系。中华优秀传统文化已经成为中华民族的基

---

① ［德］黑格尔：《哲学史讲演录》第 1 卷，第 8—9 页。

② 何兹全：《序》，［韩］文镛盛《中国古代社会的巫觋·序》，华文出版社 1999 年版，第 4 页。

因，植根在中国人内心，潜移默化影响着中国人的思想方式和行为方式。"①

"巫"及其"巫术"与"巫教"，在古代曾是显学，在历史上曾辉煌过，后来渐渐衰落，当然其转捩点是在西周初期。我们考察历史现象，尤其是精神现象，应该放在人类历史发展的进程中，放在其时代背景下，这样才能较为公平合理地看待过往的发展历程，才能知晓我们的现在是如何从过去发展过来的，并展望我们的未来又如何展开。每一个时代有每一个时代的局限性，人类不同的发展阶段就是不同的阶段，不可能整齐划一，如果那样人类就不可能进步了，所以理解过去，就是理解我们自己，也是为了理解未来。现在感觉过去的所谓"荒唐"，那时可能就是所谓"真理"，现在的所谓的"真理"，未来也有可能就是所谓"荒唐"，但是这些过去的道路可能就是丛林，先人筚路蓝缕，开启山林，后人无论如何都应该看作是一笔宝贵的财富，弯路是弯路的诗意，直路是直路的光明，中华民族就像黄河那样，虽然历经九十九道弯，但终归一路向东，奔流入大海。古代的"巫"及其"巫术"和"巫教"，同样犹如河流，虽然泥沙俱下，但却总是给人类提供必要的营养，现在的科学、哲学、艺术、宗教等等发源无不与其有关，倘若说没有其滋养，就不会有我们今天的所谓现代化的辉煌。比如有人说"植物灵崇拜"引发了中国的第一次绿色革命，"生殖崇拜"贡献了中华民族伦理思想，甚至认为巫文化是中华文明的重要基因库。②

中国古代的巫术发展有其独到的发展之路，可以说是一个自然的发展历程，也是世界文明中的历史"活标本"，现在世界上的许多古老文明都中途中断了，唯独中华文明赓续至今，值得华夏民族子孙骄傲。我们中华民族的文化就是我们现在的国情，理解我们的国情，就应该解我们的过往，了解我们民族精神深层次的发展脉络。今天研究西周初期的巫教维新及其演化形态，就是研究中华民族历史上上层建筑领域的第一次东方式的突破，这次突破带来民族文化的走向，带来了一个民族的主体核心文化，带来了几千年的源头活力，带给了世界一种内生性的文化发展模式。中华民族能够一次次

---

① 范玉刚：《从坚定文化自信迈向文明自信——新时代中国文化发展的使命担当》，《新华文摘》2022 年第 21 期。

② 参见林河《中国巫傩史》，花城出版社 2001 年版。

实现内向超越，而不是依靠扩张、殖民和掠夺，因为我们民族文化中有自我
更新、自我发展的基因和能力，每一次超越又积累了新的文化基因，确保整
个民族与时俱进，与世界上其他民族一起，为人类的进步事业和未来发展而
贡献自身的光和热！

参 考 文 献

一、典籍类

（三国魏）王弼、（晋）韩康伯注，（唐）孔颖达等正义：《尚书正义》，（清）阮元校刻《十三经注疏》，中华书局 1980 年版。

（汉）毛亨传，郑玄笺，（唐）孔颖达等正义：《毛诗正义》，（清）阮元校刻《十三经注疏》，中华书局 1980 年版。

（三国魏）王弼、（晋）韩康伯注，（唐）孔颖达等正义：《周易正义》，（清）阮元校刻《十三经注疏》，中华书局 1980 年版。

（汉）何休注，（唐）徐彦疏：《春秋公羊传注疏》，（清）阮元校刻《十三经注疏》，中华书局 1980 年版。

（晋）范宁注，（唐）杨士勋疏：《春秋谷梁传注疏》，（清）阮元校刻《十三经注疏》，中华书局 1980 年版。

（晋）杜预注，（唐）孔颖达等正义：《春秋左传正义》，（清）阮元校刻《十三经注疏》，中华书局 1980 年版。

（汉）郑玄注，（唐）贾公彦疏：《周礼注疏》，（清）阮元校刻《十三经注疏》，中华书局 1980 年版。

（汉）郑玄注，（唐）贾公彦疏：《仪礼注疏》，（清）阮元校刻《十三经注疏》，中华书局 1980 年版。

（汉）郑玄注，（唐）孔颖达等正义：《礼记正义》，（清）阮元校刻《十三经注疏》，中华书局 1980 年版。

（清）孔广森补注，（清）王树楠校正，王丰先点校：《大戴礼记补注》，中华书局 2013 年版。

（三国吴）韦昭注，徐元诰集解：《国语集解》，中华书局 2002 年版。

何建章注：《战国策注释》，中华书局 1990 年版。

黄怀信、张懋镕、田旭东：《逸周书会校集解》，上海古籍出版社 2007 年版。

许维遹撰，梁运华整理：《吕氏春秋集释》，中华书局 2017 年版。

（汉）刘向编撰，张涛译注：《列女传译注》，山东大学出版社 1990 年版。

冯国超译注：《山海经》，商务印书馆 2016 年版。

林家骊译注：《楚辞》，中华书局 2015 年版。

（汉）宋衷注，（清）秦嘉谟等辑：《世本八种》，商务印书馆 1957 年版。

高永旺译注：《穆天子传》，中华书局 2019 年版。

王国维撰，黄永年校点：《古本竹书纪年辑校·今本竹书纪年疏证》，辽宁教育出版
社 1997 年版。

（汉）刘安：《淮南子》，中华书局 2014 年版。

（汉）郑玄注，（清）王闿运补注：《尚书大传》，商务印书馆 1937 年版。

（汉）司马迁：《史记》，中华书局 1959 年版。

（汉）班固：《汉书》，中华书局 1982 年版。

（汉）范晔：《后汉书》，中华书局 1965 年版。

（汉）袁康、（汉）吴平辑录：《越绝书》，上海古籍出版社 1985 年版。

（明）赵晔：《吴越春秋》，商务印书馆 1937 年版。

（汉）应劭：《风俗通义》，上海古籍出版社 1990 年版。

（唐）欧阳询：《艺文类聚》，汪绍楹校，上海古籍出版社 1982 年版。

（汉）王充：《论衡》，商务印书馆 1934 年版。

（宋）郑樵：《通志》，中华书局 1987 年版。

（唐）杜佑：《通典》，中华书局 1988 年版。

（元）马端临：《文献通考》，中华书局 1986 年版。

（宋）李昉等：《太平御览》，中华书局 1960 年版。

（晋）皇甫谧著，徐宗元辑：《帝王世纪辑存》，中华书局 1964 年版。

（唐）徐坚辑：《初学记》，中华书局 1985 年版。

左丘明著，杜预集解：《春秋左传集解》，上海人民出版社 1977 年版。

（明）程荣纂辑：《汉魏丛书》，吉林大学出版社 1992 年版。

（清）阮元校刻：《十三经注疏》，中华书局 1980 年版。

（清）李光地等：《御纂周易折中》，上海古籍出版社 1990 年版。

（清）马骕：《绎史》，王利器整理，中华书局 2002 年版。

（清）孙希旦：《礼记集解》，中华书局 1989 年版。

（清）孙诒让撰，王文锦、陈玉霞点校：《周礼正义》，中华书局 2013 年版。

（清）王聘珍：《大戴礼记解诂》，中华书局 1983 年版。

（清）阎镇珩：《六典通考》，江苏广陵古籍刻印社 1990 年版。

二、考古与古文字学类

王国维：《观堂集林》，中华书局 1959 年版。

郭沫若：《考古论集》，科学出版社 1992 年版。

［美］张光直：《考古学专题六讲》，文物出版社 1986 年版。

［美］张光直：《中国青铜时代》，生活·读书·新知三联书店 1999 年版。

［美］张光直：《中国考古学论文集》，生活·读书·新知三联书店 1999 年版。

郭宝均：《商周铜器群综合研究》，文物出版社 1981 年版。

唐兰：《西周青铜器铭文分代史徵》，中华书局 1986 年版。

李伯谦：《中国青铜文化结构体系研究》，科学出版社 1998 年版。

冯时：《中国天文考古学》，社会科学文献出版社 2001 年版。

张之恒：《中国考古学通论》，南京大学出版社 1991 年版。

陆思贤：《神话考古》，文物出版社 1995 年版。

李纯一：《中国上古出土乐器综论》，文物出版社 1996 年版。

张长寿等：《西周青铜器分期断代研究》，文物出版社 1999 年版。

李学勤：《比较考古学随笔》，广西师范大学出版社 1997 年版。

李学勤：《四海寻珍》，清华大学出版社 1998 年版。

李学勤：《缀古集》，上海古籍出版社 1998 年版。

段渝：《政治结构与文化模式——巴蜀古代文明研究》，学林出版社 1999 年版。

苏秉琦：《中国文明起源新探》，生活·读书·新知三联书店 1999 年版。

何新：《中国远古神话与历史新探》，黑龙江教育出版社 1989 年版。

陈梦家：《殷墟卜辞综述》，中华书局 1988 年版。

于省吾:《甲骨文字诂林》,中华书局 1996 年版。

郭沫若:《两周金文辞大系图录考释》,上海书店出版社 1999 年版。

高明:《中国古文字学通论》,北京大学出版社 1996 年版。

李圃:《甲骨文选释》,上海古籍出版社 1989 年版。

王宇信:《甲骨学通论》,中国社会科学出版社 1993 年版。

王宇信:《西周甲骨探论》,中国社会科学出版社 1984 年版。

王宇信:《甲骨学一百年》,社会科学文献出版社 1999 年版。

常玉芝:《殷商历法研究》,吉林文史出版社 1998 年版。

赵诚:《甲骨文与商代文化》,辽宁人民出版社 2000 年版。

裘锡圭:《古代文史研究新探》,江苏古籍出版社 1992 年版。

张亚初、刘雨:《西周铭文职官研究》,中华书局 1986 年版。

杜勇、沈长云:《金文断代方法探微》,人民出版社 2002 年版。

刘正:《金文氏族研究》,中华书局 2002 年版。

刘翔:《中国传统价值观诠释学》,上海三联书店 1996 年版。

冯时:《星汉流年:中国天文考古录》,四川教育出版社 1996 年版。

(意)安东尼奥·阿马萨里:《中国古代文明——从商朝甲骨刻辞看中国上古史》,社会科学文献出版社 1997 年版。

三、文献学类

金景芳:《古史论集》,齐鲁书社 1981 年版。

[清] 姚际恒:《仪礼通论》,中国社会科学出版社 1998 年版。

钱穆:《庄老通辨》,生活·读书·新知三联书店 2002 年版。

钱穆:《论语新解》,巴蜀书社 1985 年版。

杨伯峻:《春秋左传注》,中华书局 1990 年第 2 版。

刘起釪:《尚书学史》,中华书局 1989 年版。

姜昆武:《诗书成词考释》,齐鲁书社 1989 年版。

周秦文化研究编委会编:《周秦文化研究》,陕西人民出版社 1993 年版。

《三代文明研究》编委会:《三代文明研究——1998 年河北邢台中国商周文明国际学术研讨会论文集》(一),科学出版社 1999 年版。

郭沂：《郭店楚简与先秦学术思想》，上海教育出版社 2001 年版。

刘梦溪：《中国学术经典》丛书中《黄侃　刘师培卷》《董作宾卷》《章太炎卷》《李济卷》《顾颉刚卷》《傅斯年卷》等，河北教育出版社 1996 年版。

田昌五、石兴邦：《中国原始文化论集——纪念尹达八十诞辰》，文物出版社 1989 年版。

[美] 艾兰等：《中国古代思维模式与阴阳五行说探源》，江苏古籍出版社 1998 年版。

[美] 张光直：《青铜挥麈》，上海人民出版社 2000 年版。

李学勤：《失落的文明》，上海文艺出版社 1997 年版。

许倬云：《历史分光镜》，上海文艺出版社 1998 年版。

顾颉刚：《顾颉刚古史论文集》第 3 册，中华书局 1996 年版。

李学勤：《简帛佚集与学术史》，江西教育出版社 2001 年版。

李学勤：《古文献丛论》，上海远东出版社 1996 年版。

金景芳、吕绍刚：《〈尚书·虞夏书〉新解》，辽宁古籍出版社 1996 年版。

李镜池：《周易探源》，中华书局 1978 年版。

吕绍刚：《庚辰存稿》，上海古籍出版社 2000 年版。

董治安、刘晓东：《两汉全书》第 1、2 册，山东大学出版社 1999 年版。

郭伟川：《二十世纪中国礼学研究论集》，学苑出版社 1998 年版。

李衡眉：《先秦史论集》，齐鲁书社 1999 年版。

阎步克：《乐师与史官》，生活·读书·新知三联书店 2001 年版。

邢文：《帛书周易研究》，人民出版社 1997 年版。

钱玄：《三礼通论》，南京师范大学出版社 1996 年版。

陈鼓应：《易传与道家思想》，生活·读书·新知三联书店 1996 年版。

杜勇：《〈尚书〉周初八诰研究》，中国社会科学出版社 1998 年版。

郭伟川：《周公摄政称王与周初史事论集》，北京图书馆出版社 1998 年版。

臧克和：《尚书文字校诂》，上海教育出版社 1999 年版。

雷汉卿：《〈说文〉"示部"字与神灵祭祀考》，巴蜀书社 2000 年版。

四、中国史类

金景芳：《中国奴隶社会史》，上海人民出版社 1983 年版。

吕思勉：《中国制度史》，上海教育出版社 1985 年版。

陈安仁：《中国文化演进史》，上海书店 1992 年版。

柳诒徵：《中国文化史》（上、下册），中国大百科全书出版社 1988 年版。

郭沫若：《中国古代社会研究》，科学出版社 1960 年版。

杨宽：《西周史》，上海人民出版社 1999 年版。

杨宽：《战国史》，上海人民出版社 1998 年版。

侯外庐：《中国古代社会史稿》，人民出版社 1955 年版。

王玉哲：《中华远古史》，上海人民出版社 2000 年版。

张光智：《商代文明》，毛小雨译，北京工艺美术出版社 1999 年版。

冯天瑜等：《中华文化史》，上海人民出版社 1990 年版。

陈恩林：《先秦军事制度研究》，吉林文史出版社 1990 年版。

许倬云：《西周史》，生活·读书·新知三联书店 1994 年版。

翦伯赞：《先秦史》，北京大学出版社 1999 年版。

童书业：《春秋史》，山东大学出版社 1987 年版。

顾德龙、朱顺龙：《春秋史》，上海人民出版社 2001 年版。

李学勤：《中国古代文明与国家形成研究》，云南人民出版社 1997 年版。

谢维扬：《中国早期国家》，浙江人民出版社 1995 年版。

孟昭华：《中国灾荒史记》，中国社会出版社 1999 年版。

臧云浦等：《历代官制·兵制·科举制表释》，江苏古籍出版社 1987 年版。

王晖：《商周文化比较研究》，人民出版社 2000 年版。

胡庆均：《早期奴隶制社会比较研究》，中国社会科学出版社 1996 年版。

葛兆光：《中国思想史》（第一卷），复旦大学出版社 1998 年版。

夏商周断代工程专家组：《夏商周断代工程 1996——2000 年阶段成果报告》，世界
图书出版公司 2000 年版。

田昌五等：《周秦社会结构研究》，西北大学出版社 1996 年版。

张正明：《楚文化史》，上海人民出版社 1987 年版。

宋镇豪：《夏商社会生活史》，中国社会科学出版社 1994 年版。

彭卫等编：《中国古代史卷》（上册），兰州大学出版社 2000 年版。

史凤仪：《中国古代的家族与身份》，社会科学文献出版社 1999 年版。

[英] 李约瑟：《中国古代科学思想史》，陈立夫译，江西人民出版社 1999 年版。

王震中：《中国文明起源的比较研究》，陕西人民出版社 1994 年版。

杨志刚：《中国礼仪制度研究》，华东师范大学出版社 2001 年版。

徐吉军：《中国丧葬史》，江西高校出版社 1998 年版。

晁福林：《先秦民俗史》，上海人民出版社 2001 年版。

杨华：《先秦礼乐文化》，湖北教育出版社 1997 年版。

王德培：《西周封建制考实》，光明日报出版社 1998 年版。

刘起釪：《古史续辨》，中国社会科学出版社 1991 年版。

杨向奎：《宗周社会与礼乐文明》，人民出版社 1997 年版。

阴法鲁等：《中国古代文化史》，北京大学出版社 1991 年版。

侯外庐等：《中国思想通史》第 1 卷，人民出版社 1957 年版。

五、世界史类

崔连仲：《世界史·古代史》，人民出版社 1983 年版。

刘文鹏：《古代埃及史》，商务印书馆 2000 年版。

安德烈·比尔基埃等：《家庭史》，袁树仁等译，生活·读书·新知三联书店 1998 年版。

邹永贤：《国家学说史》，福建人民出版社 1999 年版。

六、史学理论类

顾颉刚：《当代中国史学》，辽宁教育出版社 1998 年版。

梁启超：《中国历史研究法》，东方出版社 1996 年版。

钱穆：《中国历史研究法》，生活·读书·新知三联书店 2001 年版。

何兆武：《历史理论与史学理论》，商务印书馆 1999 年版。

路新生：《中国近三百年疑古思潮研究》，上海人民出版社 2001 年版。

李学勤：《走出疑古时代》，辽宁大学出版社 1997 年版。

白寿彝：《中国史学史论集》，中华书局 1999 年版。

吴怀祺：《中国史学思想史》，安徽人民出版社 1996 年版。

杨豫、胡成：《历史学的思想和方法》，南京大学出版社 1999 年版。

刘新成:《中国学术百年·历史学百年》,北京出版社 1999 年版。

[英] 彼德·伯克:《历史学与社会理论》,姚鹏等译,上海人民出版社 2001 年版。

七、哲学、人类学、民族学、艺术类

林惠祥:《文化人类学》,商务出版社 1991 年版。

李绍明等:《中国各民族原始宗教资料集成·土家族卷、瑶族卷、壮族卷、黎族卷》,中国社会科学出版社 1998 年版。

吕大吉:《宗教学通论新编》,中国社会科学出版社 1998 年版。

李泽厚:《己卯五说》,中国电影出版社 1999 年版。

杨伯达:《古玉史论》,紫禁城出版社 1998 年版。

徐良高:《中国民族文化源新探》,社会科学文献出版社 1999 年版。

朱狄:《艺术的起源》,中国青年出版社 1999 年版。

马曜、缪鸾和:《西双版纳份地制与西周井田制比较研究》,云南人民出版社 2001 年版。

黄泽桂:《舞蹈与族群——赫章民族舞蹈考察》,贵州人民出版社 1997 年版。

周凯模:《祭舞神乐——宗教与音乐舞蹈》,云南人民出版社 1992 年版。

史继忠:《西南民族社会形态与经济文化类型》,云南教育出版社 1997 年版。

邓启耀:《宗教美术意象》,云南人民出版社 1991 年版。

刘稚、秦榕:《宗教与民俗》,云南人民出版社 1991 年版。

周锡银、望潮:《藏族原始宗教》,四川人民出版社 1999 年版。

詹鄞鑫:《心智的误区——巫术与中国巫术文化》,上海教育出版社 2001 年版。

刘锡诚:《中国原始艺术》,上海文艺出版社 1998 年版。

詹鄞鑫:《神灵与祭祀——中国传统宗教综论》,江苏古籍出版社 1992 年版。

万建中:《禁忌与中国文化》,人民出版社 2001 年版。

顾希佳:《祭坛古歌与中国文化》,人民出版社 2001 年版。

江晓原:《天学真原》,辽宁教育出版社 1991 年版。

张荣明:《方术与中国传统文化》,学林出版社 2000 年版。

[英] 爱德华·泰勒:《原始文化:神话、哲学、宗教、语言、艺术和习俗发展之研究》,连树声译,广西师范大学出版社 2005 年版。

［印度］德·恰托巴底亚耶：《顺世论——古印度唯物主义研究》，王世安译，商务印书馆 1992 年版。

［美］塞缪尔·亨廷顿：《文化的重要作用——价值观如何影响人类进步》，程克雄译，新华出版社 2002 年版。

［美］路易斯·亨利·摩尔根：《古代社会》（上、下册），杨东莼等译，商务印书馆 1977 年版。

［法］列维·布留尔：《原始思维》，丁由译，商务印书馆 1981 年版。

八、宗教学、巫术类

许地山：《扶箕迷信的研究》，商务印书馆 1999 年版。

许地山：《道教史》，上海古籍出版社 1999 年版。

容肇祖：《占卜的源流》，海豚出版社 2010 年版。

江绍原：《民俗与迷信》，陈泳超整理，北京出版社 2003 年版。

陈垣：《史讳举例》，上海书店出版社 1997 年版。

［美］张光直：《美术·神话与祭祀》，郭净译，辽宁教育出版社 2002 年版。

李零：《中国方术考》，东方出版社 2000 年版。

李零：《中国方术续考》，东方出版社 2000 年版。

陈来：《古代宗教与伦理》，北京大学出版社 2017 年版。

牟钟鉴、张践：《中国宗教史》（上、下），社会科学文献出版社 2000 年版。

张紫晨：《中国巫术》，上海三联书店 1990 年版。

高国藩：《中国巫术史》，上海三联书店 1999 年版。

胡新生：《中国古代巫术》，山东人民出版社 1999 年版。

林河：《中国巫傩史》，花城出版社 2001 年版。

胡文辉：《中国早期方术与文献丛考》，中山大学出版社 2000 年版。

郭淑云：《原始活态文化——萨满教透视》，上海人民出版社 2001 年版。

王建：《中国古代避讳史》，贵州人民出版社 2002 年版。

汪受宽：《谥法研究》，上海古籍出版社 1995 年版。

袁珂：《中国古代神话》，华夏出版社 2006 年版。

邹林昌：《中国礼文化》，社会科学文献出版社 2000 年版。

江晓原：《历史上的星占学》，上海科技教育出版社 1995 年版。

陈烈：《中国祭天文化》，宗教文化出版社 2000 年版。

朱狄：《信仰时代的文明——中西文化的趋同与差异》，中国青年出版社 1999 年版。

程世平：《文明之源——论广泛意义上的宗教》，四川人民出版社 1994 年版。

蔡达峰：《历史上的风水术》，上海科技教育出版社 1994 年版。

何晓昕、罗隽：《风水史》，上海文艺出版社 1995 年版。

周绍军：《神秘的星象》，广西人民出版社 2004 年版。

［奥］弗洛伊德：《图腾与禁忌》，文良文化译，中央编译出版社 2016 年版。

［苏］Д.E. 海通：《图腾崇拜》，何星亮译，广西师范大学出版社 2004 年版。

［法］列维·斯特劳斯：《图腾制度》，上海世纪出版集团，2005 年版。

［韩］文镛盛：《中国古代社会的巫觋》，华文出版社 1999 年版。

［奥］西格蒙德·弗洛伊德：《论宗教》，国际文化出版公司 2001 年版。

［奥］西格蒙德·弗洛伊德：《梦的解析》，上海译文出版社 1983 年版。

［英］詹·乔治·弗雷泽：《金枝——巫术与宗教之研究》，徐育新等译，大众文艺出版社 1998 年版。

［德］黑格尔：《宗教哲学》，魏庆征译，中国社会出版社 1999 年版。

［法］E. 杜尔干：《宗教生活的初级形式》，林宗锦译，中央民族大学出版社 1999 年版。

［澳］佳里·特朗普：《宗教起源探索》，朱代强译，四川人民出版社 1995 年版。

［日］桥本敬造：《中国占星术的世界》，王仲涛译，商务印书馆 2012 年版。

九、马克思主义经典类

《马克思古代社会史笔记》，人民出版社 1996 年版。

《马克思恩格斯列宁斯大林论宗教和无神论》，人民出版社 1999 年版。

恩格斯：《家庭、私有制和国家起源》，人民出版社 1972 年版。

《马克思恩格斯选集》第 1、2、3、4 卷，人民出版社 1972 年版。

马克思：《1844 经济学哲学手稿》，人民出版社 2000 年版。

十、甲骨文著录（前有简称）

郭沫若：《甲骨文合集》第 1 册，中国社会科学院历史研究所 1982 年版。

董作宾：《殷墟文字甲编》，商务印书馆 1948 年版。

董作宾主编：《殷虚文字乙编》，"中研院"历史语言研究所 1994 年重印本。

张秉权：《殷墟文字丙编》，"中研院"历史语言研究所 1957 年版。

郭沫若：《殷契粹编》，科学出版社 1965 年版。

罗振玉：《殷墟书契菁华》，中国青年出版社 1999 年版。

罗振玉：《殷墟书契》，中国青年出版社 1999 年版。

罗振玉：《殷墟书契后编》，中国青年出版社 1999 年版。

胡厚宣：《战后京津新获甲骨》，群联出版社 1954 年版。

胡厚宣：《战后南北所见甲骨》，来熏阁书店出版 1951 年版。

商承祚：《殷契佚存》，金陵大学中国文化研究所 1933 年版。

王国维编：《戬寿堂所藏殷墟文字》，松云堂书店 1966 年版。

曾毅公：《甲骨掇合编》，修文堂书店 1950 年版。

中国社会科学院考古研究所：《小屯南地甲骨》，中华书局 1980 年版。

后　记

　　新冠疫情给世界带来的是无法弥补的创伤。我们真的是要敬畏大自然。面对大自然，人类一切自傲和狂妄最终都要付出沉重的代价。人啊！在天地间就是一粒微小的尘埃，而且是一粒一闪即逝的尘埃。任性的个人表现在社会层面就是任性的社会，任性的社会更需要加强生态文明建设，我们古人都知道这个道理。中国的礼制中有许多关于生态的论述，比如《月令》就是一篇很好的生态文明宪法大纲。可惜的是工业革命之后，我们人类的生态文明理念退化了，现在造成许多气候灾难。所以，人类一定不能过高地估价自己，也不应该坚信人类在所有方面都是进步的。我们人类发展到现在取得的一些所谓进步都是建立在人类积累知识财富基础之上的，就像是没有坚强的地基是建不成高楼大厦一样。我们并不能自视我们的思想或智慧已经远远超过轴心期的古人，即使我们站在他们的肩膀上。社会进化论确实是有很多缺陷的，在现实层面既有点像丛林法则的翻版，在历史观上又有点表现出对祖先的歧视。在面对疫情态度上，中国政府奉行"生命至上、人民至上"观念，拯救生命。生命是无价的，没有了生命的存在，什么价值、意义、进步等一切美妙的词汇对于逝去的个体而言都是罔谈，甚或说就是一种愚蠢的扯淡。有的国家就是如此荒唐，视生命如儿戏，既可以说是政府无能式操作，也可以说是乌合之众的愚蠢。

　　我们是一个发展的社会，但是发展是要讲究方向的，背离人类的初心的发展都是不可取的。在一个无序发展的阶段，一切不能休止，有人提出使用韧性社会（resillient society）一词代替发展社会一词，还是可以参考的。在科技发展方面，彼此竞争可能有所理解，但是政客们将科技政治工具化乃至军事化，已经达到了无以复加的地步。奥地利现象学家胡塞尔早就提醒了我们科技是把双刃剑，要注意科技的负面影响，比如这核武悬在头上，谁也不能说这是一件好事。美国外交家基辛格再次提醒世界，人工智能的发展应该有所节制，搞不好结果就有可能反噬人类自己。

人的存在意义到底是什么？如何度过人的一生？这都需要现代人认真思考。我们的先辈还十分重视这方面的思考，那时哲学事业是兴盛的。现在人好像已经异化了，沦为了像奴隶一般的工具，这可能就是工具理性主义的结果。科技带来了便利，但并不一定能给人类带来幸福，实质上现代社会病还是很可怕的；我们也不能完全否定农业社会的田园生活方式；生活方式并不一定随着科技的发展就变得越来越好了。很有意思的是，济南大学于海琴教授发来《论语·述而》中一段"择其善者而从之，其不善者而改之"的翻译问题，西方有一版本翻译为："When you see a worthy person, think about how you can equal him. When you see an unworthy person, reflect on your own conduct." 她认为译为"a virtuous person and an immoral person"更为恰当。是的，这两种译法，高下立判。前者显然强调的是工具理性，按照西方人的思维方式去翻译《论语》，将人分为有用与无用两类。每个生命都是无价的，岂能如此分类！一个人有没有德性确实是很重要的，将人分成有德性和缺乏德性是可以的。善良可以免费给予，但绝对不是没价。中国社会讲究真、善、美，从伦理出发考虑的是人们的幸福感，因为人们的幸福感只能来自于周围的环境，而伦理占据最重要的成分。我们每天的情绪大都决定于自己周围的人群，而且主要是伦理范围能够波及的人群。中国古人的智慧揭示了人类生存方式的本质，对于"正心、诚意、格物、致知、修身、齐家、治国、平天下"思考得越深，越会被古人的智慧所征服。记得2010年冬季，我们参访团访问了山东省友好大区法国布列塔尼，当时我提议在雷恩市树立一块石碑，当时也没有抱太大的此事成功的希望。回来后不久法方雷恩市议会不但通过了可以树碑的议案，还在市中心广场上伐倒几棵大树并提供当地二米多高的巨石。听闻此消息后，确实为法兰西民族的开放和浪漫所折服。我当时委派济南大学宣传部于剑波同志负责落实此事，他也很高兴接受这一光荣任务，书法没有问题，但在石碑上刻什么内容却犯了难。他找到我解决这一关键问题。我不假思索地就想到"道德真善美，仁义礼智信"两联语，用儒道两家关键范畴代表中国博大精深的传统文化。这种优秀的文化值得馈赠给全世界的人们。中国五千年文化是多么厚重和深沉，犹如一位老者的智慧，取之不尽，用之不竭。人们一方面不知道控制自己的欲望，另一方面又认为理性可以解决一切问题。其实，这是走极端，欲望的膨胀，理性的张狂，都是人性的弱处。

写出以上的文字，纯粹是面对新冠疫情发出的感慨。人生大多有不如意的地方。回忆三年抗疫，坚持人民至上、生命至上的理念，在"外防输入、内防反弹"过程中，全体外办人付出了大量的心血，创造了一个个抗疫奇迹。在这过程中，自己还是不幸被感染了。在发烧的情况下，写出以上文字，肯定是带有情绪色彩的。时间是生命的构成，发烧的时间正好是自己心安理得干自己认为有意义事情的时候。否则平时工作如此之忙碌，还难得有此清闲呢！这似乎有点像小学生依靠生病而旷课的心理状态。殊不知所有作业和考试都是逃不过去的。手头工作同样是一个也不能落下。呜呼！每个人生命的时间大体是固定的，做一件事就不能做另一件事。由于自己时间打得很紧，所以很多觉得荒废时间的事情还是少做为佳的。

这本书稿是以本人博士学位论文为基础修订完善而成，已经放下20年时光了。但是相比硕士学位论文《苏轼书法理论阐释》放下的时间要短一些，硕士学位论文师从吉林大学丛文俊先生，为了报答师恩，今年已经修订完善后交付出版社，算来已经25年有余了。人生苦短，弹指一挥间。当年气壮如虎的小伙子，而今已接近退休年龄，回首望去，感觉仍有许多不堪！攻读博士学位期间，师从吉林大学古籍研究所陈恩霖先生。陈先生是国内少见的先秦史研究领域大家，作为研究所所长，气场可谓宏大，声音洪亮，大课小课侃侃而谈，所有授课内容如探囊中物，信手拈来，一生难得遇到如此好老师，汗颜的是本人学术事业对不起老师的栽培与期望，也难以向老师交代，不像其他师兄弟一样纷纷学有所成。陈师母在中小学任校长，一副大家容颜，视我们学生如孩童，是一位令人尊重的慈母形象。当时我的副导师就是周易学界大名鼎鼎的吕绍刚先生，是金景芳先生助手，同时和陈先生一样都是金先生的学脉接续者。吕先生已经仙逝多年，常常还能想起他的音容笑貌，温文尔雅，和蔼可亲，有时又十分幽默风趣，当脸上浮现出某个好玩的小主意的时候那真的是给人以鹤发童年之感。正副导师性格有异，这种互补性对于学生来说倒是件好事。博士生答辩的时候，学术大家林沄先生任组长，为本人专堂设置会审，由于那一次答辩只有本人自己，可知当时本人还是有些紧张的。答辩完毕之后，论文忝列"优秀"等级，本人当然很是高兴，同时又深知博士生答辩老师们仁心宽厚，手下留情了。不过读博期间还是在所谓社科核心刊物发表了一些还算说得过去的学术论文。后来，本人感觉有些历史发现的、能修订的一些内容又在一些所谓社科核心刊物发表了几篇学术论文，当然有的就再没有时间按照发表论文的要求整理投稿了。这样也算是对答辩老师的报答了。本人同门同届师兄张一兵先生，曾在中华书局任职，后又到深圳博物馆谋职，性格鲜明，也是饱学之士，喜欢古建筑摄影，不但摄影摄得好，关键是能将古建筑讲得头头是道，那也是一种本领。师弟朱翔飞思维敏捷，思考问题十分深入，后来到北京师范大学师从刘家和先生做博士后研究，同样是学富当比群伦，同时还给人有潇洒王子之感。三位师兄弟住在一个宿舍里，除了大量阅读从大学图书馆和长春市图书馆借来的专业书籍外，就是谈天论地，不亦乐乎。我为了抓紧时间阅读，借书的事情基本上是由师兄张一兵代劳。想来这段读书时光，如饥似渴，辛苦归辛苦，但也苦中有乐，读博期间可供回忆的事情太多了，也是人生一笔宝贵的精神财富。

现在拿出这份修订完善后的书稿，还有一个功利性考虑，就是2015年本人牵头成功申请到国家社科基金重大招标项目"中华简帛文学文献集成及综合研究"（项目批准号：15ZDB065）。本人愿意将此研究成果纳入该课题结项成果之一，当然本人也感到特别荣幸。

本人工作由于多次变动，有的跨度又较大，无论是大学校长还是省外办主任岗位的担子还是不轻松的，起码是时间多被管理工作占用，自己也常常发出人没有三头六臂之感叹。在仓促修订完书稿之后，我知道这个小姑娘肯定要迟早见公婆的。无论如何，只能以此小书报答师恩和所有关心支持人士了。凡是书中不足的地方，责任全在本人，还请方家大咖多多批评指正！

英国诗人雪莱说，冬天来了，春天还会远吗？今年春天来得比往年要早些，今年春节来得也早些，让我们大家一起迎接春天里的节日！只要心中有光明，光明一定就在前方；只要心中有春天，就能把冬天过得像春天一样！

2022 年 12 月 20 日